法学学科新发展丛书
New Development of Legal Studies

环境法的新发展

1958—2008

常纪文 杨朝霞\著

New Development of Legal Studies

中国社会科学出版社

图书在版编目（CIP）数据

环境法的新发展：比较法的视角/常纪文，杨朝霞著.
北京：中国社会科学出版社，2008.10
（法学学科新发展丛书）
ISBN 978-7-5004-7256-8

Ⅰ.环…　Ⅱ.①常…②杨…　Ⅲ.环境保护法－研究－
中国　Ⅳ.D922.684

中国版本图书馆 CIP 数据核字（2008）第 151249 号

出版策划　任　明
特邀编辑　齐　继
责任校对　曲　宁
技术编辑　李　建

出版发行　中国社会科学出版社
社　　址　北京鼓楼西大街甲 158 号　　邮　编　100720
电　　话　010－84029450（邮购）
网　　址　http://www.csspw.cn
经　　销　新华书店
印　　刷　北京奥隆印刷厂　　　　装　订　广增装订厂
版　　次　2008 年 10 月第 1 版　　印　次　2008 年 10 月第 1 次印刷
开　　本　710×980　1/16
印　　张　27.75　　　　　　　　插　页　2
字　　数　480 千字
定　　价　40.00 元

总　序

景山东麓，红楼旧址。五四精神，源远流长。

中国社会科学院法学研究所位于新文化运动发源地——北京大学地质馆旧址。在这所饱经沧桑的小院里，法学研究所迎来了她的五十华诞。

法学研究所成立于 1958 年，时属中国科学院哲学社会科学学部，1978 年改属中国社会科学院。五十年来、尤其是进入改革开放新时期以来，法学研究所高度重视法学基础理论研究，倡导法学研究与中国民主法治建设实践紧密结合，积极参与国家的立法、执法、司法和法律监督等决策研究，服务国家政治经济社会发展大局。改革开放初期，法学研究所发起或参与探讨法律面前人人平等、法的阶级性与社会性、人治与法治、人权与公民权、无罪推定、法律体系协调发展等重要法学理论问题，为推动解放思想、拨乱反正发挥了重要作用。20 世纪 90 年代以后，伴随改革开放与现代化建设的步伐，法学研究所率先开展人权理论与对策研究，积极参与国际人权斗争和人权对话，为中国人权事业的发展作出了重要贡献；积极参与我国社会主义市场经济法治建设，弘扬法治精神和依法治国的理念，为把依法治国正式确立为党领导人民治国理政的基本方略，作出了重要理论贡献。进入新世纪以来，法学研究所根据中国民主法治建设的新形势和新特点，按照中国社会科学院的新定位和新要求，愈加重视中国特色社会主义民主自由人权问题的基本理论研究，愈加重视全面落实依法治国基本方略、加快建设社会主义法治国家的战略研究，愈加重视在新的起点上推进社会主义法治全面协调科学发展的重大理论与实践问题研究，愈加重视对中国法治国情的实证调查和理论研究，愈加重视马克思主义法学和中国法学学科新发展的相关问题研究……

五十年弹指一挥间。在这不平凡的五十年里，法学所人秉持正直精邃理念，弘扬民主法治精神，推动法学创新发展，为新中国的法治建设和法学繁荣作出了应有贡献。

法学研究所的五十年，见证了中国法学研究事业的繁荣与发展；法学研究所的五十年，见证了中国特色社会主义民主法治建设的进步与完善；法学研究所的五十年，见证了中国改革开放与现代化建设事业的成就与辉煌。

今天的法学研究所，拥有多元互补的学术背景、宽容和谐的学术氛围、兼收并蓄的学术传统、正直精邃的学术追求、老中青梯次配备的学术队伍。在这里，老一辈学者老骥伏枥，桑榆非晚，把舵导航；中年一代学者中流砥柱，立足前沿，引领理论发展；青年一代学者后生可畏，崭露头角，蓄势待发。所有的这一切，为的是追求理论创新、学术繁荣，为的是推动法治发展、社会进步，为的是实现公平正义、人民福祉。

在新的历史起点上，我们解放思想，高扬改革开放的大旗，更要关注世界法学发展的新问题、新学说和新趋势，更要总结当代中国法学的新成就、新观点和新发展，更要深入研究具有全局性、前瞻性和战略性的法治课题，更要致力于构建中国特色社会主义法学理论创新体系。

为纪念中国社会科学院法学研究所建所五十周年，纪念中国改革开放三十周年，我们汇全所之智、聚众人之力而成的这套法学学科新发展丛书，或选取部门法学基础理论视角，或切入法治热点难点问题，将我们对法学理论和法治建设的新观察、新分析和新思考，呈现给学界，呈现给世人，呈现给社会，并藉此体现法学所人的襟怀与器识，反映法学所人的抱负与宏愿。

五十风雨劲，法苑耕耘勤。正直精邃在，前景必胜今。

中国社会科学院法学研究所所长李林　谨识

二〇〇八年九月

目　　录

上篇　基本问题

第一章　现状与走向:我国环境法治发展之考察 …………………………（3）

第一节　环境保护与环境法治 ………………………………（3）

第二节　我国环境法治的现状及其评估 ………………………（7）

第三节　我国环境法治问题的根本成因与破解思路 …………（24）

第四节　我国环境法治发展之基本举措 ………………………（27）

第二章　拓展与协调:环境法体系发展之考察 ……………………（31）

第一节　《环境保护法》的修订问题 …………………………（31）

第二节　动物福利法的建设问题 ………………………………（38）

第三节　有毒有害物质控制法的发展问题 ……………………（57）

第四节　突发环境事件应急立法的完善问题 …………………（98）

第五节　环境法与主流法的沟通和协调问题 …………………（110）

第三章　改革与探索:我国环境保护行政管理体制发展之考察 ……（125）

第一节　环境保护行政管理体制的内涵 ………………………（125）

第二节　我国环境保护行政管理体制存在的主要问题 ………（127）

第三节　我国环境保护行政管理体制之发展 …………………（134）

第四章　继承与突破:我国环境法基本政策与原则发展之考察 ……（140）

第一节　我国环境法基本政策之发展 …………………………（140）

第二节　我国环境法基本原则之发展 …………………………（146）

第五章　创新与完善:我国环境法律制度发展之考察 ……………（159）

第一节　我国环境法发展的基本任务与应解决的关键性问题 ……（159）

第二节　我国环境法律制度发展的原则与模式 ………………（175）

第六章　相济与相称:我国环境法律责任发展之考察 ……………… （199）

第一节　环境民事责任发展之考察 …………………………… （199）

第二节　环境行政责任发展之考察 …………………………… （210）

第三节　环境刑事责任的发展 ………………………………… （215）

第七章　借鉴与参考:我国环境纠纷解决机制发展之考察

　　　　——美国环境公民诉讼判例法的最新发展及对我国的

　　　　启示 ……………………………………………………… （220）

第一节　美国环境公民诉讼判例法之考察意义 ……………… （220）

第二节　美国环境公民诉讼制度新近发展的判例法考察 …… （223）

第三节　美国环境公民诉讼判例法的新近发展特点 ………… （253）

第四节　美国环境公民诉讼制度与我国环境公益诉讼理论模式的

　　　　关系 ……………………………………………………… （255）

第五节　我国环境民事和行政公益诉讼立法的现状及不足 … （257）

第六节　创新和完善我国环境民事和行政公益诉讼立法的对策

　　　　建议 ……………………………………………………… （261）

下篇　热点问题

第八章　我国环境影响评价制度发展之考察 …………………… （267）

第一节　我国环境影响评价制度存在的主要问题 …………… （267）

第二节　国外可资借鉴的发展经验 …………………………… （286）

第三节　我国环境影响评价制度之发展 ……………………… （293）

第九章　我国"三同时"制度发展之考察 ……………………… （319）

第一节　我国"三同时"制度存在的主要问题 ……………… （319）

第二节　我国"三同时"制度之发展 ………………………… （328）

第十章　我国排污申报登记制度发展之考察 …………………… （337）

第一节　我国排污申报登记制度存在的主要问题 …………… （337）

第二节　我国排污申报登记制度之发展 ……………………… （340）

第十一章　我国排污许可证制度发展之考察 …………………… （347）

第一节　环境行政许可制度的基本原理 ……………………… （347）

第二节　排污许可证制度的基本构造 …………………（360）

第三节　我国排污许可证制度存在的主要问题 …………（366）

第四节　国外可资借鉴的发展经验 …………………（373）

第五节　我国排污许可证制度之发展 …………………（382）

第十二章　我国限期治理制度发展之考察 ……………（390）

第一节　限期治理制度的性质 …………………………（390）

第二节　我国限期治理制度存在的主要问题 …………（393）

第三节　我国限期治理制度之发展 …………………（398）

第十三章　我国环境保护公众参与制度发展之考察 ……（406）

第一节　环境保护公众参与制度的理论基础 …………（406）

第二节　我国环境保护公众参与制度存在的主要问题 …（411）

第三节　国外可资借鉴的发展经验 …………………（416）

第四节　我国公众参与制度之发展 …………………（421）

第十四章　我国环境税费制度发展之考察 ……………（430）

第一节　国外环境税费制度的近期发展 ………………（430）

第二节　我国环境税费制度的立法状况 ………………（432）

第三节　我国环境税费制度的发展 …………………（434）

后记 ……………………………………………………（436）

上篇　基本问题

第一章 现状与走向：我国环境法治发展之考察

第一节 环境保护与环境法治

一、环境问题与环境保护

人类开发、利用自然环境及其中的自然资源，就必然产生环境问题。所谓环境问题，狭义的概念是指人类的活动对环境的结构和状态所产生的不利影响。广义的概念是指人类的活动和自然力对环境的结构和状态所产生的不利影响。其中，自然力造成的环境问题称为原生环境问题或第一环境问题，如地震、洪水、沙尘暴、森林自燃火灾等。人为活动引起的环境问题称为次生环境问题或第二环境问题。环境法所研究的环境问题一般是次生环境问题和有人力因素影响的原生环境问题。一般来说，次生环境问题包括环境污染、生态破坏、自然资源的浪费与破坏、特殊环境的破坏四大类。其中，环境污染和生态破坏密切相关，自然资源的浪费与破坏和生态破坏密切相关，环境污染和自然资源的破坏密切相关。

人类来源于自然，虽然劳动是人区别于其他动物的本质特征，赋予人以社会属性，但人仍然是自然环境的一个成员，从其诞生的第一天起就在影响其赖以存在和发展的自然环境。人类有区别于动物的物质和精神需求，为了满足这些需求，人类必须用劳动的方式改造特定区域的环境。改造会产生影响，影响可以是正面的、良性的，如城市绿化，也可以是反面的、恶性的，如焚烧森林。反面的影响达到一定的程度，就会使自然环境的物质循环、能量流动和信息传递的动态平衡发生变化，严重时可以使环境质量和生态系统的结构发生不可逆转的变化。人类要想在地球生态系统中得到可持续的发展，就必须端正思想，克服这些反面的影响，即尊重自然规律，合理开发和利用环境，防止环境污染和生态破坏，善待自然。正如恩格斯所强调的："我们必须时时记住：我们统治自然界，决不像征服者统治民族一样，决不像站在自然界以外的人一样，相反的，我们连同我们的肉、血和头脑都是属于自然界，存在于自然界的；我们对自然界的整个统治，是在于我们比其他一切动物强，能够认识和正确运用自然规律。"①

由于环境现状在区域和全球层面上的表现都不容乐观，因此，从 20 世纪 70 年代以来，环境保护成为国际社会共同关注的焦点问题。如 1972 年的《斯德哥尔摩人类环境宣言》指出，"保护和改善人类环境是关系到全世界各国人民的幸福和经济发展的重要问题；也是世界各国人民的迫切希望和各国政府的责任"；"现在已达到历史上这样一个时刻：我们在决定世界各地的行动的时候，必须更加审慎地考虑它们对环境产生的后果。……为这一代和将来的世世代代保护和改善人类环境，已经成为人类一个紧迫的目标"。

二、环境保护与环境法治

所谓环境保护，狭义的定义是指人类为了保护和改善赖以生存和发展的生活环境和生态环境，所采取的合理开发、利用、保护自然资源和生态，防治污染和其他公害的措施。广义的定义还包括环境改善措施。

有效的环境保护必须具备完备和可操作的机制，完备和可操作的机制包括教育、管理、法律、行政、技术、宣传等方面。这些机制的性质可以是人治的，也可以是法治的。实践证明，法治是现代文明国家管理国家和社会事务最有效和最公平的措施，国家和国际层面上的环境保护管理工作也是如此。在国内的层面上，环境立法、环境行政管理、环境宏观调控、环境法律责任的追究等环境保护工作都必须遵循有法可依、有法必依、执法必严、违法必究的法治原则。事实上，我国的国家领导人在很多场合中就多次谈到依法治理环境即实现环境法治的目标问题。

需要指出的是，环境保护的法治是一个多样化、多层次和不断发展的事业，其模式和过程可能会因国而异，因时期而异。但无论怎样变化，环境法治的两项特征是不变的，一是环境民主，二是通过权力、权利和利益的相互制衡来实现环境保护的目的。当然，也有一些立法或者司法裁决不利于环境的保护，但在严重的环境问题面前，在日益变化的政治结构面前，这些暂时的法治失衡一般迟早会得到一定程度的纠正。② 1972 年的联合国人类环境会

---

① 《马克思恩格斯全集》第 20 卷，人民出版社 1976 年版，第 519 页。

② 如本人 2007 年 4 月访问美国的环境保护民间组织——NRDC 时，对美国的司法判决的先例作用请教研讨会的一些律师。所有的知名环境律师一致指出，美国的联邦法院和联邦上诉法院既作出了一些有利于环保的判决，在审理一些涉及重大环保利益的案件时也作出了具有"坏典范"作用的判决。他们认为，这可能与法官的政治立场有关。

议以来，环境保护因其具有强烈的公益性，逐渐成为了民主制国家的一项基本职能，并逐渐演变成法治国家中国家机关之间、国家机关与利益团体之间相互制衡的工具。下面列举四个典型的例子：

案例一：2005 年的秘鲁《环境总法》制定事件。秘鲁于 1990 年制定了《环境与自然资源法典》，2004 年，该国议会通过《环境总法》法案，以替代 1990 年的《环境与自然资源法典》，但由于新法规定了非常严格的环境标准和要求，在递交总统批准时被否决。总统认为，该法案的要求太严格，足以把很多投资者吓走。总统在把法案退回时提出了 20 项修改意见，要求议会考虑经济发展的现实。但是议会仅认可了总统的 5 项意见，否决了剩下的 15 项意见。该修改案在议会以 73 票赞成、5 票弃权的结果得以顺利通过。根据该国的宪法，总统不再享有否决权，即使总统表示出了强烈的愤慨，但该修改案根据宪法还是自动生效了。①

案例二：2005 年的巴西生物燃料厂建设事件。2005 年，巴西 MATOGROSSO 州政府向州议会提交一个法案，要求议会批准一个在与 PANTANAL 州接壤的河流领域附近建设制糖和以糖为原料制造酒精的工厂的提议。议会认为，制造生物燃料可以保护环境，但是该厂在生产过程中也产生一些营养物质，由于河流的水流动缓慢，因此，河流会陷入严重污染的境地。基于此，州议会于 2005 年 11 月 30 日否决了州政府支持的提案。② 正在全世界热议生物燃料的好处时，联合国于 2007 年 5 月 8 日公布的一份报告——《可持续能源：决策者框架》指出，生物能源的广泛利用能丰富能源供应，有助于减少对原油等传统能源的依赖，促使油价降低。不过，尽管生物燃料的使用也许可以缓解全球气候变暖，为贫穷国家提供就业机会，但它对环境的危害及可能引发的一些社会问题，如破坏生物多样性，会使食物价格上涨，生产过程会污染环境等不容忽视。③

案例三：2005 年的德国推迟对欧盟 REACH 条例的表决事件。2005

---

① See the Bureau of National Affairs, *International Environment Reporter*（Vol. 28，No. 21），the Bureau of National Affairs, Inc.，2005，p. 739.

② Ibid.，p. 909.

③ 参见《联合国给生物燃料"热潮"泼冷水》，http：//www. cfej. net/Environment/ShowArticle. asp? ArticleID = 4077.

年，施罗德政府下台之后，默克尔政府上台。由于德国的政治结构发生改变，该国于是向欧盟提出，要对条例的 1035 项修订内容进行重新辩论和表决。该迟延导致 REACH 在 2006 年 12 月 18 日才在欧盟层次被通过。①

案例四： 2005 年的加拿大最高法院支持严格的杀虫剂要求事件。2005 年初，加拿大的 TORONTO 通过了一项杀虫剂条例，规定了严格的限制使用条件。2005 年 5 月，加拿大 CROPLIFE 工业集团和加拿大城市害虫管理理事会不服，认为侵犯了纳税人的权益，向 ONTARIO 上诉法院提起诉讼，诉讼请求被驳回之后，原告向加拿大最高法院上诉。最高法院也以环保为由支持上诉法院的裁决，驳回了利益集团的上诉。②

从以上四个案例可以看出，环境立法和法律实施的过程在民主国家是一个政治博弈的过程。政治博弈的过程决定于国家的政治传统、政治结构和政治势力的现状。博弈的结果多多少少地会体现在环境保护的法治模式和过程上。

三、环境法治与环境法

环境法治的基础是国家和地方制定完善的符合民意和环境保护特点的环境保护法律、法规和行政规章，形成体系发展、层次丰富、内容完备且协调一致的环境保护法体系。以我国为例，国家应该在宪法中作出环境保护的基本规定，在环境基本法中作出环境保护的全面性原则规定，在环境单行实体法和程序法中，在中央政府及其职能部门制定的规范性文件中，在地方法规和其他地方性规范性文件中，应该对环境保护作出完善、周密和可操作的规定。

中国现代环境法的快速发展起步于 1972 年的斯德哥尔摩人类环境会议。1972 年 6 月由周恩来带领的中国政府代表团参加了该会，这次会议使中国人第一次真正地了解环境问题的全球化，了解到西方发达国家的进步环境保护理念。在人类环境会议的影响下，国务院于 1973 年 8 月召开了新中国第

---

① See the Bureau of National Affairs, *International Environment Reporter* (Vol. 28, No. 23), the Bureau of National Affairs, Inc., 2005, p. 813.

② Ibid., p. 862.

一次全国环境保护会议,会议通过了《关于保护和改善环境的若干规定(试行)》,提出了保护环境的 32 字方针。自 1973 年至今的近三十年时间里,中国环境法经历了初创期和发展期,现已进入完善期。截止于 2003 年 3 月初,我国已经制定了环境保护综合性法律(即《环境保护法》,一些学者倾向于称之为环境基本法)1 项,污染防治法律 6 项,自然资源法律 14 项,相关法律 6 项;环境保护行政法规 47 项;环境保护部门规章和规范性文件 163 项,军队环境保护法规和规章 10 余项;国家环境标准 471 项;批准和签署双边条约 10 多项,多边国际环境条约 48 项。① 概括起来,中国环境法的发展与完善目前主要具有以下特点:其一,实施可持续发展战略成为环境法的指导思想;其二,环境民主与环境权利正成为环境法的本位;其三,用先进的环境保护机制指导环境法具体制度的建设;环境法律、法规和规章的体系化、综合化建设正进一步加强;其四,注重国际条约和国内环境法制建设的衔接等。

第二节　我国环境法治的现状及其评估

1978 年改革开放以来,我国在各个方面都取得了巨大的成就。我国的环境法治即环境立法、环境执法、环境司法、环境守法、环境参与和环境法律监督等方面的工作也是如此。

一、环境立法体系之建设现状

（一）三十年来我国环境立法的成就

改革开放政策一实施,中央就非常重视环境立法工作,成立了《环境保护法(试行)》起草领导小组和工作小组。1979 年,该法正式实施。《环境保护法(试行)》的颁布,标志着中国的环境保护开始走向规范化。此后,国家制定了《水法》、《水污染防治法》、《大气污染防治法》、《海洋环境保护法》、《森林法》、《草原法》、《野生动物保护法》等重要的环境资源法律,制定并及时修订了《土地管理法》等环境资源法律。

1989 年 12 月 26 日,国家在总结《环境保护法(试行)》实施的经验和教训的基础上,颁布并实施了《环境保护法》。《环境保护法》的颁布意味着我国环境资源法律体系的构建开始朝着体系化的方向前进。此后,国家制

① 参见《环境工作通讯》2003 年第 2 期,第 9 页。

定了《水土保持法》、《环境噪声污染防治法》、《固体废物污染环境防治法》、《农业法》等环境资源法律，修订了《水污染防治法》等环境资源法律。

1997年9月，党的十五大报告正式提出："进一步扩大社会主义民主，发展社会主义法制，依法治国，建设社会主义法治国家。"从而正式提出"依法治国"的方略。1999年修订的《宪法》在第5条中明确认可了这一方略，提出"中华人民共和国实行依法治国，建设社会主义法治国家"。依法治国方略的实施，至今已经十周年了。在这十年里，环境立法速度居各部门法之首。从1997年起，我国先后制定了《环境影响评价法》、《清洁生产促进法》、《放射性污染防治法》、《防沙治沙法》、《节约能源法》、《可再生能源法》、《风景名胜区条例》等立法，修订了《固体废物污染防治法》、《海洋环境保护法》、《水法》、《森林法》、《草原法》、《野生动物保护法》、《土地管理法》等立法，颁布了《国务院关于加快发展循环经济的若干意见》、《国务院办公厅关于开展资源节约活动的通知》、《国务院关于落实科学发展观加强环境保护的决定》、《节能减排综合性工作方案》、《中国应对气候变化国家方案》等政策性文件。这些立法、文件与我国1997年之前制定的与环境有关的立法一起，共同组成了有中国特色的社会环境法律体系。

一个国家采取什么样的环境法体系框架，一般是与该国的法律传统、环境问题的特点、现状和环境法的立法沿革密切相关的。经过最近30年的发展，我国环境法律体系的建设成就显著，主要如下：

1. 与环境有关的法律

在法律的层次上，国家的根本大法——《宪法》第9条第1款至第2款、第10条第1款、第22条第2款和第26条第1款对环境保护作出了基本规定。在《宪法》的指导之下，我国已经制定了9部环境保护法律、15部自然资源法律。其他有关立法也对环境保护作出了相应的规定。

在环境保护法律方面，综合性环境法律主要是《环境保护法》；专门性环境法律主要包括《环境影响评价法》、《海洋环境保护法》、《清洁生产促进法》等；污染防治方面的单行法律主要包括《水污染防治法》、《大气污染防治法》、《环境噪声污染防治法》、《固体废物污染环境防治法》、《放射性污染防治法》等；自然资源和生态保护法主要包括《土地管理法》、《矿产资源法》、《煤炭法》、《水法》、《水土保持法》、《防沙治沙法》、《野生动物保护法》、《森林法》、《草原法》、《农业法》、《节约能源法》、《可再生能源法》等；防震减灾法包括《防洪法》、《防震减灾法》、《气象法》等；特殊环境保护法主要有《文物保护法》等。目前，正在制定的环境法律还有《循环经济法》和《能源法》，正在修订的法律有《节约能源法》等。

其他的一些法律也有与环境保护有关的规定。在民法方面，《民法通则》第 80 条、第 81 条、第 83 条、第 98 条、第 119 条、第 123 条、第 124 条有环境物权、生命健康权、采光权、损害救济权等方面的规定，《物权法》设置了有关自然资源的权属和权利行使的环境保护规定。在刑法方面，1997 年《刑法》在第六章"妨害社会管理秩序罪"的第六节规定了"破坏环境资源保护罪"，取消类推、增加罪名、明确罪状，加强了司法可操作性，是对环境进行刑事法律保护的重大改进。在行政法方面，《行政许可法》设置了行政许可的通行规定和环境行政许可的专门规定；《治安管理处罚法》对尚不构成犯罪的环境违法行为，如生产、储存、运输、使用危险物品，破坏草坪、花卉、树木等也提供了一些行政处罚的依据；海关、进出口商品检验检疫等方面的行政法律也有众多的条款涉及环境保护。在诉讼法方面，环境民事诉讼、环境行政诉讼和环境刑事诉讼适用传统的三大诉讼法是基本原则。

2. 环境行政法规、规章和标准

（1）环境行政法规和规章的建设

目前，我国制定并颁布了环境保护行政法规 50 余项，部门规章和规范性文件近 200 件，军队环保法规和规章 10 余件，国家环境标准 800 多项。[①]

在环境保护的政策方面，国务院自 2004 年起通过了《国务院关于加快发展循环经济的若干意见》、《国务院办公厅关于开展资源节约活动的通知》、《国务院关于落实科学发展观加强环境保护的决定》、《节能减排综合性工作方案》、《中国应对气候变化国家方案》等政策性文件。这些文件，和国家的"十一五"规划一起，对如何建设环境友好型和资源节约型的生态文明社会作出了相互衔接的规划和安排。

在环境行政管理方面，主要污染控制立法有《军队环境保护条例》、《建设项目环境保护管理条例》、《排放污染物申报登记管理规定》、《防治陆源污染物污染损害海洋管理条例》、《防治海岸工程建设项目污染损害海洋环境管理条例》、《防治海洋工程建设项目污染损害海洋环境管理条例》、

---

① 参见《我国环境保护环保政策法规仍存在四大"软肋"》，http：//news. xinhuanet. com/environment/2006-12/13/content_ 5478736. htm。

《防治拆船污染环境管理条例》、《海洋倾废管理条例》、《海洋石油勘探开发环境保护管理条例》、《防治船舶污染海域管理条例》、《国家突发公共事件总体应急预案》、《淮河流域水污染防治暂行条例》、《环境影响评价公众参与暂行办法》、《城市环境综合整治定量考核实施办法（暂行）》等。自然资源和生态保护立法有《野生植物保护条例》、《基本农田保护条例》、《风景名胜区条例》、《自然保护区条例》等。

在环境纠纷行政处理和环境行政惩罚方面，主要的立法有《环境保护行政处罚办法》、《海洋行政处罚实施办法》、《水行政处罚实施办法》、《林业行政处罚程序规定》、《林业行政处罚听证规则》、《渔业行政处罚规定》、《渔业行政处罚程序规定》、《渔业水域污染事故调查处理程序规定》、《环境保护行政许可听政暂行办法》、《环境行政复议与行政应诉办法》、《环境信访办法》、《环境保护违法违纪行为处分暂行规定》等。

在环境经济措施方面，主要的立法有《排污费征收使用管理条例》、《关于落实环境保护政策法规防范信贷风险的意见》、《商务部环保总局关于加强出口企业环境监管的通知》等。

在防震减灾方面，主要的立法有《蓄滞洪区运用补偿规定》、《地震预报管理条例》等。

在实施环境标准和环境监测方面，主要的立法有《全国环境监测管理条例》、《环境标准管理办法》等。

（2）环境标准和国家技术性规范的建设

环境标准虽不具有一般法律规范"行为模式—法律后果"的框架结构，但具有同样的规范性、强制性，并经有权机关制定认可和颁布，是具有法律性质的技术规范，也是环境法体系的重要组成部分。目前，我国已制定重点行业的污染防治技术政策，配套修改、制定重点行业污染物排放标准、机动车污染控制标准以及危险废物处置标准等 53 项污染控制标准、4 项国家环境质量标准及配套制定的 36 个地方标准、17 个样品标准等国家环境标准 500 多项。① 主要体现在以下五个领域：

环境质量标准。主要有《环境空气质量标准》（GB 3095—1996）、《室内空气质量标准》（GB/T 18883—2002）、《地表水环境质量标准》（GHZB 1—1999）、《地下水质量标准》（GB/T 14848—93）、《海水水质标准》（GB

---

① 参见《我国环境保护环保政策法规仍存在四大"软肋"》，http：//news. xinhuanet. com/environment/2006-12/13/content_ 5478736. htm。

3097—1997)、《渔业水质标准》(GB 11607—89)、《农田灌溉水质标准》(GB 5084—92)、《生活饮用水卫生标准》(GB 5749—85)、《城市区域环境噪声标准》(GB 3096—93)、《土壤环境质量标准》(GB 15618—1995)等。

污染物排放标准。主要有《污水综合排放标准》、《大气污染物综合排放标准》(GB 16297—1996)、《饮食业油烟排放标准》(GWPB 5—2000)、《锅炉大气污染物排放标准》(GWPB 3—1999)、《污水综合排放标准》(GB 8978—1996)、《生活垃圾焚烧污染控制标准》(GWKB 3—2000)、《轻型汽车污染物排放标准》(GWPB 1—1999)等。

环境基础标准。主要有《制定地方大气污染物排放标准的技术方法》(GB/T 3840—91)、《制定地方水污染物排放标准的技术原则与方法》(GB 3839—93)、《污染类别代码》(GB/T 16705—96)等。

环境监测方法标准。主要有《城市区域环境噪声测量方法》(GB/T 14623—93)、《建筑施工场界噪声测量方法》(GB 12524—90)、《工业企业厂界噪声测量方法》(GB 12349—90)等。

环境标准样品。主要有《水质 COD 标准样品》(GBZ 50001—87)、《水质 BOD 标准样品》(GBZ 50002—87)、《土壤 E—1 样品》(GBZ2 500011—87)等。

3. 司法解释

和环境保护有关的司法解释主要包括:打击环境刑事犯罪的《最高人民法院关于审理环境污染刑事案件具体应用法律若干问题的解释》和《最高人民检察院关于渎职侵权犯罪案件立案标准的规定》;规范环境民事行为诉讼的《最高人民法院关于民事诉讼证据的若干规定》;规范环境行政诉讼的《最高人民法院关于行政诉讼证据若干问题的规定》等。

4. 地方性法规和规章的建设

环境问题也具有区域性和地方性的特点,因此,一些地方按照《立法法》的规定,结合本地区实际制定了地方性环境法规和规章。这些地方立法既弥补了国家立法之不足,又通过局部的突破、实践、示范,推动我国环境法的整体创新。地方环境法规和规章中既有综合性环境立法,也有专门和单行的环境立法,如《上海市环境保护条例》、《湖南省环境保护条例》、《重庆市环境保护行政处罚程序规定》、《天津市大气污染防治条例》、《上海市突发公共事件总体应急预案》、《新疆塔里木河流域水资源管理条例》等。另外,一些民族自治地方按照《立法法》的规定,也制定了一些环境资源的自治条例、单行条例,如《巴音郭楞蒙古自治州博斯腾湖流域水环境保护及污染防治条例》等。根据统计，目前我国已经具有超过 1600 件的地方性环境保护法规和规章。①

5. 有关环境保护的国际条约和协定

目前，中国已缔结和参加的国际环境条约有 51 项，如《国际重要湿地公约》、《防止倾倒废弃物和其他物质污染海洋的公约》及其 1996 年议定书、《国际防止船舶造成污染公约》、《联合国海洋法公约》、《国际油污损害民事责任公约》、《国际油污防备、反应和合作公约》、《生物多样性公约》等。此外，中国先后与美国、朝鲜、加拿大、印度、韩国、日本、蒙古、俄罗斯、德国、澳大利亚、乌克兰、芬兰、挪威、丹麦、荷兰等国家签订了二十多项环境保护双边协定或谅解备忘录②，如《中华人民共和国政府和日本国政府保护候鸟及其栖息环境协定》等。虽然目前一些学者认为，国际条约和协定还不属于国内法律体系，但是，这些条约和协定是我国应当遵守的，并对我国的环境法制建设产生重大的影响。

经过近三十年的发展，我国的环境立法体系框架已经基本形成，③ 初步形成了适应市场经济规律的环境法律体系。但是，这个法律体系，要体现科学发展理念，构建符合环境友好和资源节约要求的制度和机制，真正起到保障可持续发展的目的，还需要一段时间。根据原国家环境保护总局的推测，这个体系的形成，要等到 2010 年。④

（二）环境法已经成为一类独立的部门法

目前，中国的环境立法体系已经具有一定的逻辑关系和规模，目前明显地具有以下几个基本特征：

一是体现了独特的法治需要。民法是基于平等主体的财产权和人身权的保护而形成的独立部门法，行政法是基于保证国家对国家事务进行有序的管理和调控需要而形成的独立部门法。环境法尤其是污染防治法则是基于环境问题危害国民赖以生存和发展的环境，危害国家、单位和个人的财产和人身权且传统的已有法律部门不能解决而产生的。如人与人关于环境的关系既包

---

① 参见《我国环境保护环保政策法规仍存在四大"软肋"》，http：//news. xinhuanet. com/environment/2006-12/13/content_ 5478736. htm。

② 参见吴险峰、韩鹏《我国海洋环境保护国际合作现状与展望》，载《环境保护》2006 年第 20 期。

③ 参见《我国环境法律体系框架初步形成》，载《人民日报》1999 年 10 月 18 日第 5 版；《我国初步建成环保法律体系》，新华网 2002 年 9 月 22 日。

④ 参见黄冀军《五年内初步建成环境法规体系》，载《中国环境报》2006 年 1 月 4 日。

括人与人关于环境物权的关系，还包括人与人关于环境侵权等方面的债权关系，这些关系大部分可以由传统的部门法加以调整，但是环境问题的特殊性决定了一些传统的责任确认机制无法解决环境污染损害的责任归属问题，如环境损害行为和损害结果之间的因果关系问题。对于人与环境的生态关系，传统的部门法是不能完全解决的，以民法为例，鼓励实现所有权促进社会财产的流转是民法的目的价值，因此对于森林的所有权人大规模地砍伐林木实现其对财产所有权的处分权能，民法至少是默认的。如果不对所有权的权能行使规则加以修正，可能会带来水土流失等社会性问题，而环境法的产生主要就是为了解决社会性和私益性的环境法律问题。因此，对于社会性的环境问题，必须借助新的社会法调整机制。如基于社会环境安全的考虑，环境法尤其是环境公法往往会对环境私权的不合理行使施加一些限制。这也是传统的民法和行政法规则所不能解释和推导的。目前，环境污染和生态破坏已成为制约经济和社会发展的瓶颈，党和政府发布了一系列文件，要求用法制的手段来建设环境友好型和资源节约型社会。这足以证明，环境法可以促进社会实现可持续的发展，是公民的发展权和民事权益得到可持续保护的保证。因此，环境法的产生和发展原因有其特殊性。

二是体现了独特的价值理念。公平、正义、秩序和效率是法律追求的目标，环境法在解决环境问题和由环境问题引发的权益纠纷问题时，也追求这四个目标。但是，公平、正义、秩序和效率不是环境法追求的全部目标。环境法还追求人与自然、人与人在环境方面的双重和谐，追求人类社会尤其是各国实现可持续的发展权等目的价值。可持续的发展权涉及资源开发权、利用权和环境保护权利与义务的代内公平与代际公平问题。而这些则是环境法独特的价值目标。对于这些目的价值，传统的民法、行政法、经济法虽然可以附带地、部分地实现，但不能全部实现。而只有专门的环境部门立法才能实现这一点。

三是体现了独特的调整对象。环境法既调整人与人关于环境的关系，也调整人与环境的平衡关系。而这两个关系的调整或者平衡，只有借助环境立法才能实现和达到。

四是体现了独特的调整方法。法律的制定和实施必有其合理性，合理性表现在其具备理论上的支撑。环境法是边沿法，它所解决和依靠的既包括法学问题，也包括环境科学、生态学、经济学、社会学和伦理学等学科的问题，因而环境"良法"必然建立在深厚的环境科学、生态学、经济学、社会学和伦理学基础之上。而在这些基础中，环境伦理学基础、生态学基础、环境经济学基础（如外部性理论）则是其独特的基础。独特的基础决定了独特法律秩序的客观存在，独特的法律秩序不同于其他法律秩序的一个重要标志在于包括调整方法即调整技术的不同。因而可以说，独特的人文社会与自然、工程科学技术基础决定了环境法调整方法的独特性。实践已经证明，环境法所凭借的环境标准、环境技术性准则、污染物排放的总量控制、排污收费、缴纳生态补偿费等调整机制是环境法实现其目标所不可缺少的，但恰恰就是这些社会性的调整机制是其他部门法所不具备的。

基于以上特点，目前，环境法成为一个独立的部门法，已经成为立法、执法部门和法学研究者的广泛共识。当一个国家和社会通过社会性的公共权利机制调整人和环境关系的时候，环境法就和私法区分开来。由于环境法也通过具体的私法、公法和社会法规则解决私权与私益的确认和私权之债务纠纷等问题，因而环境法与社会法既有联系，又有区别。这样，环境法就同时具备了公法、私法①和社会法的性质，独成一个部门法。

二、环境法治之建设状况：以 2007 年为例

（一）国家与地方环境立法

在国家立法和政策方面，2007 年国家采取了很多举措。一是开门立法，合理引导公众参与立法。全国人大法制工作委员会为了使修订的《水污染防治法》反映民意，更适应水污染防治严峻形势的需要，也更切合环境保护实际工作的需要，提升立法质量，专门就《水污染防治法（修订草案）》向全社会广泛征求意见。二是《环境保护法》的修订准备工作正在紧锣密鼓地进行，有关的研究工作正有条不紊地展开。三是国务院通过了《民用核安全设备监督管理条例》、《全国污染源普查条例》。四是原国家环境保护总局单独或者与其他部门一起颁布了《环境保护科学技术奖励办法》、《污染源普查档案管理办法》、《环境信息公开办法（试行）》、《关于进一步清理违反国家环境保护法律法规的错误做法和规范性文件的通知》、《"十一五"主要污染物总量减排核查办法（试行）》、《电子废物污染环境防治管理办法》、《环境监察工作年度考核办法（试行）》、《排污费征收工作稽查办法》、《国家生态工业示范园区管理办法（试行）》、《2007 年整治违法排污企业保障群众健康环保专项行动的工作方案》、《关于废止、修改部分规章

---

① 徐爱国：《人类要吃饭，小鸟要歌唱》，载《中外法学》2002 年第 1 期，第 113 页。

和规范性文件的决定》、《国家环境保护总局核事故应急预案》和《国家环境保护总局辐射事故应急预案》等规范性文件。五是颁布了《饮用水水源保护区划分技术规范》、《关于 γ 射线探伤装置的辐射安全要求》、《环境空气质量监测规范（试行）》等标准或者技术性规范。这些立法的颁布为环境保护的有法可依进一步创造了良好的条件，将为推进我国发展模式的历史性转变奠定法制基础。

地方立法是国家立法的具体化和补充。2007 年，一些地方对环境立法作出了创新，如 2007 年 9 月 1 日施行的《重庆市环境保护条例》在解决"违法成本低、守法成本高"的问题方面，结合重庆的特殊市情作出了富有地方特色的规定，不少条款在国内还是首创。一是由市政府对区、县（自治县）人民政府和市政府有关部门环保工作实行年度考核制度，把"党政一把手考核"这一有效的手段以法律的形式固定了下来，有力地助推了环境保护。二是把"环境保护投入逐年增长"等一系列成功经验也写进了新《条例》。三是加大处罚额度，按日累加处罚，解决了"违法成本低、守法成本高"的问题。四是对违法排污行为和破坏生态环境的行为造成严重环境污染或危害后果的，对主要负责人处以一万元以上十万元以下罚款。五是规定环保"三同时"需要备案，试生产不能超过一年，为环保部门有效介入、监督"三同时"的执行，堵塞企业利用试生产期逃避环境责任的漏洞，奠定了规范基础。六是企业搬迁，应当清除遗留的有毒、有害原料或排放的有毒、有害物质，并对被污染的土壤进行治理，这项规定使"谁污染、谁治理"的原则得到了切实贯彻。地方立法的创新，体现了地方的智慧，为国家层次的环境法发展提供了借鉴和参考的素材。

（二）环境法律制度和机制

在制度和机制方面，我国的环境法治取得了以下几个主要成绩：一是制定《节能减排综合性工作方案》、《中国应对气候变化国家方案》，把节约能源、节约资源、保护生态和减少污染物的排放等要求和措施有机地结合到了一起，形成了节能减排这个综合预防和控制性的系统性机制，使环境保护进入到了中国宏观决策体系的主战场。二是初步建立了环境保护的长效机制，环境标准体系、权力监督、政协监督、政党监督、行政监督和社会舆论监督的机制正在完善。三是国家正在采取措施，促进综合、协调的行政监管机制的形成。如在研究绿色国民经济核算方法的基础上，原国家环境保护总局与银监会于 2007 年联合出台了银行贷款的环境风险防范机制。四是按照《国务院关于落实科学发展观加强环境保护的决定》的要求，流域和区域生态补偿机制正在形成之中，流域和区域发展的公平性正在显现，如江苏省通过立法把生态补偿的理念法定化了，制定《江苏省环境资源区域补偿办法（试行）》，《办法》于 2008 年 1 月 1 日起在太湖流域先期试点。《办法》规定，凡断面当月水质指标值超过控制目标的，河流上游地区设区的市应当给予下游地区设区的市相应的环境资源区域补偿资金；直接排入太湖湖体的河流，断面当月水质指标值超过控制目标的，所在地设区的市应当将补偿资金交省级财政。太湖流域环境资源区域补偿标准暂定为：化学需氧量每吨 1.5 万元；氨氮每吨 10 万元；总磷每吨 10 万元。目前，试点河流已经确定，包括南京、无锡、常州、镇江四市范围的部分河流。这样，省内各个行政区域不再各自为政，有效地解决了跨行政区域环境影响这一长期困扰社会各界的难题。

（三）环境法的实施和监督

在执法和监督方面，原国家环境保护总局华东、华南、西北、西南、东北五个区域性环境保护督查中心的工作正在有序地进行。流域限批、区域限批等新的环境监管措施在《国务院关于落实科学发展观加强环境保护的决定》的指引下，对于克服地方保护主义正在发挥重要的作用。如《江苏省太湖水污染防治条例》不仅以法规的形式在全国率先确认了上级环保部门"区域限批"权，而且将对违法排污企业罚款的上限由目前的 10 万元提高到 100 万元。一些地方在环境执法和监督方面作出了有益的探索，如青岛市 2007 年分解了执法职权，落实了执法责任，深入推行了行政执法责任制，进一步完善了执法评议考核、规范自由裁量权、执法责任追究等相关机制和制度。为破解环境行政处罚执行难的问题，青岛市开创性地开展了提高环境行政处罚执行率活动，有效地促进了全市的环境行政执法工作。据初步统计，2007 年全市共下达环境行政处罚 2518 起，其中罚款 1960 起，罚款额 1478.01 万元，履行行政处罚案件 2112 起，履行罚款案件 1549 起，罚款额 1036 万元，案件的履行率为 83.88％，罚款案件的履行率 79.03％，收回罚款 1036.32 万元；与 2006 年相比罚款额提高了 29.57％。通过处分一批顶风违纪者，有效地震慑了违法者和潜在的违法者。

在环境司法方面，11 月 20 日，贵阳市中级人民法院环境保护审判庭授牌暨清镇市人民法院环境保护法庭揭牌仪式在清镇市红枫湖畔举行，此举标志着贵阳市掀开了拿起法律武器，依法保卫"两湖一库"、保卫贵阳环城林带的新篇章。这一行动得到国际社会的广泛好评。一些地方继续加强打击环境刑事犯罪的力度,如 2007 年 11 月,山东省按照《刑法》和《最高人民法院关于审理环境污染刑事案件具体运用法律若干问题的解释》的规定,首次动用刑法查处非法占地存储浮油渣造成严重环境污染的犯罪行为。

（四）环境保护宣传教育与国际合作

在宣传教育方面,国家和各地按照《2007 年环境法制宣传教育工作要点》的要求,开展以宪法为核心的法制宣传教育活动,为环保事业发展营造良好的法治环境。重点宣传了《物权法》、《各级人民代表大会常务委员会监督法》、《国务院关于落实科学发展观加强环境保护的决定》、《最高人民法院关于审理环境污染刑事案件具体运用法律若干问题的解释》、《最高人民检察院关于渎职侵权犯罪案件立案标准的规定》、《环境保护违法违纪行为处分暂行规定》、《环境行政复议与行政应诉办法》等,为相关环境保护法律法规的顺利实施创造良好的条件。

在环境保护的国际合作方面,我国政府积极地利用国际舞台阐述我们的原则立场,致力于维护全球环境和发展中国家的利益。2007 年中国开展了与法国、日本、澳大利亚、加拿大、美国、摩纳哥、塞拉利昂、瑞典、丹麦、捷克、智利、西班牙、奥地利、德国等国家和联合国环境规划署、国际原子能机构、全球环境基金、联合国工业发展组织、世界卫生组织、亚洲开发银行等国际组织的交流和合作。中国一贯高度重视气候变化问题,根据《联合国气候变化框架公约》及其《京都议定书》,本着"共同但有区别的责任"原则,承担了应有的国际责任和义务,并在印度尼西亚巴厘岛全球气候变化国际会议上作出了与负责任大国形象一致的承诺。总的来说,2007年,我国政府与国际组织和有关国家进行的诸多对话和合作,是富有成效的。

关于中国在环境保护方面所取得的成就,世界银行在题为《中国:土地、水和大气——新世纪的环境优先领域》的报告中说,尽管中国过去 20年的高速发展对环境造成了严重危害,但是中国政府有能力在治理水和大气污染以及砍伐森林等各种环境问题方面取得重大进展。

以上环境法治的这些实践对于保护环境,完善中国的环境立法,促进中国环境执法、环境监察和环境纠纷解决的规范化,拓宽公众参与的渠道,进一步加强国际环境保护合作,建设环境友好型和资源节约型社会,促进社会的和谐,均起了非常积极的作用。但是这并不意味着我国的环境保护工作胜利在望,未来十年的挑战会越来越大。我们只有巩固已有的成果,不断探索新机制，并加强执法，中国的环境法治的可持续性时代在不久的将来才能真正到来。

三、环境法治环节之动态考察

在人口总量继续保持增长态势和人民群众生活水平不断得到提升的背景下，为防治环境污染，保护生态安全，促进资源节约和合理开采、利用，我国构建了一道道法制防线。这能否说明，我国环境法治的架构初步形成了呢？环境法治的架构是否初步形成，可以从两个途径进行考察，一是分别考察环境立法、环境执法、环境司法、环境守法、环境公众参与和环境监督六个法治环节的缺失。这种考察模式虽然比较全面，但它局限于对这六个环节"单打一"的静态考察，缺乏动态性和综合性。二是从基本原则、基本方针、体制、制度和机制五个方面动态地、综合地考察环境立法、环境执法、环境司法、环境守法、环境公众参与和环境监督六个法治环节的缺失。这个方法克服了第一个方法的缺陷，在法学研究的实践中被广泛采用。本书下面也运用这种方法进行分析。

（一）基本原则和方针之考察

在基本原则和方针方面，近十年来，我国的立法作了较大的调整。2005年的《国务院关于落实科学发展观加强环境保护的决定》提出了用"科学发展观统领环境保护工作"的发展要求，把"环境保护与经济和社会发展相协调"的环境法基本原则调整为"经济社会发展必须和环境保护相协调"，提出了"强化法治，综合治理"的原则，确立了用改革的办法解决环境问题的工作思路，作出了分类指导、突出重点的工作部署。2007年的《节能减排综合性工作方案》提出了"坚持节约发展、清洁发展、安全发展"、"实现经济又好又快发展"的方针。这些原则和方针，是对以往规定的经验和教训进行总结、归纳的结果，是与我国环境形势日益严峻的斗争需要相适应的。

（二）体制之考察

在体制方面，我国在横向上已经形成了环境保护部门统一监督管理，有关部门分工负责的环境保护协调机制；在纵向上已经形成了各级政府和各级部门分级负责的管理体制。由于近年来地方和部门利益保护主义盛行，最近，国家正在采取以下四个方面的改革：一是加强中央对地方环境保护工作监管的力度，提高环境保护监管效率。主要的表现是从2006年起，原国家环境保护总局设立了五大区域环境保护督查中心。二是为克服基层执法力量薄弱和执法难的现象，一些地方政府正在按照《国务院关于落实科学发展观加强环境保护的决定》的要求，进行市以下环境保护行政主管部门垂直管理的试点。三是为克服部门利益保护主义，正在强化责任制，如 2006 年原国家环境保护总局和监察部出台了《环境保护违法违纪行为处分暂行规定》。四是按照 1999 年《海洋环境保护法》、2005 年《国务院关于落实科学发展观加强环境保护的决定》、2007 年《节能减排综合性工作方案》的要求，在一些领域建立了部际和区域之间的污染防治领导、节能领导等协调机制。总的来说，这个模式体现了效率、可行的特点，与中国的政治结构和我国的环境保护实际需要基本相适应。

（三）制度之考察

在制度方面，我国的环境立法加强了综合性和专门性两个方面的制度建设工作。

在综合性制度方面，《国务院关于落实科学发展观加强环境保护的决定》建立了根据环境容量确定开发方向和模式的制度；《环境影响评价法》扩展了环境影响评价制度的适用领域，把环境影响评价的事前预防性机制由点扩展到了面，通过行政规章完善了环境影响评价制度和"三同时"的实施程序，促进了环境问题的综合性防治及区域开发和规划的合理性和科学性；按照《行政许可法》的要求对我国的环境行政许可进行了全面的清查，促进了环境行政审批的规范化、程序化和制度化；通过新闻媒体的曝光和社会监督，原国家环境保护总局和监察部联合采取的挂牌督办方式取得了明显的成效；通过司法解释的方式，在环境污染无过错责任原则的基础上，对环境民事和行政诉讼的举证责任和因果关系证明规则进行了明确界定，确立了环境民事侵权因果关系间接反证的原则。

在专门的法律制度方面，近十年来，我国已经建立了环境污染防治法律制度、生态保护法律制度和自然资源保护法律制度。在环境污染防治法律制度领域，近十年来，已经建立了放射性污染防治、噪声污染防治和清洁生产等制度，建立了流域和区域环境污染突发事件应急预案制度，建立了流域和区域限批等综合性的执法制度。在生态保护领域，近十年来，已经建立了退耕还林、退田还草和防治水土流失的制度，建立了生态补偿费制度，强化了建设项目的环境影响评价制度，建立了区域和发展规划的环境影响评价制度。在自然资源保护方面，建立了以下四个方面的重要制度：一是对于水、能源两个重要的资源，建立了限量使用和超量的梯级收费制度；二是从2006 年起，大幅度提高了矿产品的资源税征收标准，提出了关小并大的矿山发展思路，促使资源开发朝着规模化、集约化、高科技化和节约化开采的方向发展；三是从 2005 年起，禁止一些资源性产品的出口，提高了一些资源性产品的出口关税，大幅度提高了一些矿产品的资源税，有效地防治了可持续发展因素的浪费现象；四是循环经济发展的制度正在形成，清洁发展、安全发展、节约能源、使用清洁能源的制度正在完善之中。环境法律制度的创新和完善，既促进了公权的合理和合法行使，也规范了私权的规范化运行，对于形成新型的环境执法、守法、司法、监督和公众参与法律关系，起到了非常重要的作用。

（四）机制之考察

在机制方面，由于环境要素和环境系统的运行是相关的，影响环境的原因也是综合的和相关的，因此，环境保护措施建立和完善要符合综合性和相关性的要求。基于此，我国政府近年来加强了以下几个方面的工作：

一是制定《节能减排综合性工作方案》、《中国应对气候变化国家方案》，把节约能源、节约资源、保护生态和减少污染物的排放等要求和措施有机地结合到了一起，形成了节能减排这个综合预防和控制性的系统性机制，使环境保护进入到了中国宏观决策体系的主战场。

二是初步建立了环境保护的长效机制，环境标准体系、权力监督、政协监督、政党监督、行政监督和社会舆论监督的机制正在完善。目前，各级人大和政协已经完善了环境执法定期大检查或者视察的制度；各级纪检监察机关和环保部门按照中国共产党的纪律检查规定和《刑法》、《环境保护违法违纪行为处分暂行规定》等立法的要求每年查处了一批环境违法违纪分子。更为可喜的是，针对环境问题日益严峻的现实，我国的广大新闻媒体敢于坚持职业道德，揭露了一批又一批违法违纪的现象。这些监督制度的创新和完善，对于促进立法和决策的科学性、督促各部门和各级政府做好环境保护工作，起到了重要的推动作用。

三是国家正在采取措施，使"地根"、"水根"、"能根"、"材根"、"污根"、"银根"、"税根"及价格、采购、奖励等宏观调控手段和工商监管、安全监管等具体的手段有机地衔接起来，促进了综合、协调的行政监管机制的形成。中国在研究绿色国民经济核算方法的基础上，原国家环境保护总局与银监会于 2007 年联合出台了银行贷款的环境风险防范机制；在行政命令加控制的监管措施效果不如意的情况下，原国家环境保护总局、国家税务总局和海关总署从 2005 年起开始联合进行税费制度的绿化改革；为了防治高污染、高能耗和资源性产品出口，商务部和原国家环境保护总局于 2007 年联合下发了《关于加强出口企业环境监管的通知》;[①] 为了防止过分强调市场机制影响环境,2008 年 2 月,原国家环境保护总局与国家保险监督委员会联合发布了《关于环境污染责任保险的指导意见》之后,[②] 针对企业首发上市或上市公司再融资的情形,与国家证券监督委员会联合出台了有关环保核查要求的《关于加强上市公司环境保护监督管理工作的指导意见》。[③]

四是正在形成政府引导,运用市场机制和依靠科技保护环境的机制。近十年来,我国的环境科学技术得到了快速发展,以技术创新促进环境问题的解决的效果初步显露,政府、企业、社会多元化投入机制和部分污染治理设施市场化运营机制已经初步形成,能够反映污染治理成本的排污价格、收费机制和生态补偿机制正在形成之中。

五是按照《国务院关于落实科学发展观加强环境保护的决定》的要求,流域和区域生态补偿机制正在形成之中,区域和流域发展的公平性正在显现。

六是事后补救的法律监管机制由点扩展到了面,流域限批、区域限批等新的环境监管措施在《国务院关于落实科学发展观加强环境保护的决定》的指引下,对于克服地方保护主义正在发挥重要的作用。

七是在《环境影响评价法》、《公众参与环境影响评价暂行办法》、《环境信访办法》、《环境信息公开办法(试行)》等立法之中逐步落实了公众参与环境保护的机制,有力地调动了人民群众参与社会管理的热情和积极性。

八是与《立法法》规定相适应的合法性审查机制正在完善,一些单位和个人依据《立法法》第 63 条、第 64 条、第 90 条等条款的规定,对一些不符合法律的行政法规和地方性法规以及一些不符合行政性法规的地方规章提出了合法性审查的建议。

九是强化了责任追究机制,如《环境保护违法违纪行为处分暂行规定》针对环境监管的各环节、各流程,全面、系统地规定了法律责任和纪律责任,有效地震慑了违法者和潜在的违法者。上述九个机制的创新和完善,基本与我国环境问题的综合性及环境保护措施的相关性和协调性是相适应的。

---

① 参见 http://topenergy.org/news_ 21325. html,最后访问日期 2008 年 3 月 1 日。

② 参见钟桓《重污染行业可试行强制"绿色保险"》,http://finance.china.com/1387/080226/3830885,00.php,最后访问日期 2008 年 3 月 1 日。

③ 参见王婷《绿色证券指导意见:IPO 或再融资添环保核查硬条件》,http://stock.hexun.com/2008-02-26/104044996.html,最后访问日期 2008 年 3 月 2 日。

四、环境法治架构之总体判断

（一）从环境法学研究的角度考察

从环境法学研究的角度考察，我国环境法治环节的上述发展变化，近年来，整体呈现以下几个特点：

一是环境立法的体系化和民主化大大加强。从立法体现上看，我国的环境立法体系已经基本满足环境保护的需要，正在朝着建设符合科学发展观的环境体系前进。在立法民主化方面，正在落实公众参与、专家论证与政府决策相结合的决策机制。对涉及新设行政许可的、涉及公众环境权益的以及社会关心的热点、焦点问题，立法机关大多拓宽了公众参与的范围和渠道，通过召开立法听证会、专家论证会等形式，广泛听取专家学者和社会各界的意见。①

二是环境法治的理念有了重大转变，重视发挥依法办事的作用。经过松花江污染、国外绿色壁垒的阻拦等一系列重大环境保护事件的催变，经过社会各界的深刻反思，目前，我国的环境保护工作已经从环境保护滞后于经济发展转变为环境保护和经济发展同步，从重经济增长轻环境保护转变为保护环境与经济增长并重，从单纯通过行政手段解决环境问题转变为综合运用法律、经济、技术和必要的行政手段解决环境问题。这三个转变是方向性、战略性、历史性的转变，标志着中国环境保护工作进入了以保护环境优化经济增长的新阶段，主要目标是建设环境友好型社会，主要任务是推进历史性转变，总体思路是全面推进重点突破，主要措施是抓落实、抓实干、抓细节、抓基层。这些进步，都是在法律框架内，依靠法制的手段、遵循法律规定的程序进行的，真正体现了法治的要求。

三是按照经济和社会发展的实际和环境保护的需要，不断调整环境保护的基本原则和方针，体现了与时俱进性和指导性。如《国务院关于落实科学发展观加强环境保护的决定》就把原有的"环境保护和经济、社会发展相协调"环境法原则修改为"经济和社会发展与环境保护相协调"的原则，标志着环境保护优先时代的到来。再如，谨慎原则、相称原则、公众参与原则并没有被1989年的《环境保护法》所体现或者充分体现，但是1997年以来制定或者修订的环境立法，则借鉴了国外的经验，考虑了我国环境保护的实践，充分地体现了这些原则。

---

① 参见黄冀军《五年内初步建成环境法规体系》，载《中国环境报》2006年1月4日。

四是注重监管体制、制度和机制的衔接性和实效性。在体制方面，目前的环境监管，已经由原来的由环境保护部门一家单打独斗的监管体制转变为宏观调控、商务、税务、海关、国土、银行、证券、保险等监管部门齐抓共管的协调监管体制，使环境保护工作融入其他工作，真正成为各部门的日常管理工作的组成部分。在制度和机制方面，既注重制度和机制体系建设的完整性，又突出了重要制度和机制的关键作用；既突出节能减排等综合性的制度和机制的建设，又注重专门性制度和机制的建设；既重视具体监管制度和机制的建设，更注重发挥规划环境影响评价、区域和流域限批、环境税费、污染物排放总量控制、资源和能源利用总量控制等制度和机制在国家和区域宏观调控中所发挥的作用，推动环境保护进入经济和社会发展的主战场。

五是不仅重视立法，还注重法律的实施和监督。为了狠抓环境法律的实施，我国正在探寻克服地方保护主义和行业保护主义的新机制，正在探寻通过人大监督、政协监督、政党监督和公众监督相结合的方式，正在探寻建立科学的环境公益诉讼机制，正在发展环境保护的地方行政首长负责制和环境目标责任制。

所有的这些，按照立法体系的完善程度、监管体制的科学性、法律制度与机制的合理性和周密性、法律的实施程度、法律参与和法律监督的执行情况，以及法律所发挥的实际作用几个法治标准来考察，均说明我国环境法治的架构已经初步形成，环境保护工作的成效开始出现拐点。

（二）从环境法律实践的角度考察

从环境法律实践的角度分析，近年来，虽然环境污染和生态破坏事故或事件时有发生，地方保护主义和部门保护主义势力还很强大，但总的来说，在与环境事件作斗争的过程中，我国已经开始重视法律对环境保护的权威作用；环境执法的能力和力量正在不断加强，环境执法的效率正在不断提高，公众参与的作用不断得到重视，环境保护的监督制度正在不断完善；环境立法的合法性审查机制已基本形成，环境民事、行政和刑事司法的实体性规定和程序性规定正在完善。一些原则和制度，如无过错责任原则、因果关系间接反证原则，无论是基本理念，还是适用范围，在世界上都独树一帜。通过立法规制和刺激，良好的环境守法信用制度正在建设之中，地方保护主义和部门利益保护主义正在通过区域督查和上下级政府的环境保护目标责任书的签订制度得到有效的遏制。根据《2005年中国环境状况公报》和《2006年中国环境状况公报》的判断，近几年，在国内生产总值每年以约10%速度增长、能源消费总量每年增长约9%的形势下，全国环境质量状况总体保持稳定。

通过以上分析，可以看出，从实践上考察，说明我国环境法治的架构已经初步形成，发挥了重要的作用，为依法保护环境走上良性循环的道路打下了坚实的基础。

第三节 我国环境法治问题的根本成因与破解思路

我国环境法治的架构已经基本形成，并不等于说我国的环境法治已经相当完善。我国环境法治在取得一定成就的同时，也存在一些问题，需要我们去解决。比如，目前我国的环境污染总体上仍在继续恶化，生态环境退化加剧，物种面临威胁，外来入侵物种危害严重，遗传资源保护和管理没有得到足够重视，西部地区生物多样性需抢救性保护，野生动植物的资源和贸易量不明确，野生动植物贸易口岸过多，野生动植物的走私和非法贸易问题严重，对野生动植物的生产、销售、加工环节的监督和检疫不够等。这些问题如得不到及时的解决，在不久的将来，中华民族就会失去赖以生存和发展的物质和生态基础。现在，社会各界都在探讨破解环境问题、建设环境友好型和资源节约型社会的路径和方法，如原国家环境保护总局拿出了"区域限批"的严厉制裁措施，环境保护民间组织提出了"公众参与和监督"的建议，学界呼吁实行"环境公益诉讼"制度，并对资源环境违法行为采取严厉的处罚措施。这些建议或者措施，虽然具有一定的作用，但是，均属于"单打一"式的技术性治标措施，作用不会很明显。由于环境问题为相互关联的系统性问题，在系统性问题很严重的情况下，治标措施固然必要，但更需要的是系统性的治本措施。为了治本，首先应寻找最深层次的成因。

一、我国环境法治问题的根本成因

（一）地方党委和政府违规是环境问题恶化根本成因之一

党的领导是政治领导、组织领导和方向领导。在地方，资源环境保护的职权、经费和人事管理由地方政府行使，而地方政府行使这些权限必须经过地方党委，也就是说，地方资源环境保护的最后决策者和真正责任者是地方党委。经济增长对于一些急功近利的地方来说，是最大的政治。如果地方资源环境保护部门和其他职责部门严格执法破坏了这个最大的政治，如果地方党委不坚持正确的政治立场，坚持地方保护主义，就有可能违反规定动用"组织管理权"和"方向纠偏权"，从而扼杀地方严格执法的积极性。现实也已证明，一些地方出台的对企业实行"一费制"、"零检查园区"、"挂牌保护企业"等土政策，其实质是地方党委在背后撑腰。一些人称这种现象为"权力污染"造成的资源环境污染。而中央关于资源环境保护的文件精神是什么？从十一届三中、四中和五中全会的公报看，是落实科学发展观，是建设环境友好型和资源节约型社会。党中央的政策在下面变了形，走了样，其原因是什么呢？一是中央政策在地方贯彻实施缺乏群众的真正参与、监督；二是绿色 GDP 没有得到强力实施，地方各级党委和政府官员的考核机制不科学；三是缺乏真正的严格的责任追究机制。虽然监察部和原国家环境保护总局出台了《环境保护违法违纪行为处分暂行规定》，但是因为中央的监察人员有限，人手不够，很难深入到幅员辽阔的全部疆域中去监督地方政府，而且该"规定"针对的是行政人员，而不针对党务人员，因此，发挥的作用不大。为此，必须在党中央的领导下发挥群众的参与和监督力量，发挥法律的确认、促进、限制、禁止、奖励和严厉制裁功能，来有效地监督和约束地方党委和政府。只有这样，才能保证地方党委对地方事务的领导与党中央的政策保持高度一致，使"党权"的行使从上到下保持一致性和一贯性。

（二）公众参与和权益保护不足是环境问题恶化根本成因之二

近几年来，土地维权、矿产开发纠纷、环境污染上诉甚至集体抗争的问题很突出，严重影响了社会的稳定。这说明什么？说明人民群众的资源环境利益，即环境"民生"问题通过正常的渠道难以得到法律的保障，所以把希望寄托于中央部门或者中央领导人。也就是说，地方不依法办事，使人民群众对"法治"缺乏信心和信任，并转而寻求"人治"的帮助。这个现象，从法律层面讲，说明人民依法参与保护、依法参与决策和依法参与监督的宪法性权利没有得到很好的保障和落实。怎么解决这个问题？由于人民群众置身于环境问题之中，他们最了解自己的感受，也有参与解决环境问题的迫切愿望，因此，应当在党中央的正确领导下，制定公众参与和其切身利益有关的地方建设和地方发展决策的立法，制定能引导人民群众合理释放不满情绪的司法制度，完善资源环境信访制度和行政复议制度。参与才能体现人民群众的国家主人翁的地位，才能激起其责任感，提高其积极性，才能把地方党委和政府的地方建设和发展行为暴露在阳光之下，尽可能减少地方党委和政府的违规行为。为此，我们必须把党的领导和依法治国结合起来，保证人民群众的资源环境享有权、资源环境参与权和监督权，落实现代的资源环境"民生"观、"民本"观和"民权"观。只有这样，才能重新树立人民群众对"依法治国"方略的信心，才能提升人民群众对地方司法和地方执法的信任度。

（三）立法不完善和不依法办事是环境问题恶化根本成因之三

现在，新闻媒体经常报道一些资源环境领域无法可依的现象，如绿色GDP制度还没有真正建立起来，化学物污染的防治缺乏专门立法的规制。一些学者经常撰文呼吁予以重视，却得不到应有的回应。这说明什么？这说明资源环境保护的民意很难得到一些部门的真正重视，说明人民群众的参与和监督国家资源环境法治进程的广度和深度不够，急需在党中央的领导下加强立法，把资源环境保护的党内民主扩展至社会民主。

尽管中国的资源环境立法存在一些欠缺，但是如把它和世界各国的资源环境立法——作比较，就会发现，自1972年的联合国人类环境会议以来，经过三十余年的快速发展，中国资源环境立法的体系完善程度和制度先进程度应该排在世界前列。那么，这么完善的立法在现实中为什么难以得到有效实施呢？很大的一个原因就是，地方党委支持或者怂恿的地方保护主义在作怪。为什么地方保护主义能够作怪，并与中央一而再、再而三地对抗，主要原因是人民群众缺乏参与权、决策权和监督权。也就是说，党的领导和人民当家做主的社会主义民主政治要求没有得到很好的落实，导致了依法治国方略的实施遇到了很大的困难。为此，我们必须把党的领导和人民群众当家做主有效地结合起来，促进资源环境保护的立法、执法、司法、法律遵守和法律监督。只有这样，才能保证资源环境法治的良性发展。

二、我国环境法治问题的破解思路

经过上述三个方面的分析，可以得出一个结论，党的领导、人民当家做主和依法治国三个环节缺一不可。任何一个环节的工作没有做实或者缺失，就会出问题，环境问题整体恶化的趋势还将延续下去。为此，党的十六届四中全会通过的《中共中央关于加强党的执政能力建设的决定》高屋建瓴，提出了破解党的领导、人民当家做主和依法治国如何有机统一这一课题的任务。

如上所述，党的领导、人民当家做主和依法治国的有机结合，实质上是中央"党权"、地方"党权"、"民生"、"民本"、"民权"和"法治"的内在统一问题。要实现内在统一，在社会主义制度下，坚持和完善党中央的领导即中央"党权"是关键。而要做到这一点，首先应当发挥中央"党权"的直接领导作用，发挥中央监察、纪检和司法等中央"党权"部门的强力干预作用,保证中央和地方党权行使的一致性。其次应当积极、稳妥地推进党内民主和社会民主的法治化进程,即发挥中央"党权"的领导作用,发扬新"民本"主义精神,多渠道、全方位地充分倾听民意,把资源环境民意和人民群众不断增长的资源环境需求等"民生"问题完全地体现在立法之中。也就是说,要通过党的民主政策,制定科学的反映民意的环境良法。再次是合理引导,发扬新"民权"主义精神,积极发挥人民群众对资源环境社会事务的参与作用,发挥人民群众对资源环境执法、资源环境司法、法律遵守的监督作用。也就是说,要保护和改善资源环境,解决资源环境"民生"和"民权"问题,须在党中央对资源环境事务的领导下,通过"民本"和"法治"的制度和机制,匡正和完善地方"党权"对资源环境事务的领导。

第四节 我国环境法治发展之基本举措

在上述环境法治思想的指导下,我们可以通过循序渐进的法治建设措施予以逐步克服。主要的措施如下:

一、发展环境立法体系

在立法体系方面,《环境保护法》、《水污染防治法》、《环境影响评价法》、《环境噪声污染防治法》、《建设项目环境保护管理条例》等一批重要的环境立法急需修订,《生物安全法》、《生态保护法》、《自然保护区法》、《土壤污染防治法》、《化学品环境管理法》、《循环经济法》和《能源法》等重要的法律急需制定,《农村环境保护条例》、《畜禽养殖污染防治条例》、《生物物种资源保护条例》、《规划环境影响评价条例》、《环境污染损害评估办法》、《跨界环境污染损害赔付补偿办法》、《环境监测管理条例》、《环境监察工作条例》、《防治机动车排放污染管理条例》、《社会生活噪声污染防治条例》、《公众参与环境保护管理办法》、《企业环境信息公开管理办法》等重要的法规和部门规章急需出台,以填补立法空白。虽然原国家环境保护总局发布的《"十一五"全国环境保护法规建设规划》提出,2006 年至2010 年,我国要制定或者修订《国家环境政策法》、《循环经济促进法》、《生态保护法》、《环境污染损害赔偿法》、《核环境安全法》、《民用核设备安全监督管理条例》等环境法律、法规、规章,但是这个规划中的很多内容,并没有得到全国人大和国务院法制办的认可。这就需要进一步的协调。

二、完善环境立法的内容

立法内容的核心是制度、政策和机制的设定。目前，虽然环境立法体系不断完善，但我国环保制度、政策和机制仍存在一些重大的"软肋"，使它们还很不适应环保工作，[①] 主要为：一是经济、技术制度和政策偏少，实用的制度和政策偏少，不同部门和行业的制度和政策间缺乏协调。今后需要把市场机制和市场准入机制有机地结合起来，通过环境税费、产品出口、企业信贷、污染物排放指标分配、证券上市等方面的改革措施使企业对自己的环境行为真正负起责来。二是现有环境执法手段偏软，可操作性不强，对违法企业的处罚额度过低，环保部门缺乏强制执行权。[②] 今后，应当通过立法，克服各级地方人民法院的地方保护主义，把人民法院的强制执行权和环境保护部门的执法权有机地衔接起来；规范行政管理行为，建立环境保护行政问责制度。三是现有的制度、政策和机制没有很好地把市场机制和政府宏观调控、执法部门的行政执法有机地结合起来，今后，应当通过机构改革来重新给环境保护工作定位，通过制度和机制创新来使环境保护部门真正负起责任，使环境监管工作到位而不越位、错位、缺位。四是环境信息公开的制度和机制还不健全，[③] 需要在《政府环境信息公开办法》的基础上制定综合性的环境信息公开立法，使广大的人民群众享受全方位、多渠道的环境知情权。五是需要把一些强有力的处罚措施，如"区域限批"、"流域限批"、"按违法日计罚"、"按违法次数计罚"等法律责任，纳入法律或者行政法规，发挥其普遍性的威慑作用。

三、完善环境执法的环节

在执法方面，科学发展观在具体的贯彻落实时往往会遇到现实与长远利益的较量，遇到地方利益与全局利益的较量；行政首长负责制和环境保护的一票否决制的可操作性有待进一步增强；部门利益保护主义势力强大，在执法中时有抬头，有法不依、执法不严、违法不究的现象还比较普遍，一些地方监管不力的问题还很突出；协调执法的体制和机制还需要进一步加强，宏

---

① 参见《我国环境保护环保政策法规仍存在四大"软肋"》，http：//news. xinhuanet. com/environment/2006－12/13/content_ 5478736. htm。

② 同上。

③ 参见黄冀军《五年内初步建成环境法规体系》，载《中国环境报》2006 年 1 月 4 日。

观调控和具体监管相结合的环境保护监管机制需要进一步的探索;市以下的垂直管理体制具有"上级部门管帽子、同级财政管吃饭"的特点,不可避免地使县级环境保护部门处于执法难、不执法更难的境地,有待优化;执法监督工作薄弱,内部监督制约措施不发展,层级监督不完善,社会监督不落实。今后应当进行的工作主要为:一是实行环境保护的垂直管理体制,从中央一直到乡镇,一竿子插到底;二是加强环境保护部门的能力建设,包括人员素质培养以及硬件和软件建设。三是进一步加强环境保护监管的"金环"工程建设,增强环境保护工作的透明度,促进环境保护工作的横向和纵向监督,使环境监管者有紧迫感和责任感。四是制定专门的党的处分条例,和《环境保护违法违纪行为处分暂行规定》一起,发挥环境保护责任制的威力。五是实行环境保护的一票否决制,加强领导干部的评价和民主测评工作,使领导干部不敢疏于环境监管。

四、完善环境司法的环节

在司法方面,环境民事和公益诉讼制度没有建立,对于那些侵犯社会环境公益而政府不予监管的行为,公众还缺乏法律上的对抗手段;由于地方保护主义的庇护甚至挂牌保护,一些企业长期违法排污而得不到应有的法律制裁。要立足于用司法审查来对抗行政权的滥用,立足于用社会公共利益限制市场经济条件下不断膨胀的环境民事权利,实现预防和解决环境问题的目的,[1] 要修订《行政诉讼法》、《民事诉讼法》和《环境保护法》,以建立环境公益诉讼的标准、范围和程序[2]。只有这样,才有利于社会团体和民众对政府和企业的环境行为进行经常性的监督和法律上的对抗与制衡。[3]

五、完善公众参与的环节

在公众参与和守法方面,虽然在立法规划和立法制定中越来越多地重视公众参与,但是在环境保护的具体过程之中,公众的作用还没有得到应有的发挥,主要表现是:公众参与环境影响评价之外的环境决策和环境监督活

---

① See Alan Murdie, *Environmental Law and Citizen Action*, London, Earthscan Publications Ltd. , 1993, p. 83.

② 参见陈晶晶《吕忠梅代表:应当重视研究公益诉讼司法实践》,载《法制日报》2007 年 3 月 9 日。

③ 参见别涛《中国的环境公益诉讼及其立法设想》,载《中国环境法治》(2006 年卷),中国环境科学出版社 2007 年 4 月版。

动，还缺乏程序性和保障性的法律规定；促使行政管理相对人主动守法还缺乏一些必要的激励机制，有利于公众主动参与的机制还没有形成；缺乏系统的环境文化培育机制。这需要制定一部专门的环境保护公众参与法律或者行政法规来解决，以弥补《环境影响评价公众参与暂行办法》仅限于环境影响评价和效力层次低的不足。

六、完善监督的环节

在监督方面，人大和政协的环境监督缺乏经常性的机制，立法的合法性审查缺乏应然性的审查受理机制，上级部门的环境督查或者挂牌督办活动往往会遇到地方保护主义势力强有力的阻挠。建议各级人大切实执行《监督法》，履行该法授予的环境保护监督作用；制定《挂牌督办》方面的法律和行政法规；修改《立法法》，借鉴法院受理诉讼案件的机制，使立法的合法性审查机制常态化。

上述所有的问题和对策，特别是环境司法审查和公众参与的机制问题，如得不到彻底的解决，我国的环境法治在今后相当长的一段时间内会继续呈现结构性的缺陷。为了克服这个缺陷，需要遵循以下几个原则：一是在党的领导下，通过统一的协调和部署来解决，要遵循社会主义法治的一般原理和要求。二是立足环境保护和经济、社会发展的实际来循序渐进地解决。三是环境法治之完善措施，要全面、系统，但在某一个阶段，需要寻找工作的侧重点和突破点。四是既要借鉴国外成熟的成果，又要总结、推广国内某一行业、领域或者地方的先进经验。

第二章 拓展与协调：环境法体系发展之考察

第一节 《环境保护法》的修订问题

一、我国《环境保护法》存在的问题及修订思路

我国《环境保护法》制定于计划经济时代，其产生的经济、社会、科技和环境状况背景完全不同于当今的市场经济社会。目前，该法修订的紧迫性已取得有关部门和广大学者的共识。修订必须对症下药，讲求系统论和方法论，不仅要从宏观上把握全局性的问题，还要从微观上全面、系统地把握一些具体的问题。为此，对现行《环境保护法》存在的主要问题进行全方位、多角度和多层次的分析，并探讨相应的修订对策，是非常必要的。本书从以下八个方面来对此进行分析。

从立法地位来看，由于《环境保护法》是全国人大常委会通过的，《大气污染防治法》、《水污染防治法》等单行环境法律也是人大常委会通过的，它们的效力等级相同，加上后者并没有使用"根据《中华人民共和国环境保护法》，制定本法"的表述。所以学者们所主张的"《环境保护法》是环境基本法"只是理论上的，而不具有实践的意义。要想真正确立《环境保护法》和其他单行环境法律的母子或上下位法关系，杜绝部门组织立法起草的利益偏向现象，建议该法由国务院法制办或全国人大环境与资源保护委员会起草并提请全国人大通过。

从立法目的来看，目前可持续发展和追求人与环境的和谐共处已经成为世界各国环境立法所普遍追求的价值目标。如 2002 年的《俄罗斯联邦环境保护法》序言指出："本联邦法确立环境保护领域国家政策的法律基础，以保证平衡地解决各项社会经济任务，保持良好的环境、生物多样性和自然资源，其目的是满足当代人和未来世世代代人的需要、加强环境保护领域的法律秩序和保障生态安全。"由于我国现行《环境保护法》制定于 1992 年联合国环境与发展大会之前，因而其在修订时，立法目的不应局限于"保护

和改善生活环境与生态环境，防治污染和其他公害，保障人体健康，促进社会主义现代化建设的发展"，应把可持续发展的总体价值目标分解为促进环境安全、保障环境权利和自由、维护环境管理和市场秩序、实现环境正义、提高经济、社会与环保效率等具体的价值目标。另外，为区别于其他单行或综合性环境法律，应借鉴日本《环境基本法》第 1 条的做法，把"规定构成环境保护政策的根本事项"纳入立法目的之中。

从立法本位来看，《里约宣言》和世界大多数民主国家的环境立法已经表明，义务本位和纯粹的权利本位应让位于符合社会公共利益的权利本位。如 2002 年的《俄罗斯联邦环境保护法》序言指出："根据俄罗斯联邦宪法，每个人都有享受良好环境的权利，每个人都必须爱护自然和环境，珍惜自然财富。"而我国现行《环境保护法》第 6 条首先强调的是环境义务而非环境权利；对于环境权利，也仅限于检举权和不明确的控告权。因此，在修订该法时，有必要借鉴 1999 年《加拿大环境保护法》、2002 年《俄罗斯联邦环境保护法》、1969 年美国《国家环境政策法》的经验，首先在总则中依据宪法对公民的基本环境权利和义务先后作出政策性的宣告，其次在分则的国家对环境的管理及其监督、环境污染和其他公害的防治、自然资源与生态的保护、特殊环境的保护、促进环境科技与产业发展、促进环境保护教育与环境文化事业的发展、环境紧急事故的处理、环境纠纷的处理、国际环境保护合作等章节中明确各有关法律关系主体的主要环境权利和义务。

从立法体例来看，由于环境基本法是围绕环境与自然资源的保护而展开的，而环境和自然资源是相互联系、相互制约的，因此环境基本法既应加强两者的综合法律调整，还应全面和均衡地加强两者的专门法律调整。但是，现行的《环境保护法》忽视了区域环境的综合性法律调整，在专门法律调整方面，侧重于污染防治，在水、矿藏、草原、土地、森林、野生动植物等自然资源的保护方面缺乏基本的规定，对环境改善的立法规制重视不够。因此，在修订该法时，首先应在总则中规定环境影响评价等既适用于环境保护又适用于自然资源保护的综合性调整机制，然后在分则的自然资源与生态的保护、环境污染和其他公害的防治、特殊环境的保护等章节中分别规定完善的专门调整机制，即坚持综合性与专门性、全面性与均衡性的统一。

从调整范围来看，由于现行《环境保护法》制定于经济、科技和环保事业均不发达的计划经济时代，因此预测能力有限，对于市场经济条件下出现的环境安全、基因安全、总量控制、环境产权、环保产业、环保市场、绿色壁垒、清洁生产、循环经济、环保标志与认证的推广等问题，对于民主改革而产生的综合决策、环境信息权保障、公众参与、生态文化与环境道德的建设等问题,对于国际新形势下出现的全球环保合作需要和与环保有关的贸易发展问题,以及由环境污染、生态破坏和滥用动植物导致的流行病和环境灾难等问题,难以提供准确的法律解决机制。因此,在修订该法时,调整范围的确定可以借鉴俄罗斯、日本、韩国、加拿大等国环境基本法的经验,采用概括列举式的方法,即对于上述已经出现和将来必然出现的问题,采取列举式的立法规制方法;对于今后可能出现的其他环保问题,采取概括式的涵盖方法。

从管理体制看,现行《环境保护法》第 7 条规定了环境保护行政主管部门统一监督管理和其他有关部门按照有关法律的规定监督管理的模式。而一些在其后制定或修订的单行环境法律却作出了与此矛盾的规定,如 2002年修订的《水法》第 12 条规定了水行政主管部门统一管理和监督的职权,那么,水行政主管部门的"统一管理与监督"职权和《环境保护法》规定的"统一监督管理"职权怎么区分? 2000 年修订的《海洋环境保护法》第 5 条规定,国务院环境保护行政主管部门有权对全国海洋环境保护工作实施指导、协调和监督,国家海洋行政主管部门负责海洋环境的监督管理。那么环境保护行政主管部门的"监督"职权和海洋行政主管部门的"监督管理"职权怎么明晰? 类似的立法冲突还表现在环境监测的组织及与管理和环境公报的编制与发布方面。因此,在修订《环境保护法》时,为了最大限度地协调其与《水法》、《水土保持法》、《海洋环境保护法》、《草原法》、《农业法》等单行法在管理体制方面的矛盾规定,最好将环境保护行政主管部门的"统一监督管理"职权修改为"统一指导、协调和监督"职权,将环境和自然资源状况公报的编制与发布权集中到国务院环境保护行政主管部门。此外,为了减少国家的环境监测支出,改变目前的多头环境监测现象,从根本上杜绝监测数据不统一、不协调的现象,主张仿照俄罗斯的做法,成立独立于环境保护、水利、海洋、气象等行政主管部门或主管机构的水文、气象和环境监测局(属事业局),将环境保护、水利、海洋、气象等行政主管部门或主管机构现有的环境监测职责加以整合并划归。

从基本原则来看,现行《环境保护法》明确和体现了协调发展、预防为主与防治结合、行为者和主管者负责等主要的原则,但"协调发展"不是一个法律规则,难以发挥基本原则的作用;"预防为主与防治结合"难以涵盖环保的综合性、整体性和全过程原则;"行为者和主管者负责"不能涵盖环境单行法普遍规定的消费者最终承担、受益者负担和公众参与原则。因此，在修订该法时，应创设环境公平、科学保护环境、环境责任和公众参与原则。此外，还应借鉴《俄罗斯联邦环境保护法》第 3 条和《加拿大环境保护法》前言的做法，把环境安全、风险预防、生物多样性保护、利益结合、国际合作等也纳入基本原则的范围之列。

从基本制度来看，现行《环境保护法》对于市场失灵、政府失灵导致的环境问题，如野生动物的消费、外来物种的引进等，缺乏对策性的规定；对于公众参与和环保社会团体的建立与发展问题，缺乏相应的鼓励和支持政策，对于与环保有关的市场和经济发展问题，如环境产权的确认和环保产业的发展等，缺乏相应的确认、保障和促进机制。为了克服这些规范空白、规范不足、规范矛盾和规范不衔接的现象，在修订该法时，有必要借鉴加拿大、日本、俄罗斯等国环境基本法制度建设的经验，遵循市场调节、宏观调控与行政管理相协调原则，权益平衡、协调与制约原则，环境有效与经济可行原则，实施可行与管理成本可接受原则和外接内设原则，加强法律权利（力）、法律义务、法律调整机制、市场准入、市场规则与市场运行、环境后果与纠纷处理六个方面的制度化工作。

全面、系统地把握上述六个方面的问题及其修订对策，对于体现《环境保护法》的基本法地位，实现其科学化、实用化和民主化，推进我国的环境法治化进程，具有非常深远的意义。

二、《环境保护法》修订的若干重大理论和实践问题

目前，《环境保护法》在立法目的的确立、适用范围的确定、立法体例的安排、管理体制的设置、基本原则的创设、基本制度的构建、法律责任的构成和实现等方面，其适用已经出现缺位和不到位的问题。基于此，有关机关正在考虑修订该法或制定环境保护基本法的问题。该立法议题涉及若干重大的理论和实践问题，本书从以下几个方面予以探讨。

（一）立法地位的明确问题

目前我国正处在向市场经济转轨的后期，与环境保护有关的行政管理、经济、社会、科技等因素的变动将越来越小，环境单行法制定或修订的频率也将趋缓，环境立法之间在管理体制、制度和机制等方面的协调工作日趋完善。加上国外可供借鉴和参考的规律性成熟经验也比较多。因此，制定环境保护基本法的条件已经成熟了。环境保护基本法属于国家的基本法律，在我国应为全国人大通过。作为全国人大通过的立法，它应以宪法为依据，在总则部分明确指出我国环境保护的基本价值理念和目标，宣告国际和国内环境保护和国际合作的政策，赋予有关国家机关的环境保护职责，确立公民的基本环境权利和义务，充分肯定和发挥公众参与的作用；在分则部分即各专门环境立法的编纂之中，应对市场经济条件下的环境保护问题作出全面的规定。

有学者认为，我国的环境单行法已经很多，其中的制度已经非常全面，有的甚至非常先进，因此只要制定足够多的环境单行法，并将其中需要完善的单行法修订好了，就可以取消现行《环境保护法》，更谈不上制定环境保护基本法。但是将可持续发展作为国家的基本发展战略以法律的形式加以明确，宣告公民的基本环境权利和义务，明确国家的环境保护职责，并界定其与民法、刑法等其他基本法的关系，既不是地位比民法、刑法等基本法低的环境保护综合性法律所能做到的，也不是环境单行法所能以点带面地做到的。因此必须制定环境基本法。但是现实具有可变性，学者理性的学术呼吁不一定能被现实的立法者所倾听。下面本书还是分两种情况来讨论。

如果《环境保护法》改由全国人大通过，那么它就应在宪法的框架内发挥环境基本法的作用，即依据《立法法》的规定，指导和协调其他环境保护法律、法规和规章的制定和实施。这种基本法加专门环境立法的模式在日本、俄罗斯、匈牙利等国取得了成功，也与我国刑法、民法和诉讼法等主流部门法的立法模式基本一致。因而对于环境保护这个关系国计民生的重要事业，制定环境保护基本法是必要的。

如果制定环境保护基本法的条件不成熟，即修改后的《环境保护法》仍然由全国人大常委会通过，那么按照《立法法》的规定，它与各单行环境保护立法在法律效力方面的地位是平等的，互不隶属。因此，从环境保护法制建设的整体考虑，其创设的基本原则和构建的主要制度既不应指导各环境保护单行法律的创制，也不能是各单行环境保护法律、法规和规章有关制度的简单重申。基于此，我们认为，修改后的《环境保护法》应建立区别于各单行环境保护法律专门调整机制的综合性调整机制，成为一部综合性的非基本法律，它的角色应定位为以下四个方面，一是确立科学发展观的法律地位和实现途径；二是采取综合调整的方法，如综合决策和区域化、整体化、全面化的调整机制对环境保护问题进行调整；三是协调各单行环境保护法律的制定、修订和实施，解决它们之间的冲突；四是弥补各单行环境保护法律、法规和规章在光污染与振动污染的控制、环境规划、许可证、环境调查、综合决策、环境市场准入与运行、环境信息、风险预防、环境应急、污染纠纷处理等方面的适用空白问题。

（二）立法体例的设计问题

如果修订后的《环境保护法》由全国人大通过，参考我国基本法律和国外环境基本法律的立法体例，其立法体例可以安排为：

第一章总则，表明立法目的，设定适时、适地、适人和适事范围，明确我国环境保护的基本理念和中长期目标，宣告环境保护的基本方针和政策，规定调整对象和基本原则。第二章环境保护职责、权利和义务，从横向和纵向两个方面明确国家机关的环境保护职责，在此基础上，规定公民、单位、社会组织的基本环境权利和义务。第三章环境保护的综合法律调整，包括综合性制度和机制两个方面。第四章自然资源和生态保护的专门法律调整，包括生态的补偿，森林及国家森林公园的保护，水土流失的治理和防沙治沙，淡水生态和海洋生态的保护，野生动物保护，草原的保护，田地的保护，自然保护区的保护，自然遗迹和历史遗迹的保护，风景名胜区的保护，基因风险的控制等。第五章环境污染防治的专门法律调整，包括淡水和海洋污染的防治，大气、土壤、噪声、振动、固体废物、有毒有害物质和能量的污染防治及放射性污染、电磁辐射污染的防治等。第六章突发环境事件的应急处理，包括突发生态保护事件和环境污染事件的应急处理等。第七章环境教育、环境科技的发展和环境文化的培育。其中环境文化应当包括环境日、地球日、水资源保护日、海洋日等方面的内容。第八章环境保护的国内协作与国际合作。第九章环境纠纷及其法律解决，包括环境纠纷的种类和解决原则，调解、仲裁，民事诉讼，公益诉讼，刑事诉讼，环境信访，社会团体和律师的援助救济。第十章法律责任。第十一章附则，包括概念解释，法律之间的效力关系，立法授权和本法的生效日期。

修订后的《环境保护法》如由全国人大常委会通过，其立法体例也可以参照这种体例作适当的调整。

（三）适用范围和基本原则的界定问题

如果修订后的《环境保护法》由全国人大通过，那么其适用范围应该是全面的。在适用事项方面，应包括国内和涉外的生态破坏防治、生态环境建设、生态安全维护、污染防治、资源利用与回收、特殊环境保护等事项。在适用地域方面，应包括我国的领土和管辖的其他区域。如果修改后的《环境保护法》仍然由全国人大常委会通过，其适用范围也应包括这些方面。不过，该法应该指出，如专门的环境法律有特殊或专门规定的，遵从特殊的规定。

环境法的基本原则是体现环境法价值目标的最高级法律规则，具有特殊性、抽象性、规范性、指导性、统帅性和一定的明确性、可操作性和可适用性等特点,是环境法具体规则即具体领域法律原则产生和发展应遵循的准则。根据我国和其他一些国家环境法学的研究成果,理论上和实践中的环境法可以归纳出以下几个相互联系、相互制约的基本原则:经济、社会发展与环境保护相协调的原则,损害预防和风险预防为主,防治结合,全面、整体和全过程地解决环境问题的原则,环境保护知情原则,在政府主导下发挥市场机制和公众参与的作用,开发者养护、利用者补偿、污染者治理、破坏者恢复、消费者最终承担、受益者负担、主管者负责原则,相称原则。此外,还可借鉴《俄罗斯联邦环境保护法》第3条和《加拿大环境保护法》的规定,把环境安全、国际合作等也纳入基本原则的范围之列。

（四）重要法律制度的构建和完善问题

结合我国环境保护的实际、环境法律制度的建设现状和国外环境法律制度的建设经验,我国《环境保护法》在修订时应当建立综合性和专门性调整两个方面的制度体系。综合性法律调整制度应当包括规划制度,综合决策制度,环境影响评价制度,"三同时"制度,许可证制度,落后设备、技术和工艺的淘汰制度,环境标准制度,环境监测制度,公众参与和环境信息公开制度,限期治理制度,现场检查制度,环境权属制度,环境税费、信贷、价格制度,通过土地、能源、材料供应、污染总量控制等调控措施保护环境制度,环境市场准入和环境市场运行制度,循环经济、清洁生产制度,应急制度,奖励制度等,使环境保护进入宏观调控的主战场。专门性的制度的建设,则需从生态保护和污染防治两个方面去挖掘。

制度的建设应该体现如下特点:一是以实施可持续发展战略为指导思想;二是以环境民主、环境权利和环境公益的保障为环境法的本位;三是认真总结,广泛参考,发展和借鉴适合我国国情的先进环境保护机制;四是促进环境保护法律制度的体系化和综合化,并注重与国际条约和国内其他部门法律制度的衔接。

（五）环境纠纷处理和法律责任追究的机制安排问题

《环境保护法》在修订时,应按照主体的不同,把环境法律责任分成自然人、国家和单位的环境法律责任;按照是否有涉外因素,把环境法律责任分成国内和涉外环境法律责任;按照主观因素方面的不同,把环境法律责任分成过错、无过错和公平法律责任三类;按照环境问题的不同,把环境法律责任分成环境污染、生态破坏和特殊环境损害法律责任;按照法律责任的产生原因不同,把环境法律责任分成环境侵权、环境合同违约责任;按照法律责任性质和创设目的的不同，把环境法律责任分成环境违宪、行政、民事和刑事责任；按照责任主体的多寡，我们可以把环境法律责任分成单个行为和多个行为产生的法律责任两类。在责任的形式方面，要综合民法、行政法特别是现行环境单行法律、法规和规章的规定，予以丰富和发展。除了传统的责任内容以外，法律责任部分还应规定以下内容：其一是落实行政首长的责任；其二，在环境行政处罚方面，设置区域限批的措施；其三，对行为的处罚可以按照违反次数和天数计算罚款，对危害结果的处罚可以按照损害后果的一定百分比计算罚款；其四，设置环境公平责任、环境侵权和环境合同违约责任；其五，规定共同法律责任。

在权利救济方面，要结合有关的司法解释，明确污染损害与部分生态破坏的无过错民事责任制度、因果关系推定或反证制度和举证责任倒置制度，设立环境责任保险、环境损害赔偿基金、社会团体和律师的援助救济等制度。如果有可能，可以针对部分环境抽象行政行为建立行政诉讼制度。

以上几方面的问题，是此次《环境保护法》修订应涉及的主要问题。它们的解决，不仅应全面考虑我国环境污染越来越严重的现实，还应广泛借鉴相关国家的立法经验，体现我国环境立法技术和立法内容的与时俱进性。

第二节　动物福利法的建设问题

一、动物福利法建设的研究必要性

目前，欧盟、美国、加拿大、澳大利亚等发达国家或地区的动物福利立法相当完备。动物福利立法的一个基本任务是规定动物福利保护标准。动物福利标准不仅包括农场动物、宠物动物和实验动物的福利保护标准，还包括动物运输、展览、表演、医疗和屠宰的标准。和人权、环境标准相比，动物福利标准由于和动物及其产品的质量密切相关，因此，它作为国际贸易标准具有形式上的合法性，可以名正言顺地被作为贸易的条件标准。这种条件标准的实施，虽然具有强烈的贸易保护功能，但它具有逻辑的合理性，属于非可诉的贸易标准，已经成为发达国家促进本国动物的出口并保护本国动物贸易市场的一个新的国际贸易壁垒。由于发达国家的国际贸易和国际贸易法律制度的建设走在世界的前列，它们又是 WTO 现有规则的主要制定者，因此反映发达国家愿望和要求的动物福利保护要求体现在国际贸易规则体系中也就不足为奇了。如 2003 年，WTO 农业委员会提出了《关于农业谈判未来承

诺模式的草案》,该草案的初稿和其后的修改稿均把"动物福利支付"纳入
"绿箱政策之中"。另外,西方发达国家主宰的 WTO 贸易与环境委员会也正
在逐步考虑把与环境保护有关的动物福利事项和贸易挂起钩来。① 这无疑为
发达国家在 WTO 协定的起草或者修订中提出超出发展中国家能力的"动物
福利保护标准"创造了条件。

近十年来,我国一直是全球最大的动物生产大国,农业动物、宠物、实
验动物及其产品的绝对生产量非常大,如猪占世界的 53%,牛占世界的
9%,羊占到世界的 20%。随着人口数量和养殖技术的不断提高,我国动物
和动物产品的数量还会持续增加。目前,我国的畜牧产品已经出现过剩的状
态,加上我国农村富余劳动力向城镇的战略转移任务的完成还需要一定的时
间,因此,在全球化的市场经济大潮中,这些产品只有进入国际市场才能为
中国的动物产业找到一条持续、健康发展的出路,才能有效地缓解"三农"
问题。但是,近年来,我国的动物国际贸易一直受到发达国家动物福利壁垒
的强有力阻击,贸易损失每年都居全球之首。因此,为了促进动物进出口贸
易的持续、稳定地发展,逾越发达国家为动物及其产品进口设立的动物福利
标准,我国必须结合经济、科技和社会的发展实际,系统性地加强动物福利
保护法制建设。

目前,我国的一些法律、法规、规章和标准规定了一些对动物福利保护
有利的内容,如 1992 年实施的《进出境动植物检疫法》涉及动物的进出口
检疫福利问题;1998 年实施的《动物防疫法》涉及动物的防疫福利问题;
1998 年的《生猪屠宰操作规程》和《畜类屠宰加工通用技术条件》涉及动
物的人道屠宰福利问题;2001 年修订的《饲料和饲料添加剂管理条例》涉
及动物的饮食福利问题;2004 年实施的《兽药管理条例》涉及动物的免疫
与医疗福利问题。2004 年修订的《北京市实验动物管理条例》在我国还首
次以立法的形式于第 7 条明确承认了"动物福利"一词,要求"从事实验
动物工作的单位和个人,应当维护动物福利"。2005 年颁布的《畜牧法》在
畜禽养殖和运输方面规定了基本的福利要求,如运输者应保护畜禽安全,并
为畜禽提供必要的空间和饲喂饮水条件。但总的来说,与发达国家和地区的
立法相比,我国目前的动物福利法律制度很零碎而且落后,其主要原因是立
法缺乏体系性。特殊领域立法的体系性是由其在整个法律体系中的地位决定

---

① David B Wilkins, *Animal Welfare in Europe*, the Hague, Kluwer Law International, 1997, pp. 137—141.

的。因此，为了促进我国动物福利法的体系化建设，必须从发展的角度研究其在整个法律体系中的地位。① 20世纪80年代，发达国家和地区的动物福利法就已成为独立的部门法。而在我国，这一问题目前还没有引起应有的重视。国外动物福利法的实践已经证明，研究动物福利法的独立性问题和建设问题，不仅有利于动物福利法价值理念的发掘，还有利于动物福利法规律的总结；不仅有利于动物福利立法的查漏补缺，还有利于构筑逻辑严密、体系完整的学科体系；不仅有助于传统法学理论与动物福利法理论的衔接，还有助于传统法权的全面和充分救济。因此，在我国，利用国外立法资料来阐述动物福利法的独立部门法地位问题和我国动物福利法的建设问题，是非常必要的。

按照法理，价值理念、调整对象和调整规则是否具有独特性是评价法律门类是否独立的标准。② 由于动物福利立法起源于欧洲，而且欧盟及其成员国的动物福利立法目前是世界上最发达的，因此，本书下面以欧盟（包括其前身，下同）及其成员国的立法为例，从这三个方面来分析动物福利法是否为独立部门法的问题。

二、动物福利法的独立性

（一）价值理念评价动物福利法的独立性

1. 欧盟及其成员国立法的价值理念

公平、正义、秩序和效率是法律所普遍追求的价值理念，动物福利法在解决动物福利问题和由动物福利问题引发的权益纠纷问题时，也追求这四个理念。由于公平、正义、秩序和效率针对的是人③与人之间的关系，而动物福利法不仅规范人与人关于动物之间的关系，还规范与人和人的关系无直接关联的人对动物的单向行为，因此，动物福利法规范的价值理念肯定还追求公平、正义、秩序和效率之外的其他价值理念。

（1）适用于欧盟的动物福利保护条约的价值理念

欧盟及其前身缔结或者参加了一些动物福利保护条约。这些条约都阐述了各自所追求的价值理念。如1968年《国际运输中保护动物的欧洲公约》的导言阐述了促进内部市场的统一，解决动物国际运输和动物福利保护的矛

---

① 参见张文显主编《法理学》，高等教育出版社、北京大学出版社1999年版，第81页。
② 参见沈宗灵主编《法理学》，北京大学出版社2001年版，第291—293页。
③ 包括自然人和其他非公权主体。

盾，鼓励各成员国尽可能保护动物福利等愿望。1976 年《保护农畜动物的欧洲公约》的导言阐述了促进内部市场的统一，满足各国保护动物福利特别是集约化经营农场动物的福利等愿望。1979 年《保护屠宰用动物的欧洲公约》的导言阐述了满足各国保护动物福利的欲望，敦促各国所采用的屠宰方法不至于使动物遭受不必要的痛苦或者伤害，以及提高动物肉制品的质量等愿望。1986 年《用于实验和其他科学价值理念的脊椎动物保护欧洲公约》的导言阐述了欧洲理事会在其成员国间完成一个更大统一体的目标，反映了欧洲理事会与其他国家在用于实验或者其他科学目的的活体动物的保护方面进行合作等愿望，并承认人类有尊敬所有动物及把动物的感受痛苦能力与记忆能力纳入人类考虑范围的道德义务。为此，公约决心寻找替代的方法，鼓励采用替代的措施来限制用于实验或者其他科学价值理念的动物的使用；渴望通过一般的规定，以保护那些在实验中遭受疼痛、痛苦、忧伤或者持续伤害的动物，并且在疼痛、痛苦、忧伤或者持续伤害不可避免时，使之最小化。1997 年的《人道诱捕标准国际协定》在其导言中指出，按照联合国宪章和国际法的原则的规定，各国有按照其环境和发展政策一致的方式开发利用其资源的主权权利，各成员方有责任保护其路途范围内的生物多样性，并有权以可持续的方式利用生物资源；野生动物的可持续利用符合世界环境与发展委员会有关世界保育战略的规定。该导言还提醒成员方要注意世界自然和自然资源保护同盟第 18 届全体大会通过的有关"在实践中尽快消灭使用不人道陷阱的方法"的决议。该协定第 2 条还专门规定了其目的，即建立人道陷阱捕获方法标准，并在实施和发展这些标准方面，改善成员方之间的交流和合作，方便成员国之间的贸易。

综合以上阐述，我们可以把它们的价值理念归纳为：促进欧洲的一体化，建立与完善共同体的统一内部市场，促进国际贸易；提高动物福利保护知识和意识，保护动物的内在价值（包括生命）和福利；协调动物福利与经济、社会、科学发展的关系。

（2）欧盟法律文件的价值理念

由于欧洲动物福利保护公约的成员国既包括部分欧盟成员国，还包括非欧盟的欧洲国家，因此关系比较复杂。相比而言，虽然欧盟成员国之间的关系也比较复杂，但是和前者相比，还是较简单。因此，欧洲动物福利保护公约在价值理念的阐述方面所体现的协调性或者妥协性，要比欧盟的指令、条例等法律文件要强得多。我们下面来看看欧盟动物福利法律文件所体现的价值理念。

　　1986 年《关于拟订保护箱式笼中蛋鸡的最低标准的理事会指令》的导言阐述了使在共同体范围内广泛使用箱式笼养系统饲养的蛋鸡免遭不必要的和过分的痛苦，为箱式笼养方式设立最低的共同体标准，预防和纠正各成员国的立法扭曲共同体市场的现象，加强箱式笼养系统的改革研究等想法。1991 年《关于运输途中保护动物的理事会指令》的导言阐明了清除贸易上的技术障碍，使存有疑问的市场主体顺利地执行动物贸易规则，为动物提供一个令人满意的保护水平，在共同体内部废除各成员国在边境实施的动物福利检查，尽量减少动物的长途运输等想法。1993 年《关于屠宰或宰杀时保护动物的理事会指令》的导言提出了协调内部市场，避免动物遭受不必要的痛苦，建立最小的动物屠宰福利保护标准，为《保护屠宰用动物的欧洲公约》未覆盖的动物给予满意的屠宰福利标准，尊重宗教信仰等想法。1997 年《关于分段运输的共同体标准和修订 91/628/EEC 指令附件中提及的路线计划的理事会条例》的导言提出了有必要颁布适用于共同体全部范围的动物分站点的福利保护标准，给经过那里的动物最适宜的福利保护等想法。1998 年的《关于保护农畜动物的理事会指令》（98/58/EC）除了体现上述指令或者条例的一般性价值理念之外，还包括促进共同体内部动物贸易的非扭曲发展。

　　上述文件具有三个共同的特点，一是基本上都在其导言部分强调"考虑到建立欧盟的条约特别是第……条的规定"或者"考虑到建立欧洲共同体的条约特别是第……条的规定"，或者"考虑到建立欧盟经济共同体的条约特别是第……条的规定"。二是在导言部分都强调共同体文件之间、成员国之间、共同体与成员国之间法律文件的协调。三是每个后颁布的公约或者指令、条例、决定，总是在导言或者正文中提及其关于先前颁布的欧洲公约、共同体法律文件或者欧盟法律文件的考虑。如 1997 年《关于分段运输点的共同体标准和修订 91/628/EEC 指令附件中提及的路线计划的理事会条例》的导言就指出：考虑到《建立欧洲共同体的条约》的规定；考虑到1991 年《关于运输途中保护动物的理事会指令》和修正 90/425/EEC 指令与 91/496/EEC 指令的规定；考虑到委员会的建议；鉴于为了改善一定种类的运输动物的福利 91/628/EEC 指令拟订的关于卸载前动物最长运输时间的要求，以及在进一步旅行前 24 小时给动物供食、供水和让动物休息的要求。再如，1998 年的《关于牲畜运输超过 8 个小时的公路运输车的动物福利保护补充标准的理事会条例》在其第 1 条指出："在共同体内履行 91/628/EEC 指令附件第 7 章第 2 点之规定，即家养单蹄动物、牛、山羊、绵羊和猪的公路运输超过 8 个小时的时候，公路交通工具应该遵守本条例附件中规定的附加标准。"这三个共同的特点反映了欧盟及其前身贯彻和落实区域性宪法性条约，并坚持宪法性条约所规定或者体现的五个自由[①]、团结、国内法与欧盟文件互补、职权均衡[②]等原则的信念和价值理念。[③]

基于以上分析，可以把欧盟动物福利法律文件的价值理念归结为，促进欧洲共同体的一体化和发展，建立与完善欧洲共同体的内部市场，促进区域内部贸易和与区域以外国家的贸易；协调共同体各法律文件之间、共同体法律文件与各成员国立法之间及各成员国之间立法的关系，协调动物福利与贸易、社会、科技发展及传统文化保护的关系，防止贸易扭曲；提高动物福利保护知识和意识，保护动物的内在价值（包括生命）和福利。可见，欧盟法律文件的价值理念要比欧洲公约的要丰富。

3. 欧盟成员国立法的价值理念

欧盟成员国的早期动物福利保护法律规定，如 1867 年比利时的《刑法典》关于惩罚动物犯罪的规定，仅是把动物作为人的财产对待的。自 1822 年的英国《马丁法案》颁布后，特别是 1876 年的《残酷对待动物法》颁布后，动物保护立法有关动物内在价值和福利保护的价值理念逐步得到人们的重视。目前，一些欧盟成员国的动物福利保护立法，其价值理念的表述，甚至比欧盟法律文件的表述走得更远，如 1998 年修订的德国《动物福利法》在第 1 部分（原则）阐述道，鉴于人类应对其伙伴生物负责，本法的目的是保护动物的生命和福利；任何人都不得无理使动物遭受疼痛、痛苦或者伤害。奥地利 2004 年修订的《联邦动物保护法》在第 1 条（目标）中指出，鉴于人类对作为伙伴生物的动物负有特殊的责任，本联邦法的目的是保护动物的生命和福利。这些国内立法，实际上已经超越了把动物仅作为一般的"物"对待的价值理念，而是把动物作为人类的生物伙伴来对待。对待人的生物伙伴的法律要求和法律机制，虽然不可能和保护人的基本权利与福利的法律要求和法律机制相比，但是这些国内立法所提出的动物福利保护要求和机制，已经把传统财产法中动物这个特殊的"物"的保护提到了一个前所未有的保护高度。这对保护动物的福利是非常有利的。

---

① 即劳动力、服务、货物、资金流动和建立企业的自由。

② 即欧盟机关的职权和活动不能超出实现条约目标所需要的范围。

③ Elli Louka, *Conflicting Integration: the Environmental Law of the European Union*, New York, Intersentia, 2004, pp. 9—15.

综合上述三个方面的分析，可以把欧盟动物福利法所追求的价值理念总结为，追求人与动物及人与人、人与欧盟成员国、欧盟成员国与成员国之间、欧盟与其他国家或者地区之间在动物保护方面的和谐，追求动物福利保护与经济、科技、文化、宗教与社会的协调发展。

2. 从价值理念评价动物福利法的独立性

综合以上分析，无论是适用于欧盟的公约的规定，欧盟法律文件的规定，还是欧盟成员国的立法规定，都把保护动物生命与福利作为其重要的价值理念。那么，这个价值理念是否为其他相关的部门法所体现或者全面体现呢？我们下面来进行分析。

社会保障法的价值理念仅针对人的社会保障，而不针对人以外动物的福利保障。

商业法的价值理念，体现在动物的贸易方面，在于保障动物质量，保护动物贸易的商业利益，维护正常的商业秩序，并不直接针对动物的福利问题。

环境资源法的价值理念既针对人与人之间的关系，也针对人对自然环境和自然资源的行为，其价值理念包含三个层次，最基本的层次是保护和改善当代人的生活环境和生态环境，防治环境污染及其他公害，保障当代人的人体健康和环境法律主体对环境及其要素的利用权。第二层次是尊重生物及其赖以生存和发展的有机和无机环境基质，维护生态平衡，保持基本的生态过程和生命维持系统，保持遗传的多样性。第三层次即最高的价值理念是保证人类对生态系统和生物物种的持续利用，实现当代人与后代人之间的环境利益平衡，促进环保与社会、经济的可持续协调发展，真正实现人与自然的和谐共处。① 这三个层次的价值理念，体现在动物的保护和管理方面，一般来说，仅针对生活在野外的野生动物和驯养的野生动物。对于非驯养的农场动物、实验动物、宠物动物、工作动物、展览动物，其生命和福利保护的价值理念不能被环境资源法所体现。

卫生法的价值理念针对的是动物和人的疾病预防与控制问题，其中，动物疾病的预防和控制虽然涉及动物的福利问题，但是动物福利法的理念既包括保护公共卫生，保障动物和人的健康，还包括让动物的生活更舒适，包括经济发展、宗教保护等方面的理念，因此，动物福利法的价值理念难以为卫生法的价值理念所覆盖。

---

① 参见常纪文著《环境法原论》，人民出版社 2003 年版，第 25—27 页。

农业法的价值理念主要在于促进农业生产，维护农业生态环境。而动物福利法的价值理念既包括促进农场动物的福利保护，促进农业生产，还包括促进野生动物、宠物动物、实验动物等动物的福利保护。因此，动物福利法的价值理念难以为农业法的价值理念所覆盖。

基于以上分析，可以认为，动物福利法的价值理念是社会保障法所不能体现的，也是农业法、卫生法、商法和环境资源法所不能体现或者全面体现的。因此，动物福利法与社会保障法、农业法、卫生法、商法和环境资源法等独立的部门法在价值理念方面是有区别的。

（二）从调整对象评价动物福利法的独立性

1. 动物福利法是动物福利法律规范的总体。由于动物福利法律规范包括动物福利保护行为规范和利益确认规范，而利益确认规范还是通过行为规范来保障和实现，因此，可以说，行为规范是动物福利法的核心规范。

2. 动物福利法律规范，按照行为所直接针对的对象[①]，可以分为两类规范，第一类是人对人关于动物的行为规范，包括自然人对自然人关于动物的规范，私法单位对自然人关于动物的规范，私法单位对私法单位关于动物的规范，国家机关对自然人或私法单位关于动物管理的规范，国家机关之间关于动物福利保护的职责规范等，如立法关于人与人之间买卖农场动物的规定，立法关于人和人之间签订动物运输协议的规定，立法关于职责机构命令行政管理相对人采取动物保护措施的规定等，这类规范既有公法规范，还有私法规范。第二类是人对动物的公法性行为规范，如不得伤害野生动物，不得故意猎杀法律所保护的动物，屠宰场的工作人员按照法律的程序和福利要求屠宰牛羊，主人按照法律的要求为宠物修建房屋，职责机构对动物采取的直接拯救行为等。第二类公法规范会涉及私法上的所有权关系，如欧盟保护农场动物的指令都规定，不得故意伤害农场动物，这个公法性行为规范实际上起了保护农场动物财产所有权的作用。如果行为人伤害了动物，那么，体现在私法上，就会产生人与人关于动物所有权的私法纠纷关系；反映在公法上，就会产生人违反动物福利保护的公法规范问题。如果仅着眼于私法，那么，伤害者和动物的主人之间关于所有权侵犯的关系就可独立地成为私法的调整对象；如果仅着眼于动物福利法这个公法而言，伤害者对动物的故意伤害行为，就可以独立地成为其调整对象。

---

① 而不是最终会影响到什么对象。有的学者称之为直接调整的对象，笔者不赞同该观点。调整应该是直接的。非直接的调整，应该属于法律规范的功能和作用的范畴。

3. 一些学者把那些不直接针对人的公法行为规范，即人针对动物的公法规范行为，阐述为人与动物之间的关系，这种关系，不是主体与主体之间的关系，而是主体与客体之间的关系。由于客体在动物福利法上总是有主人即所有权人的，而人是具有社会属性的，因此，人与动物之间的主、客体公法关系和社会关系还是有联系的。如果强调"法律所调整的关系只能是主体与主体之间的关系"，那么动物福利法只能调整人对动物的行为而不能调整人与动物之间的关系。但是立法和法学理论从来就没有设定"法律所调整的关系只能是主体与主体之间的关系"这个命题，因此，动物福利法调整人与动物之间的主、客体关系，还仍然是成立的。那么，人对动物的单向性公法规范，其考虑的价值是否同于人对人关于动物的公法与私法规范呢？我们下面来加以分析。

立法者在制定法律规范时，一般会考虑经济、社会、科技和伦理发展的水平。实践证明，纯粹考虑人的利益和动物的短期外在价值而不考虑动物的"利益"① 或内在的价值，最终也是不符合人的利益的。因此存在于当代地球上唯一具有理性思维的高级动物——人类，为了自身的利益，也为了维护自己的理性尊严，应该摆脱狭隘的自私自利思维的束缚，尊重自然法则，充分尊重其他物种生存和发展的权利。基于此，人类在制定利用动物的外在价值保证自身利益的法律规范的同时，也要把动物与人的内在价值的平等性尽量地体现在法律上。也就是说，人类制定的人对动物的单向性公法规范，既包括考虑人的利益和情感的公法规范，还包括兼顾或直接确认和保护动物内在价值和"情感"② 的公法规范。考虑人的利益和情感的公法规范，与社会关系密切相关；兼顾确认与保护动物内在价值和"情感"的公法规范，既与社会关系密切相关，还针对动物的福利；直接针对动物内在价值和"情感"保护的公法规范，直接考虑的仅是确认和保护动物的福利，而不是人与人之间的其他公法与私法性利益关系。这些特征已广泛地为欧盟法律文件、欧盟成员国动物保护立法及其他国家与地区的动物保护立法所采用，如奥地利 2004 年修订的《联邦动物保护法》第 1 条指出，鉴于人类对作为伙伴生物的动物负有特殊的责任，本联邦法的目的是保护动物的生命和福利。

---

① 这种利益首先是伦理学上的，即尊重动物自身存在和发展的价值，只有动物伦理充分发展和普及，才能谈及以此为基础的环境法益。

② 这种情感一般可以为人所感知，欧洲一些保护动物的公约和欧盟保护动物福利的一些指令、条例等法律文件，均指出了动物有感受疼痛、痛苦和忧伤的能力。

该法第 15 条至第 28 条规定了照顾生病与受伤的动物、保障动物的活动自由、动物的喂养与供水、动物的住房要求等内容。

由于动物福利法保护宠物动物、野生动物、农场动物、实验动物、工作动物、展览动物、竞技与表演动物等，因此，动物福利法不仅调整人与人之间关于这些动物的关系，还调整人对这些动物的单向保护行为。这是与环境资源法、农业法、商法、卫生法的调整对象有明显区别的。环境资源法调整人与人关于野生动物的关系，调整人对野生动物的行为，调整人与人关于与动物有关的环境污染和生态破坏的关系，调整人对环境的与动物有关的环境污染和生态破坏防治行为，因此，仅就动物而言，动物福利法的调整对象范围更宽。农业法调整的对象"物"是农场动物和驯养的野生动物，其他野生动物、实验动物、展览动物等就不在其保护范围之列，因此，仅就动物而言，农业法的调整对象范围要比动物福利法的窄。商法调整人与人关于宠物动物、野生动物、农场动物、实验动物、工作动物、展览动物、竞技与表演动物的交易关系，而不专门调整这些动物的福利保护问题，因此，动物福利法的调整对象也不同于商法。卫生法调整人与人之间关于动物的关系以及人对动物的卫生保护行为，不调整人与人之间关于动物运输福利、动物屠宰福利等方面的关系，不调整人对动物的其他福利保护行为规范。可见，就调整对象而言，动物福利法与社会保障法、农业法、卫生法、商法和环境资源法等独立的部门法是有区别的。

（三）从调整规则评价动物福利法的独立性

由于动物福利法的价值理念和调整对象均不同于现有的独立部门法，因此，可以说，动物福利法就是一个独立的部门法。为了体现动物福利法的独立性，我们下面从其调整规则即基本原则和具体规则的特殊性来作进一步的阐释。

1. 基本原则的特殊性

法律的基本原则指导法律具体规则的设计。因此，要使动物福利法的具体规则具有特殊性，首先得使其基本原则具有特殊性。作为基本调整规则，动物福利法的基本原则必须体现动物福利法的本质和精神，主导整个动物福利法体系，并构成动物福利法的核心和灵魂。我们下面从区域立法和国内立法两个层次来分析动物福利法基本调整规则的特殊性。

（1）区域法律文件规定的基本原则

一些适用于欧盟的区域性条约和欧盟自己颁布的法律文件明确规定了动物福利保护的基本原则，如 1976 年《保护农畜动物的欧洲公约》第 3 条至

第 7 条列举了农场动物福利保护的五个基本原则。一是，人们应当以符合动物品种、发育程度、适应度和驯化度的方式，按照人们已经接受的实验和科学知识，给予动物以适合其心理学和行为学需求的容留场所、食物、水和照料。二是，与动物品种有关并且与人们已经接受的实验和科学知识一致的动物活动自由，不应当被以引起其不必要痛苦或者伤害的方式进行限制；如果一个动物被持续地限制自由或者禁闭，那么它应当按照人们已经接受的实验和科学知识，被给予符合其生理需要的活动空间。三是，动物栖息场所的光照、温度、湿度、空气流通、通风和有毒气体浓度、噪声强度等环境条件，应当以符合动物品种、发育程度、适应度和驯化度的方式，满足动物的与人们已经接受的实验和科学知识一致的动物生理学和行为学需要。四是，不得对动物提供引起其不必要痛苦和伤害的食物或者流体，不得对动物提供含有引起其不必要痛苦和伤害的物质的食物或者流体。五是，动物的条件和健康状态，应该得到彻底的检查，检查的间隔应以可充分地避免不必要的痛苦，对于集约化养殖的动物，这种检查每天至少一次；集约化养殖场的技术设施每天至少彻底地检查一次，任何缺陷都应该毫不延迟地予以弥补，如果不能做到这一点，应该立即采取保护动物福利所必需的所有临时性措施。这些原则得到了欧盟 1998 年《关于保护农畜动物的理事会指令》的认可。遗憾的是，迄今为止，欧盟还没有针对所有的动物规定福利保护的总原则。

（2）国内立法规定的基本原则

德国 1998 年修订的《动物福利法》第 1 条（原则）就明确规定："没有正当的理由，任何人不得引起动物疼痛、痛苦或者忧伤。"丹麦 1991 年的《动物福利法》与德国《动物福利法》的做法类似，该法指出，本法是为了确保动物免受疼痛、痛苦、焦急、永久伤害和严重的忧伤。

葡萄牙 1995 年的《保护动物法》第一章"保护的总原则"列举了以下四个保护原则。一是禁止所有的造成不必要的死亡、虐待、持续的痛苦或剧烈伤害等非法残暴对待动物的行为。二是动物患病、受伤或者处于危险的边沿，应该得到尽可能的帮助。三是禁止要求动物做力不能及的事情；禁止用带结的鞭子和大于五毫米的马刺或者其他可能对领头动物身体造成孔形伤害的工具，马术、斗牛和其他法律所许可的情况除外；如果不是出于诊治、使之康复或者使之立即而又有尊严地死亡的目的，禁止从他人家庭、商业、工业或者其他场所获得或者处置处于人类保护和照顾的体弱、生病、衰败或者年老的动物；禁止有意抛弃处于他人家庭、商业、工业或者其他场所获得人类保护和照顾的动物；除非经过证实的科学实验需要，禁止把动物利用于导致其相当疼痛、痛苦的教学、训练、拍电影、展览、广告或者其他类似的活动中去；除非出于打猎的实践需要，禁止让动物从事特别困难的训练或者使动物参与到和其他动物对抗的实验或者娱乐之中。四是濒危动物物种应该得到符合其生态系统规律的保护。可以看出，这四个总的原则是基本原则和具体调整规则结合的产物。

瑞典2002年修订的《动物福利法》第2部分（关于动物管理和对待的基本规定）虽然没有用专门的条款来归纳动物福利保护的基本原则，但该部分利用8条的篇幅阐述了对待动物的基本态度，如该法第2条第1款规定："动物必须被善待，并且能够得到保护，避免不必要的痛苦和疾病。"第3条第1款规定："动物应该得到充足的食物、水和充分的照顾。"第4条是关于动物的栖息场所条件的问题，第5条是关于动物的过度劳作问题，第6条是关于动物行动自由的限制问题，第7条和第8条是分别关于动物买卖和运输的基本规定，第9条是关于生病和受伤动物的救治或者人为捕杀问题。可以看出，它们充分地体现了"没有正当的理由，任何人不得引起动物疼痛、痛苦或者忧伤"的基本原则。

（3）动物福利法基本原则的特殊性

综合以上两个方面的分析，可以把动物福利法的基本调整规则归纳为保护动物的生命和福利；没有正当的理由，不得引起动物疼痛、痛苦、伤害或者死亡。该规则显然不是环境资源法、卫生法、商法、农业法、社会保障法所能体现或者全部体现的。如环境资源法所体现的基本调整规则包括环境保护的权益平衡、协调和制约原则，及环境问题防治的预防性、综合性、整体性和全过程原则，就与动物福利法所确认和体现的上述原则有明显的差异。

2. 具体调整规则的特殊性

在基本原则的指导下，欧盟动物福利法或者适用于欧盟的动物福利法创设了系统性的具体调整规则。这些规则体现了动物福利保护的全面和全过程性要求。全面性体现在对动物的生活环境、饲料、饮水、照顾、医疗、行为等方面，全过程主要体现在动物的运输、实验和屠宰等环节。

在动物的生活环境方面，1976年《保护农畜动物的欧洲公约》第5条规定，动物栖息场所的光照、温度、湿度、空气流通、通风和有毒气体浓度、噪声强度等环境条件，应当以符合动物品种、发育程度、适应度和驯化度的方式，满足动物的与人们已经接受的实验和科学知识一致的动物生理学和行为学需要。

在动物的饲料、饮水等照料方面，1976 年《保护农畜动物的欧洲公约》第 3 条规定，人们应当以符合动物品种、发育程度、适应度和驯化度的方式，按照人们已经接受的实验和科学知识，给予动物以适合其心理学和行为学需求的食物、水和照料。1998 年《关于保护农畜动物的理事会指令》附件第 14 条至第 19 条规定，动物的饲喂物质应当是和其年龄、品种相适应的有益食物，这种食物应当充分，以保证动物的健康和营养学需要；不得以引起动物不必要痛苦和伤害的方式给动物喂食食物或者流体，或者给动物喂食含有引起其不必要痛苦和伤害的物质的食物或者流体；喂食的间隔应当符合动物生理学的需要；应当给动物提供饮水的便利，并以其他方式满足动物获取流食的需要；动物的喂养和饮水设施的设计、建造和安装，应当保证食物和水污染的最小化，保证不同动物之间的竞争最小化等。

在动物的行为方面，1976 年《保护农畜动物的欧洲公约》第 4 条规定，与动物品种有关并且与人们已经接受的实验和科学知识一致的动物活动自由，不应当被以引起其不必要痛苦或者伤害的方式进行限制；如果一个动物被持续地限制自由或者禁闭，那么它应当按照人们已经接受的实验和科学知识，得到符合其生理需要的活动空间。1998 年《关于保护农畜动物的理事会指令》附件第 7 条规定，当动物被连续或者有规律地关闭或者限制时，它应当在经过实验和科学知识证实的动物行为学和生理学知识的基础上，得到合适的活动空间。

此外，在动物的运输、实验、屠宰等环节，欧盟及其成员国的动物福利保护立法还规定了一些动物照料、医疗、人道处死等方面的具体规则。

从以上阐述可以看出，在规则的类型和规则的调整方法方面，动物福利法既具有属于环境资源法、卫生法和科技法的法律规则的调整机制，还具有属于农业法和商法的法律规则和调整机制，因此，可以说，与动物福利的全面和全过程保护需要相适应，动物福利法的法律规则和调整机制也是综合性的。虽然其他的独立部门法，如环境法也具有综合性的法律规则和调整机制，但动物福利法规则和调整机制的综合性，在规则的内容及调整机制的种类与结合方式方面，还是不能被其他独立部门法的调整规则所代替。

3. 从调整规则评价动物福利法的独立性

上述基本的和具体的调整规则是动物福利法实现其目标所不可缺少的，但恰恰就是这些法律规则及其调整规则，是环境资源法、卫生法、科技法、农业法、商法和社会保障法等独立的部门法所不具备或者全部具备的。这说明，在这些规则背后，动物福利法具有独特的调整目的及与环境资源法、卫生法、科技法、农业法、商法等单一独立部门法不同的调整领域。因此，调整规则的特殊性与价值理念、调整对象的特殊性一起从不同的侧面论证或者阐释了动物福利法的独立部门法地位。

（四）结论

目前，欧盟成员国的动物福利立法可以分为法律和法令两个层次。法律层次的规定又可以分为宪法的基本规定和一般法律的规定。一般法律的规定主要包括动物福利保护基本法或者综合性法律的规定、专门的宠物动物福利法的规定、其他法律对宠物动物福利保护的附带规定。典型的动物福利保护基本法或者综合性法律主要有瑞典1988年颁布的《动物福利法》、丹麦1991年颁布的《动物福利法》、德国1993年颁布的《动物福利法》、葡萄牙1995年颁布的《保护动物法》等。专门的动物福利保护法律或者法令，以英国为例，在宠物方面，该国1906年颁布了《狗法》，1930年颁布了《控制狗的法令》，1983年修订了《宠物动物法》（1951年颁布）等；以瑞典为例，该国1987年修订了《猫狗监管法》（1943年颁布），1999年颁布了《狗的饲养、销售和喂食法》，2000年颁布了《狗标记和登记条例》等。可见，在欧盟，动物福利立法这个独立的部门法已经层次化、体系化。

既然动物福利法是一个独立的部门法，那么它是一个什么性质的部门法呢？由于动物是私法中所有权的对象，因此，从属性上讲，它是私法的客体。当国家通过公共权力的机制介入调整人和人关于动物的关系和人对动物的单向行为的时候，动物福利法就具有区别私法规范的公法规范。由于动物福利法也通过具体的私法、公法规则解决市场交易、环境污染、生态破坏、疾病控制和农业发展等问题，因而动物福利法与商法、环境法、卫生法、农业法等部门法又有一定的联系。因此，有人说，和环境法一样，动物福利法同时具备了公法、私法的性质。但从总体上讲，动物福利法的公法性质的规范要远远多于私法性质的规范，因而，动物福利法主要还是公法性质的。

三、中国动物福利法的发展必须考虑中国的基本国情

动物福利法在动物业发展和社会生活中所扮演的角色，取决于经济、科技与社会各项因素之间复杂的互动关系，如民众对动物的态度、动物保护主义者的政治力量、科学研究的需要、科技发展的现状、环境与食物安全的考虑、国家的经济能力以及都市与乡村区域的结构等。这些因素，属于基本国情的范畴。

（一）发达国家的动物福利立法与基本国情

在发达国家之中，欧洲的动物福利立法比较发达。在欧洲国家中，英国的动物福利立法不仅历史悠久，而且体系相当完备，制度相当发达。目前，该国施行的与动物福利有关的法律主要有：1691年的《鲑鱼法》，1822年的《马丁法案》，1831年的《狩猎法》（1970年和1990年修正）①，1871年的《狗法》，1852年的《埋葬法》，1860年的《狩猎执照法》，1876年的《残酷对待动物法》，1880年的《地面竞赛法》，1892年的《野兔保护法》，1911年的《保护动物法》，1925年的《表演动物法》（1968年修订），1932年的《进口动物销毁法》，1937年的《鱼类疾病法》（1983年被修正），1937年的《电影公司（动物）法》，1939年的《预防野兔损害法》，1944年的《夜间偷猎法》，1947年的《农业法》，1950年的《动物疾病法》，1951年的《宠物动物法》（1983年修订），1952年的《斗鸡法》和《海关和收税法》，1953年的《狗（保护牲畜）法》，1954年的《有害物法》和《鸟类保护法案》（1967年修正），1959年的《狗执照法》和《高速公路法》，1960年的《动物法》（后被多次修正）和《放弃动物法》，1961年的《公共健康法》，1962年的《动物（痛苦的毒药）法》，1963年的《动物饮食设施法》和《鹿法》，1964年的《雇佣者责任（强制保险）法》、《骑乘设施法》（1970年修订），1965年的《动物疾病法》，1966年的《兽医外科医生法》，1967年的《森林法》和《家禽宰杀法》，1968年的《医疗法》和《偷盗法》，1969年的《雇佣者责任（有缺陷的设施）法》，1970年的《骑马设施法》，1971年的《犯罪损害法》、《野生动物和森林法》和《药物滥用法》，1973年的《饲养狗法》（1991年修订）和《保护獾法》（1992年修订），1975年的《生物标准法》，1970年的《海豹保护法》，1972年的《贸易记录法》、《毒药法》和《道路交通法》，1973年的《獾法案》（1990年、1992年均进行过修订），1974年的《污染控制法》、《动物屠宰法》、《屠宰马法》和《屠宰房法》，1975年的《社会安全法》、《守卫狗法》和《鲑鱼和新鲜水饲养法》，1976年的《鲑鱼渔业（苏格兰）法》、《危险野生动物法》、《濒危物种（进口和出口）法》和《屠宰禽类法》，1977年的《旅游法》，1978年的《安全消费法》和《活鱼（苏格兰）进口法》，1979年的《商品出卖法》，1980年的《蜜蜂法》和《活鱼（英格兰和威尔士）进口法》，1981年的《野生生命和乡村法》、《渔业法》、《动物健康法》和

---

① 该法的英文名字为"Game Law"。

《动物园许可法》,1984 年的《动物健康和福利法》、《食物法》和《居住者责任法》,1986 年的《动物(科学的程序)法》,1987 年的《动物(苏格兰)法》,1991 年的《动物屠宰时的福利保护法》,1996 年的《野生哺乳动物(保护)法》,1998 年的《饲养和买卖狗法》,1999 年的《皮毛农场动物(禁止)法》等。其中的许多法律都经过了修正。另外,英国还颁布了数量相当可观的条例和法令(order),如 1980 年的《非洲猪发热法令》、1986 年的《家禽传染病法令》等。

动物福利不仅是一个观念问题,它还反映了国家的整体经济实力和社会的发展水平。发达国家具有雄厚的经济基础和良好的社会发展状况,公民能够普遍接受良好的教育,公众的动物福利保护意识明显地高于发展中国家。体现在立法上,动物福利保护的措施和标准也整体高于发展中国家。但至于高到什么程度,和其他立法一样,也涉及一个复杂的综合性政治博弈过程。

逐步提高动物福利保护的标准,是人类伦理发展的需要,如必须保证小猪吃够多少天的母乳,保证农场小鸡的饲养密度不超过法律规定的标准,宠物动物和农场动物生病时必须送交兽医诊治或者处理;对长途运输中的动物,要求运输者或者护理者按照法律规定的间隔供应水和膳食,并且让动物卸下来得到合理的休息等,已经被发达国家广泛接受。但一旦动物福利保护标准和要求脱离了社会现实的实际情况,不仅会明显增加经营者或者动物拥有者的支出,减少经营者的收入,还会影响本国动物及其制品进入他国市场的竞争力。因此,在个人财产神圣不可侵犯和追求利润最大化的资本主义发达国家,无疑会遭到部分利益选民政治上的强烈抵制。利益选民抵制的办法,在主权在民的民主社会,可能是他们和他们的利益代言人在选举中放弃支持那些提倡实施超越国情的动物福利保护标准的候选人。如在德国,尽管农民只占总劳动人口的 2.9%,但和农业有关的人口却占总劳动人口的 13%。哪个政党敢忽视这个数字?另外,欧盟国家与农业有关的非政府组织还经常搞跨地区甚至跨国的"串联"。由于这些组织的成员很复杂,既有自然科学家、经济学家、环保主义者、宗教界人士,还有律师和政治家,加上它们能够得到民间的资金支持,因此影响非常大,能够影响欧盟的农业和经济政策。

为了既稳定动物福利保护者的选票,又最大限度地争取利益选民的支持,在选民意志决定政治家屁股和头脑的发达国家,政治候选人往往提出或者承诺采取与本国基本国情相适应的动物福利保护措施,如在动物保护主义者提出的过高福利标准上打一些折扣,或者给予农场主以减少税收、更多的绿色补贴等动物福利保护补贴。以补贴为例，如果补贴过高，利益选民以外的选民，由于他们也是纳税人，就不高兴了；如果补贴过低且动物福利保护的要求过高，动物拥有者和经营者等利益选民也会很不高兴。如果采取折中的补贴措施，虽然双方都不太满意，但他们还是可以都接受的，因而可以争取最大数量的选票。以德国为例，在动物产业方面，它目前的补贴有公牛补贴、母牛补贴、牛的屠宰补贴、母羊补贴、生态畜牧业补贴、粗放型农场补贴、农场的二氧化碳信用补贴、农场休耕补贴、补充款项补贴等。此外，德国政府实施的农村基础设施建设补贴、农村社会保险和农业保险补贴也会对其本国动物产业的发展产生积极的影响。这些补贴约占农业生产成本的70%。由于财力所限，发展中国家难以做到这一点，这决定了其动物和动物产品难以在国际市场上和欧、美等发达国家或者地区进行公平的竞争。

另外，发达国家过高的动物福利标准必然导致过高的动物及其产品价格。为了防止发展中国家低福利集约化饲养的廉价动物及其产品大举侵占本国市场，保护本国农场主的利益，绝大多数发达国家还建立了严格的进口标准制度和境内销售的分类标签制度。在所有的发展中国家中，我国每年遭受动物福利贸易条件标准甚至贸易壁垒措施的损失最大。有的学者认为，这是欧美发达国家与地区把"中国威胁论"和具体事例结合起来的又一个典型例证。

（二）发展中国家的动物福利立法与基本国情

目前，很多发展中国家也制定了很多动物福利保护的立法，如泰国于1972年颁布了《野生生命保护法》，菲律宾于1998年通过了《动物保护法》，毛里求斯于1957年颁布了《防止虐待动物法》。但总的来说，要比发达国家落后得多。

由于伦理道德具有一定的类同性，而动物福利反映了人类社会文明的进步，因此，发达国家和发展中国家在动物福利保护的某些问题上，具有共同的看法和目标。但动物福利保护的总体水平是与国家的经济发展和社会进步水平相适应的。由于发展水平的差异和文化背景的不同，目前发展中国家的动物福利保护立法参差不齐，但和发达国家相比，无论是立法体系的构建，还是制度的完善和先进程度，均存在相当的差距。但国际社会是一个相互交往和相互影响的社会，一个国家不可能自我封闭地发展传统和法律制度，因此，各国的动物福利保护制度总是相互影响的。在这相互影响的过程之中，由于发达国家在贸易、教育、宣传方面占有优势，因而，在动物福利保护的立法方面，其对发展中国家的影响，从整体上看，要大于发展中国家对发达国家的影响。

由于经济基础、文化背景和动物福利标准存在大的差距,加上每个国家都想保护本国的动物、动物产品和相关的服务市场,并不断开拓动物、动物产品和相关的服务出口市场,发达国家和发展中国家在动物福利保护的标准问题上难免会出现不一致的看法甚至严重的纠纷。为了获得更多的出口份额,不成为或很少成为南北国际贸易的牺牲品,发展中国家特别是农场动物、宠物动物和实验动物在世界占有相当比重的发展中国家,一些外向型的出口企业会在压力之下自愿提高自己的动物福利保护水平,这种保护动物福利的自发性企业行为会对发展中国家的立法产生一些影响。但是,这种影响,在不同的发展中国家,程度又有所不同。如果某个发展中国家的动物、动物制品出口贸易及相关的服务贸易比较强大,那么基于迎合发达国家标准、不断促进出口的需要,它改革本国动物福利保护立法的步伐会比较快。如巴西和泰国每年都向欧盟国家输入大量集约化养殖的鸡胸肉,直接威胁到散养鸡的小农户的生存。但由于欧盟迟早要禁止集约化饲养的鸡肉,因此,这两个国家正在考虑制定限制集约化饲养的鸡产品出口到发达国家的法令。如果这项限制措施得以通过,本地小农户的利益会得以保护,或许还可以为他们带来更好的出口发展机会。如果某个发展中国家所饲养、繁殖和经营的动物、动物制品主要是内销的,其出口贸易在整个出口市场中所占的比重非常少,那么,该国就很少甚至不会遇到发达国家动物福利贸易条件标准或者贸易壁垒措施的强大阻击。缺乏外部压力或者外部压力不大,这个发展中国家在短期内是很难大幅度改善动物福利保护立法的。但不管怎么改善,由于发展中国家不可能超越自己的国情,投入很多的财力、物力来大幅度地改善动物的福利,因此,从总体上讲,发展中国家的动物福利保护立法还是处于发展而非发达的水平上的。

（三）中国动物福利立法的发展与基本国情

中国的古代哲学强调"天人合一","天人合一"重视动物的合理保护。在自给自足的封建社会和新中国成立后的计划经济时代,集约化地饲养、屠宰和利用动物的现象并不是很普遍,因此,动物福利保护所导致的国内社会矛盾和国际贸易矛盾还不是很突出。进入市场经济社会后,国内和国际的动物和动物产品市场逐步被放开,动物饲养、繁殖、屠宰和实验行业的竞争也日益激烈,使得人与动物的关系变得日益紧张。如果立法及时地介入,动物福利保护的问题在经济发展的同时,会逐步地得到缓解甚至解决。我国已经初步认识到了这一问题,并在野生动物保护、畜禽屠宰、动物实验、宠物动物管理等方面制定了大量的保护动物福利或者具有保护动物福利作用的国家级和地方级立法。但是，我国的动物福利立法，在过分强调人的主体性和支配地位的传统哲学和传统法学思想的影响下，其发展过程则显得非常艰辛和坎坷。如 2004 年 5 月 8 日，北京市政府法制局在网上公开《北京市动物卫生条例》（征求意见稿），征求意见稿提出了不许伤害动物，不许当着其他动物的面屠杀动物，不许遗弃动物等一系列全新的动物福利保护要求。几天之后，这一稿子就被撤下，号称中国第一个保护动物福利的地方性专门法规就胎死腹中了。大多数人的理解是，中国没有像西方发达国家那样的动物福利法基础和环境，这个稿子太超前了，太脱离现实了，不具有可操作性。2005 年 12 月通过的《畜牧法》也把草案中的"动物福利"一词删除了，官方的解释是"动物福利"一词的含义太宽泛了。笔者认为，除了这个原因之外，还有其他的因素。这个稿子之所以没有得到广泛的承认，主要是这个稿子出来得比较突然，一下子提出那么多的动物福利标准或者要求，没有和国家的经济、卫生、环境、就业、保险等现实问题结合起来，大多缺乏可实施性，在贫富悬殊不断扩大、环境污染和公共卫生等社会矛盾日益突出的今天，给人一种管闲事不管正事的印象。另外，每个利益集团甚至少数期望落空的政府部门都可以找出不符合自己胃口的条款，因此难以为社会和有关政府部门所消化。这两个立法事件再次说明，动物福利立法不能脱离我国的基本国情。

我国加强动物福利保护立法，必然有一个渐进的过程。在这个过程之中，揭露虐待和残杀动物的社会丑恶现象是必需的。但作为立法，它们的关注点不能仅限于此。单纯地替动物"鸣冤诉苦"不应是立法者的思维。作为立法者，应以现实的社会和现实社会中人的价值和利益为基础，综合平衡国内外政治、经济、社会、伦理、文化等方面的矛盾与冲突，找出一个既利于动物福利的保护，也利于社会、经济、伦理、文化健康、稳定发展的动物福利法治路子。走这个路子，要遵循三个原则，一是坚持人与动物在法律地位上不能平等的原则，即人是法律关系的主体，动物只能是客体，是特殊的物。二是坚持分类处理与循序渐进的原则，即对于出口型的动物和动物产品营销企业以及为这些企业提供饲料、医药、医疗等服务的企业，应该让其充分地了解国外的动物福利保护标准，鼓励其参照执行进口国严格的动物福利保护标准；对于我国强势的动物产业和容易受到国际市场冲击的动物产业，国家应该建立"绿箱政策"给予适当的补贴，以加强其国际竞争力。对于与出口无关的其他动物福利保护法律制度，可以结合我国的国情，综合地考虑中国现实的文化传统、经济发展的内在需求和外在的改革压力,有选择性地借鉴和吸收国外一些区域化甚至全球化的立法经验,循序渐进地予以丰富和发展。

在上述三个原则的指引下,可以走如下立法路线:一是制定一部对动物基本福利保护作出原则规定的动物福利基本法——《动物福利法》或者《动物保护法》。二是在条件成熟时,修订《野生动物保护法》和《畜牧法》,分别对野生动物和家养动物的福利作出符合实际但又与国外标准衔接的保护规定。三是结合各地方现有的宠物管理法规或者规章,制定一部《宠物福利保护和宠物饲养管制法》;结合现有的动物实验法规和规章,制定一部综合性的《实验动物管理法》。四是在现有的动物运输法律、法规和规章的基础上,针对水路、公路、铁路、航空运输以及混合运输、分程运输过程中的动物福利保护问题,制定《动物运输法》;在现有的动物屠宰法律、法规和技术规程的基础上,制定一部包括动物福利保护内容的《动物屠宰法》。此外,还要加强展览动物、表演动物的福利保护立法。只有结合我国的基本国情进行动物福利立法,在弱肉强食的国际生态里,才既有利于人民群众经济、就业等基本权的保护和利益的保障,也有利于动物福利得到全面和全过程的切实保护。

第三节　有毒有害物质控制法的发展问题

一、有毒有害物质的开发利用现状及其危害

化学物质是现代社会不可缺少的生产资料和消费品,并作为医药、农药、化学肥料、塑料、纺织纤维、电子化学品、家庭装饰材料、肥皂和洗衣粉、化妆品、食品添加剂等广泛应用。目前,世界上大约有700万种化学物质,其中常用化学物质超过7万种,并且每年还有1000多种新的化学物质问世。随着化学工业的发展,各种化学物质的产量大幅度增加。中国现有化学物质名录包含约47000种,每年新增物质有百余种。化学物质侵入环境的途径几乎是全方位的,其中最主要的途径包括以下五种:一是人为施用直接进入环境;二是在生产、加工、储存过程中,作为化学污染物以废水、废气和废渣等形式排放进入环境;三是在生产、储存、运输、销售过程中由于着火、爆炸、泄漏等突发性化学事故,致使大量有害化学物质外泄进入环境;四是在使用过程中以及家庭装饰等日常生活使用中直接排入或者使用后作为

废弃物进入环境；五是废物处置环节中，由于处理、处置不当进入环境。有毒有害物质，如持久性生物累积性有毒有害物质、内分泌干扰物质、臭氧层消耗物质等、基因改变物质、生育危害物质一旦进入环境，就会对人体健康和环境造成严重危害或潜在危险。如自20世纪60年代开始的研究逐渐发现并证实，种类众多的人工有机化学物质在流入环境后，对鱼类、鸟类、爬行类和哺乳类野生动物的内分泌功能产生干扰作用，导致野生动物种群雌性化和生殖繁衍衰竭等现象。世界卫生组织（WHO）研究报告表明，全世界癌症发生率在近一个世纪以来猛增，每年因癌症死亡的人数达400万—500万，占死亡总人数的12%—25%，而在造成癌症的各种因素中化学污染因素约占80%。基于以上环境风险和危害，世界主要国家和地区在20世纪60年代以来纷纷加强了有毒有害物质尤其是化学物质环境控制的立法。

二、世界主要国家和地区有毒有害物质控制立法的发展动态及共性经验

（一）世界主要国家和地区有毒有害物质控制立法的发展动态

基于以上环境风险和危害，20世纪60年代以来，世界主要国家和地区纷纷加强了化学物质的控制立法。其中，以欧盟、日本和美国的立法最为发达和完善。

1. 欧盟及其主要成员国的立法动态

欧盟的化学物质立法体系分为新物质和现有物质的立法两类，主要包括67/548/EEC、76/769/EEC等从1967年到2007年实施的四十余部条例、指令和决定，主要包括：1967年的《关于协调各成员国法律、法规和行政规章有关危险物质分类、包装和标识规定的理事会指令》，1988年的《关于协调各成员国法律、法规和行政规章有关危险配制品分类、包装和标识规定的理事会指令》，1993年的《评估和控制现有化学物质风险的理事会条例》，1994年的《关于按照93/793/EEC条例实施现有化学物质对人和环境风险评价原则的委员会条例》，1998年的《关于市场中杀生产品未经许可出售的欧洲议会和理事会指令》，1999年的《关于协调各成员国法律、法规和行政规章有关危险配制品分类、包装和标识规定的欧洲议会和理事会指令》，2000年的《关于欧洲议会和理事会有关杀生产品的98/8/EC指令第16（2）条提及的第一阶段计划的委员会条例》，2001年的《关于第28次使技术进步适合67/548/EEC〈关于协调各成员国法律、法规和行政规章有关危险配制品分类、包装和标识规定的理事会指令〉的委员会指令》，2002年的《关于已上市的按照2000/1896/EC条例第4（1）条规定用于杀生的特定活性物质的额外期限公告的委员会条例》，2003年的《第24次修订有关特定危险物质和配制品（五溴二苯醚和八溴联苯醚）交易和使用限制的76/769/EEC理事会指令的欧洲议会和理事会指令》、《关于出口和进口危险化学物质的欧洲议会和理事会条例》和《关于98/8/EC〈关于市场中杀生产品未经许可出售的欧洲议会和理事会指令〉第16（2）条提及的十年工作计划第二个阶段和修订2000/1896/EC条例的委员会条例》，2004年的《关于清洁剂的欧洲议会和理事会条例》，2005年的《关于按照93/793/EC〈评估和控制现有化学物质风险的理事会条例〉对特定优先物质的进口者或制造者强加测试和信息要求的委员会条例》和《关于修订2003/2032/EC条例的委员会条例》。2001年2月13日，欧盟委员会颁布了《欧盟未来化学物质政策战略白皮书》（于2003年底被修正）。按照白皮书的规定，欧盟将建立一个化学物质的监控体系，称为化学物质注册、评估、授权和限制系统，将公共资源重点用于监控那些须由政府部门给予相当关注的化学物质，并保证公众获得相关信息。为了响应白皮书的呼吁，2006年12月8日，欧盟通过了已于2007年6月1日生效的《化学物质注册、评估、授权和限制条例》。《化学物质注册、评估、授权和限制条例》对现有的立法体系进行了调整，如规定自本条例生效之日起废除1991/155/EEC指令；从2008年6月1日起，废除1993/105/EC指令、2000/2/EC/指令、1993/793/EEC条例和1994/1484/EC条例；从2008年8月1日起，废除1993/67/EEC指令；从2009年6月1日起，废除1976/769/EEC指令。《化学物质注册、评估、授权和限制条例》被广泛认为是欧盟20年的立法中最重要的立法，并对全球的工业产生了巨大的影响。

欧盟成员国除了把条例自己纳入自己的化学物质控制立法体系之中外，它们还把欧盟化学物质控制的指令、决定和建议转化为本国的立法，以丰富和发展自己的化学物质控制立法体系：

德国为了实施欧洲共同体《关于协调各成员国法律、法规和行政规章有关危险物质分类、包装和标识规定的理事会指令》第六次修订案，于1982年实施了《化学物质法》。该法是德国化学物质控制的基本法。为了响应67/548/EEC第七次修订案的要求，该法于1994年做了修正。由于欧盟1998年制定了《关于市场中杀生产品未经许可出售的欧洲议会和理事会指令》，德国于2002年实施了《杀虫剂法》，并对《化学物质法》第2（a）部分进行了修订。在上述法律的指导之下，德国制定了《危险物质法令》、《有毒物质法令》、《化学物质禁令》、《杀虫剂许可法令》、《收费法令》等法令。

　　丹麦化学物质控制的立法体系主要包括：《化学物质法》、《关于进口和销售含特定有害物质的载客小汽车、轻型卡车等交通工具的法令》、《关于限制进口、销售和使用杀生、抗污涂料的法令》、《关于禁止进口、销售和出口汞和含汞产品的法令》、《关于限制进口、销售和使用杀生、抗污涂料的法令》等。其中，《化学物质法》是丹麦化学物质控制的基本法。

　　瑞典化学物质控制的立法体系主要包括：《环境法典》第 14 章（化学产品及生物技术产品）对化学物质控制的基本规定，《化学物质法令（处置、进出口禁止)》和《化学物质排放法令》等法令的专门规定。

　　2. 美国的立法动态

　　在 1976 年之前，联邦对有毒物质的管理规定是由一系列特殊的法律规定组成的，且这些法律规定又大多包括在为其他目的而制定的各种法中，如《联邦杀虫剂、杀真菌剂与灭鼠剂法》、《资源保护和循环利用法》、《清洁水法》、《清洁大气法》等，因此，在管理上存在明显的漏洞。美国控制有毒物质的联邦立法始于 1971 年总统环境质量委员会的提议。美国联邦环境质量委员会向总统提交了一份名为《有毒物质》的报告，指出了化学物质的制造、加工、销售、使用和/或处置具有潜在的危险，批评现有的环境立法未能对其进行充分有效的管制，提出了对明确和控制化学物质进行综合性立法的必要性。在一系列环境污染事件［如哈德森河及其他水道受到 PCBs 的污染、氟氯化碳排放导致的臭氧层破坏以及密歇根州多溴化联（二）苯对农产品的污染］的推动下，1976 年，美国国会最终通过了《有毒物质控制法》。之后，美国国会还通过了该法的如下修正案：于 1986 年通过了石棉危害应急措施法；于 1988 年通过了氡项目发展法；于 1990 年通过了氡管制措施法和消除学校石棉危害再授权法；于 1992 年通过了住宅铅基油漆危害减轻法。

　　3. 日本的立法动态

　　日本 1950 年制定了《毒品及剧毒物品管理法》（最近的修订时间为 1997 年）；于 1973 年颁布《化学物质审查与生产控制法》。该法则是世界上第一个对新化学物质实施危害性事前审查制度的法律。日本于 1974 年制定了《关于化学物质的审查及生产等规制的法律实施令》（最近的修订时间为 2005 年）；经济产业省于 1974 年发布了《关于化学物质审查和生产等规制法律的施行规则》（最近的修订时间为 2005 年）；于 1976 年制定了《关于化学物质的审查及生产等规制的法律》（最近的修订时间为 2005 年）；于

1999 年制定了《促进特定化学物质环境排放量的控制和管理改善的相关法律》（最近的修订时间为 2002 年）；于 1999 年制定了《二恶英类对策特别措施法》（最近的修订时间为 2006 年）、《二恶英类对策特别措施法施行令》（最近的修订时间为 2005 年）和《二恶英类对策特别措施法施行规则》（最近的修订时间为 2005 年）；于 2000 年制定了《促进特定化学物质环境排放量的控制和管理改善的相关法律施行令》（最近的修订时间为 2004 年）；于 2002 年环境省发布了《二恶英类大气污染、水质污染（包括水底的底土污染）及土壤污染的相关环境标准》；2003 年，内阁府、财务省、文部科学省、厚生劳动省、农林水产省、经济产业省、国土交通省、环境省共同制定了《促进特定化学物质环境排放量的控制和管理改善的相关法律施行规则》（最近的修订时间为 2007 年）。

（二）世界主要国家和地区有毒有害物质控制立法的共性经验总结

欧盟、美国、日本等国家和地区的化学物质控制立法，总的来说，可以归纳出如下几方面的共同经验：

一是体系齐全，基本上涵盖了化学物质控制的各领域，内容涉及危险物质和危险配制品分类、包装和标记，特定化学物质和配制品上市和使用的限制，危险配制品特殊信息系统的建设，评估和控制现有化学物质风险，杀生产品，阻燃剂，清洁剂，危险化学物质的进出口，对特定优先物质的进口者或制造者强加测试和信息的义务等方面。在欧盟，虽然在欧盟层次缺乏一部真正意义上的化学物质控制基本法，但是大多数成员国基本上都制定了集安全管理和环境危害控制于一体的综合性化学物质基本法或者条例。如德国的《化学物质法》、瑞典的《化学物质法令（处置、进出口禁止）》、丹麦的《化学物质法》等；在美国，化学物质控制立法均是围绕 1976 年《有毒物质控制法》展开的，也就是说，该法是美国联邦化学物质控制的综合性法律。在日本，1993 年的《环境基本法》对化学物质的环境危害控制作了基本的规定，在此基础上，各立法分工协作、毒品及剧毒物品管理、化学物质的审查及制造、特定化学物质环境排放量的控制和管理、二恶英类对策特别措施等方面的立法对化学物质控制的各个环节和各个方面均作出了全面、细致的规定。

二是一般有一部基本的法律或者综合的法律予以统帅或者协调。目前，欧盟的大多数国家都有一部或者几部化学物质环境危害控制的基本法律或者法令，如德国和丹麦有《化学物质法》，瑞典有《化学物质法令（处置、进出口禁止）》和《化学物质排放法令》等。美国为了丰富和发展《有毒物质控制法》，先后通过了石棉危害应急措施、氡项目发展、住宅铅基油漆危害减轻等方面的修订法案。日本1973年颁布的《化学物质审查与生产控制法》就是日本化学物质控制的基本法。

三是立法之间相互衔接，相互引用，并避免立法重复和相互抵触。在衔接方面，如欧盟1998年制定了《关于市场中杀生产品未经许可出售的欧洲议会和理事会指令》，德国在法律的层次上于2002年6月28日实施了《杀虫剂法》，并对德国《化学物质法》第2（a）部分进行了修订；日本在颁布《化学物质审查与生产控制法》之后，在其指导下，对毒品及剧毒物品、二恶英类等环境问题作出了相应的规定。在相互引用方面，如欧盟的《化学物质注册、评估、授权和限制条例》第31（3）条规定："如果配制品不符合1999/45/EC指令第5条、第6条、第7条规定的危险物质分类标准，且具有以下情况，供应者应当在被要求时，为接受人提供符合附件2要求的安全数据册……"在避免立法重复方面，如欧盟的《化学物质注册、评估、授权和限制条例》导言规定："由于已经有了特殊的立法，故本条例不适用于通过铁路、公路、内陆水路、海路或者航空方式运输危险物质或者危险配制品的行为。"在避免相互抵触方面，欧盟的《化学物质注册、评估、授权和限制条例》规定："本条例在自己的适用范围内，其适用应当不违背1976年7月27日《关于协调成员国有关化妆品立法的理事会指令》（1976/768/EEC）规定的有关化妆品成分使用和上市禁止和限制性要求。为保护人体健康依据1976/768/EEC使用脊椎动物测试化妆品成分的方法应当逐步被淘汰。"日本的化学物质控制立法在这些方面也有不俗的表现。

四是设计了一套高效和相互配合的有毒有害物质控制管理体制。在欧盟、美国、日本等国家和地区，专门的化学物质立法要么建立专门的管理机构，要么对现有机构的职权进行重新分配或者调整。通过职权的确认和调整，这些国家和地区建立了综合管理、专业管理和协调管理相结合的化学物质环境危害控制管理体制。如为了保证管理体制的衔接性和管理的顺畅性，欧盟建立了负责协调工作的欧洲化学物质局及与有关机构和所有成员国职责机构联网的专业数据库。德国为了发挥各机构的特长，促进本国工作与欧盟工作的衔接，其《化学物质法》规定：新化学物质上市前，应当进行相关的通报。生产者和进口者应当将实验结果的通报表，化学物质特性的光谱的和分析数据，化学物质的物理、化学、有毒等数据报告文件提供给联邦职业安全与健康研究所。联邦职业安全与健康研究所接到文件后，由联邦环境保护局、联邦风险评价研究所、联邦职业安全和健康研究所对文件中的测试结果、分类和标记、风险评价的正确性进行检查,并对物质相关信息的风险概况进行评估。然后联邦职业安全与健康研究所把这些文件呈交给欧盟委员会。欧盟委员会然后把这些文件的摘要分发给所有的成员国。

五是确立了一整套有利于化学物质科学管理的基本原则。目前,欧盟、美国、日本等发达国家已经形成了如下基本原则:①战略化管理原则。鉴于化学物质环境和健康风险评价的不确定性以及广泛的社会、经济利益相关,现有化学物质的风险评价与风险管理将是现代社会的一项长期而复杂的任务。欧盟的《未来化学物质政策战略》、美国 PBT 战略及加拿大的有毒物质管理政策等都是具有长期战略性的环境危害控制政策,设定特定期限、逐级推进的欧盟《化学物质注册、评估、授权和限制条例》体系更加体现了化学物质环境危害控制的战略化管理原则。②预防优先原则、责任分担原则、谨慎原则,如欧盟的《化学物质注册、评估、授权和限制条例》在其导言中规定,"需要采取按照预防原则更多的措施去保护公众健康和环境","本条例是建立在如下的原则基础上的:业界生产、进口、使用或者销售化学物质、配制品和化学品的行为应当负责和谨慎,确保在合理和可预见的条件下,人类健康和环境不受负面的影响","为了确保环境得到保护,确保人体健康,特别是相关的人群身体健康和可能容易受到影响的潜在人群的健康,高度关注的物质,应当按照风险预防原则,采取谨慎的行动"。③良好的实验室实践原则,如欧盟 1993 年的《评估和控制现有化学物质风险的理事会条例》规定:"对化学物质进行测试,必须遵循 1987 年《关于协调各成员国法律、法规和行政规章有关好的实验实践原则的应用和为化学物质的测试的应用的证明有关的理事会指令》确立的良好实验实践的方针。"④替代原则,即对于危险性的化学物质,一旦出现相对安全的替代品,就应该进行系统性的替代;对于有害环境和人体、动物健康的测试方法,应当寻找替代的测试方法。如 2001 年欧盟委员会颁布的《欧盟未来化学物质的政策战略白皮书》规定:"鼓励创新、特别是对危险化学替代品的开发。"欧盟的《化学物质注册、评估、授权和限制条例》在规定"本条例应当促进危险物质的替代方法的发展"之后,对这一原则进行了发展。⑤相称原则,即化学物质环境危害控制的要求和措施应当和化学物质的登记、风险管理需要、使用量和环境保护需要相一致,审批结果和管理措施应当和行为人的条件基本相一致,处罚结果应当与违法行为的性质和程度相一致。如欧盟的《化学物质注册、评估、授权和限制条例》第 126 条规定:"各成员国应当制定规定,以实施本条例,惩罚违反本条例规定的行为,惩罚措施应当是有效、与违法行为相称和劝诫性的。"⑥公众参与原则。PRTR 制度以及发达国家化学物质环境危害控制中普遍推行的 VAS 和 RC 行动则突出体现了公共参与的政策与原则。鉴于化学物质环境危害控制利益相关方的广泛性，社会各利益相关方的广泛参与成为制定和实施化学物质环境危害控制政策和措施的重要基础，也是当今世界化学物质环境危害控制发展的主要方向，为此，各发达国家普遍致力于化学物质信息交流和公共参与机制的建设，不断促进化学物质管理的公共参与。

　　六是形成了一系列相互衔接的、规范全面、具有可操作性的制度体系。主要包括：①一般管理制度，分为分类管理和名录制度，包装和标记制度，数据分享制度和公众知情制度。②化学物质安全评价和安全数据册制度，安全评价的事项包括人体健康危害评价，物理化学危害评价，环境危害评价，持久的、生物积累的和有毒的评价，及非常持久和非常具有生物积累效应的评价；登记者应当确定和采用适当的措施以充分地控制化学安全报告中确定的风险，并在适当的情况下，把这些措施纳入安全数据册中。③化学物质登记和评估制度。④重大新使用制度。不但新化学物质可能带来风险，而且现有化学物质的"新"使用方式同样可能带来风险，因此，有必要对这种"新"使用方式也进行规制。根据美国的《有毒物质控制法》，如果联邦环境保护局根据规则认为已在名录上的化学物质的某种特别使用构成或将会构成一种"重大新使用"，它可以发布一项重大新使用规则（SNUR）。SNUR要求任何想要制造或加工化学物质用于联邦环境保护局已经认定为"重大新使用"的用途的人，必须提前 90 日通知联邦环境保护局。⑤授权和限制制度。⑥对供应链的全过程监控制度。1992 年联合国环境与发展大会以后，澳大利亚、加拿大、爱尔兰、日本、韩国、墨西哥、荷兰、挪威、斯洛伐克和英国等许多国家纷纷建立了污染物释放和转移登记制度（PRTR），要求各工业设施经营者定期向主管当局报告他们向各种环境介质（空气、水和陆地）释放和转移各种严重危害健康和环境的化学污染物质的数量，并积极向公众散发这些数据，以便改善环境质量和促进采用清洁生产技术。PRTR 制度要求报告的化学物质大多是具有"三致"毒性和持久性、生物蓄积性和毒性，引起健康和环境关注的化学物质，与传统的常规环境污染物监测和污染源报告有着明显的不同。⑦化学物质总量控制和削减计划制度。在原来的化学物质污染状况下，为了达到环境质量标准，还应制定化学物质总量控制标准和削减计划，而这些都和化学物质的风险标准、排放标准形成统一的综合的体系，控制化学物质对环境的污染。⑧保障措施制度，如 1986 年美国颁布的《应急计划与公众知情权法》,建立了危险源设施报告和应急救援制度。该法要求各州成立州和地方应急响应委员会并制定危险化学物质泄漏应急计划和应急报告制度。要求超过临界量生产、加工或使用极危险化学物质设施的经营者必须向州应急计划委员会作出应急计划报告,并填报生产、加工、使用危险物质情况、向环境中排放有危险物质以及废物处理情况的报表。

三、我国有毒有害物质的环境问题及立法现状与缺陷

（一）我国化工行业的发展现状及环境问题

我国石油和化学工业比较发达,经过五十多年发展,合成氨、化肥、纯碱、染料、硫酸、烧碱等化工产品产量已经居世界前列。据统计,2006年全国石油和化学工业工业总产值（当年价格）为42760.47亿元,比2005年增长26.67%。

据统计,2006年全国共有国有及年销售收入500万元以上的非国有化工企业22586家。"三资"企业正在取代国有企业成为化工生产和贸易的主导力量。20世纪90年代以来,特别是我国加入WTO以后,化工行业面对环境保护和产业结构调整的双重压力,在国家和地方政府的政策扶持下,我国化工企业开始向集团化、大型化转化、改组,形成了许多化工企业集中生产的化学工业园区。在这种发展模式下,近年来,我国化工进出口贸易有较大增长。目前,我国经省级以上人民政府批准设立的石油和化学工业园区已超过60个。各化工园区生产主要集中在精细化工、化工制药、新材料等产品上,缺乏产业特色和区域分工,不利于形成核心竞争力和发挥集聚效应、规模效应。从全国来看,化工园区的布局和建设缺乏宏观的引导和信息服务,出现了定位不明、盲目布点和重复建设现象。

目前,化学工业是全国主要工业污染源之一,是我国工业污染大户。化学物质生产、储存、使用过程中排放的有毒污染物质有油类、硫、苯酚、氰化物、汞、六价铬、镉、有机磷、有机氯、丙烯腈、芳香胺、硝基苯等,这些有毒物质对人体健康和环境都会造成很大危害。据对全国6791家化学原料及化学制品制造企业"三废"排放情况的调查统计,2005年我国化学原料和化学制品制造行业工业废水排放量占全国工业行业工业废水排放量的15.7%,在全国工业行业中仅次于造纸行业,居第二位;工业废气排放量占全国工业行业工业废气排放量的5.9%,在全国工业行业中居第六位;工业固体废物产生量占全国工业行业固体废物产生量的7.4%,在全国工业行业

中居第六位。化工废水中列入国家总量控制的水污染物中汞、氰化物、NH3-N 排放量居第一位，石油类和砷居第二位。化工废气中国家实行污染物总量控制的 SO_2 排放量居第四位。化工危险废物产生量为 443.5 万吨，占全国工业行业危险废物产生量的 37.9%，居第一位。近年来，由于一些化工企业停产、破产、倒闭，报废的生产装置、污染场地以及废弃化学产品造成严重污染隐患，迫切需要进行安全无害化处理、处置。还有一些企业由于设备老化，正在对环境构成污染和生态破坏风险，如 2005 年 11 月 13 日，中石油吉林石化分公司双苯厂发生爆炸事故，共造成五人死亡、一人失踪、六十多人受伤。爆炸造成约 100 吨苯类物质流入松花江，造成了松花江江水严重污染，沿岸数百万居民的生活受到影响。

目前，我国是世界上仍然生产和使用 DDT、氯丹、灭蚁灵等持久性有机化学物质的少数国家之一。我国历史上生产和使用的滴滴涕、五氯酚钠、含有多氯联苯的电力电容器遗留下大量被持久性有机污染物污染的设备、场地和土壤需要进行清理和无害化处置。例如，1965 年至 1974 年期间，我国曾生产过大约 1 万吨多氯联苯，主要产品为三氯联苯和五氯联苯。其中约9000 吨三氯联苯被用做电力电容器的浸渍剂，约 1000 吨五氯联苯用于油漆添加剂。1974 年以后大多数工厂停止生产，其余的到 20 世纪 80 年代初全部停止生产。目前，含多氯联苯的电力设备大多数已报废下线封存。此外，在 20 世纪 80 年代，我国曾从比利时、法国等国进口过大量装有多氯联苯的电力电容器，目前这些设备也已经报废，有待安全无害化处置。

近年来，我国仍然还存在滥用化学物质危害人民群众生命和健康的现象，如全国每年都发生多起食用含亚硝酸钠、瘦肉精（羟甲叔丁肾上腺素）、吊白块（甲醛次硫酸氢钠）的食品、猪肉和粉丝等造成的严重食物中毒事件，造成数十人死亡、数千人中毒住院抢救。例如，2000 年 2 月郑州市祭城乡某厂发生误食亚硝酸钠做食盐烹制的蔬菜，造成 80 人中毒；北京、山东茌平县韩集乡等地也发生过多起误食含亚硝酸钠食物，有数百人食物中毒事件。

此外，我国还需要进行替代一些危害环境的化学物质的工作。如我国照明用灯具中目前普遍使用的室内荧光灯、室外高压汞灯、霓虹灯等，都需要汞做放电气体。这些灯报废后一旦破碎，灯具中所含的汞将全部进入环境。我国现在每年生产荧光灯约 10 亿支，按每支灯管含汞量为 30 毫克计，每年用于荧光灯的汞约 30 吨。一支在常温下打碎的 40 瓦荧光灯，可在瞬间使周围空气中的汞蒸气浓度高达 10—20 毫克/立方米，超过目前国家大气环境质量标准中汞最高允许浓度 0.01 毫克/立方米的 1000—2000 倍。

之所以产生上述严重的问题，在法治的时代，首先应当找立法存在的问题，即是否有法可依的问题。

（二）我国有毒有害物质控制立法的现状

我国有毒有害物质控制的法律规范，主要分布在以下几个方面的立法之中：

与有毒有害物质控制有关的法律。主要有《环境保护法》、《环境影响评价法》、《清洁生产法》、《固体废物污染环境防治法》、《大气污染防治法》、《水污染防治法》、《海洋环境保护法》、《安全生产法》、《节约能源法》、《职业病防治法》、《标准化法》、《科学技术普及法》等。遗憾的是，我国目前还缺乏专门的有毒有害物质控制法律。

与有毒有害物质控制有关的行政法规。主要有《危险化学品安全管理条例》、《农药管理条例》、《兽药管理条例》、《监控化学品管理条例》、《医疗废物管理条例》、《排污费征收使用管理条例》、《建设项目环境保护管理条例》、《废物进口环境保护管理暂行规定》、《淮河流域水污染防治暂行条例》、《危险废物经营许可证管理办法》、《使用有毒物品作业场所劳动保护条例》等。

与有毒有害物质控制有关的行政规章。主要有《危险化学品登记管理办法》、《关于〈危险化学品登记管理办法〉的实施意见》、《关于加强化学危险物品管理的通知》、《危险化学品经营许可证管理办法》、《关于〈危险化学品经营许可证管理办法〉的实施意见》、《危险化学品包装物、容器定点生产管理办法》、《关于〈危险化学品包装物、容器生产定点管理办法〉的实施意见》、《危险废物转移联单管理办法》、《废弃危险化学品污染环境防治办法》、《化学品首次进口及有毒化学品进出口环境管理规定》、《关于实施化学事故应急救援预案加强重大化学危险源管理的通知》、《危险货物运输包装通用技术条件》、《常用化学危险物品贮存通则》、《铁路危险货物运输管理规则》、《水路危险货物运输规则》、《道路危险货物管理规定》、《新化学物质环境管理办法》、《关于开展危险化学品安全督导的通知》、《化学品首次进口及有毒化学品进出口环境管理规定》、《危险化学品生产储存建设项目安全审查办法》、《关于深化危险化学品安全专项整治的通知》、《关于进一步加强石油和化工建设项目环境保护管理工作的若干问题的决定》、《污染源自动监控管理办法》、《建设项目环境保护分类管理名录》、《关于改用电力电容器浸渍材料的通知》、《防止含多氯联苯电力装置及其废物污染环境的规定》、《关于防止多氯联苯有害物质污染问题的通知》、《含多氯联苯（PCBs）废物暂存库和集中封存库设计规范》、《关于上报全国多氯联苯电力装置及废物情况的通知》、《关于深化危险化学品安全专项整治的通知》、《关于废止"六氯苯"等三个部颁标准的通知》、《农药安全使用规定》、《关于迅速排查危险化学品污染隐患的紧急通知》、《有毒有害化学品生产、销售和使用专项整治工作实施方案》、《农药生产管理办法》、《农药限制使用管理规定》、《农药安全使用规定》等。

与有毒有害物质控制有关的国家技术性规范。主要有《中国禁止或严格限制的有毒化学品名录（第一批）》、《中国禁止或严格限制的有毒化学品目录（第二批）》、《国家危险废物名录》、《淘汰落后生产能力、工艺和产品的目录（第一批）》、《危险货物品名表》、《限制进口类可用作原料的废物目录》、《禁止进口货物目录》、《危险废物污染防治技术政策》、《关于进口第七类废物有关问题的通知》、《加工贸易禁止类商品目录》、《自动进口许可管理类可用作原料的废物目录》、《常用危险化学品的分类及标志（GB 13690—92）》、《危险货物包装标志》、《危险货物运输包装类别划分原则》、《农药安全使用标准》、《农药合理使用准则》、《危险废物鉴别标准》、《危险废物贮存污染控制标准》、《危险废物填埋污染控制标准》、《危险废物焚烧污染控制标准》、《含多氯联苯废物污染控制标准》、《危险废物焚烧污染控制标准》、《危险废物贮存污染控制标准》、《危险废物贮存污染控制标准（GB 18597—2001）》、《危险废物填埋污染控制标准（GB 18598—2001）》、《多氯联苯（PCBs）水质、土壤污染控制值》、《危险废物焚烧污染控制标准（GB 18484—2001）》、　《生活垃圾焚烧污染控制标准（GB 18485—2001）》等。

（三）我国有毒有害物质控制立法的缺陷

和世界发达国家的有毒有害物质控制立法相比，和我国有毒有害物质控制的现实需求相比，我国的有毒有害物质控制立法存在以下主要问题：

1. 缺少一部综合性的有毒有害物质控制法律

欧盟、美国、日本等国家和地区基本上都有自己的综合性有毒有害物质控制法律，该法律一般集安全管理和环境危害控制于一体。如德国的《化学物质法》、丹麦的《化学物质法》等。我国现行的化学物质管理法规并不是从环境危害控制的角度来进行规制，而是局限在安全和职业保护方面，忽略了化学物质对生态环境可能造成的损害。而且也没有对新化学物质作出专门的规制，这种制度设计的不足是显而易见的，如我国现行的《安全生产法》、《危险化学品安全管理条例》、《废弃危险化学品污染环境防治办法》虽然具有一定的综合性，但前两部立法偏重于安全管理，没有充分考虑化学物质的生态毒理学特征以及可能造成的环境损害；《废弃危险化学品污染环境防治办法》偏重于废弃的危险化学物质污染防治，难以担当综合性地预防和治理环境问题的责任。2005 年底我国发生的松花江污染事件，就是缺乏综合性的化学物质污染防治立法强力协调的典型例子。

2. 现有的立法不能有效地预防和治理有毒有害物质的环境风险

（1）法律的作用缺陷问题

《环境保护法》没有明确规定化学物质的范围，没有针对化学物质的生产、储存、运输、销售、使用，规定具有特色的污染防治基本规定，如关于环境影响评价的特殊规定，关于环境影响后评价的特殊规定，关于应急措施的特殊规定，关于化学物质的登记、风险评估和档案管理的特殊规定。这是和该法制定时，化学物质污染不是很严重的情况相适应的。

《标准化法》仅针对人体健康及人身和财产安全规定了标准，没有针对环境风险制定强制性的标准。

《大气污染防治法》没有针对挥发性化学物质的特性，专门规定安全处置的要求；没有针对化学物质的突发事件规定特殊的应急机制，没有把安全生产和化学物质的污染防治有机地结合起来，没有把化学物质的生产、进口、加工、销售量的吨位与化学物质污染防治措施的等级结合起来。

《水污染防治法》没有规定化学物质生产经营单位的布局设计和风险评估问题，没有把安全生产和化学物质的污染防治有机地结合起来，没有把化学物质的生产、进口、加工、销售量的吨位与化学物质污染防治措施的等级结合起来。

《固体废物污染环境防治法》规范装在固体容器之中的气态和液态化学物质。由于这些物质具有挥发和易流失的特性，容易释放到大气或者水体之中，因此需要与《大气污染防治法》、《水污染防治法》、《土地管理法》、《基本农田保护法》和《草原法》作很好的衔接。《固体废物污染环境防治法》做到了这一点。但是，由于《固体废物污染环境防治法》有自己的适用范围定位，因此它仅考虑危险的废物的管制，既没有考虑非废物性质的危险化学物质的分类、生产、包装、标准化、转移、运输、应急等事项，也没有考虑化学物质的风险控制问题。

《海洋环境保护法》没有针对化学物质的运输登记、备案、风险评估作出规定，没有针对化学物质的运输、处置、处理和生产规定信息通报制度，没有针对化学物质的运输、处置、处理和生产规定限制措施，没有设立专门的环境风险和健康风险评估机构。

《环境影响评价法》对规划的环境影响评价和企业的环境影响后评价的规定还不完善，可实施性不强。由于区域内存在很多企业，企业的安全生产和环境保护状况是变化的，必须进行周密的评价和环境跟踪，这需要具有可操作的制度。而现行的《环境影响评价法》却难以做到这一点，因此，难以保证企业环境风险的彻底控制。

《清洁生产促进法》虽然提出污染物全过程控制和源头削减，规定了化学物质的清洁生产审计制度，规定了产品和材料中的化学物质的成分和含量，对化学物质包装材料的设计和使用作了规定，弥补了各污染防治法的不足。但是，一些化学物质的使用是不可避免的，立法应当对一些特殊的材料作出一些豁免性的规定，这实际上也是欧盟等国家或地区有关循环经济立法的通例。此外，立法对于化学物质环境风险预防、引起高度关注的化学物质的禁止或限制使用以及其替代产品/技术的开发等内容也应作出相应的安排。但由于我国在这方面的行政法规和规章的规定不是很成熟，由《清洁生产促进法》予以规定也不是很现实。这就需要在今后制定的专门性有毒有害物质控制法或者条例中作出特殊的安排。

《节约能源法》由于规范对象和重点的原因，没有明确特殊化学物质（如铅等对环境有害的金属）在材料中的含量标准，没有规定国外通行的社会—经济效应与环境效应的平衡分析机制，这也需要在今后制定的专门性有毒有害物质控制法或者条例中作出特殊的安排。

《职业病防治法》没有规定重要的一项内容，即评价化学物质对劳工的暴露标准和风险控制问题。之所以出现这个现象，是与我国的环境立法仅规范厂界以外环境的保护问题有密切的关系的。

由于很多安全生产事故也是环境污染事故，或者会产生环境危害风险的事故，因此，必须把安全生产的管理和化学物质的环境风险控制的要求有机地结合起来。而事实上，《安全生产法》没有做到这一点。我们不能因为《安全生产法》没有做到这一点就放弃这项工作，我们可以在今后制定的专门性有毒有害物质控制法或者条例中予以弥补。

（2）行政法规的作用缺陷问题

《监控化学品管理条例》的适用对象为监控化学品的进出口和生产、使用管理，没有涉及其他化学品的进出口和生产、使用管理。另外，对于监控化学品的进口，应当规定化学品的特性资料和对人体健康、环境的危害风险评估要求,规定安全评估的要求,遗憾的是,基于"监控"的立法主旨,该条例没有做到。

《危险化学品安全管理条例》的体例和内容的安排是在《安全生产法》的框架内展开的,其进步之处在于它融入了环境保护的一些要求,如第1条(立法目的)规定:"为了加强对危险化学品的安全管理,保障人民生命、财产安全,保护环境,制定本条例。"第3条规定了环境保护部门的剧毒化学品的确定职权,第5条第2款规定:"环境保护部门负责废弃危险化学品处置的监督管理,负责调查重大危险化学品污染事故和生态破坏事件,负责有毒有害物质事故现场的应急监测和进口危险化学品的登记,并负责前述事项的监督检查。"第25条规定了环境保护部门参加危险化学品的处置监督职权,第52条规定了环境保护部门参加应急的职责。第54条规定:"危险化学品事故造成环境污染的信息,由环境保护部门统一公布。"但是该条例也存在如下缺陷:一是一些在国外被定为高度关注的物质,如致基因突变物质、容易产生积蓄效应的物质、生育毒性物质等,该条例未明确把它们纳入危险化学品的范畴,因此,也妨碍了法律规范设计的展开。二是虽然重视安全部门现场的安全评估,但由于该条例以"安全管理"为主旨,因此不可能在危险化学品的安全评估、有毒特性评价、管理措施的建议等方面,突出环境保护部门的作用。三是预防性措施,如企业布局规划的环境评价、企业中长期环境风险评价规定,也由于该条例的立法定位不在于环境保护,也存在不足。四是在危险化学品的生产、储存、运输、进出口方面,环境保护部门的职责大多是被动式的,缺少征求意见的职责衔接和联动监管规定。五是第52条虽然规定:"发生危险化学品事故,有关地方人民政府应当做好指挥、领导工作。负责危险化学品安全监督管理综合工作的部门和环境保护、公安、卫生等有关部门,应当按照当地应急救援预案组织实施救援,不得拖延、推诿。有关地方人民政府及其有关部门应当按照下列规定,采取必要措施,减少事故损失,防止事故蔓延、扩大:(一)立即组织营救受害人员,组织撤离或者采取其他措施保护危害区域内的其他人员;(二)迅速控制危害源,并对危险化学品造成的危害进行检验、监测,测定事故的危害区域、危险化学品性质及危害程度;(三)针对事故对人体、动植物、土壤、水源、空气造成的现实危害和可能产生的危害,迅速采取封闭、隔离、洗消等措施;(四)对危险化学品事故造成的危害进行监测、处置,直至符合国家环境保护标准。"但是这些规定没有把科学的环境保护要求和安全管理措施有机地结合起来。如洗消措施的盲目采取,虽然符合安全性的要求,但很可能不符合环境保护的要求，2005 年的松花江污染就是典型的例子，因此这就需要在《突发事件应对法》的指导和国家环境保护突发事件应急预案的框架内，修订《危险化学品安全管理条例》或者在今后制定的专门性有毒有害物质控制法中，对各部门的应急预案作出衔接性的规定。

《危险废物经营许可证管理办法》未对外国组织和个人专门设置条件。

《使用有毒物品作业场所劳动保护条例》未规定化学品的特性分析和安全评估，未对化学品使用说明书中的化学物质释放和暴露场景说明进行规定。

《医疗废物管理条例》虽然规定医疗卫生机构废弃的麻醉、精神、放射性、毒性等药品及其相关的废物的管理，依照有关法律、行政法规和国家有关规定、标准执行，但是这一规定并不具有很好的可实施性，应当具体规定是哪些法律、行政法规和标准。只有明确地界定，才能把环境保护部门的监管和医疗卫生机构的监管有机地衔接或者协调起来。这就需要在今后制定的专门性有毒有害物质控制法或者条例中作出特殊的安排。

在欧盟，兽药的生产使用化学品的，属于特定的条例或者指令规范，不适用于《化学物质注册、评估、授权和限制条例》和其他化学品管理条例和指令，或者豁免于适用《化学物质注册、评估、授权和限制条例》和其他化学品管理条例和指令。我国的《兽药管理条例》的立法模式基本也如此，但是该条例很好地把它和环境保护的要求衔接起来了，如条例第 9 条规定："临床试验完成后，新兽药研制者向国务院兽医行政管理部门提出新兽药注册申请时，应当提交该新兽药的样品和下列资料：（一）名称、主要成分、理化性质；（二）研制方法、生产工艺、质量标准和检测方法；（三）药理和毒理试验结果、临床试验报告和稳定性试验报告；（四）环境影响报告和污染防治措施。"

《农药管理条例》虽然与环境立法和化学品立法有一定的衔接，但是存在以下问题，一是缺乏属于生产和进口化学品的农药的安全评估和环境风险评估，缺乏对使用场景的说明要求，缺乏对生产和进口量的限制说明，缺乏对使用条件的详细说明。另外，该条例缺乏衔接性的规定，把环境保护部门的监管和农业部门的监管有机地协调起来。这就需要在今后制定的专门性有毒有害物质控制法或者条例中作出特殊的安排。

《建设项目环境保护管理条例》的缺陷和《环境影响评价法》的缺陷一样，没有考虑化工企业的布局和中长期环境风险控制问题，也需要在今后制定的专门性有毒有害物质控制法或者条例中作出基本的规定。

（3）行政规章和技术规范的作用缺陷问题

一是规章体系比较凌乱，高水平的保护环境和人体健康的目的还没有得到建立。二是管理体制要进一步理顺，要规定一个牵头的协调部门。三是信息公开、交流和公众参与监督管理的力度不够，没有针对有毒有害的现有化学物质和新化学物质的供应链建立信息传递制度。四是对特殊化学物质，如中间体、单体的规范管理不足。五是对有毒有害的现有化学物质和新化学物质的测试替代方法规范不够，没有采纳国际上广泛采用的限制动物测试要求。六是政府承担所有的风险评价任务和化学物质安全评价任务，不太现实。七是没有设立有毒有害的现有化学物质和新化学物质的风险评估和测试方法的信息有偿共享制度。八是没有设立国际上通行的联合申报制度，联合申报仍然采取单个受理的方法。九是没有建立科学的社会—经济和环境影响平衡方法。十是没有建立下游用户改变化学物质用途的化学物质安全评估制度。十一是应当建立预先登记的制度。十二是没有专门建立申诉的制度。十三是登记、免于登记、豁免登记的立法模式没有得到采纳。十四是既要严格限制中小企业的化学物质生产和经营行为，也应为它们履行法律上的义务规定一些更加便利的条件，但是现行规定没有做到这一点。十五是化学物质的环境风险没有考虑区域和全国范围内的化学物质生产总量。十六是化学物质的替代使用鼓励政策没有建立起来。十七是处罚力度不够，不足以阻止违法行为的继续蔓延。十八是缺乏对国际协定的履约规定，缺乏与国际组织和NGO的协调规定。

3. 立法存在空白，且立法之间难以实现有效的衔接，部门立法的现象严重

我国的立法目前存在一些空白，如在杀生产品、化学物质的安全评价和化学物质的环境影响后评价方面，目前缺乏专门的立法。而在这方面，欧盟有充分的立法，如2004年3月31日《关于清洁剂的欧洲议会和理事会条例》、2002年9月25日《关于已上市的按照2000/1896/EC条例第4（1）条规定用于杀生的特定活性物质的额外期限公告的委员会条例》、2003年11月4日《关于98/8/EC〈关于市场中杀生产品未经许可出售的欧洲议会和理事会指令〉第16（2）条提及的十年工作计划第二个阶段和修订2000/1896/EC条例的委员会条例》。

总之，在我国，由于缺乏一部化学物质控制的基本法，加上现有的立法的主旨和侧重点均不在全面、系统地预防和控制有毒有害现有化学物质和新化学物质的环境风险，因此，现有的立法，虽然既有法律层次的包括化学物

质控制内容的法律、行政法规，又有大量的规章和技术性规范，但立法目的和调整领域还是难以得到有效的协调，不可避免地出现体系零散、规范缺乏、规定不衔接及缺乏可操作性的现象。值得注意的是，各法律、行政法规和规章很少规定"对于……的行为，应当遵守《……法/条例/办法/规范》的规定"，大都采取"对于……的行为，按照相关法律处理"等措辞，因此，很模糊，缺乏可执行性。

四、我国制定《有毒有害物质控制法》的必要性

（一）是查漏补缺，进一步完善我国有毒有害物质控制立法体系，促进环境保护工作的需要

目前，欧盟、美国和日本的有毒有害物质控制立法所覆盖的化学物质范围很广。其中以欧盟的为最广。欧盟《化学物质注册、评估、授权和限制条例》将欧盟市场上约 3 万种化工产品和其下游的纺织、轻工、制药等产品纳入了安全监控范围。按照规定，现有 3 万种化学物质最迟须于 2018 年前完成注册、评估及许可程序。注册程序将从毒性最烈及大批量销售的化学物质开始。按照条例的规定，所有在欧盟范围内生产或者进口至欧盟的超过一吨的化学物质必须进行健康和安全测试，并向新成立的欧洲化学物质局登记。对于那些对人体和环境有害并值得高度关注的物质，如致癌物质、生殖毒性物质，以及能够在人体和动物体内积蓄的物质，不管数量多少，其生产和进口必须对该物质对人体健康和环境的影响进行测试，并获得主管机构的批准。《化学物质注册、评估、授权和限制条例》的诞生意味着如果没有数据证明产品的安全性，就不能进入欧盟市场。

中国向欧盟出口的化工产品和化工下游产品也将面临注册、环境风险安全评估、许可、限制、替代问题，中国企业需要了解化学物质的安全特性，了解是否对人体和环境产生危害，同时还要有实验数据的支持。《化学物质注册、评估、授权和限制条例》生效后，化学物质的生产及销售必须向欧洲化学物质局注册。所需提供的资料数量视有关化学物质构成的危险、产量或进口量等因素而定。预期欧洲委员会将于 12 年内决定，是否建议延续年产量或进口量不足 10 吨的化学物质的安全报告规定。至于致癌物质，欧委会作出决定的期限已缩短至七年。方案加强了知识产权条文，资料保护年期由三年延长至六年。这些都需要我们认真研究。不过，这也是我国化学物质立法工作的一个重要切入点，我们可以针对《化学物质注册、评估、授权和限制条例》的要求，把我国的有毒有害物质控制立法提升到一个新的

高度。

我国现有的环境保护法律体系,主要的规范领域包括清洁生产、循环经济、损害预防和污染治理几个方面。如果制定一部有毒有害物质控制基本法律,在它的统帅和协调之下,有毒有害物质控制立法体系就基本定型。那就等于在现有的环境保护法律体系之中加上了风险预防和控制一大块,使环境保护法律体系规范的领域变为风险预防＋风险控制＋损害预防＋损害治理＋清洁生产＋循环经济。这会弥补我国环境法律体系结构的缺憾,使我国的环境保护法律体系完整化。

（二）是提升我国有毒有害物质控制立法目的的需要

目前,欧盟、日本、美国等国家和地区的有毒有害物质控制立法,其目的大致可以归结为以下几点:一是高水平地保护环境和人体健康;二是保护脊椎动物免受不必要的测试;三是快速分享信息,提高信息的透明度,利于监管,提高化学物质流通和监管效率,避免工作重复。四是促进化学物质在市场中自由流动。五是促进竞争,促进机构改革。六是分类管理,分期实施,符合实际。七是广泛参与,各负其责,公平地分担费用,保护相关研究和开发者的知识产权。八是促进中小企业的经济发展。九是促进国内立法之间的衔接及国内立法与国际协定的衔接。

而我国现有有毒有害物质控制立法所规定的目的,一般限于化学物质的安全管理、防治环境污染生态破坏。如《危险化学品安全管理条例》第1条规定:"为了加强对危险化学品的安全管理,保障人民生命、财产安全,保护环境,制定本条例。"《使用有毒物品作业场所劳动保护条例》第1条规定:"为了保证作业场所安全使用有毒物品,预防、控制和消除职业中毒危害,保护劳动者的生命安全、身体健康及其相关权益,根据职业病防治法和其他有关法律、行政法规的规定,制定本条例。"《新化学物质环境管理办法》第1条规定:"为加强对新化学物质的环境管理,防止环境污染,保障人体健康,保护生态环境,制定本办法。"这些立法目的的阐述规定存在以下不足:一是并没有认可高水平保护环境的目的。二是在保护环境和人体健康的同时,并没有承认保持化学物质自由流动和促进竞争的目的。三是没有认可动物福利保护的目的。四是在分享信息,提高信息的透明度方面,工作做的不是很到位,所以立法目也未予以阐释。五是并没有考虑登记者、生产者的经济负担,公平分担费用等目的没有得到明确,没有考虑中小企业的经济负担。

这些立法目的的拓展和提升,任务比较繁重,涉及的立法众多,在中国的立法模式传统下，理想的方法是制定有毒有害物质控制基本法——《有毒有害物质控制法》，在基本法的层次上对这一问题进行提纲挈领式的解决。

（三）是扩展我国有毒有害物质控制立法调整对象，加强化学物质全面管理的需要

在杀生产品方面，在化学物质的安全评价方面，在化学物质的环境影响后评价方面，我国缺乏专门的立法。而在这些方面，欧盟有充分的立法，如2004年3月31日《关于清洁剂的欧洲议会和理事会条例》、2002年9月25日《关于已上市的按照2000/1896/EC条例第4（1）条规定用于杀生的特定活性物质的额外期限公告的委员会条例》、2003年11月4日《关于98/8/EC〈关于市场中杀生产品未经许可出售的欧洲议会和理事会指令〉第16（2）条提及的十年工作计划第二个阶段和修订2000/1896/EC条例的委员会条例》。

另外，在适用范围中，一些化学物质，如配制品、中间体、单体等，在欧盟得到了很好的规范，下游用户进入了化学物质环境安全管理的视野，但在我国尚缺乏专门的立法进行规范。而这些化学物质，在我国的生产、进口或者使用已经对环境产生一些问题，因此，亟待通过制定有毒有害物质控制基本法，予以一揽子解决。

（四）是从根本上理顺我国有毒有害物质控制管理体制的需要

欧盟、美国和日本等国家和地区的有毒有害物质控制管理体制具有如下特点：一是强调化学物质监管机构和环境保护监管机构的监管配合和协调。化学物质监管结构侧重于污染的预防和环境风险的控制，侧重于化学物质的生产、进口、加工、入市和使用，而环境保护机构则侧重于化学物质的污染排放标准制定、污染排放监管和对违法行为的查处。二是强调司法对行政的监督作用。在欧盟不仅是国内法院可以对行政机关的行为进行司法审查，欧洲初审法院和欧洲法院对各成员国的有毒有害物质控制管理行为也有一定的司法监督作用。三是重视化学物质监管机构和环境保护监管机构之间，以及不同地域的职责机构之间的信息沟通和执法的联动性。

在我国，化学物质的管理体制分为综合管理体制、专业管理体制两类。如发生突发事件时，由各级人民政府负责组织应急，这就是综合管理体制。专业管理体制分为化学物质销售管理体制、质量监督管理体制、进出口管理体制、安全管理体制、卫生管理体制、运输管理体制和化学物质污染环境的管理体制。这种专业管理体制形成了由国务院安全生产、环保、农业、发改

委、卫生、质检等众多主管部门对危险化学物质和农药进行安全管理的共同监督管理体制。例如，一种农药的管理程序是先由农业部审查登记，然后由国家质检总局或国家发改委审查发放生产许可证或证书，再分别由安全生产部门审查发放经营许可证、安全生产许可证；由国家质检部门监督产品质量、由工商部门监督市场销售、由卫生部门负责中毒急救，最后由环保部门负责污染防治工作。这种齐抓共管的体制造成了监管的行政法规、规章多，管理分散、交叉重叠，缺乏整体协调与监管的问题。具体缺陷如下：一是协调不够，管理体制分野太明显。如没有协调执法和联合执法的机制。二是部门立法扩充部门职权，而忽视其他部门依法享有的法权。我们知道，化学物质的安全事故往往既是安全事故，同时也进一步产生环境污染事故，对于这些事故的应急，应当既让环境保护部门参与，也让安全生产部门参与，而且两个部门要相互通报自己的情报和观点，而《危险化学品安全管理条例》由于立法的侧重点在于安全管理，因此在条文中仅赋予环境保护部门以"负责废弃危险化学品处置的监督管理"、"负责调查重大危险化学品污染事故和生态破坏事件"、"负责有毒化学品事故现场的应急监测"，对《突发事件应对法》和国务院应急预案赋予环境保护部门的应急指挥和应急指挥咨询的职权没有涉及。三是一些规定不科学，如《危险化学品安全管理条例》赋予环境保护部门的是事后的污染防治权，但事实上，环境保护部门行使清洁生产审计、现场检查等与安全生产有关的职权既是必要的，也是《环境保护法》所认可的，而条例也由于立法主旨的原因，没有体现这一点，而是花很大的篇幅去阐述安全生产部门的事故预防性。这可能造成对同一事项，环境保护部门检查，安全生产部门也单独检查的情形。也就是说，必须协调现有的立法，在立法之中强调部门职权设立的科学性，与职权行使的相关性和协调性。

体现在实践中，由于危险化学品生产、经营、使用、进出口和污染防治等管理环节多，主管执法部门人手少，缺少必要的评价监控手段和经验，致使部分主管部门安全和污染防治监管执法能力不足，特别是在省级以下的设区的市级和县级，国家许多立法规定没能得到有效贯彻执行。有些地方政府主管部门出于经济利益，对污染环境的企业执法监督不力，甚至采取包庇纵容的态度，也使得化学物质环境监督管理得不到有效执行。迫切需要在立法上赋予环境保护部门在环境事务上协调各部委和地方政府的权力，加强各级环保部门的执法监管能力建设。

（五）是确立我国有毒有害物质控制基本原则的需要

我国的环境法确立和体现了如下基本原则：环境保护的权益平衡、协调与制约原则，协调发展的原则，环境问题防治的预防性、综合性、整体性与全过程原则，环境保护知情原则，环境保护公众参与原则，环境责任原则。和欧盟相比，谨慎原则和合作原则还没有得到充分的体现。

虽然我国目前没有有毒有害物质控制基本法，不可能集中规定或者体现有毒有害物质控制的基本原则，但是一些专门的化学物质立法基于特殊的目的和任务也确立了一些具体的原则，如《废弃危险化学品污染环境防治办法》第4条规定："废弃危险化学品污染环境的防治，实行减少废弃危险化学品的产生量、安全合理利用废弃危险化学品和无害化处置废弃危险化学品的原则。"其他的一些原则，如风险预防、源头控制等原则，也多多少少地得到了《新化学物质环境管理办法》等条例或者规章的体现。和欧盟相比，替代原则、相称原则、良好实验室实践原则在我国还没有成为基本的原则，风险预防和源头控制原则的立法确认和体现还不够。另外，我国缺乏一套针对有毒有害物质环境无害管理的综合性科学管理政策和指导原则。目前国家危险化学物质管理的重点是控制具有易燃性、爆炸性以及氰化钠等剧毒特性的化学物质，防范这些化学物质引起的爆炸、火灾，运输泄漏和中毒事故的发生。在环境污染防范方面，国家的重点仍然是预防和控制工业生产中排放"三废"造成的第一代污染问题，主要集中在二氧化硫、悬浮颗粒物污染、城市汽车尾气污染问题；工业生产中排放的含COD（化学需氧量，即Chemical Oxygen Demand）、有机污染物、重金属等废水的达标排放问题；城市与工业固体废物处理处置问题等。

之所以如此，原因有两个：一是高水平地保护环境和人体健康的目的还没有得到环境立法和化学物质立法的明确承认和体现。缺乏适当目的的指引，科学的原则体系是难以建立的。二是和发达国家相比，我国的化工行业发展比较落后，有毒有害物质控制制度比较落后，不可能吸收和消化欧盟立法规定的高标准原则。

在贸易自由化和全球化的今天，我们必须借鉴和吸收欧盟、美国和日本等国家和地区的有毒有害物质控制的基本原则。首先，应当修订《环境保护法》，确立高水平保护环境和人体健康的目标；在现有原则的基础上明确承认或者充分体现环境保护知情原则、谨慎原则和合作原则。其次，制定《有毒有害物质控制法》，在基本原则部分，明确规定或者体现协调发展的原则，风险预防、源头控制原则，环境危害控制的综合性、整体性与全过程原则，生产者、进口者、加工者承担化学物质安全评价、提交信息、承担申报登记责任的原则，谨慎原则，技术和物质替代原则，相称原则、良好实验室实践原则。第三，对于一些目前明确规定条件不成熟的原则，如"替代原则"的子原则——禁止不必要的动物实验的原则，可以在特殊的有毒有害物质控制条例或者规章之中逐步加以体现。最后，在《环境保护法》修订及《有毒有害物质控制法》制定后，按照它们确立或者体现的基本原则，对现有有毒有害物质控制立法的具体原则进行调整，并发挥它们对有毒有害物质控制制度构建的指导作用。

（六）是构建我国有毒有害物质控制基本法律制度的需要

和欧盟、美国和日本等国家和地区相比，我国的有毒有害物质控制立法的制度建设存在以下几个问题：①由于没有统一的有毒有害物质控制综合立法，就没有统一的立法目的和基本原则。缺乏统一的指导和协调，零散的立法不可能形成内部协调的、覆盖所有领域的有毒有害物质控制制度。②目前的制度，从目的上说，仅是污染防治和风险排除，还没有上升到安全管理和高水平保护人体健康和环境的水平上。③一些制度，就主要内容的覆盖范围而言，和欧盟、美国和日本等国家和地区相比，基本可以媲美，但是制度的内容不够深入。主要表现在配制品、中间体、单体的法律规范，表现在现有有毒有害化学物质的风险评估方面，表现在现有有毒有害化学物质的区域风险评估等方面。④有毒有害物质控制信息的共享程度还不高，数据分享和不必要测试的避免规定缺乏，不利于公众知情权的保障和公众的有效参与。⑤安全生产和环境危害控制两块立法缺乏协调，制度和制度之间冲突的地方很多，主要表现在安全生产和环境危害控制制度互相不衔接，如应急制度的建设中，《危险化学品安全管理条例》没有涉及环境保护部门的专业咨询和应急指挥作用。而事实上，安全必须是专业基础上的安全。可见，专注于一个部门作用的立法有时候对环境污染损害的预防和治理起了阻碍的作用。⑥缺乏化学物质安全评估报告的内容、缺乏下游用户的信息提供和安全评估的内容，化学物质登记、风险评价的门槛制度、风险管理、联合申报、销售代表委任制度、化学物质转移与排放登记制度、相互评论和认证制度不完善。⑦对在发达国家环境危害控制中广泛实行的自愿协议制度、工商界责任关怀行动和绿色化学行动等措施，没有及时予以响应。⑧化学物质分类和管理重点不明确，目前对于国际上引起高度关注的具有致癌、致突变和生殖毒性以及具有环境持久性、生物蓄积性和毒性的化学物质，我国的有毒有害化学物质和新化学物质控制和管理立法没有或很少考虑作为安全管理的对象。因此，迫切需要修改完善危险化学品的分类和管理范围，确定环境危险性的分类标准。此外，存在的制度问题还有：缺少重大环境危险源辨识标准等预防和应对突发环境事件环境标准；法律救济制度不完善等。这些基本制度的创设，需要以法的形式集中予以解决。

（七）是统一和严格法律责任，促进有毒有害物质控制立法实施的需要

欧盟、美国和日本等国家和地区的法律责任严厉，主要表现在：①处罚的违法行为比较宽泛，如包括做伪证、提供虚假信息、拒绝转让用动物实验获得的数据等。②处罚的种类和违法行为比较相称，如对虚假提供信息者施加罚款、监禁、撤销注册、撤销授权等。如丹麦《化学物质法》第59条规定，除非其他相关立法有更重的处罚，否则下面的违法行为将会被处以罚金、拘留或两年以上监禁。③处罚比较严厉。如欧盟的监禁可达五年，罚款最高可以达到几百万欧元。有的甚至和违法所得结合起来，足以发挥法律的制裁和威慑作用。如丹麦《化学物质法》第61（a）条规定，如果违反第59条（1）、（2）、（4）、（5）、（9）、（10）和（12）项等规定，将会被处以五年的监禁。④民事赔偿责任一般以保险为基础。

在我国，违反化学物质管理规定，造成环境污染的，也会承担一定的法律责任。但存在一些问题：一是罚款的幅度太低，如松花江污染，2006年底，原国家环境保护总局确定的罚款额就是《水污染防治法实施细则》规定的最高标准100万元。应该借鉴欧盟的经验，不设定罚款的最高限度。二是建立和银行联网的环保处罚信息和信用制度，使违法企业难以得到金融、土地、税务、证券等界别的支持。三是对于一些虚报材料和信息的行为，规定的处罚措施不力。四是刑事责任一般以造成环境污染事故为前提，太严格。五是环境污染损害没有考虑生态损害和其他相关的损害。六是除了油污染损害赔偿保险外，其他的领域还没有建立损害赔偿保险制度，不利于受害者的充分救济。如果发挥保险公司对化工企业的监管，发生环境污染损害的几率就小得多。

（八）是更好地履行国际环境条约义务，促进国际贸易的需要

当前，化学物质的环境危害控制已成为国际社会关注的焦点问题之一，世界各国都采纳了相应的管理制度，并相继签署了一系列有关有毒有害物质控制的国际公约，如《关于化学物质国际贸易资料交流的伦敦准则》、《关于控制危险废物越境转移及其处置的巴塞尔公约》、《关于在国际贸易中对某些危险化学物质和农药采用首次知情同意程序的鹿特丹公约》、《关于保护臭氧层维也纳公约》、《关于消耗臭氧层蒙特利尔议定书》、《关于持久性

有机污染物的斯德哥尔摩公约》、《卡塔赫纳生物安全议定书》、《作业场所安全使用化学物质公约》、《国际海上危险货物运输规定》等。其中对我国影响最大的是《关于在国际贸易中对某些危险化学物质和农药采用首次知情同意程序的鹿特丹公约》和《关于持久性有机污染物的斯德哥尔摩公约》。《鹿特丹公约》规定对各国禁用和严格限用的危险化学物质和农药执行进出口事先知情同意程序,即只有在得到进口国主管当局事先知情同意的情况下才能进行出口。《关于持久性有机污染物的斯德哥尔摩公约》提出了停止艾氏剂、狄氏剂、异狄氏剂、滴滴涕、氯丹、七氯、六氯代苯、灭蚁灵、毒杀芬、多氯联苯、二恶英和苯并呋喃12种持久性化学物质的生产、使用、进出口和排放。采取适当措施,确保从事公约豁免或某一可接受用途的任何生产或使用活动时,防止或尽量减少人类接触,并将持久性有机污染物的排放控制在最低程度。此外,联合国环境规划署等国际机构目前正积极开展全球汞和内分泌干扰物质的评估活动,预示着未来更多的有毒有害物质控制的国际统一行动协议的形成。

2002年的世界可持续发展首脑会议(WSSD)通过了为实现《21世纪议程》可持续发展目标而敦促世界各国进行统一和实际行动的《执行计划》。《执行计划》重申了《21世纪议程》关于化学物质完善环境危害控制的原则,并明确提出,"到2020年,实现化学品生产、使用以及危险废物符合可持续发展原则的良好管理,以最大限度减少化学品对人类健康和环境的不利影响",成为国际有毒有害物质控制的一项具有时限性的战略目标。2006年2月,经过国际社会共同努力,"国际化学物质安全战略步骤"于阿联酋迪拜召开的国际化学物质管理大会一致通过,提出了主要包括风险减少、知识与资讯、公共治理、能力建设与技术合作等方面的总体政策战略和一系列具有明确的行动步骤和时间表、综合和协调现有国际化学物质安全管理行动的统一战略和行动方案。

目前,在我国现有的化学物质管理体制和管理机制之下,各监管部门和各有关行业要高效、充分地履行上述国际环境条约或者协定规定的国际义务,有相当的难度。唯一的解决方法是用法的形式对管理职权和管理机制进行统一规范和调整。

2006年我国化工进出口总额达到1637.02亿美元。其中,化工出口额为663.51亿美元,增长17.54%,进口额为973.50亿美元,增长10.84%。也就是说,我国的化工出口比较强劲,但是,欧盟于2007年6月1日实施的《化学物质注册、评估、授权和限制条例》规定了严格的进口条件,将对我国的化工出口行业产生严重的冲击。目前，美国、日本等国家正在借鉴欧盟的经验，构建本国化工行业的贸易壁垒。为了克服这个现象，唯一的措施是，在充分了解这些壁垒的基础上，通过发展与国际要求接轨的有毒有害物质控制的国内立法，逐步提高我国化工行业的发展要求。

五、《有毒有害物质控制法》的立法定位与管理思路

2005年松花江特大环境污染事件发生后，国务院发布了《关于落实科学发展观加强环境保护的决定》，《决定》明确要求"抓紧拟订……化学物质污染……方面的法律法规草案"。因此，制定一部综合性的涉及安全、海关监管、质量监督、商务等部门监管职责的有毒有害物质控制法律，目前已成为社会各界的共识。

（一）立法定位与立法名称

1. 立法定位

之所以要立《有毒有害物质控制法》，就是为了弥补现有各污染防治法之不足，弥补新化学物质安全管理之不足，弥补现有有毒有害物质控制行政法规、规章和技术性规范之不足。各污染防治法一般侧重于污染的末端治理。虽然它们也提出了污染预防原则，但是这一原则与有毒有害物质环境风险预防与控制所强调的预防原则有所不同。首先，有毒有害物质的环境危害控制强调的化学物质对人、动物和环境的风险预防，这种风险是建立在评估的基础上，与一般的污染防治法所强调的污染损害预防不同；后者强调的是损害结果的预防，而前者强调的是可能发生也可能不发生的环境风险的预防。其次，化学物质的环境危害控制还强调环境损害的预防，它不仅包括污染防治法所提出的污染预防原则，还包括生态破坏的预防原则。

为了体现《有毒有害物质控制法》的立法独特性，因此，应当把其作如下定位：

其一，《有毒有害物质控制法》既要规范有毒有害物质的环境风险管理，又要规范有毒有害物质的安全管理，使其成为协调现有有毒有害物质环境管理、质量监督、进出口管理和安全生产管理行政法规和规章、技术性规范的基本法律。

其二，《有毒有害物质控制法》主要规范工业型的有毒有害物质，即有毒有害的现有化学物质和新化学物质的环境风险，这与污染防治法所规范的预防排放物的环境损害风险和治理已经发生的环境污染有所不同。

其三，《有毒有害物质控制法》主要规范化学物质的环境风险预防和环境风险控制,而水污染、大气污染、土壤污染和固体废物污染等立法和自然保护区等生态立法则主要规范环境风险预防和环境风险控制之后的事情,规范环境要素的管理。

其四,《有毒有害物质控制法》主要规范有毒有害物质的"物"的环境风险,而《环境影响评价法》则规范建设活动和规划的环境影响。

其五,《有毒有害物质控制法》主要规范工业类有毒有害现有化学物质和新化学物质在生产、运输、流通、使用、回收、后处理的环境风险预防和控制措施,如风险评估、登记、PRTR 制度等,针对的是环境污染和生态破坏特别是不确定发生的环境风险的预防和控制,而《清洁生产促进法》和即将出台的《循环经济法》规范产品在设计、生产、流通、使用、回收、后处理尽量减少环境污染和生态破坏,节约资源,强调的是可以确实发生的污染的减量化和无害化。

2. 立法名称

一些学者对《有毒有害物质控制法》的立法名称提出异议,主要的争议表现在以下几个方面。

(1)立法名称是采用"化学品"、"化学物质"还是"有毒有害物质"的措辞问题

关于是采用"化学品"还是"化学物质"的问题,我国法学界和管理部门存在不同的看法。虽然分歧不小,但却共同认为,无论立法为何名称,它规范的最终对象仍然是化学物质,即以自身形态出现、包含在配制品和物品中的化学物质。对环境产生风险的仍然是化学物质,通过管理化学物质的方式来管理化学物质、含化学物质的配制品以及化学物质品,有利于避开争执,实现立法管理的目的。

如把立法名称定为《化学品……法》,则属于一种约定俗成的名称确定方式。该立法名称,对于熟悉我国化学物质立法传统的中国企业和个人来说,不会产生很大的歧义,一般都会认为,其所规范的显然并不仅仅是严格意义上的化学品,还包括化学物质及包含化学物质的配制品。但是,由于该立法生效以后要适用于出口化工物质和产品到我国的外国化工企业,而"化学品"的立法名称措辞,依照国际通行的法律术语逻辑,在它们看来,就不应该包括化学物质和化学配制品。这将不可避免地产生歧义。

由于化学物质包括化学物质、含化学物质的化学配制品以及化学品,因此,如果把立法名称定为《化学物质……法》,就显得更加科学一些。欧盟及其主要成员国的立法名称,如欧盟的《化学物质注册、评估、授权和限

制条例》、德国的"ChemicalsAct"等立法，采用的均是"chemicals"一词。按照条文的阐释，这些立法要么明确规定 chemicals 包括化学物质、化学配制品和化学物质品，要么把 chemicals 分成 substance（化学物质）及包含 substance（化学物质）的 preparation（配制品）和 article（物品）来各自定义。可见，如果我国的化学物质立法采用《化学物质……法》的名称，不仅更加科学，也更能与国际接轨。

关于是采用"化学物质"还是"有毒有害物质"的问题，管理部门和实践部门一致认为，化学物质的范围太广，品种太多，应用的范围太广，数量太庞大，加上部分化学物质对环境无害或者危害很小，如果把所有的化学物质纳入环境风险和安全风险控制管理的视野，既不科学，也不现实，所以，在目前和今后相当长的一段时间里，应当把有限的监管力量投入到对环境产生危害风险的化学物质，即具有环境危险性以及致癌、致突变和生殖毒性，可能通过污染环境危害人体健康的现有化学物质和新化学物质之中。基于此，他们认为，应当仅规范工业型的有毒有害的现有化学物质和所有的新化学物质。而有毒有害的现有化学物质和所有的新化学物质，国际上通行的称谓为有毒有害物质。

基于以上分析，在立法名称之中采用"有毒有害物质"既最科学，也最符合管理的实际。

（2）立法名称是采用"污染防治"、"环境管理"还是"控制"的措辞问题

由于化学物质的污染防治一般涉及污染损害预防和污染损害治理两个环节，环境管理则不仅包括污染损害预防和污染损害治理，还包括安全评价、风险管理、化学物质的环境登记等与环境风险控制有关的事项，因此，立法名称采取"环境管理"的措辞，对于发挥环保部门的有毒有害物质控制职责，体现该法与污染防治立法作用的区别，并与化学物质安全管理、质量监督等部门法相区别均是必要的。另外，目前对于化学物质的登记、管理，还缺乏法律和条例层次上的立法，因此，和"污染防治"相比，采纳"环境管理"的立法名称措辞，则更能体现现实的需要。

相比"环境管理"的立法名称措辞而言，"控制"的措辞则更为科学和合理一些。理由有三：一是环境管理的范围太广，可能把本属于各有关污染防治法律所规范的事项纳入进去。二是有毒有害的现有化学物质和所有的新化学物质的环境风险控制，既涉及环境保护部门的工作，还涉及安全生产监管部门的工作，因此，仅采用"环境管理"的措辞，是不利于发挥安全生

产部门的监管作用的。安全生产监管部门的监管作用如果没有得到有力的发挥，就易于产生化学物质泄漏事故，最终也给环境保护部门增添监管的负担和难度。三是有毒有害的现有化学物质和所有的新化学物质的监管还包括海关部门进出口监管、质量监督部门的监管、商业部门的监管、工商部门和公安部门的监管，如果把立法的名称定为含义广泛的"控制"，则合理一些。

基于以上分析，采用"控制"的措辞比"污染防治"、"环境管理"的措辞均更科学、合理。

（3）综合分析

基于以上分析，目前的立法名称宜定为《有毒有害物质控制法》，只有这样，才能清晰地反映立法所管理的对象，并与国外有毒有害物质控制立法的名称的惯例相一致，避免法律理解和适用上的分歧；才能协调有毒有害的现有化学物质和所有的新化学物质的管理体制、制度和机制。

（二）指导思想与立法目的

1. 指导思想

《有毒有害物质控制法》的制定工作，应当符合以下指导思想：

一是要起统帅目前有毒有害物质控制条例、规章和技术规范、标准的作用。这是基本法应当起的作用。

二是要统一有毒有害物质控制的调整范围，要发挥自己的特殊作用，使自己与《农药管理条例》等医药、化妆品等立法在管理对象和监管制度、监管机制上有所区别，使自己统帅现行《危险化学品安全管理条例》等有毒有害物质专项管理法规和规章，使自己的监管环节处于《水污染防治法》、《大气污染防治法》、《固体废物污染环境防治法》、《海洋环境保护法》等污染防治法律的管理环节之前。

三是既有有毒有害物质控制的基本规定，又留有与《水污染防治法》、《大气污染防治法》、《固体废物污染环境防治法》、《海洋环境保护法》、《安全生产法》、《农药法》等立法衔接的接口，还指导《危险化学品安全管理条例》、《废弃危险化学品污染环境防治办法》等条例、规章、规范性文件和环境标准、安全标准的修订和实施，这样既可以避免规定重复、又不留下法律空白或者漏洞，防止抢占其他相关立法地盘的现象。基于此，在《有毒有害物质控制法》制定后，还可以考虑在以下几个方面制定专门的行政法规和规章：杀生产品的环境危害控制条例或者规章；化学物质的环境安全评价条例；综合性的化学物质登记条例；化学物质销售条例；中间体与单体环境危害控制条例；综合性的化学物质分类、包装和标记条例等。在

《有毒有害物质控制法》制定后，还可以考虑修订现有的有毒有害物质安全监管、建立监督、海关监管方面的行政法规和规章。

四是统一有毒有害物质控制的调整对象、适用范围、管理体制，统一规定国家的基本方针、政策和环境危害控制的原则，统一有毒有害物质控制的法律责任。

五是基本制度的建设要完备、具有可操作性，既立足于我国各地的化工行业发展实际，又要充分地考虑国外和国际化工行业的发展现状和趋势，体现我国有毒有害物质控制立法的实践性和发展性。

六是既要促进贸易和环境保护的可持续协调发展，又要注意与国际化学物质环境公约要求及国际有毒有害物质控制法规体系相接轨。有毒有害的现有化学物质和所有的新化学物质在市场上是商品，它们的贸易需要遵循世界贸易规则。按照WTO等国际贸易公约的要求，《有毒有害物质控制法》要充分地考虑市场机制的作用，促进贸易和经济的增长，把环境保护的要求纳入化学物质贸易的国际化和自由化进程之中。按照国际化学物质立法的要求，《有毒有害物质控制法》应当对化学物质的国际贸易进行非歧视性的合理限制，以达到环境保护的目的。在经济全球化的今天，一个国家采取的化学物质安全和环境危害控制法规、政策将会对其他国家和地区产生重要影响。化学物质管理的国际性特点要求各国主管部门必须采取与国际化学物质管理体系相接轨的政策、技术规范和标准，避免对国际贸易造成不必要的技术壁垒和障碍，引起国际争端和对社会经济发展带来不利影响。因此，《有毒有害物质控制法》必须充分考虑我国已经签署并核准的化学物质环境公约要求以及发达国家已经建立并得到国际公认的化学物质安全和环境危害控制法规标准体系，包括新化学物质申报登记制度、优先化学物质测试评价制度、全球化学物质统一分类和标签制度、化学物质风险评价和风险管理制度、化学物质测试合格实验室和信息管理技术支持体系等，做到与国际有毒有害物质控制体系相接轨。

我国有毒有害物质控制立法体系的完善与创新工作，具有长期性与工作的阶段性的特点。在研究和起草《有毒有害物质控制法》的工作中，总会不断地遇到新情况、新问题，对此，我们不能因此否定该法制定的必要性和可行性。

2. 立法目的

可以借鉴欧盟《化学物质注册、评估、授权和限制条例》和其他化学物质环境危害控制立法的经验，借鉴美国和日本欧盟化学物质环境危害控制立法的经验,把立法目的确定为:一是高水平地保护环境和人体健康,维护生产安全和生态安全。二是快速分享信息,提高信息的透明度,利于监管,提高化学物质流通和监管效率,避免工作重复。三是促进化学物质在国内和国际市场上自由流动。四是促进竞争,促进环境保护和安全生产、质量和海关监管的政策和机构改革。五是分类管理,分期实施,符合实际。六是广泛参与,各负其责,公平地分担费用,保护相关研究和开发者的知识产权。七是促进中小企业的经济发展,不为它们增加不必要的负担。八是保护脊椎动物免受不必要的测试。九是促进化学物质环境危害控制立法之间的衔接、协调,促进化学物质环境危害控制立法与安全立法的衔接和协调。

明确规定或者体现上述目的,可以参考我国《宪法》序言的规定形式,在《有毒有害物质控制基本法》之中设置类似欧盟条例的导言。当然,也可以通过扩充立法目的的条款来达到这个目的。只有这样,才能使有毒有害物质控制的基本原则设计科学化、系统化、全面化,才能有利于化学物质立法的解释。如果需要采取扩充立法目的的模式,可以作如下规定:"为促进化学物质的流通和平等的市场竞争,增强有毒有害物质控制信息的透明度,全面、系统地加强化学物质的分类和分期安全监管和环境监管,协调有毒有害物质控制立法和其他立法的关系,预防化学物质的安全风险和环境风险,防止和治理化学物质产生的环境损害,高水平地保护环境和人体健康,维护工作场所安全和生态安全,制定本条例。"当然,其他的有毒有害物质控制立法,在其调整范围内,也可以部分地规定或者体现上述立法目的。

（三）调整对象和适用范围

1. 调整对象

按照我国有毒有害物质控制的实际,可以把我国《有毒有害物质控制法》调整的对象物限定为新化学物质和有毒有害的现有化学物质,但不应当包括如下物质:军用化学物质、化妆品、农药、兽药、饲料添加剂、食品添加剂、含化学物质的医疗器械。可以把我国《有毒有害物质控制法》调整的对象行为限定为以上化学物质的申报、登记、生产、进出口、上市、转让、储存、运输、使用和研究开发,污染物排放和转移登记,有害化学物质的替代、测试与咨询,废弃化学物质的回收、处理与处置,突发化学物质污染的应急预案与应急救援等。

2. 适用范围

《有毒有害物质控制法》应当采取肯定式、否定式和豁免式描述相结合的方式来确定其适用范围。无论是肯定式、否定式和豁免式描述都可以采取概述和列举相结合的方式。

适用行为和物质范围的规定模式，可以集中在"总则"中规定，也可以按照以下模式规定：首先在总则中规定"在中华人民共和国境内从事新化学物质和有毒有害的现有化学物质生产、入市、销售、转让、储存、运输、使用、进出口和处理、处置活动，必须遵守本法（条例）的规定"。然后在"有毒有害的现有化学物质的控制"、"新化学物质的控制"等章节之中通过肯定式、否定式和豁免式规定各自的适用范围。为了进一步明确适用物的范围，应当在附则中明确规定化学物质、化学品、配制品、化学品、物品的生产者、聚合体、单体、登记人、生产、生产者、进口、进口者、入市、下游用户、分销商、中间体（分为非隔离中间体、现场隔离中间体、转移隔离中间体）、场所、供应链中的行为者、职责机构、现有物质、通报物质、物品和过程趋势研究和开发、科学研究和开发、使用、登记者自己的使用、确定的使用、完全研究报告、充分研究报告摘要、研究摘要、限制、物质和配制品的供应者、化学物质的供应者、物质和配制品的容器、化学物质的容器、中小企业、暴露情境、使用和暴露分类、自然形成的物质、非化学改变的物质、合金等术语的概念。为了进一步明确各化学物质的范围，还可以在附件之中规定详细的清单，如关于化学物质的范围，可以规定涵盖化工、制造、玩具、服装、电子产品及摄影设备等领域的产品。

关于适用时间，可以采取部分要求立即执行和部分要求分阶段实施的战略。如对于现有化学物质的安全评估，可以规定一个缓冲期。对于现有化学物质的登记门槛标准的执行，也应规定一个具体的日期。

关于适用地域和适用主体，应当采取典型的属地主义，也就是说，《有毒有害物质控制法》应当规定，在中国境内和管辖的其他海域从事生产、入市、销售、转让、储存、运输、使用、进出口和处理、处置的活动的，均适用于这些条例。

为了科学处理《有毒有害物质控制法》和医药产品、兽药产品、麻醉剂、放射性物质、军需物品、化妆品、饲料添加剂等立法的关系，可以在立法中采用如下规定模式："在与……法（条例）不相抵触的情况下，农药、军火产品、医药产品、兽药产品、麻醉剂、放射性物质、军需物品、化妆品、饲料、食品添加剂、饲料添加剂、烟草和烟草制品的生产、进口和加工应当到原国家环境保护总局化学品登记部门进行环境管理登记"；"在与……法（条例）不相抵触的情况下，医药产品、兽药产品、麻醉剂、放射性物质、军需物品、化妆品、饲料添加剂的生产、进口和加工应当进行环境风险安全评价"；"有关……的规定，在不与本法（条例）相抵触的情况下，按照……法的规定执行"等。

（四）管理体制与管理方法

1. 管理体制

（1）综合管理体制

综合管理体制是国务院和各级地方人民政府的管理分工和权限。国务院和各级地方人民政府应当负责以下事项：①相关规划的审批；②安全与污染应急预案的审批或者协调；③相关部门职权的划分、调整与协调；④应急指挥之职权。这些职权的基础是中央政府和地方政府负责的法律规定。

（2）横向的专业管理体制

化学物质销售管理体制。工商行政管理部门依据有关部门的批准、许可文件，核发化学物质品生产、经营、储存、运输单位营业执照，并监督管理危险化学物质市场经营活动。国务院商业行政主管部门和省、自治区、直辖市人民政府商业行政主管部门，负责化学物质的销售生产管理。

质量监督管理体制。质检部门负责发放化学物质及其包装物、容器的生产许可证，负责对危险化学物质、包装物、容器的产品质量实施监督，并负责前述事项的监督检查。

进出口管理体制。海关部门负责根据有关部门的审批结果享有对化学物质的进出口管理职权。

安全管理体制。国务院安全生产行政主管部门和省、自治区、直辖市人民政府安全生产行政主管部门，负责化学物质和企业的安全生产、储存和销售的运输。在销售环节的执法，应当和商业部门和工商部门的执法机制相协调。

卫生管理体制。卫生行政部门负责危险化学物质的毒性鉴定和危险化学物质事故伤亡人员的医疗救护工作，负责含化学物质的医疗器械的生产和进出口审批。

运输管理体制。铁路、民航部门负责化学物质铁路、航空运输和化学物质铁路、民航运输单位及其运输工具的安全管理及监督检查。交通部门负责化学物质公路、水路运输单位及其运输工具的安全管理，对化学物质水路运输安全实施监督，负责化学物质公路、水路运输单位、驾驶人员、船员、装卸人员和押运人员的资质认定，并负责前述事项的监督检查。邮政部门负责邮寄危险化学物质的监督检查。

环境管理体制。国务院环境保护行政主管部门对全国废弃危险化学物质污染环境的防治工作实施统一监督管理；县级以上地方环境保护部门对本行政区域内废弃危险化学物质污染环境的防治工作实施监督管理。环境保护部门负责废弃危险化学物质处置的监督管理，负责调查重大危险化学物质污染事故和生态破坏事件，负责有毒化学物质事故现场的应急监测和进口危险化学物质的登记，并负责前述事项的监督检查，负责应急救援的咨询和部分实践的现场指挥工作。环境保护部门负责制定新的有毒有害物质控制标准和技术规范。环境保护行政主管部门应当参与化工行业的企业安全生产检查。这就要求，安全生产监管体制和环境管理体制要相结合。此外，环境保护行政主管部门应当负责现有化学物质和新化学物质的环境风险评估审查工作，评审委员会负责对新化学物质的环境影响进行评估，并向环境保护部门提交书面评估意见。

治安管理部门的职权。公安部门负责危险化学物质的公共安全管理，负责发放剧毒化学物质购买凭证和准购证，负责审查核发剧毒化学物质公路运输通行证，对危险化学物质道路运输安全实施监督，并负责前述事项的监督检查。

司法部门的职责。公安部门负责部门化学物质犯罪的刑事调查。法院负责受理和审理有关有毒有害物质控制行政诉讼和污染损害等方面的民事诉讼。

联合执法的体制。即几个部门一起执法。这种执法的缺点在于执法成本高，联合行动的困难大，执法的经常性不够。

协调执法的体制，如建立相关部门的预审或者意见签署制度。目前，化学物质的环境管理缺乏这方面的制度。

（3）环保系统内的纵向管理体制

国务院环境保护行政主管部门负责制定国家有毒有害物质控制相关法规、环境管理标准和技术规范，负责组织专家评审新化学物质申报资料，作出登记许可决定。负责筛选优先化学物质和组织专家开展环境风险评价，并会同国务院相关部门制定并公布《有毒有害物质管理目录》，以及负责有毒有害现有化学物质和新化学物质的进出口登记及履行国际环境公约与协定等工作。

此外，国家设立有毒有害物质评审专家委员会负责对新化学物质和现有化学物质中的优先物质的健康和环境风险评价，并向国家环境保护部门提交书面评估意见和管理措施建议。

省级和市级环境保护行政主管部门负责已登记许可的新化学物质的跟踪

和环境监管工作；列入《有毒有害物质管理目录》的重点监管化学物质的生产和使用活动涉及日常环境监管工作。

县级以上地方环境保护主管部门负责收集、汇总和上报污染物泄漏排放和转移报告、重大环境危险源报告备案以及事故应急等污染环境的防治工作，并实施上述事项的监督管理。

化学物质环境安全管理法律法规除了应当明确授权各级环境保护主管部门执法所需要的职责权力之外，在国家、省级和市级环境保护行政主管部门中应当设立专门监管有毒有害物质的管理处（科），配备训练有素的专职工作人员和提供必要的物力财力资源，以便保证实现法律确定的保护人体健康和环境的目标。

为了有效实现有毒有害物质的环境管理，需要加强各级环境保护行政主管部门的能力建设。特别是在鉴别和管理有毒有害物质风险能力，包括：①从事化学物质危险性鉴别和风险评价的能力；②制定和执行化学物质风险管理政策的能力；③对突发性环境事件监测和应急反应的能力；④清理恢复污染场地以及废弃化学物质无害化处置的能力；⑤通过有效的教育培训计划，提高执法监管能力。

（4）横向的协调体制

2005 年的《国务院关于落实科学发展观加强环境保护的决定》第 32 条"发展环境保护协调机制"指出，建立环境保护综合决策机制，完善环保部门统一监督管理、有关部门分工负责的环境保护协调机制，充分发挥全国环境保护部际联席会议的作用。国务院环境保护行政主管部门是环境保护的执法主体，要会同有关部门发展国家环境监测网络，规范环境信息的发布。

我国的有毒有害物质控制体制上缺乏协调执法和联合执法的机制，应当按照《突发事件应对法》和国务院发布的《国家突发环境事件应急预案》的规定，建立部际有毒有害物质控制协调委员会或者联席会议制度，部际联席会议负责统一协调突发安全和环境事件的应对工作，各专业部门按照各自职责做好相关专业领域突发安全和环境事件应对工作，各应急支持保障部门按照各自职责做好突发安全和环境事件应急保障工作。

在国务院主管部委之间和地方各级主管部门之间建立有效的协调监管机制对加强有毒有害物质的环境危害控制是十分重要的。所谓有效协调监管是指国家和地方政府主管职能部门中所有涉及有毒有害物质管理的人员相互了解彼此开展的涉及有毒有害物质管理活动、管理工作的重点、所持立场及其理由并建立协作机制。从而使所有相关方能够利用协作机制获得的信息，在本部门化学物质管理中作出科学的管理决策。

2. 控制管理方法

除了行政管制与市场机制、安全生产管理和环境管理、质量管理和环境管理、质量管理和安全管理、环境管理和海关监管等相结合的方法之外，还应当包括以下几种方法：

（1）环境风险预防与环境风险控制相结合的方法

环境风险预防就是采取风险评估的方法对现有化学物质和新化学物质进行对人和环境的损害风险的评价，并提出减轻或者避免这些风险的方法。

环境风险控制的方法是按照环境风险评估所提出的要求采取行动。主要的一个措施是化学物质的转移和排放控制制度。为此，应确立污染物排放和转移登记制度和转移的事先知情同意制度，对化学物质生产过程中产生的污染物实施排放和转移登记，监控污染物排放的种类、浓度、数量以及转移的去向等，进而对有毒污染物实施更加严格的管理和控制。

（2）分阶段管理和环节管理相结合的方法

在分阶段管理方面，从化学物质研究、开发到最终废弃处理的生命周期角度出发，可分为新化学物质及其制品、现有化学物质、废弃化学物质，这些物质分别由不同的立法进行规范。在分阶段实施化学物质环境安全管理政策方面，应当采取分阶段登记、分阶段解决环境问题的举措。在流通环节方面，涉及化学物质的活动一般包括开发、生产、加工、包装、运输、储存、经营、使用、进出口、废物处理等环节，一般由安全生产、运输管理、环境危害控制、工商登记与市场管理、劳动者保护等部门法来分别或者综合调整。

（3）管理目标和管理重点相结合的方法

有毒有害物质控制应当确立清晰的目标和设定管理重点，以便将有限的人力、物力、资源和时间花费在需优先改进的领域上。目前世界上常用化学物质有7万种左右，并且每年还有一千多种新化学物质问世。面对数量如此众多的化学物质，任何国家都不可能对所有的化学物质实现全面的安全管理。也不是所有的化学物质的健康和环境影响都需要进行同等严格的评价和控制。应当优先考虑鉴别确定那些对我国公众健康和环境构成最大风险的化学物质以及那些人群和环境暴露可能性最大的化学物质。应当区别不同的对象，采取重点管理与一般管理相结合的方式进行监控管理。

1992年联合国环境与发展大会通过的《21世纪议程文件》中明确提

出，"应当逐步淘汰或禁用那些对环境或人体健康构成不可接受或无法管理风险的化学物质，以及那些具有毒性、持久性和生物蓄积性且无法适当控制其使用的化学物质"。有毒有害物质控制的重点对象应当是新化学物质和有毒有害的现有化学物质。包括：对人类和哺乳动物具有急性毒性、慢性毒性，特别是致癌、致突变和生殖毒性物质；对水生生物和陆生动植物具有急性毒性和慢性毒性，特别是 PBT 类物质以及那些对环境有长期有害影响的物质，如 vPvB 物质、破坏臭氧层物质以及温室气体等。

（4）信息管理和现场检查相结合的方法

化学物质信息/数据对鉴别其危害性、设定管理重点、开展风险评价和制定风险管理措施等法律法规的施行极其重要。没有数据，就无法鉴别判定化学物质的危险特性。没有暴露场景数据，就不能评价化学物质风险大小及其可接受性，并实施化学物质的科学发展管理。

联合国《21 世纪议程》文件中强调，科学在环境决策的作用应当是提供信息，以便在决策过程中能更好地制定和选择环境与发展政策。评估一种化学物质的固有危险性，以及将危险性评价结果与暴露场景信息相结合来评价化学物质对健康和环境的风险需要专家经验和复杂的技术和分析设施。为了保证化学物质测试数据的科学可靠性和相互可接受性，需要遵循国际公认的《化学品测试准则》以及《合格实验室规范原则（GLP）》等指导标准。应当建立完善化学物质测试合格实验室系统以及化学物质信息收集、管理、散发和数据交换系统等有毒有害物质控制的技术支持体系。

为了核对信息的真实性，保证信息与发展的现实基本相一致，还要发挥现场检查的监管方法的作用。

六、《有毒有害物质控制法》的立法框架

基于以上分析，可以认为，制定我国的《有毒有害物质控制法》是必要和科学的。制定该法时，可参照国外工业化学物质立法框架的结构和内容，并结合我国的立法实践和要求，《有毒有害物质控制法》的总体框架拟分为九章，包括：第一章总则；第二章有毒有害物质管理的一般规定；第三章新化学物质申报的特别规定；第四章优先物质和特殊管理物质的特别规定；第五章化学物质测试、危险性分类与公示；第六章污染物泄漏报告及突发环境事件应急救援；第七章监督管理；第八章法律责任；第九章附则。

七、《有毒有害物质控制法》宜确立的基本原则和建立的制度体系

（一）宜构建的基本原则

在制定《有毒有害物质控制法》时，应当充分考虑和体现如下指导原则。

1. 谨慎、预防和源头控制原则

有毒有害物质控制政策的重点应当放在预防上。一旦化学物质被投放市场，很难对它们的使用施加新的限制措施，或采取其他措施减少和管理其风险。所以，预防化学物质对环境和健康的负面影响也要比问题出现后再解决更为可取。因此，在一种新化学物质生产或上市销售以前，通过申报登记和评审程序，判明该化学物质是否具有对环境造成持续性污染或其他类似的性质，并且根据其性质，对该物质的生产、进口和使用实施必要的法规管理。这种预防性管理方法，可以有效避免发生污染和危害之后再付出昂贵的代价进行补救或净化处置。

2. 风险评价与风险全过程控制的原则

化学物质的危险（危害性）是指一种化学物质在暴露情况下对人类健康和环境造成损害能力的固有的性质。而化学物质的风险则是指一种化学物质对人类健康或环境造成有害效应的发生概率及其后果的严重程度。风险是危险和暴露的函数。有毒有害物质控制的核心内容之一是对化学物质进行科学的风险评价。风险评价的目的是鉴别、表征和定量暴露到一种化学物质对人体健康和环境带来的潜在有害影响。化学物质的风险大小不仅取决于化学物质的毒性高低，而且取决于人群和生态环境暴露的浓度和数量、暴露途径、持续时间和暴露频率。化学物质风险管理不仅要考虑化学物质健康和环境危害性的高低，而且要考虑其风险的合理性或可接受性。那些危害性虽高，但国内无生产和使用的化学物质，由于其暴露的风险性极低，可以不作为管理的重点对象。同样，国外重点监控的化学物质也不一定都列入我国重点监管的物质名单。只有那些对我国人体健康和环境具有重大风险，且无法管理控制其风险的化学物质才应作为我国重点监控的具体对象。

2006 年欧盟颁布的《化学物质注册、评估、授权和限制条例》法规中在规定了 CMR 类物质、PBT 类物质以及 vPvB 类物质的鉴别标准的同时，还提出了如果一种化学物质对健康和环境的风险不能被适当控制，但只要注册申请人可以证明该化学物质的使用带来的社会经济效益将远远超过其对人类

健康和环境的风险性,而且目前没有适当的替代品或替代技术时,这种物质的登记仍有可能获得欧盟委员会审查批准的原则,充分体现了基于风险的社会可接受性和对社会的成本效益的原则,而不是仅根据对化学物质的固有危险特性或危害性大小进行化学物质安全和环境危害控制,这正反映了化学物质风险评价和风险管理的原则。

在确定是否需要禁止或限制一种化学物质的生产和使用时,应当在收集和测试该化学物质理化危害性、健康危害性和环境危害性数据基础上,开展危害评估和风险评价。根据该化学物质对人体健康和环境的危害性和风险性大小,并考虑到国家对该物质使用、需求、经济效益以及替代化学物质可提供性、管理控制对策的可行性,进行该化学物质的风险/效益分析,进而作出科学的风险管理决策。

3. 企业责任和污染者付费原则

国家对有毒有害物质的污染控制应当实行"污染者付费"的原则。企业应当对自己生产和销售的化学物质的安全负有社会责任。产生化学物质污染风险的单位应当负责提供其生产和销售化学物质的安全评价数据,并负担政府主管部门为预防和控制有毒有害物质污染危害采取的风险管理行动发生的监测、评价费用。

有毒有害物质的生产厂家和供应商在向政府、企业职工、消费者提供化学物质安全信息方面负有义不容辞的责任。在有毒有害物质信息方面企业应承担的责任包括:

——遵照法规要求,对生产、销售的有毒有害物质提供安全技术说明书(MSDS)。

——根据联合国《全球化学物质统一分类和标签制度》或国家标准要求,对作业场所使用、储存的危险化学品进行分类和标签。

——遵照国家法规规定,对上市销售的产品的运输和使用作出适当标签。

——对有毒有害物质事故和泄漏提供应急救援支持。

——根据国家和地方政府主管部门要求,报告污染物泄漏排放和处理处置情况。

——根据产品监管原则,与国内化工协会和主管部门合作,制订和实施寿命周期管理计划。

——促进和寻求与当地企业合作,参与支持化学物质信息系统的建设等。

4. 公众知情和利益相关者参与原则

化学物质在现代社会生活中扮演的重要角色使得社会的所有成员都与化学物质的管理和使用方式利益相关或者可能受到其影响。因此，有毒有害物质安全和环境危害控制计划要取得成功需要政府部门以及所有利益相关者的参与。有毒有害物质安全取决于社会各界尽可能广泛地意识到化学物质的风险性。

联合国环境与发展大会通过的《21 世纪议程》文件中强调"对化学品危险性的广泛认识是实现化学品安全的先决条件之一。应当承认公众和工人对化学品危险性有知情权的原则"。该原则明确了公民有权获取可能对人体健康构成危险的和向环境中泄漏排放的化学品信息。

联合国《21 世纪议程》文件在提到利益相关者的参与的重要性时还指出，"需要有一种新形式的参与。利益相关者的个人、团体和组织需要了解和参与决策过程，尤其是那些对他们生活和工作的社区可能有影响的决策过程。应当允许他们获取国家主管当局拥有的关于环境和发展信息，包括对环境有或者可能有重要影响的产品与活动信息以及相关环境保护措施的信息"。

获得利益相关者的支持和参与对成功地实施化学物质管理战略是极其重要的。社会公众的知情参与有助于直接减少化学物质对健康和环境污染危害，公众还可以揭发检举那些违反国家有毒有害物质控制法规标准的行为，并监督化学物质管理法规的执行。利益相关者广泛参与的过程将使他们有机会影响到有关化学物质的决策和计划的制订，从而使化学物质管理方案更加合理。保证了化学物质决策和计划的制订具有更大的透明度。各种利益相关者在参与过程中表述了自己的见解、价值观和专家知识，可以检验和改进化学物质的管理方案，尝试解决分歧意见。减少对政府部门的不信任感和在政策执行中出现摩擦和抵触。

（二）宜构建的法律制度体系

主要包括：

1. 现场检查与保密制度。

2. 公众参与与民主监督。

3. 行业协会制度。

4. 现有物质名录、优先物质名录制度与特殊管理化学物质名录制度。

5. 环境标准和技术规范制度。

6. 新化学物质的评审制度。

7. 化学物质的安全评价制度。

8. 化学物质的申报与登记制度，包括简化申报与登记、免于申报与登记、正常的申报与登记三类。

9. 聚合体、单体和中间体的申报与登记制度。

10. 年度报告与信息发布制度。

11. 区域化学安全评估制度。

12. 区域环境影响评价、环境影响后评价和风险排查制度。

13. 化学物质信息的报告、反馈与传递制度，化学物质登记管理信息的公开与更新制度，档案管理制度。

14. 登记证的管理。

15. 审批与监管制度。

16. 运输制度。

17. 储存、销售、转让管理制度。

18. 生产、加工制度。

19. 进出口制度，包括进口代表制度，即仿效欧盟的委托代表制度。国外的化学物质要进入我国境内，必须向我国境内成立的代理机构或者商业企业或者生产企业出口，由我国的企业履行进口审批手续。

20. 化学物质安全评估制度。

21. 安全数据册制度。

22. 风险管理制度。

23. 从业人员的培训和劳保制度。

24. 特殊管理化学物质的管理和控制制度，包括生产、使用与排放登记，监测与开支，削减、淘汰与替代，控制标准、环境影响评价、企业风险评价、进出口的特殊许可等。

25. 应急预案与应急救援制度，该制度应当与国务院发布的应急规定一致，但是要作相应的调整。

26. 产业结构调整制度。

27. 与国际条约的衔接和协调制度。包括与 PoPs 公约、《关于在国际贸易中对某些危险化学物质和农药采用实现知情同意程序的鹿特丹公约》、《国际化学物质管理战略方法》、《国际统一化学信息数据库》的衔接和协调。

28. 法律责任制度。包括民事责任、行政责任和刑事责任的追究。①在民事责任方面，要建立强制性的民事赔偿保险制度；要结合松花江污染的教训，把应急费用、居民的损失、环境的损失等纳入损害赔偿的范围。②行政责任中的罚款制度，要加大罚款的处罚力度，应当把大气污染、水污染、土壤污染和海洋污染的罚款力度，最高确定为1000万元以上；如果造成重大损害，罚款额可以为直接和间接损失的总和（不设上限），要突出原国家环境保护部门和其他上级环境保护部门的区域限制审批制度。③刑事责任的规定既应当与最高人民法院关于环境污染犯罪司法解释相结合，也应当考虑不以污染事故的发生为前提条件，可以把虚假登记、提供虚假信息、多次违法纳入追究刑事责任的前提条件的范围。此外，还应当提高有期徒刑的刑期，突出高额罚金的作用。在必要时，把一些故意的环境污染犯罪等同于投毒和爆炸罪来处理。

第四节　突发环境事件应急立法的完善问题

突发环境事件，也称突发环境保护事件，一般是指突然发生，造成或者可能造成环境、公私财产和社会公众健康严重损害的环境污染、生态破坏、外来物种侵袭以及转基因生物危害等事件。它具有以下四个方面的特点：一是事故的发生往往因生产、经营和运输突发故障、事故或人为破坏原因所致。二是事故一旦发生，污染物质随着海流、河流和气流等媒介物质扩散，速度快，越早采取应急措施，损害就越小。三是事故既可造成环境的损害，又危及不特定人的生命、健康和财产。四是污染物质的扩散、传播规律与危害难以在极短的时间内明确，应急人力、物力和财力难以迅速地调集，各种应急措施难以迅速地衔接，因此突发事故的危害难以在短时间内得到有效的控制。

随着工业化程度的不断提高和改造自然能力的不断增强，近年来，我国不断发生重大突发环境保护事件，给人民群众的生命、健康和财产造成了严重的损害或者威胁。如2005年发生的震惊中外的松花江污染事件，损失巨大。2008年5月12日发生的汶川大地震，导致了严重的环境问题。①化工厂被震垮，有毒有害的物质进入环境；一些污染处理设施被震裂，生活污水、工业污水和生活垃圾直接进入了环境；动物尸体腐烂后，有害物质也进入了地面和地下水环境。更可怕的是，地震改变了灾区的地形地貌，改变了当地的生态，对一些区域的生态产生了根本性的影响。另外，堰塞湖的出

---

① 参见《地震严重损坏灾区生态系统》，载《人民政协报》（C1版）2008年6月5日。

现，淹没了一些城镇和乡村。使这些污染物质进入了更广大的区域，影响更大，危害更深。在救灾过程之中，大量使用的消毒剂和灭菌剂，也对环境产生了长期的影响。这些影响，将对生态敏感地区产生中长期的生态威胁。当然，这些现实存在的问题，是任何一个地震受灾严重的国家和地区都会遇到的。

一、我国突发环境保护事件应急立法的现状

有突发事件必有应急措施。2005 年松花江污染事件发生以前，我国突发环境保护事件的应急处理却又或多或少地存在以下几个方面的问题：一是应急措施的采取与否往往不是依照法律的规定，而是依靠地方甚至国家领导人的认识水平和判断能力，缺乏法定的科学评估机制和预警机制；二是应急行政权力的自由裁量权太大，虽然可以弥补现行法律规定的空白，填补现行法律之间的不衔接性，但由于缺乏相应的法律对抗规定，容易造成应急权力失控和资源浪费；三是在信息报告、通报和公布的过程中，隐瞒伤亡、损害甚至整个突发事件的现象时有发生；四是应急措施的采取缺乏相应的应急预案，往往过分依靠临场发挥，人力、物力、运力、技术力量和资金难以全部按要求及时到位，各方面的行动难以协调地开展；五是许多干部和群众因为有生命、健康、财产和抚育、赡养方面的后顾之忧而缺乏必要的应急行动积极性；六是不能有效地消除社会谣言，安置或疏散居民，平抑物价，维护社会的稳定；七是一些受灾群众难以从国家和社会得到充分有效的生活、生产救助和医疗救治，存在因灾致贫和因灾更贫的现象；八是一些领导干部责任心不强，滥用权力或消极履行职责，给国家和人民群众造成了重大的损失而得不到法律的制裁。此外，如综合应急、流域应急、区域甚至全局性应急等罕见的应急处理活动一旦开展，除了以上问题之外，在实践中还可能出现动员、戒严、应急财政保障、指挥管理体制的纵向与横向衔接等方面的问题。2005 年松花江污染事件发生之后，国家针对这些问题，加强了环境突发事件应急立法工作。目前，我国在环境突发事件的应急立法方面，已经取得了一定的成就。

（一）宪法和宪法性文件的规定

在生态环境和自然资源的国家保护方面，《宪法》第 9 条第 2 款规定："国家保障自然资源的合理利用，保护珍贵的动物和植物……"第 26 条规定："国家保护和改善生活环境和生态环境，防治污染和其他公害。国家组织和鼓励植树造林，保护林木。"在特殊环境的保护方面，该法第 22 条第 2

款规定:"国家保护名胜古迹,珍贵文物和其他重要历史文化遗产。"可见,我国宪法对国家环境保护任务的规定采取了最具普遍适用意义的措辞,并没有明确地使用"紧急状态"、"突发事件"、"应急处理"等具有特殊适用意义的词语。不过,在法律没有特别规定的情况下,具有普遍适用意义的"保障"、"保护"、"改善"、"防治"等措辞应适用于突发环境保护事件的应急处理。

规定了国家基本的应急环境保护任务,还必须规定相关的应急职责机构。从国际立法的实践来看,紧急状态下的环境保护职责一般由议会、政府和军队分工履行。在我国,关于最高权力机关及其常设委员会的职责问题,我国宪法第 68 条第 19 项规定全国人大常委会有权决定全国总动员或者局部动员,该条第 20 项规定全国人大常委会有权决定全国或者个别省、自治区、直辖市的戒严。可见,在突发环境保护事件影响面广、危害相当严重时,全国人大常委会有权采取与其地位相适应的动员和戒严措施。关于国务院的职责问题,宪法第 89 条第 6 项规定其有权领导和管理经济工作和城乡建设,该条第 7 项规定其有权领导和管理教育、科学、文化、卫生、体育和计划生育工作,该条第 16 项规定其有权决定省、自治区、直辖市的范围内部分地区的戒严。而环境保护的应急工作,无论从理论上还是实践的角度看,均渗透到了经济、城乡、文化和卫生等工作的方方面面,严重时还有必要决定部分省级地域内部分地区的戒严,因此国务院享有突发环境保护事件的应急处理行政职权和省、自治区、直辖市的范围内部分地区的戒严决定职权。同样地,从宪法的有关规定也可以看出,地方政府也享有一定的环境保护应急处理职权。关于军队的角色问题,我国宪法第 29 条第 1 款规定:"中华人民共和国的武装力量属于人民。它的任务是巩固国防,抵抗侵略,保卫祖国,保卫人民的和平劳动,参加国家建设事业,努力为人民服务。"由于参加突发环境保护事件的应急处理属于参加国家建设、努力为人民服务的范畴,因此军队参加突发环境保护事件的应急处理是有基本法规定的依据的。

2007 年的《突发事件应对法》是在宪法框架内制定的宪法性法律,是我国防灾减灾的基本法,它在立法目的之中强调了维护环境安全的重要性。该法在第 23 条规定了环境隐患排查和环境隐患消除制度;在第 56 条规定了应急力量的组织,人员的营救、疏散、撤离与安置,危险源的控制,危险区域的标明,危险场所的封锁,危害扩大的防止措施,信息报告,群众的劝解与疏导等内容。这些规定,对于此次抗震减灾中的环境应急工作具有重要的指导作用。

（二）环境保护法律的规定

在宪法规定的指导下，我国的综合性环境保护法律、环境污染防治单行法律、生态破坏防治与自然资源保护单行法律对突发环境保护事件的应急处理分别作出了综合性和专门的法律规定。

1. 综合性环境保护法律的规定

1989 年的《环境保护法》是我国的综合性环境保护法律，该法除了规定具有普遍适用意义的一般原则、基本制度和法律责任等内容之外，还针对突发环境保护事件的应急处理作出了专门的规定。该法第 31 条规定:"因发生事故或者其他突然性事件，造成或者可能造成污染事故的单位，必须立即采取措施处理，及时通报可能受到污染危害的单位和居民，并向当地环境保护行政主管部门和有关部门报告，接受调查处理。可能发生重大污染事故的企业事业单位，应当采取措施，加强防范。"由于《环境保护法》并不是全国人大通过的，根据《立法法》的规定，它不是真正意义上的环境基本法，因而该法第 31 条的应急处理规定不能指导其他单行环境法律有关突发环境保护事件应急处理规定的创设工作。但它具有如下作用:衔接各单行环境法律有关突发环境保护事件应急的规定，弥补其规定的不足;适用于各单行环境法律没有规制的突发环境保护事件，如突发环境噪声污染、次声波危害、振动危害、有毒有害物质污染、转基因食品和生物危害、生态安全危害等事件。

2. 环境污染防治单行法律的规定

在突发固体废物污染事件的应急处理方面，1995 年的《固体废物污染环境防治法》第 55 条规定了应急预案制度，即"产生、收集、贮存、运输、利用、处置危险废物的单位，应当制定在发生意外事故时采取的应急措施和防范措施，并向所在地县级以上地方人民政府环境保护行政主管部门报告;环境保护行政主管部门应当进行检查。"第 56 条规定了原因者的应急义务，即"因发生事故或者其他突发性事件，造成危险废物严重污染环境的单位，必须立即采取措施消除或者减轻对环境的污染危害，及时通报可能受到污染危害的单位和居民，并向所在地县级以上地方人民政府环境保护行政主管部门和有关部门报告，接受调查处理"。第 57 条规定了政府及其环境保护行政主管部门的应急职责，即"在发生危险废物严重污染环境、威胁居民生命财产安全时，县级以上地方人民政府环境保护行政主管部门必须立即向本级人民政府报告，由人民政府采取有效措施，解除或者减轻危害"。在突发大气污染事件的应急处理方面，2000 年修正的《大气污染防治法》第 28 条既规定了原因者的应急义务、通报和报告的义务以及接受调查处理的义务，又规定了环境保护行政主管部门的报告职责和当地人民政府的强制应急职责。在突发海洋污染事件的应急处理方面，1999 年修正的《海洋环境保护法》第 17 条既规定了原因者的应急义务、通报和报告的义务、接受调查处理的义务，还规定了环境保护行政主管部门的报告职责和当地人民政府的行政应急职责；第 18 条规定了国家重大海上污染事故应急计划的制订与备案、单位污染事故应急计划的制订与备案、应急计划的效力等。在突发核事故应急处理方面，2003 年制定的《放射性污染防治法》第 25 条规定了核设施营运单位健全安全保卫制度的义务，接受公安部门监督指导的义务，制订核事故场内应急计划、做好应急准备的义务，采取有效应急措施的义务，报告的义务；第 26 条规定了相关主管部门和本级人民政府的应急职责，规定了中国人民解放军和中国人民武装警察部队的应急支援义务；第 33 条规定了生产、销售、使用、贮存放射源单位建立健全安全保卫制度、制定必要的事故应急措施、采取应急措施、向主管部门报告的义务，规定了有关主管部门的报告职责和应急职责，规定了本级人民政府的公告职责和调查、处理职责。在突发水污染事件的应急处理方面，如 2008 年修订的《水污染防治法》专设第六章"水污染事故处置"，重申了《突发事件应对法》的应急基本法地位，规定了各级人民政府及其有关部门、可能发生水污染事故的企业事业单位的应急准备、应急处置和事后恢复责任。虽然一些地方的应急组织体系和保障遇到了前所未有的困难和问题，但是在中央和四川、甘肃、陕西省的组织下，这些不足有的已经得到弥补，有的正在克服。

3. 生态破坏防治与自然资源保护单行法律的规定

目前，我国生态破坏防治与自然资源保护单行法律主要有《森林法》、《草原法》、《农业法》、《防沙治沙法》、《土地管理法》、《水土保持法》、《水法》、《渔业法》、《野生动物保护法》、《农业法》、《矿产资源法》、《煤炭法》等，而专门创设突发环境保护事件应急处理规定的只有 1998 年修正的《森林法》和 2002 年修正的《草原法》。这两部法律均创设了火灾和虫灾应急处理的规定，其中《森林法》第 20 条第 2 款规定："武装森林警察部队执行国家赋予的预防和扑救森林火灾的任务。"第 21 条规定："地方各级人民政府应当切实做好森林火灾的预防和扑救工作：（一）规定森林防火期，在森林防火期内，禁止在林区野外用火；因特殊情况需要用火的，必须经过县级人民政府或者县级人民政府授权的机关批准；（二）在林区设置防火设施；（三）发生森林火灾，必须立即组织当地军民和有关部门扑救；

（四）因扑救森林火灾负伤、致残、牺牲的，国家职工由所在单位给予医疗、抚恤;非国家职工由起火单位按照国务院有关主管部门的规定给予医疗、抚恤,起火单位对起火没有责任或者确实无力负担的，由当地人民政府给予医疗、抚恤。"第 22 条规定:"各级林业主管部门负责组织森林病虫害防治工作。林业主管部门负责规定林木种苗的检疫对象，划定疫区和保护区，对林木种苗进行检疫。"《草原法》的规定相对而言较为笼统,该法第53 条原则性地规定了草原防火工作的方针、防火责任制、防火期、防火扑火预案、火灾的预防和扑救工作等内容,第 54 条原则性地规定了草原鼠害、病虫害和毒害草防治的组织管理、监测预警、调查以及防治工作等。

（三）环境行政法规和规章的规定

在宪法、环境保护法律规定的框架内，一些单行环境行政法规和减灾防震、卫生等类别的行政法规规定了突发环境保护事件的应急处理问题。前者如 1989 年的《森林病虫害防治条例》、1993 年的《核电厂核事故应急管理条例》、1995 年的《淮河流域水污染防治暂行条例》、2000 年的《中华人民共和国森林法实施条例》、2000 年的《中华人民共和国水污染防治法实施细则》等条例，它们具有一个共同的特征，即在《环境保护法》和各单行环境法律的框架内规定了制度化的突发环境保护事件应急处理机制，如《中华人民共和国水污染防治法实施细则》第 19 条在《水污染防治法》的框架内明确了企业事业单位停止或者减少排污的应急义务、事故初步报告的时间和具体内容、事故最终报告的内容，明确了环境保护部门的双重报告和监测、调查处理职责，规定了有关人民政府的应急组织和应急处理职责，明确了船舶和渔业水体污染事故责任人的报告义务和调查处理机关的调查处理与通报义务，规定了跨区域污染事故发生地的县级以上地方人民政府的具体通报义务。后者主要包括 1991 年的《防汛条例》、1995 年的《破坏性地震应急条例》和 2003 年的《突发公共卫生事件应急条例》，如《突发公共卫生事件应急条例》第 39 条第 2 款规定:"医疗卫生机构内应当采取卫生防护措施，防止交叉感染和污染。"

值得指出的是，松花江污染事件发生之后，国务院于 2006 年发布的《国家突发公共事件总体应急预案》就明确把生态环境破坏事件纳入国家突发公共事件之中，指出:"本预案所称突发公共事件是指突然发生，造成或者可能造成重大人员伤亡、财产损失、生态环境破坏和严重社会危害，危及公共安全的紧急事件。"该预案明确规定了预案的组织体系、运行机制、应急保障、善后处置等内容。关于环境污染应对的明确规定是"有关部门要做好疫病防治和环境污染消除工作"（"善后处置"部分）。此外，由于其他的一些突发事件，要么与环境保护有关，要么产生环境问题，它们一般也有环境应急的专门规定，如《国家突发公共事件总体应急预案》、《突发公共卫生事件应急条例》等。

在行政规章的层次上，国家环境保护行政主管部门做了大量的工作，如结合《国家突发公共事件总体应急预案》于2006年制定了专门的《国家突发环境事件应急预案》，细化了环境污染事件的分类、分级、应急的工作原则、组织指挥与职责、预防和预警、应急响应、应急保障和后期处理等内容，内容明确，可操作性强，是具体开展环境突发事件应急工作的重要依据。虽然一些地方和企业的应急因为灾情出现缺位和不到位的现象，但是上级政府和军队的直接指挥和救援，有效地弥补了这一问题。

二、我国突发环境保护事件应急立法存在的主要问题

（一）宪法和宪法性文件规定的缺陷和不足

宪法和宪法性文件规定的不足和缺陷表现在以下三个方面，其一，从新中国发展的历史来看，事实上和法律上的紧急状态不时出现，虽然制定了《突发事件应对法》，但是在现实的环境应急实践之中，仍然存在一些问题，如在2008年的抗震应急之中，国务院、国务院有关部门及有关省、市、县仅是启动了自己制订的应急预案，没有依照国际惯例宣布灾区进入紧急状态。紧急状态是相对正常的社会秩序而言的，它描述的是特殊情势下的一种全面的社会秩序。一旦进入紧急状态，正常的社会秩序监管就让位于特殊情形下的社会秩序监管。而《突发事件应对法》规范的主要是突发事件的应急，国家动员的色彩不足，对灾区社会秩序的规范不全面，对灾区以外区域的社会动员机制规定不充分，因此修订《突发事件应对法》是必要的。另外，此次抗震救灾，中央都使用了"战争"的措辞。[①] 对于这类战争，宪法也应对紧急状态之救济作出基本的安排。另外，应当逐步把仅属于"预案"的《国家突发环境事件应急预案》纳入国家的法律体系。

（二）环境保护法律规定的缺陷与不足

1. 综合性环境保护法律规定的缺陷与不足

作为综合性环境保护法，《环境保护法》在其他单行环境法律有关突发

---

① 参见程瑛、胥金章《保障抗震救灾不亚于保障一场战争》，http：//news. xinhuanet. com/politics/2008 – 06/05/content_ 8314031. htm，最后访问时间2008 年6 月9 日。

环境保护事件应急处理条款的制定和修订方面起到了一定的理论指引作用，在单行环境行政法规有关突发环境保护事件应急处理条款的制定和修订方面起到了直接的指导或协调作用。另外，对于单行环境法律和行政法规未作规定的突发环境保护事件，该法在实际的应急处理中发挥了重要的指导作用。但该法制定于环境污染和生态破坏现象不太复杂的计划经济时代，在市场经济时代，该法已经出现以下四个与实践发展严重不相适应的地方：一是没有明确应急程序的启动标准；二是缺少统一和协调的地区与国家级应急事务管理机构，[①] 目前的管理体制在纵向与横向两个方面难以明确地分工和衔接；三是缺乏应急方针与应急原则、应急预案与应急准备、监测与预警、信息的平级与跨区通报、信息的逐级上报与发布、公众举报、事件的初步评估与应急状态宣告、区域间联合应急、财力、物力、人力、运力和技术力量的应急保障、救治与救助、应急教育、法律责任等方面的基本规定；四是如果并发了不同性质的环境保护事件即发生了综合性的突发环境保护事件，或者发生了全国性的突发环境保护事件，或者由环境污染和生态破坏引发了公共卫生事件或其他公共事件，应如何协调相关的应急管理体制和应急机制？该法没有作出进一步的规定。

2. 环境污染防治单行法律规定的缺陷与不足

我国环境污染防治单行法律的规定存在以下四个方面的缺陷：一是《环境噪声污染防治法》缺乏应急处理的规定，《大气污染防治法》缺乏比较具体的应急规定[②]，《环境保护法》的通用规定和第 31 条的原则性规定难以提供充分和有效的应急救济。二是已有的应急处理规定良莠不齐，《固体废物污染环境防治法》、《海洋环境保护法》、《放射性污染防治法》的规定比较详细，《水污染防治法》作了与《突发事件应对法》的衔接规定，但《大气污染防治法》的规定太过简单。即使是本身规定比较周密或者被实施细则与条例充实的单行环境法律，其在应急指挥机构的纵向设置，各级政府及其相关职能部门的职责，应急方针与应急原则，应急预案与应急准备，信息传递，公众权利，事件的初步评估，应急开始与结束的宣告，区域应急措施的衔接，应急财力、物力、人力、运力和技术力量的应急保障，应急教

---

① 曹凤中：《应制定〈突发环保事件应急条例〉》，载《中国环境报》2003 年 6 月 24 日第 3 版。

② 如 2003 年北京爆发 SARS 期间，有关部门非常重视水源地的保护。

育，疾病救治，社会保险①，公众募捐，国家救助，法律后果等方面，还或多或少地存在规定不足或规范空白的地方。三是在突发环境污染、生态破坏事件与《安全生产法》规定的应急体制和机制如何衔接的问题上，均缺乏相应的规定。四是如果突发环境保护事件属于流域性或区域性的重大环境污染事件，应采取什么样的指挥管理体制、信息报告、信息通报和人力、财力、运力和技术力量保障机制才能体现应急机制高效性？现行各单行环境法律缺乏相应的规定。五是突发环境保护事件的应急主体广泛（既包括纵向上和横向上的公权力机构，还包括原因者和与事件相关或受事件影响的单位和自然人），应急机制复杂，应急义务与应急职责故呈现多元化的特点，因此，必须针对不同的应急职责和义务规定相应的应急法律责任，但目前突发环境保护事件应急法律责任的立法原则性强，有望进一步地明确。

3. 生态破坏防治与自然资源保护单行法律规定的缺陷与不足

森林和草原容易产生突发环境保护事件，但这并不意味着突发的生态破坏事件只限于森林和草原火灾和虫灾。在实践中经常还会发生农业虫灾、湖泊和海洋富营养化、海水倒灌、山体滑坡、荒漠化、沙漠侵蚀、沙尘暴、区域与全球气候变暖、外来物种侵袭、转基因生物危害等突发环境保护事件。这些突发事件的应急处理在一些发达国家已经引起了足够的重视，如法国《环境法典》在第 5 卷第 1 编第 3 章就专门规定了转基因生物危害的应急防治问题，② 但目前还没有得到我国单行环境法律的重视。而《环境保护法》的通用规定和第 31 条的应急处理规定，无法提供一个全面的和可操作的应急解决途径，因此必须加强相应的立法。此外，在森林、草原火灾和虫灾的跨区与跨国联合应急体制和机制方面，在自然遗迹、人文遗迹等特殊环境因素的应急保护方面，还缺乏相应的规定。

三、国际突发环境保护事件应急处理的立法经验

20 世纪 40 年代至 70 年代，比利时、英国、美国和日本先后发生了震惊中外的世界八大公害事件，1986 年印度发生了博帕尔毒气泄露事件，1989 年前苏联发生了切尔诺贝利核电站核泄漏事件。在防治突发公害的战斗中，这些国家逐步建立和发展了自己的应急法律体系。在宪法的层次上，

---

① Kurt Deketelaere and Michael Faure, *Environmental Law in the United Kingdom and Belgium from a Comparative Perspective*, Intersentia, 1999, pp. 284—285.

② 赵国清主编：《外国环境法选编》，中国政法大学出版社 2000 年版，第 696—702 页。

1961 年委内瑞拉宪法设置了"紧急权力"一章，尼泊尔、意大利、韩国、西班牙、德国等国现行的宪法对紧急状态下国家权力的重新配置和公民基本权利的暂时限制作了规定，如德国宪法规定，为了应对紧急状态，联邦总统有权部分或全部临时限制公民依照宪法享有的基本权利。在专门的紧急状态立法层次上，美国制定了《全国紧急状态法》，土耳其、加拿大、日本等国制定了对付各种危机的《紧急状态法》，前苏联制定了《紧急状态法律制度法》，英国制定了《紧急状态权力法》，这些立法均可适用于突发环境保护事件的应急处理领域。在环境基本法的层次上，一些国家设立了突发环境保护事件的应急章节或规定，如加拿大在 1999 年修正的《环境保护法》中设立了"涉及紧急情况的环境保护事件"专章。[①] 在环境单行法的层次上，一些国家对某一方面突发事件的应急处理作了周密的规定，如《美国法典》第 33 卷第 26 章（联邦水污染控制法）第 1321 条（油类和危险物质责任）把"国家应急计划"作为第 4 款，该款包括"总统的准备"、"内容"、"修改和补正"、"遵守国家应急计划的行为"四项内容；把"民事强制措施"作为第 5 款；把"国家反应体系"作为第 10 款，该款包括"总统"、"国家反应部队"、"海岸警卫地区反应部队"、"地区委员会和地区应急计划"、"油槽管道和设施反应计划"、"设备要求和检查"、"地区训练"、"没有法律责任的美国政府"八项内容。[②] 日本 1998 年修正的《水污染防治法》把第 18 条的标题定为"紧急措施"。[③] 此外，一些国家还在行政法规或命令中规定了应急条款。

　　总的来看，世界各国突发环境保护事件应急立法可以归纳为以下几种模式：一是在宪法或宪法性文件的指导下制定一部涵盖突发环境保护事件应急处理在内的紧急状态法，再在专门的环境立法中规定应急法律问题，如美国、加拿大、荷兰、日本等国。二是在环境基本法或综合性的环境保护法之中规定一些原则性的应急处理规定，然后再制定专门的突发环境保护事件应急法律，如日本在 1967 年制定《公害对策基本法》之后，1976 年制定了《海洋污染和海上灾害防治法》。三是在环境基本法或综合的环境保护法之中规定具有一定可操作性的应急章节，再在单行环境立法中分散规定各自的应急规定，如加拿大既在 1999 年修正的《环境保护法》中设立了第 8

---

① 赵国清主编：《外国环境法选编》，中国政法大学出版社 2000 年版，第 390—397 页。

② 同上书，第 137—141 页。

③ 同上书，第 1051 页。

章——涉及紧急情况的环境保护事件，又在渔业法令等法律、法规或法令中规定了环境部长的应急职权；荷兰既在 1990 年的《环境管理法》中设立了第 17 章——特殊情况下的措施，① 又在《空气污染法》、《海域污染法》、《地表水污染法》等法律、法规或法令中规定了环境应急处理的内容。四是在环境基本法或综合性环境保护法之中规定一些原则性的应急处理规定，然后在相关的单行环境保护立法中规定一些特殊领域的应急处理机制；一些国家或地区甚至还在专门的行政法规或规章中规定可操作性非常强的应急处理措施，如我国。五是无专门的紧急状态法或突发环境保护事件应急法律，但在环境保护基本法或综合性环境保护法、环境单行法的通用规定和应急处理规定的框架内制定一部综合性、全局性的突发环境保护事件应急行政法规或法令，这样的国家目前不多见。

在周密法律规范的指导下，一些国家有序地应急处理了许多突发环境保护事件，如 2000 年 5 月，新墨西哥州发生了严重的森林大火，克林顿总统应州长的请求于 13 日宣布该州的 12 个郡处于紧急状态。同年 8 月初，美国俄勒冈州发生了历史上罕见的森林大火，波及 11 个州，克林顿总统应州长的请求于 8 月 7 日宣布俄勒冈州进入紧急状态，并动用了 1500 名军人协助救火。因垃圾问题严重，2003 年 5 月 21 日意大利政府宣布南部城市拿波里进入环境紧急状态，采取了垃圾限制等应急措施。因大量化学物质泄漏造成水源污染和饮用水断绝，巴西东南部米纳斯吉拉斯州乌贝拉巴市于 2003 年 7 月 11 日宣布进入紧急状态，采取了定点供水等应急措施。因发生 50 年来最为严重的森林大火，加拿大不列颠哥伦比亚省总理坎贝尔于 2003 年 8 月初宣布该地区处于紧急状态，并动员 1 万多名救火人员和 8000 多名军人参加扑火。

四、我国突发环保事件应急立法的完善

由于我国具有独特的法律体系和立法传统，具有独特的环境行政管理体制，因此突发环境保护事件应急立法目标模式的建立，不能机械地照搬国外的模式，只能结合我国法律体系的结构和立法传统定向地参考和借鉴。由于我国现行的环境保护法律体系由宪法和宪法性文件的相关规定、《环境保护法》、单行环境保护法和行政法规等组成，因此，我国突发环境保护事件应急立法的目标模式宜由宪法和宪法性文件的规定、《环境保护法》的基本规

① 赵国青主编：《外国环境法选编》，中国政法大学出版社 2000 年版，第 958 页。

定、专门的应急法律、单行环境法律中有关突发环境保护事件应急处理的规定、专门的和包括应急内容的行政法规等组成。而要实现这一点，必须做的工作是:

修改宪法，在宪法中明确纳入包括突发环境保护事件应急处理在内的紧急状态条款，把突发环境保护事件的应急处理上升为宪法的一项基本内容;其次，还要对全国人大及其常委会、国务院的应急职权和应急程序作出进一步的基本规定。

在《突发事件应对法》的基础上制定《紧急状态法》，在总则中规定对所有突发事件适用的通用原则、指导方针和基本制度，在分则中单列"突发环境保护事件的应急处理"一章，对突发环境保护事件的特有原则和制度作出全面和原则性的规定。由于紧急状态法涉及公民宪法性基本权利的限制和国家机关职权的重新配置，因而属于宪法性法律，必须由全国人大通过。

修正《环境保护法》。主要的工作是:提升其通过机关，使之成为真正的环境保护基本法，在此基础上创新和完善突发环境保护事件应急处理的原则性、综合性和专门性基本规定。

制定专门的《突发环境保护事件应急法》。在宪法和《环境保护法》的指导下，衔接各单行环境法律法规中的通用与专门的应急处理规定，参考《国家突发公共事件总体应急预案》和其他应急条例的立法体例和主要的制度，在立法中明确规定应急目的、应急方针、应急体制、应急原则、应急制度和主要术语的概念等内容。如《紧急状态法》事先已制定，《突发环境保护事件应急法》的规定应与之相协调。

完善《国家突发环境事件应急预案》。主体的举措如下:一是在纵向上，发展上级对下级的直接指挥、协助甚至替代式的应急体系;在横向上，发展其他区域的横向支援型应急体系。这种应急体系应当作为现有应急体系的补充。此次汶川地震造成一些地区大量人员伤亡，企业甚至县、市的应急力量丧失或者被大幅削弱了;一些企业倒塌了，环境应急的设备和物质毁灭了;交通设施堵塞了，应急组织瘫痪了;通信隔断了，环境应急指挥不顺畅。经过党和国家的努力，我们的纵向的直接指挥应急和横向的协助应急工作基本上都做到了。基于此，我们可以考虑把这次的成功做法入法，建立企业应急、公众应急、政府自上而下的层级指挥应急、政府自上而下的越级指挥应急、政府自上而下的越级替代或者补充应急以及异地支援应急相结合的交叉式应急模式。如果有可能，国家应当建立辐射几个省（区、市）的区域性应急储备中心。只有这样，以后遇到类似的事件，这种交叉和辐射型相结合的应急体系的运行才会更加顺畅，效果才会更加明显。二是通过立法管制，对现有的消毒剂和灭菌剂进行环境风险评估，发展对生态环境影响小、影响时间短的替代品；建设区域性的战略性饮用水供应体系，保障公众安全；在应急预案中，把拯救濒危的动植物纳入进去。此次的大熊猫拯救实践，就是一个成功的拯救濒危动植物的典范事例，我们经过总结归纳，可以把有关的经验入法。三是在相应的专门环境立法和应急预案中，对如何处理事件中的生活垃圾、建筑垃圾、电子垃圾，清理事件中的环境污染和残余的危险物质、妥善回收救灾物资等事项，作出合理的体制、制度和机制安排；在有条件的县和乡镇，在修改应急预案时，补充新的内容，建立专门的应急直升飞机甚至小型固定翼飞机场，使补充的救灾力量和物质能够及时到达灾区。四是防患于未然，结合现在地震暴露的问题，做好灾区重建规划特别是工业规划的修编工作，调整产业布局和产业结构，把坏事变好事，为建设环境友好型区域、发展环境友好型产业打下基础。

　　创新和完善各单行环境保护法有关突发事件应急处理的规定，使之既符合宪法和《环境保护法》的基本规定，又与《突发环境保护事件应急法》和《国家突发环境事件应急预案》的规定衔接、协调；在中央和地方人民政府的政府组织法、财政预算法和其他相关的法律、行政法规中充实相关的应急机构设置、应急决策、应急经费预算等规定。

　　此外，还要协调上述立法与地方法规、部门行政规章、地方行政规章等相关立法的关系。

　　通过以上立法措施，努力创新和完善环境保护突发事件的应急预案制度、初步调查和评估制度、紧急状态宣告制度、信息沟通制度、公众报告与举报制度、紧急协商制度、强制措施制度、物价平抑制度、援助制度、协助制度、救治与救助制度、国际交流与合作制度①等。

第五节　环境法与主流法的沟通和协调问题

　　由于环境法是环境法规范和用环境法的规范语言表述的可以解决环境法

_____

① Winston Anderson, *The Law of Caribbean Marine Pollution*, Kluwer Law International, 1997, pp. 139—140.

律问题的主流法规范,按照一定的标准、原则、功能、层次所组成的相互衔接、补充、协调和制约的规范系统。因此,在环境法不断发展的进程中,研究环境法规范与主流法规范衔接和协调性是非常必要的。

一、环境法规范与主流法规范衔接和协调的必要性

环境法规范是为解决可以预计的环境问题而被创设的,随着客观形势的变化,出现了一些新的社会现实问题或环境现象,对实施之中的环境法规范提出了如下挑战:其一,公民的环境权利需求在横向和纵向、实体和程序等方面都得到扩展,而已有的环境权利保障规范不完善,难以完全保障新型环境权利的实现。如目前的环境信息公开规范一般限于环境质量的通报、环境资质的披露、落后设备与工艺的公布、环境违法案件的曝光、行政机构职责与办事程序的告知等方面,在环境信息公开尤其是环境决策、环境行政执法、环境外交等信息的公开时间、程序、[①] 广度和深度等方面有待进一步的发展。其二,一些规范已经不能适应严格保护环境的需要,亟待调整或扬弃。如限期治理在国家经济有一定的发展但环境问题严重、地方保护主义泛滥的今天,其边生产边治理的内涵已成为保护落后和庇护污染者的借口,其适用的环境效率明显降低,政治、社会、环境成本显著增加,[②] 迫切需要用停产治理和责令关闭的机制来取代。其三,一些派生性甚至基础性规范的适用存在缺口,难以涵盖一些新型的环境法律问题或现象,如环境改善产业的利益保障和利益分配问题目前还缺乏相应的法律规范来解决。这三类挑战,使环境法规范难以保持原有的适用均衡状态。要维持均衡状态,必须对症下药,结合环境问题、环境法调整对象和调整机制的特殊性进行规范创新和完善。而这种创新和完善,要么最终能为主流法规范所派生或引申,要么能被主流法规范所反映的法律价值所阐释。否则,就会被认为是空穴来风,不利于环境法律机制的持续发展和顺利实施。因此,发展环境法规范,强调其与主流法规范的衔接和协调是非常必要的。

二、环境法规范与主流法规范衔接和协调的基础和方式

众所周知,作为调整人对人的行为和人对环境的行为的规范本身,环境法规范根据效力基础的不同,可归结为两个层次,一是基础规范,也称最终

---

① Ludwig Kramer, *Casebook on EU Environmental Law*, Portland, Hart Publishing, 2002: p. 135.

② 夏光:《环境政策创新》,中国环境科学出版社 2001 年版,第 86—89 页。

的、自明的有效力规范，是其他规范的来源和效力源泉。① 如民法的公平原则和诚实信用原则。二是派生或引申规范，即由基础规范经过一次或多次派生或引申出来的规范，如 1982 年加拿大宪法第一部分以基础规范的形式规定了公民的生活权、自由权和人身安全权等基本权，而判例法则从中导出了具有派生性质的公民环境权。② 再如我国宪法第 3 款规定："人民依照法律规定，通过各种途径和形式，管理国家事务，管理经济和文化事业，管理社会事务。"这条规定实际上就是公民参与权利的基础性规范，它可以导出环境法中的公众环境参与规范；公众的环境参与权利规范依参与渠道的不同，又可进一步导出公众的环境决策参与和环境执法参与规范。③ 由于环境法由宪法、行政法、民法、刑法等规范构成，而这些规范，根据法律规范效力的层次论，基于调整和保护对象的共同性或相关性，以及在调整机制方面的同一性或衔接性，大多可由具有法律效力的传统主流法基础规范一次或多次派生或引申出来，并在实践中被分类纳入主流法规范的范畴，成为环境法和主流法的共同规范。这种派生或引申，是环境法和主流法最主要的衔接和协调方式。

不过，环境法作为一个独立的部门法，其调整对象和调整机制必定具有一定的独特性。从调整对象的角度来考察，一些独特地调整与人和人关系无关的人对自然的单向行为环境法规范，如采用人道的方法宰杀动物，以人道的方式进行动物实验，给宠物以人道的照料等，都是难以从传统的调整人对人关系的行政法、民法和刑法等主流法规范推导出来的。从调整机制的角度考察，如环境民事责任领域的环境侵权损害赔偿无过错责任规范，环境民事侵权责任的因果关系推定或反证规范，④ 举证责任倒置或被告对因果关系和免责事由承担举证责任的规范等，其规范和效力来源就不是过错责任、直接因果关系、谁主张谁举证的传统主流法规范。环境法规范调整对象和调整机制的独特性，只能用传统主流法的价值目标来阐释。这种阐释，也是环境法向主流法靠拢即衔接和协调的过程。

从理论上讲，环境法与主流法衔接和协调是双向的。从我国的实践来

---

① ［奥］凯尔森著，沈宗灵译：《法与国家的一般理论》，中国大百科全书出版社 1996 年版，第 125—126 页。

② Jamie Benidickson, *Environmental Law*, Second Edition, Toronto, Irwin Law Inc. , 2002 : p. 50.

③ 叶俊荣：《环境政策与法律》，中国政法大学出版社 2003 年版，第 222 页。

④ Dar Williams, *Environmental & Resource Management Law in New Zealand*, Wellington, Butterworths, 1997 : pp. 606—607.

看，不仅环境法规范的发展一向注重与传统的主流法规范尤其是民法、刑法和行政法规范的衔接和协调，而且传统的主流法规范也一直非常注意环境法规范发展的新动向。对于有利于实现各主流法立法目的的环境法规范，它们在自己的基础规范和派生或引申规范的调整范围内，总是力所能及地加以衔接、接纳甚至发扬，实现传统法规范的"绿化"和与环境法规范的动态对接。如为了既保护环境，又维护森林的财产所有权，我国行政法创造了伐木许可证制度即规范体系；鉴于环境污染会损害人民群众的生命和健康，恢复环境要花费数目巨大的费用其至给生态环境带来连锁性的灾难冲击，刑法把故意或过失情况下发生的环境损害纳入环境刑事责任客体要件。此外，环境法的一些特殊制度即规范群，如被告的因果关系推定或反证制度，被民法接受之后移植到了医疗事故的民事纠纷处理等领域。从理论上讲，这些双向的衔接和协调是全面的和多层次的，一旦被立法、立法解释、判例造法、司法解释等程序系统性地转化为现实，就既为环境法规范与主流法规范的全面衔接和协调提供了非异数而属通则的证据，又在一般和特殊两种救济渠道上，为救济或修复与环境有关的法权提供了完备的法律依据。

三、环境法规范与主流法规范衔接和协调的层次和机制

面对一些环境权益侵害问题，如只需对现有的派生性环境法或主流法规范进行连续性的派生或引申就可以达到目的，那么就产生了环境法和主流法规范在技术层面上的创新和完善问题。以美国环境起诉权规范的创新为例，任何居民对优美的公共山脉享有环境视觉和精神美感享受方面的利益，并希望这种利益能够永久存在。但从传统的主流法规范上讲，这种环境视觉和精神美感享受利益是法律所反射的，并非传统法律基于人财产权而规定或认可的独占权或专有权。[1] 因而即使政府或政府许可的机构进行破坏式的开发，只要该开发不损害当地居民的独占性和排他性的财产和人格私权，当地居民是不享有民事和行政诉讼的诉权的。20世纪中期以后，美国的法院发现该规范既不足以保护环境，对抗私权和行政权，也不足以实现衡平法的价值目标，于是以判例的形式将对环境视觉和精神美感的损害确认为实质性损害，

---

[1] Roger E. Meiners and Andrew P. Morriss, *The Common Law and the Environment*, Oxford, Rowman & Littlefield Oublishers, 2000: p. 120.

从而为公民和社会团体在普通法院获得环境行政和民事起诉权创造了条件。① 在我国，如环境行政处罚的听证规范就是在行政法的行政处罚听证规范的基础上派生的；环境代执行规范就是在行政法的代执行规范的基础上派生的；排污交易规范就是在环境法的排污许可证规范的基础上派生的，而排污许可证规范是在行政法的许可规范的基础上派生的。② 这些派生或引申一般仅涉及逻辑推理问题，难度不大。就其作用来看，既丰富了主流法规则的内涵，又促进了环境法机制的完善。

如对现有的派生性环境法或主流法规范进行连续性的派生或引申还是无法解决现实的环境问题，那就必须追根溯源，从主流法的基础规范推导新的环境法规范或用主流法的价值目标来阐释拟用规范的正当性。这就产生了环境法规范原理层面上的创新和完善问题。以美国空气污染侵权损害起诉权的发展为例，由于空气污染是以大气为媒介的，侵害人的侵害行为直接作用的是空气而不是受害者的土地和财产，因而按照美国传统的侵权法规范，原告很难获得起诉权，法院为了显现公平与正义的法律价值，绕开已经过多级派生或引申的主流法规范，从衡平法最基本的规范"不以损害他人财产的方式使用自己的财产"和"衡平法不允许没有补偿的损害行为"中推导出了授予原告起诉权的依据。③ 在我国，环境法的许多规范得到了民法、刑法和经济法的价值目标、基本原则甚至宪法的基本性规定的直接推理、阐释或论证。如在环境污染损害的归责方面，我国最早实行的是过错责任原则，这是民法的正义和公平价值目标所不能接受的，因为：其一，一方把自己的营利活动建立在对他人的环境损害的基础之上，只有对无辜的受害者予以经济补偿才合理，才有利于风险的合理分担。其二，环境污染往往是高科技产业的附属物，企业外部的原告难以知晓企业污染行为的主观心态，即使知晓，也难以用专门的知识在法庭上加以证明，如要求原告举证，无异于驳回他们合理的诉讼请求。其三，环境损害受害者的范围非常广泛，处理得不好，往往会严重危及社会的安全。基于这三个民法价值目标所具体体现的理由，无过错责任原则的正当性才被确立，并得到了广泛的认可。

---

① 王曦：《美国环境法概论》，武汉大学出版社 1992 年版，第 124 页。

② Kurt Deketelaere and Michael Faure, *Environmental Law in the United Kingdom and Belgium from a Comparative Perspective*, Tilburg, Intersentia Uigevers Antwerpen, 1999：p. 120.

③ 王曦：《美国环境法概论》，武汉大学出版社 1992 年版，第 65 页。

四、环境法与主流法沟通和协调的实例分析

（一）环境法与民法的沟通（实例：野生动物的物权法属性问题）

在《物权法》公布前夕，针对该法草案的规定，一些民法学者对野生动物的物权法属性提出了质疑，如 2006 年 12 月 19 日，某著名民法教授在中国法学网上贴了一篇名为《不宜规定"野生动物资源属于国家所有"》的文章。文章认为，《物权法》第六审草案规定了第五审草案没有规定的"野生动物资源属于国家所有"，应予删除。理由有三：一是处于野生状态的动物不处于"人的控制、支配之下"，因此不能成为"所有权"的客体；二是一旦野生动物成为国家所有权的客体，如野生动物越境，会造成侵犯他国领土的现象；三是一些有害的野生动物，如苍蝇、蚊子、跳蚤、蟑螂、老鼠等，传播病菌导致人民患病甚至死亡，国务院应当代表国家承担损害赔偿责任。

野生动物资源的所有权问题，既是一个民法问题，也是一个环境资源法问题。作为一名主业为从事环境资源法学研究的学者，笔者于 2006 年 8 月接受有关部门的委托，组织了一批学者对《物权法》第五审草案进行了认真研究，并为常委会会议提供了参考意见。部分意见，如《物权法》应当与环境资源法、消防法、国家产业安全法、金融安全法协调的问题，环境的污染容量权作为国家的一种财产应当属于新型物权的问题，在审议会后也见了简报。结合立法体会，笔者从以下三个方面也来谈谈《物权法》宜否规定"野生动物资源属于国家所有"的问题。

1. 动物的所有权是否属于传统的物权问题

的确，传统的物权法理论认为，一个自然科学上的"物"只有处于"人的控制、支配之下"才能成为法学上的所有权的客体。基于此，很多物权法学者认为流动的水体和看不见、摸不着的生态环境不属于物权对象。但这却成为大多数环境资源法学者指责传统物权法学者不开明的原因，因为在宪法和环境立法中，一些自然科学上的不处于"人的控制、支配之下"的特殊研究对象——生态、动物、水流，却能成为国家所有权的对象，如宪法第 9 条规定："……水流……等自然资源，都属于国家所有，即全民所有……"该条虽然没有明确动物的所有权问题，但明确了不处于"人的控制、支配之下"的水流，特别是处于我国国境内流动于跨国河流内水流的国家所有权。2004 年修订的《野生动物保护法》规定了野生动物的权属，该法第 3 条第 1 款规定："野生动物资源属于国家所有。"再如，国内外广泛通过环境立法实施的污染排放权拍卖制度也认可国家对处于国境内（这也是一种广义的"控制"）特定地域环境容污量的所有权。如民法学者不认可，说"现实立法不一定合理"。那么，笔者问一句，为什么这些不合理的立法规定能够长期存在并受社会各界的欢迎？

由于动物的所有权、水流的所有权和生态容量的所有权已经得到社会各界和环境立法的广泛承认，一些环境资源法学者就认为它们属于传统物权下的一个子概念——环境物权。但大多数传统的物权法学者却基于这些客体不处于"人的控制、支配之下"的理由不予认可，认为这些环境立法所认可的"所有权"不属于传统物权法上的所有权。基于此，一些环境资源学者干脆就指出，既然传统的物权法学者不认为动物、水流和环境容污能力属于物权，那么，我们就将它们归为"民事性质"的环境资源法权或者环境权。"民事性质"的环境资源法权被包括我国在内的大多数国家的立法采纳（如侵害了"民事性质"的环境资源法权，法律规定要承担赔偿损失、排除妨害等与传统物权法规定完全一致的"民事性质"的责任），却遭到传统民法学者的广泛质疑和抵制，是何等的尴尬！

基于此，笔者认为，传统的民法学者应当结合立法实际，以开放的心态对自己的研究"自留地"进行拓新，建立新型的物权理论。

2.《物权法》应否规定野生动物财产属性的问题

一部分民法学者指出，规定野生动物的国家所有权，会因野生动物侵犯他人的财产和人身带来国务院的赔偿问题，会因野生动物越境妨害带来国际纷争的问题。笔者认为，这确实是个现实问题，但如不规定野生动物的财产属性，同样会导致一些法律问题，如来往于俄罗斯的西伯利亚和中国的"天鹅、大雁、红嘴鸥等候鸟"被对方国家无端大规模伤害，造成生物资源的巨大损害（肯定会波及我国的生态，对我国造成损害），对这个国际上通行要承担法律责任的行为，我们以什么理由来要求对方停止侵害，甚至赔偿损失？从法理上看，责任的承担必须以权利的合法存在为前提，要进行国际救济，首先必须弄清野生动物的权利属性。而这种国际救济通过"只需对民法先占取得制度加以限制即可"的办法难以达到，却可以通过共同所有权或者区分所有权的国际谈判达到。另外，一部分民法学者指出，保护野生动物通过"规定禁渔期、禁渔区、禁猎期、禁猎区，划定野生动物保护区，禁止猎取、捕捞国家保护的野生动物就够了"。笔者不敢苟同，因为，不处于"人的控制、支配之下"游于国内河流或者领海中的鱼被人类捕获之后却属于可以出售的物权对象，是通过什么机制使传统学者认为属于"无主"

的"自由"鱼变成了待吃或者待销的物权对象呢? 是不是该教授所指出的"先占"机制? 如果是,怎么回答国内外广泛实行的捕鱼份额拍卖制度? 笔者认为,奥秘在于:所有权的主体通过行政许可或者合同(包括拍卖所形成的合意)改变了,即国家所有权通过行政许可或者合同变成了私人或者单位的物权对象了。这也为各国的环境立法实践所证明。

另外,我国野生动物保护立法所规定的受保护野生动物如侵犯人身和财产,受害人可以根据《中华人民共和国陆生野生动物保护实施条例》第10条规定的"因保护国家和地方重点保护野生动物受到损失的,可以向当地人民政府野生动物行政主管部门提出补偿要求。经调查属实并确定需要补偿的,由当地人民政府按照省、自治区、直辖市人民政府的有关规定给予补偿"对国家提出补偿的请求。这实际上也反映了受保护野生动物国家所有权的属性。对于这些已经为立法巩固的属性,应当为《物权法》(草案)吸收。现实已经证明,把受保护的野生动物作为国家所有权的客体,并没有导致侵权滥诉的现象。

3. 如何界定《物权法》中"野生动物"范围的问题

前文所指的著名民法学者在文章中指出的另外一个问题,即如果仅简单地规定"野生动物属于国家所有",那么"凡大象、野猪、豺狼、虎豹、熊罴、野狗、野猫、黄鼠狼、毒蛇、蜈蚣、蝎子、毒虫所造成的一切人身伤害、家畜、家禽和其他财产损失,均应由国务院承担损害赔偿责任。不仅如此,苍蝇、蚊子、跳蚤、蟑螂、老鼠也属于'国家所有'的'野生动物',苍蝇、蚊子、跳蚤、蟑螂、老鼠传播病菌导致人民患病甚至死亡,其'因果关系'早经科学证明,当然亦应由国务院代表国家承担损害赔偿责任。"这个观点,笔者完全赞同。这反映了《物权法》(草案)在起草中的一个缺失,应当为《物权法》(草案)所规定的"野生动物"限定一个范围。事实上,环境资源立法对野生动物是有一个范围限定的,如2004年修订的《野生动物保护法》第2条规定:"本法规定保护的野生动物,是指珍贵、濒危的陆生、水生野生动物和有益的或者有重要经济、科学研究价值的陆生野生动物。本法各条款所提野生动物,均系指前款规定的受保护的野生动物。珍贵、濒危的水生野生动物以外的其他水生野生动物的保护,适用渔业法的规定。"这一规定实际上把"苍蝇、蚊子、跳蚤、蟑螂"等有害的动物排除在外,笔者认为,如果《物权法》(草案)在规定"野生动物资源属于国家所有"后,加上一句"野生动物的范围适用于《中华人民共和国野生动物保护法》的规定",该教授所担心的问题也就可以解决了。

4. 《物权法》（草案）与现有环境立法的衔接建议

《物权法》第五审（草案）除了具有上述不足外，在与环境资源法的衔接方面还犯了一些错误，如认为，排放大气、水污染物侵犯相邻权，其救济·应当以污染排放超标为条件，这显然是和以结果而不是行为违法作为追究环境民事责任的一个理由的现代环境资源法格格不入的！

上述看起来"新潮"的环境资源法学观点虽然与传统物权法学者的观点反差太大，但却为国内外的环境资源立法广泛采用很久了。这说明什么？这说明，我国的物权法学者和环境资源法学者的对话和沟通远远不够。对话和沟通远远不够造成环境法学者和物权法学者的研究成果分野明显的现象。笔者认为，双方均应采取措施连接各自的研究通路，物权法学者采用开放性的思维，吸收相关学科的最新发展动态来发展传统的物权法理论，环境法学者也应当利用物权法的基础理论来进行环境法理论的阐释和创新。只有这样，符合环境保护要求的《物权法》和符合物权法基础理论的环境资源立法才能真正得到社会各界的欢迎！

（二）环境法与行政法的沟通（实例：合肥市地方行政性减负法规限制环境执法的问题）

2006 年 11 月 3 日，安徽省合肥市第十三届人大常委会第二十九次会议正式审议通过了《合肥市优化投资环境条例》。2006 年 12 月 22 日，该条例被安徽省第十届人民代表大会常务委员会第二十七次会议批准。2007 年 3 月 1 日，该条例开始生效施行。《合肥市优化投资环境条例》第 34 条规定："行政机关依法对企业进行执法检查，应当事先拟定包括检查依据、时间、对象、事项等内容的检查计划，并在实施检查 30 日前报同级人民政府企业负担监督管理部门和法制机构备案。企业负担监督管理部门应当对检查计划进行协调，可以联合检查的，应当联合检查，避免多头检查。实行垂直管理的行政机关对企业进行执法检查，应当于实施检查 30 日前将检查计划报上一级行政机关和同级人民政府企业负担监督管理部门备案。上一级行政机关应当对下一级行政机关的检查计划进行研究协调，避免重复检查。"第 37 条规定："同一行政机关对同一企业的执法检查每年不得超过一次。因企业涉嫌违法需要调查的，由县级以上人民政府行政主管部门负责人批准。法律、法规或者行政规章另有规定的除外。实施县级以上人民政府或者省级以上行政管理部门组织的集中统一的执法检查，按照统一部署进行。"对于该行为，笔者的观点是：

1. 《合肥市优化投资环境条例》第 34 条规定的"应当事先拟定包括检

查依据、时间、对象、事项等内容的检查计划，并在实施检查 30 日前报同级人民政府企业负担监督管理部门和法制机构备案"违反了 1989 年的《环境保护法》、《水污染防治法》、《大气污染防治法》等国家环境法律的规定

现场检查是环境保护的一个重要行政监管手段，为此，国家环境立法非常注重发挥其作用，如 1989 年的《环境保护法》第 14 条规定："县级以上人民政府环境保护行政主管部门或者其他依照法律规定行使环境监督管理权的部门，有权对管辖范围内的排污单位进行现场检查。被检查的单位应当如实反映情况，提供必要的资料。"

现场检查从逻辑上划分，可以分为定期现场检查和不定期现场检查。由于企业经常采取偷排、非定期超标排放污染物以及排放禁止排放的污染物等方式污染环境，因此，采取非定期的现场执法检查活动，对于发现和纠正一些环境违法行为是非常必要的。这点也得到国家法律文件的认可，如 2005 年的《国务院关于落实科学发展观加强环境保护的决定》第 21 条规定要"完善环境监察制度，强化现场执法检查"，第 8 条规定要"开展经常性的环境保护行政执法检查活动，严肃查处有法不依、执法不严、违法不究和以言代法、以权代法、以罚代刑等违法违纪行为"。体现在环境法律上，我国的综合性环境法律——《环境保护法》第 14 条既没有对现场检查的类别作出限制，也没有对现场检查作出提前多少天向有关机关备案的规定。在专门环境立法的层次上，1996 年的《水污染防治法》、2000 年的《大气污染防治法》等单行环境法律和实施这些法律的行政法规（如 2000 年的《水污染防治法实施细则》），也都没有对现场检查的类别和检查的前提条件作出限制，如《水污染防治法》第 25 条规定："各级人民政府的环境保护部门和有关的监督管理部门，有权对管辖范围内的排污单位进行现场检查，被检查的单位必须如实反映情况，提供必要的资料。检查机关有责任为被检查的单位保守技术秘密和业务秘密。"《水污染防治法实施细则》第 17 条规定："环境保护部门和海事、渔政管理机构对管辖范围内向水体排放污染物的单位进行现场检查时，应当出示行政执法证件或者佩戴行政执法标志。"《大气污染防治法》第 21 条规定："环境保护行政主管部门和其他监督管理部门有权对管辖范围内的排污单位进行现场检查，被检查单位必须如实反映情况，提供必要的资料。检查部门有义务为被检查单位保守技术秘密和业务秘密。"这样的内容安排与上述环境法律和行政法规的立法宗旨是一致的。

如果企业拒绝接受定期现场检查和非定期现场检查，上述环境立法还规定了处罚措施，如《环境保护法》第 35 条第 1 项规定："违反本法规定，

有下列行为之一的，环境保护行政主管部门或者其他依照法律规定行使环境监督管理权的部门可以根据不同情节，给予警告或者处以罚款：（一）拒绝环境保护行政主管部门或者其他依照法律规定行使环境监督管理权的部门现场检查或者在被检查时弄虚作假的。"《水污染防治法》第46条规定："违反本法规定，有下列行为之一的，环境保护部门或者交通部门的航政机关可以根据不同情节，给予警告或者处以罚款：……拒绝环境保护部门或者有关的监督管理部门现场检查，或者弄虚作假的。"《水污染防治法实施细则》第38条第2项规定："依照水污染防治法第四十六条第一款第（一）项、第（二）项、第（四）项规定处以罚款的，按照下列规定执行：……（二）拒绝环境保护部门或者海事、渔政管理机构现场检查，或者弄虚作假的，可以处一万元以下的罚款。"《大气污染防治法》第46条第2项规定："违反本法规定，有下列行为之一的，环境保护行政主管部门或者本法第四条第二款规定的监督管理部门可以根据不同情节，责令停止违法行为，限期改正，给予警告或者处以五万元以下罚款……（二）拒绝环境保护行政主管部门或者其他监督管理部门现场检查或者在被检查时弄虚作假的。"

作为地方性法规，2006年《合肥市优化投资环境条例》第34条对包括环境执法在内的其他执法检查行动设置了"应当事先拟定包括检查依据、时间、对象、事项等内容的检查计划，并在实施检查30日前报同级人民政府企业负担监督管理部门和法制机构备案"等限制性的前提条件，实际上否定了《环境保护法》、《水污染防治法》、《大气污染防治法》等国家环境法律所认可的非定期现场检查的执法形式，把环境保护行政主管部门的现场检查活动变相地限定成了定期检查活动，限制了国家法律授予环境保护行政主管部门的行政监管权力。另外，由于同级人民政府企业负担监督管理部门与企业有着千丝万缕的利益联系，因此，《合肥市优化投资环境条例》第34条规定的提前30天备案的要求，实际上等于为企业通风报信，把环境保护行政主管部门的现场检查行为变成了定期参观行为。

综上所述，2006年的《合肥市优化投资环境条例》第34条违背了《环境保护法》、《大气污染防治法》和《水污染防治法》等立法的宗旨和现场检查制度，违反了《水污染防治法实施细则》、《国务院关于落实科学发展观加强环境保护的决定》等行政法规和国务院决定的规定，肯定不利于环境保护。

2. 2006年的《合肥市优化投资环境条例》第37条规定"同一行政机关对同一企业的执法检查每年不得超过一次"违反了1989年的《环境保护

法》、《水污染防治法》、《大气污染防治法》等国家环境法律的规定

在"利润优先"的市场经济社会,地方立法对企业予以"地方性的保护",肯定会激励一些本来经常违法的企业更加肆无忌惮地违法,使一些本来不想违法的企业也经不住"违法了但不现场查处"或者"经常违法了但得不到经常的查处"的诱惑走上违法的道路。这样,企业的环境法律责任就变成了一句空话。实践证明,对合法运行的企业进行经常性的环境执法监察,不仅不会影响他们正常的经营活动,相反的会促进他们守法的荣誉感;而对于经常违法的企业,本来就应当采取措施予以纠正,对其进行经常性的执法检查也是合情合理的。基于此,《环境保护法》第14条、《水污染防治法》第21条、《大气染防治法》第25条等环境法律作出的规定,并没有为现场检查设置次数方面的条件。

2006年的《合肥市优化投资环境条例》第37条规定:"同一行政机关对同一企业的执法检查每年不得超过一次。因企业涉嫌违法需要调查的,由县级以上人民政府行政主管部门负责人批准。法律、法规或者行政规章另有规定的除外。实施县级以上人民政府或者省级以上行政管理部门组织的集中统一的执法检查,按照统一部署进行。"由于《环境保护法》、《大气污染防治法》、《水污染防治法》等国家环境法律、行政法规和规章在现场检查的次数方面并没有另外的规定,因此,按照《合肥市优化投资环境条例》第37条的规定,只能遵守"同一行政机关对同一企业的执法检查每年不得超过一次"的规定。这种减少地方政府和企业环境保护义务的地方法规制定行为显然既不符合环境执法需要杀回马枪和环境保护需要经常检查督促的常理,也与上述国家环境法律和行政法规的宗旨和规定相违背。如果不加以纠正,只能导致2005年《国务院关于落实科学发展观加强环境保护的决定》指出的"有法不依、执法不严现象较为突出"的现象,难以满足《国务院关于落实科学发展观加强环境保护的决定》提出的"加强对环境执法活动的行政监察"的要求。

3. 《合肥市优化投资环境条例》第34条和第37条之规定已为合肥市的环境污染行为撑起一把保护伞

按照《中国环境报》2007年6月14日一篇名为"国家级经济开发区至今未通过环评,海尔、联合利华等知名品牌超标排放 合肥开发区成了违法避风港"的报道:原国家环境保护总局赴皖督察组在对合肥经济技术开发区检查时,发现以下几个重要问题:一是作为一个国家级经济开发区,连续五年名列中西部16个国家级开发区综合投资环境之首,却至今没通过环评。

二是企业违法严重，如污水处理厂偷排污水，园区内企业普遍存在不同程度违法排污，被检查的六家企业中有四家企业存在不同程度的违法行为，如海尔洗衣机有限公司磷化废水处理设施的污水处理装置闲置不用，检查人员检查时放清水。三是园区所有企业都不缴排污费，园区内也没有部门向企业收过排污费。四是环境监管严重缺失。合肥经济开发区成立了管委会，下设建设发展局，仅有一人负责环保，一人的编制连审批都难以应付，平时就根本无暇去监督企业。更让人难以置信的是，从核对的现场监测情况看，在园区内的 342 家企业中，合肥市环保局仅对 15 家企业进行了废水达标排放的监测。另外，进开发区检查必须经有关部门同意事先打招呼批准后，才能进入。因此，国家环境行政监管制度的实施在该园区基本成了摆设。

为什么出现这一触目惊心的环境违法现象，《中国环境报》的该篇报道认为，《合肥市优化投资环境条例》第 34 条和第 37 条为违法企业撑起强大的保护伞是一个重要的原因。

在现实生活中确实存在对企业滥检查和乱罚款的现象，因此，地方通过立法规范行政执法是必要的。但是地方立法应当符合国家法律的宗旨、原则和规定框架。虽然《合肥市优化投资环境条例》的目的是想规范执法机关的执法行为，但是第 34 条和第 37 条的规定，却走向另外一个极端，违背了国家环境法律的宗旨和原则，削弱了环境行政执法权力，限制了国家环境法律的实施，实际上起到了为环境违法行为撑起保护伞的负面作用，应当予以纠正。

4. 全国人大常务委员会应当依据《立法法》第 63 条和第 64 条之规定撤销《合肥市优化投资环境条例》第 34 条和第 37 条之规定

同样地，如果把《合肥市优化投资环境条例》第 34 条和第 37 条的规定和卫生、安全生产、消防等方面的国家法律相比较，也会发现其与后者相抵触的地方，不利于国家卫生、安全生产和消防等方面工作的开展，因此，从这些方面看，也应当予以纠正。

合肥是安徽的省会，在其境内发生的事情在全国都具有较大的社会影响，如果《合肥市优化投资环境条例》第 34 条和第 37 条的规定不被纠正，就对全国其他地方的地方立法产生相当消极的"示范"效应，不利于全面贯彻党中央和国家提出的落实科学发展观的要求。

2003 年的《立法法》第 63 条规定："较大的市的人民代表大会及其常务委员会根据本市的具体情况和实际需要，在不同宪法、法律、行政法规和本省、自治区的地方性法规相抵触的前提下，可以制定地方性法规，报省、自治区的人民代表大会常务委员会批准后施行。……本法所称较大的市是指省、自治区的人民政府所在地的市，经济特区所在地的市和经国务院批准的较大的市。"合肥市是安徽省的省会，其人大常委会制定的法律文件属于地方性法规。作为地方性法规，《合肥市优化投资环境条例》的第34条和第37条规定同国家制定的环境、卫生等领域的法律或者行政法规相抵触，按照《立法法》第64条规定的"在国家制定的法律或者行政法规生效后，地方性法规同法律或者行政法规相抵触的规定无效，制定机关应当及时予以修改或者废止"，应当被确定为无效，且要予以及时的修改或者废止。

《立法法》第90条规定："国务院、中央军事委员会、最高人民法院、最高人民检察院和各省、自治区、直辖市的人民代表大会常务委员会认为行政法规、地方性法规、自治条例和单行条例同宪法或者法律相抵触的，可以向全国人民代表大会常务委员会书面提出进行审查的要求，由常务委员会工作机构分送有关的专门委员会进行审查、提出意见。前款规定以外的其他国家机关和社会团体、企业事业组织以及公民认为行政法规、地方性法规、自治条例和单行条例同宪法或者法律相抵触的，可以向全国人民代表大会常务委员会书面提出进行审查的建议，由常务委员会工作机构进行研究，必要时，送有关的专门委员会进行审查、提出意见。"基于这一条，笔者认为，全国人民代表大会常务委员会有权受理有关对《合肥市优化投资环境条例》第34条和第37条进行合法性审查的建议。也是基于这一条，一些单位提出了对该条例进行立法审查的动议。虽然到目前为止，没有得到全国人大常务委员会相关的回复。但是，根据安徽的反馈，条例的适用不再限制环境执法了。①

五、结语

当前，虽然环境立法和环境法学的研究都发展很快，但其边沿化的趋势并没有得到根本的改变。主要的理由除了一些环境法的专业性和技术性强，主流法学者难以进行深入的研究，更主要的是，环境法规范与主流法规范的衔接和协调尤其是原理层面的规范派生或阐释工作，无论是从理论还是立法、执法和司法实践来看，由于要平衡政府、企业和公众复杂而微妙的利

---

① 参见《砍掉乱收费取消滥评比的"好法规"是否违反了上位法？》http：//www. bjrd. gov. cn/27925/2007/08/07/243@14564. htm，最后访问日期2007年10月5日。

益,① 难度就非常大。如美国为了确认国家进行环境保护的职权,不惜动用宪法解释,基于环境问题是商务活动的副产物等理由,才把联邦的州际商务管理权扩大到环境保护领域。这需要环境法学者加强主流法理论的研究和环境法实践的考察。只有这样,才能消除环境法内部的相互矛盾和冲突之处,扫除环境法与主流法之间的衔接和协调障碍,实现两者的共同繁荣和发展。

---

① 陈慈阳:《环境法总论》,中国政法大学出版社 2003 年版,第 192—193 页。

第三章 改革与探索：我国环境保护行政管理体制发展之考察

第一节 环境保护行政管理体制的内涵

对于"环境保护行政管理"（简称为"环保行政管理"），目前尚无统一定义，一般可概括为环境行政主体运用技术、经济、法律、教育等手段，对人类损害或影响环境的活动加以干预，以协调发展与环境的关系，从而在不超过环境的容许极限下发展经济以满足人类不断增长的需要[①]。而"体制"的含义，《现代汉语词典》解释为："1. 关于国家机关、企业和事业单位的机构设置、管理权限、工作部署的制度。2. 艺术作品的体裁格局。"至于"环保行政管理体制"，学界至今尚无公认的定义，笔者认为，其内涵主要是指国家管理环境保护事务的行政组织结构体系、环保行政职权在各行政机构之间的配置原则以及环保职能的运行方式，它不仅包括各级环保行政机构自身内部的权力结构，还包括规范权力合理行使、保证政令有效运行的一系列规则与制度，大致可以分为三个部分[②]：

一、组织结构

所谓组织结构，是指国家对享有环境行政管理权的行政管理机构的具体设置以及机构之间的相互关系。拥有一定职权的环境行政管理机构是环境行政管理体制的核心和重要组成部分，其主要包括环境行政机关、授权的环境行政机构、受委托的机构与社会组织三个部分[③]。环境行政机关是指按照宪法和组织法的规定设立的，以行使环境行政权，对国家的环境事务进行管理的机关。根据所辖区域范围的不同，环境行政机关可以分为中央环境管理机

[①] 张宝莉、徐玉新主编：《环境规划与管理》，中国环境科学出版社2004年版，第83页。

[②] 薛刚凌教授认为行政体制的内容可分为四个部分：职能定位、权力配置、运行规则、法律保障。参见薛刚凌《行政体制改革研究》，北京大学出版社2006年版，第5—9页。

[③] 叶必丰：《行政法学》，武汉大学出版社2003年版（修订版），第132—144页。

关和地方环境行政管理机关，在我国主要是指国务院、原国家环境保护总局、各级地方人民政府和环保局。授权的环境行政机构，指并不因组织的成立而从宪法和组织法获得行政职权，而由有权机关以法律、法规形式的授予而获得相应环境行政权力的环境行政主体。在我国这类授权主体比较多，如《环境保护法》第 7 条第 2 款、第 3 款规定的授权主体①，又如根据《淮河流域水污染防治暂行条例》第 4 条设立的淮河流域水资源保护领导小组②。受委托的组织，是指接受环境行政机关的委托而取得环境行政权力，以委托的行政机关的名义实施环境行政决定，并由委托的行政机关承担由此所产生的法律责任的组织。在我国现阶段，委托社会组织或机构来代替从事环境行政管理的情况还很少，主要是各环保局的职能机构（如监测站），以及如总局派出的环境保护督查中心等各类派出机构，可见，这应是今后发展与壮大我国环境行政管理力量的重要方向。

二、权力结构

所谓权力结构（或权力的配置结构），是指各种环境行政管理机构横向的职权分工、权限划分以及纵向的职权位阶等。权力的配置是垂直分工，水平分工，还是交叉分工？具体可分为四个方面的内容：一是环保行政权力在中央和地方之间的配置；二是环保行政权力在同级政府之间的配置，如省与省之间的配置；三是环保行政权力在没有隶属关系的同级政府的不同部门或机构之间的配置，例如在环保局、林业局、水利局、农业局等部门之间的配置；四是环保行政权力在具体的一个部门的内部机构之间的分工，如在综合处、污控处、生态保护处、监察大队、监测站之间的配置与分工。

另外，如果从权力的来源进行分类，职权的配置结构也可指在环境行政机关、授权的环境行政机构、受委托的社会组织之间和各自内部的环境行政职权的具体分工，以及分配的环境行政职权在整个环境行政权力体系中的位阶态势。如《噪声污染防治法》第 40 条授予民航部门负责减轻机场噪声的职责；第 50 条、57 条、58 条授予公安部门对城市噪声和交通噪声污染给予

---

① 其内容是："国家海洋行政主管部门、港务监督、渔政渔港监督、军队环境保护部门和各级公安、交通、铁道、民航管理部门，依照有关法律的规定对环境污染防治实施监督管理。县级以上人民政府的土地、矿产、林业、农业、水利行政主管部门，依照有关法律的规定对资源的保护实施监督管理。"

② 其内容是："淮河流域水资源保护领导小组负责协调解决有关淮河流域水资源保护和水污染防治的重大问题，监督、检查淮河流域水污染防治工作，并行使国务院授予的其他权利。"

警告与罚款的职权;第 57 条第 2 款授予港务监督机构对违法排放噪声的机动船舶的警告与处罚职权等,这就涉及作为职权主体的环保部门与作为授权主体的公安部门、民航部门以及港务监督机构等部门之间在环境噪声方面环保行政权力的分工与衔接问题。

三、职权运行机制

所谓职权的运行机制,是指享有环保监管权力的环境行政管理机构各自的职权运行方式、行政程序以及各机构之间开展环境事务进行行政协作的方式等,如行政决策机制、行政执行机制、环保行政事务的部门协调和合作机制、公众参与机制以及监督机制等,且主要是指权力之间的补充、合作和监督机制,以及公众参与机制。

以上三个方面在环境行政管理体制中相互独立而又有机联系,共同构成统一的整体:组织结构是环境行政管理的组织形式和组织保证;行政权力结构是环境行政管理的职能形式和功能保证;运行机制则是环境行政管理的组织结构与职能分工的动态结合方式和环保功能的实现形式。只有环境行政机构的设置合理、各机构之间的职权分工科学、环境行政机构运用环境行政职权的运行机制畅通、高效,整个环境行政管理体制才算科学合理。以此考察我国现行的环境行政管理体制,问题重重,亟待改革。

第二节 我国环境保护行政管理体制存在的主要问题

一、机构设置的结构不合理,环保行政职权分工不科学——横向分散,多头管理,行政权异化,难以形成多部门执法合力

(一) 管理机构之间权限不清,责任不明

依行政合法原则,要求行政主体的行政行为都必须符合法律与法规的规定[①],其核心要求是行政主体必须在其行政权限的范围内开展行动。然而,环境立法中关于部门之间职责范围的规定是很不清晰的,尤其是关于部门之间如何开展协作的规定更是语焉不详,使得行政自由裁量空间过大。而行政主体出于本部门利益的不正当考虑,在法律规定不是很明确的地方,不同部门对有利可图的事务竞相主张管辖权,而对于不利的事物则

---

① 陈新民:《中国行政法原理》,中国政法大学出版社 2002 年版,第 33 页。

主张没有管辖权，当缺乏上级权威部门进行协调的时候，执法部门之间往往出现相互扯皮"抢篮球"、互相推诿"踢足球"的现象，严重影响法律的执行。

例如，1989 年的《环境保护法》第 7 条规定了统一监督管理与分部门协作的管理体制①，从该条的内容看，统一监督分工负责的体制的出发点看起来很好，然而到底怎样"统一"？统一监督管理的部门对结合自己职责进行管理的部门可以提出什么要求？分管部门不履行职责时统管部门可以怎么处置？此类问题不一而足，而法律几乎都没有作出明确的规定。

又如，《水污染防治法》在第 4 条第 3 款规定："各级人民政府的水利管理部门、卫生行政部门、地质矿产部门、市政管理部门、重要江河的水源保护机构，结合各自的职责，协同环境保护部门对水污染防治实施监督管理。"但是，对其他的几个协管部门到底在水污染方面各自能够管什么，必须管什么？如何进行协作？不协作又承担什么不利的法律后果？法律的规定十分模糊，进一步的立法或司法解释也迟迟未出台，以致各自职责不清，给各自留下了或"争抢"或"推诿"的巨大空间与借口。

现实中，一般认为，与环境保护有关的事务应由环保部门负主责，并由其他部门进行配合，因为真正在一线开展环境执法行动的主要还是环保系统。由于得不到其他部门的配合，经常出现环保部门唱"独角戏"的尴尬局面。譬如在日常执法中，往往是环保部门单打独斗，该断电的不断电、该断水的不断水、该吊销执照的不吊销，严重影响执法效果。在已初步实施移送制度的 15 个省级环保部门移送的 850 件违法案件中，涉及工商、经贸、司法和监察等部门，结案率却不足 60%②。

（二）管理机构重叠

这主要是由于我国机构改革不彻底而遗留的负面效应。由于我国的环境管理体制是从各部门分工管理逐步变为统一监督管理和分工负责相结合的管

①　《环境保护法》第 7 条："国务院环境保护行政主管部门，对全国环境保护工作实施统一监督管理。县级以上地方人民政府环境保护行政主管部门，对本辖区的环境保护工作实施统一监督管理。国家海洋行政主管部门、港务监督、渔政渔港监督、军队环境保护部门和各级公安、交通、铁道、民航管理部门，依照有关法律的规定对环境污染防治实施监督管理。县级以上人民政府的土地、矿产、林业、农业、水利行政主管部门，依照有关法律的规定对资源的保护实施监督管理。"

②　陆新元："改革创新，破解难题，环境执法工作必须适应历史性转变"，http：//www. szhbj. gov. cn/szhbj/showinfo/showinfo. aspx？infoid = 5194&siteid = 1&categoryNum = 11，2006 年 10 月 14 日访问。

理体制的,而在这种改革过程中一般只注意对新机构的授权,没有顾及或没来得及对原有机构及其相关职能进行撤销或合并,于是就发生了某些管理机构相重叠的现象。譬如,在自然保护方面,环境保护部内部设置有专门的自然生态保护司,而国家林业局也设置了野生动植物保护司,而二者的主要职责多有重叠之处。

(三) 管理机构职能的重叠或交叉

据学者的统计,环境管理机构的职能至少存在如下几种类型的重叠与交叉:①规划职能的重叠和交叉;②监测职能的重叠和交叉,如国家环境保护部和水利部的水资源水文司以及国家海洋局都具有水质监测的职能,而且实际上环保局与水文司的监测结果往往还存在重大的冲突,导致人们无所适从;③保护职能的重叠和冲突,如国家环境保护部与国家林业局都有监督检查各类型自然保护区的工作的职能;国家环境保护部与国家建设部门都有负责对国家风景名胜区进行审查报批和保护监督的职能;④污染纠纷处理职能的交叉和重叠,如发生渔业污染纠纷或船舶污染纠纷时,依照《水污染防治法》第 28 条的规定,县级以上环保部门与渔政监督管理部门或交通部门的航政机关都有处理污染纠纷的职能。

(四) 管理部门错位,职权分工不合理

依"正义原则"和"效率原则",科学、有效的管理应当是在分清各部门的管理性质——比如是属于综合决策管理、行业管理、还是环保监督管理——的基础上在各个部门之间进行合理的分工,让每一个部门都只承担最符合其管理目标的职能,特别是不能让其承担与其管理目标有直接矛盾或者冲突的职能。依"任何人不能作为自己案件的法官"的司法原则,管理部门不能"既当运动员又当裁判员",否则容易导致执法"懈怠"或执法的"不公"。但是,我国在授予有关部门环境管理的职能时往往忽略了这一管理职能分工的科学性原则,具体表现为[1]:

(1) 行业管理部门行使了环境监督管理部门的职权。如航空器噪声,铁路噪声分别由民航和铁道部门负责管理控制,而民用航空器和铁路的经营也分别属于这两个部门。

(2) 综合决策性管理部门行使了专业管理部门的职权。如政府经济综合宏观调控部门(发改委)本是一个综合决策性的部门,而依照《固体废

---

① 参见王灿发《论我国环境管理体制立法存在的问题及其完善途径》,载《政法论坛(中国政法大学学报)》,2003 年第 4 期。

物污染防治法》第 72 条的规定，却把淘汰严重污染环境的工艺设备的决策权和监督管理权交给了县级以上政府经济综合宏观调控部门。合理的职能分工应当是，让综合部门和环保部门共同提出资源综合利用和淘汰严重污染环境的落后工艺和设备的意见并制订计划，而监督实施则应由环保部门专门负责。

（3）专业管理部门行使了综合决策性部门的职权。譬如让环保部门行使本应属于政府行使的综合决策与综合平衡的职权就不科学。

（4）政府行使了其所属部门（尤其是环保部门）的职权。如《环境保护法》第 29 条第 2 款关于"限期治理"的企业由省、自治区、直辖市、市、县人民政府进行决定，而不是由相应的环保部门行使，这样的规定便为地方保护主义提供了滋生与繁衍的土壤。

二、环保部门缺乏独立性与权威性，受制于地方各级政府，难以抵制地方保护主义

（一）环保部门财政不独立

1. 由于财政不独立，环境管理部门缺乏独立性，受制于地方政府。在现行的财政体制下，基层环保执法部门的工资和福利待遇是由当地政府提供，而不是由国家统一拨款的。而在实践中，地方的重要污染源主要是当地的各类企业，这些环境执法的对象同时又是当地的纳税大户，是减轻当地政府的就业压力、增加财政收入的主要力量，因此，这些污染企业往往受到当地政府的保护。俗话说"吃人的嘴软，拿人的手短"，在这种财政体制下，由于环保部门其人员的位子、票子均受到地方政府的制约，所以基层环保部门说话时就不免要看当地政府的脸色了，失去经济和人事的独立性何谈坚持环保的原则啊。同时，地方政府又不受上级政府的环保部门的领导，由于缺乏有力的制约力量，地方保护主义的久禁不止、长盛不衰也就不足为怪了。

2. 由于受地方财政影响，各地基层环境管理部门发展很不平衡，贫穷地方的环保部门执法力量薄弱。由于基层环保机构的经费不是国家统一拨款，其规模与力量往往受到当地的经济状况和当地政府的制约，因此，基层环保机构的发展很不平衡，许多贫穷地方的环保执法力量相当薄弱，有的地方甚至还没有环保部门。据悉，2005 年年底，全国平均每个环保机构只有 1.5 辆车左右，300 多个县的环保部门没有执法机构，200 多个县的环保部门的执法机构没有执法车辆，更没有取证设备。然而，如此"贫穷"的环保部门却监管了近 30 万家工业污染企业、70 多万家三产企业（指从事服务业的企业)、几万个建筑工地,还要面临十分繁重的农村及生态环境监察任务、承担着每年 120 多亿元排污费的征收工作和 6 万多件的污染事故与纠纷调查处理工作①。

据中国政法大学环境与资源研究与服务中心 2006 年在西部五省开展的环境维权宣传活动中所了解的情况,西部贫困地区的环保局由于资金短缺,人员不足,甚至必要的监督用车等办公设备都配备不齐,造成日常的监督工作困难重重②。

(二)政府政绩考核不合理

现行的政绩考核主要是以当地的经济发展规模和经济增长速度作为衡量的标准,而不考核自然资源的成本与环境代价的大小,"经济上去了,啥子都上去了,官自然也就上去了"。因此,许多地区不惜采取"高消耗"、"高污染"的以牺牲环境为代价的方式来发展本地的经济。近年来,沿海地区产业升级,大量的污染企业转移到了中西部地区,往往造成污染物的地区变相转嫁问题。据报道,江西、安徽两省一些地区,为了赶上这一波产业升级的大潮,招商引资心切,不惜以牺牲环境为代价,降低环保门槛,或项目未进行环境影响评价就上马建设,或环评报告流于形式,反而成为污染企业的"挡箭牌"。甚至在地方还出现硬性下达招商引资的任务,例如,界首市市委书记每年的招商任务为 2000 万元,其他市领导班子每人任务为 1000 万元,各市直单位为 1000 万元③。可想而知,在这样的政绩考核体制下,势单力薄且受制于地方政府的各地环保部门对于这股畸形的经济洪流如何抵挡得住!

(三)环境行政管理部门权威有限

在我国的现行环境管理体制之下,由于受制于当地政府,环保行政部门"权力小、手段软",环保权威十分有限。"权力小",主要体现在环保部门只有限期治理、停产治理的建议权,没有决定权,而在地方保护主义严重的地区,由于当地政府出于发展经济的考虑一般并不采纳这种建议,对此,环

---

① 陆新元:《改革创新,破解难题,环境执法工作必须适应历史性转变》,http://www.szhbj. gov. cn/szhbj/showinfo/showinfo. aspx? infoid = 5194&siteid = 1&categoryNum = 11,2006 年 10 月 14 日访问。

② 参见《中国政法大学环境资源法研究与服务中心 2006 年度环境维权流动宣传活动总结报告》,第 17—19 页。

③ 参见中国环境资源网,http://news. ce65. com/news_ detail. jsp? newsid = 68425,2006 年 10 月 15 日访问。

保部门也无能为力。

　　"手段软",主要体现在环境处罚的主要手段只是罚款,而缺乏查封、冻结、扣押、没收、强制划拨等行政强制性手段。就连唯一的处罚手段,其可以处罚的数额也受到很大的限制,导致罚款大多远远低于污染治理成本。譬如,我国环境立法对罚款大都规定了一个上限,如《水污染防治法》第43条第2款规定"对造成水污染事故的企业事业单位,按照直接损失的20%计算罚款,但是最高不得超过20万元"[①],就连最新出台的《固体废物污染环境防治法》也只规定为50万元[②]。在这种"守法成本高,违法成本低"的畸形法制状态下,多数企业往往宁愿选择缴纳罚款也不愿意建设污染治理设施来整治污染。据此,有关部门曾统计,我国环境违法成本平均不及治理成本的10%,不及危害代价的2%[③]。

三、缺乏高效的部门协调机制

　　我国的环境管理体制是一种横向的各部门并立的所谓"统一管理与分部门相结合"的管理体制。由于诸多原因,还大量存在部门之间权限不清、管理机构重叠、部门管理职能重叠或交叉、管理部门错位等多种弊端而严重影响环境法律的有效实施的情况,但另一方面我国又缺乏积极有效的应对措施——即没有设置对这些部门冲突与矛盾进行有效协调的权威性部门或机构。当然,有的地方有一些很好的协调经验,如武汉建立了社区居民自治和部门联动的新型管理机制[④],但总的说来这种协调和联动还没有形成规范化、法律化的制度。由于每次都要临时组织协调,往往由于各方面的原因导致久拖不决而效率低下。再者,就是这种不成熟的联动机制也还没有在全国得到很好的推广。

---

　　① 2008年修订时,部分罚款没有设置上限。

　　② 见《固体废物污染环境防治法》第69条:"违反本法规定,造成固体废物污染环境事故的,由县级以上人民政府环境保护行政主管部门处十万元以下的罚款;造成重大损失的,按照直接损失的百分之三十计算罚款,但是最高不超过五十万元。"

　　③ 转引自王灿发《环境违法成本低之原因和改变途径探讨》,载《环境保护》,2005年第9期。

　　④ 胡斌《武汉市环境行政执法情况调研报告》,http://www.riel.whu.edu.cn/show.asp? ID = 4153,2006年12月27日访问。

四、地方分割，欠缺有力、高效的跨行政区环境协调机制——跨区环境纠纷难处理[1]

众所周知，环境是没有区域边界的，许多环境要素如地表水、大气是流动的，整个生态环境也具有整体性的特点，因此，客观上要求环保工作不能受行政区域的影响而进行块块管理。然而，我国的环境管理恰恰是以国家的行政区划设置为基础而进行分割管理的。除了有很不健全的处理跨行政区水环境资源纠纷的零星法律法规以外，基本没有形成一套处理跨行政区环境资源纠纷的制度。[2]（虽然我国有所谓的流域管理机构，但该机构权力很弱，地位也不明确，因此并不能积极发挥作用。）这种管理设置上的地方分割性与环境要素的整体性之间存在根本矛盾，以致跨区域的环境纠纷很难得到及时和有效处理。2005 年，全国发生环境污染纠纷 12.8 万起，其中相当一部分是跨界污染。尽管《环境保护法》第 15 条规定"跨行政区的环境污染和环境破坏的防治工作，由有关地方人民政府协商解决，或者由上级人民政府协调解决，作出决定"，但如何协商，协调的权限如何，程序如何，如果协商不成怎么办，协调的法律效力如何，是否必须遵守，法律对此类问题并没有作出进一步的说明。因此，在处理跨界污染时，往往是各说各的理，各拿各的证据，由于缺乏权威的协调部门把持大局，因此很难处理到位。

五、第三部门（非政府组织）发展缓慢，参与机制流于形式、监督机制软弱无力

对于公众参与，我国的《环境影响评价法》和《环境影响评价公众参与暂行办法》作了许多突破性规定，譬如规定了环评的听证制度，规定了建设单位应当在报审的环评报告书中附上对公众意见采纳或者不采纳的说明等。但总体来讲，对于公众环境事务参与权的规定还很不详细，问题更为严重的是缺乏对公众参与的法律效力以及对有关行政部门违背公众参与的法律责任的规定，以致公众参与的实践在很多地方基本上只停留在走走形式，跑跑过场的水平，因此许多决策基本未能真正体现群众的意见。

另外，我们容易关注政府与环保部门对企业的监督与管理，但另一方面

---

① 本来，部门协调问题在前文中关于管理体制的论述中已有说明，但由于跨区的协调问题比较突出，因此本文把此问题列出来进行单独分析。

② 蔡守秋:《论跨行政区的水环境资源纠纷》，载《江海学刊》，2002 年第 4 期。

往往忽视对行政部门的监督。实践中，当政府或环保执法部门与污染企业进行勾结，以致成为污染企业保护伞的时候，并没有应对的监督机制。除了新闻媒体能发挥一定的监督作用外，从总体上来讲我国还严重缺乏权威性的环保监督机构，而可以发挥社会监督作用的环保非政府组织从总体上看力量也还十分薄弱。根据中华环保联合会对中国环保民间组织的调查表明，截至2005 年年底，我国共有各类环保民间组织 2768 家，其中，政府部门发起成立的环保民间组织 1382 家，占 49.9%；民间自发组成的环保民间组织 202家，占 7.2%；学生环保社团及其联合体共 1116 家，占 40.3%；国际环保民间组织驻大陆机构 68 家，占 2.6%。作为一种民间监督力量，这些民间组织参与环境决策，并对政府与企业的环境责任积极开展社会监督，譬如重庆市绿色志愿者联合会曾组织市民建议政府停建以牺牲重庆市主城区空气环境为代价的 30 万千瓦燃煤发电厂工程取得成功，但限于一些体制、机制和自身能力等方面的原因，环保民间组织参与国家环境政策制定和实施社会监督的渠道与能力还远远不够，尚不能对政府或环保部门进行有力和高效的监督。

第三节　我国环境保护行政管理体制之发展①

一、建立独立的财政体制

要改革现行的体制，最根本的办法是把地方政府从目前的"准企业"状态还原为真正意义上的公共政府和福利政府，通过完善的制度设计来规制政府的行为，刨掉地方保护主义的土壤，并严厉打击政府的寻租现象。因此，我们应借鉴西方发达市场经济国家的管理体制，把目前"分灶吃饭"、"自主创收"的财政体制，转变成"先集中、后返还"、"收支两条线"的体制。仿照分税体制改革的成功经验，调整中央和地方的环保财政收入和支出关系，使中央和省级政府间的环保财政分配关系相对规范化，形成较为合理的纵向财力收入和分配机制。同时，考虑横向的环保财政的分配关系，建构科学的横向财政调节机制，调节地区间经济发展的不平等，实现环保公共服务的均衡与协调。譬如，排污费与其他环境税费一部分统一上缴国库，一部分上缴省级财政，即采用"先收后放，收支两条线"的体制形式。由各

---

① 姜明安：《行政执法研究》，北京大学出版社 2004 年版，第 66 页。

省级政府统一拨款,国务院开展宏观调控进行补充与协调,解决环境基础设施和环境管理机构仪器、装备、办公经费、劳务、津贴、福利等问题。加强财政监督,启用有力的惩罚机制和切实的奖励机制,规制政府的环境行政行为。当然,这些措施还只是一些粗浅的想法,不一定正确,尚待验证和完善;另外,财政体制改革的力度很大,为了维持稳定大计,在全国范围内应有针对性和渐进性地进行。

二、提高环保行政部门的地位,改横向的管理体制为垂直的管制体制

考察国外的管理体制,可以看出许多国家的环保部门在该国有很高的行政地位。譬如澳大利亚、巴西、保加利亚、加拿大、丹麦、日本、韩国、新西兰、挪威、俄罗斯、瑞典、泰国等国家的环境或资源部长都是其政府或内阁主要成员,在政府或内阁中具有举足轻重的地位。譬如,日本为有效控制公害,1970年7月成立了由首相直接领导的公害防治总部;韩国于1990年1月将环境保护主管部门升格为环境部。另外,法国于1971年、瑞典于1986年、保加利亚于1990年均成立了环境部这样一个部级性单位。

同时,许多国家的环境机构负责人的地位也很高,如韩国的环境部长是国务委员,直属于总理,其可就环保政策、计划及其执行在各部门之间进行统一协调;而日本的环境厅长也是主要的内阁大臣。

我国已经学习了这些国家的部分经验,譬如环境保护总局已经升格为环境保护部,[①] 国家级的环境保护垂直管理系统及功能已经形成,市以下的垂直管理体制正在形成。

三、科学划分各部门的职能,并细化其权限范围

科学划分各部门的职能和权限范围,可以从以下三个方面进行考虑:

第一,部门性质。不同性质的部门主要只能从事与其性质相适应的工作,不能甲管乙事,如资源部门主要负责对资源的持续、合理利用与公平分配问题,而相应的环保监督事务则主要由环保部门来负责处理。

第二,"效率原则"。不同的部门所掌握的知识、技术、设备是不同的,职能的分工应充分发挥他们的长处,扬长避短才能提高工作效率。如民航和铁道部门以及环保部门都是行业性比较强的部门,民航和铁道部门负责管理

---

① 在2008年3月的国务院机构改革中,原国家环境保护总局正式组建为环境保护部。这一目标,已经实现。

控制民用航空器和铁路的经营效率较高，而管理航空器噪声，铁路噪声则不太合乎效率原则，应由环境监督管理部门来行使。

第三，"公正原则"。依据"任何人不能作为自己案件的法官"的法治原则，一个部门不能"既当运动员又当裁判员"。如政府经济综合宏观调控部门本是一个负责国家经济事业的综合决策性的部门，法律理应不能完全把淘汰严重污染环境的工艺设备的决策权和监督管理权授权该综合部门，而应完全交由环保部门来行使；或者环保部门享有最高的监督权，通过国务院办公会议或主管副总理可以对该经济综合部门进行直接的监督，只有这样才能有效保证淘汰落后工艺设备决策的公正性与合理性。

四、改良跨部门合作的协调机制

环境问题的综合性和复杂性决定了环境管理事务在很多时候会涉及多个部门，要想高效地进行环境管理就有必要设置跨部门、跨行业、跨规格的环境管理协调部门。国外的许多实践也已经证明，这种跨部门、高规格环境管理协调机构的设置对环境保护事务的有效开展可以发挥重要作用。如美国国家环境质量委员会（CEQ）是根据《美国环境政策法》而设置的，CEQ设在美国总统办公室下，原则上是总统环境政策方面的顾问，也是制定环境政策的主体，其职责为：一是为总统提供环境政策方面的咨询；二是协调各行政部门有关环境方面的活动。另外，在澳大利亚，除环境与遗产部以外，在中央层面上，还有两个重要的环境管理协调部门：澳大利亚和新西兰环境与自然保护委员会（ANZECC）及国家环境保护委员会，这两个部门中前者可以为交流信息和经验以及发展合作提供场所，后者不但可以投票的形式通过环境法规而且还可就跨部门的环境事务进行协调①。

我们应该学习这些国家的先进经验，在借鉴的基础上探索出一条适合我国的道路。譬如，在国务院，我们可以成立国务院环境保护协调委员会，主任可由一位副总理兼任，其成员则是各部部长。其次，在地方也可设立专门的环境协调委员会，主任可由当地主管环保的副省长、副市长、副县长担任，成员则由各级政府的各局局长担任。协调委员会可就环保中的协调事项

---

①　自然保护委员会由各管辖部门的部长组成，是国家和部级各部门间实施环境合作的主要机构，它是非法人机构，为交流信息和经验以及发展合作政策提供场所；而国家环境保护委员会委员由与环境保护相关的各部门的部长组成，它是一个法人机构，有权通过投票就国家环境保护事务设立国家法规、办法，如空气质量标准（但不包括生物多样性保护问题）。部门间的环境事务能够通过国家环境保护委员会协调解决。

展开充分讨论和论证,最后可以投票的形式对协调事项作出表决,而意见分歧较大的情况下则可由主管环保的副省长、副市长、副县长决定,而该表决与决定具有强制执行力(当然,重大事项则提交省、市政府集体讨论,但也必须作出决定)。另外,表决的结果必须交上一级环保部门备案,上级环保部门可以就执行情况进行监督。这样,协调委员会在协调地方的环境管理事务时一定可以发挥很大的作用。

五、设立并完善跨行政区的区域协调机制

基于环境要素本身的流动性、整体性、不可分割性等特点,流域水污染、酸雨污染、海洋环境污染、生物多样性等环境问题具有很强的地域空间整体性,不受行政辖区界线的限制。因此,解决这些问题的根本途径是设置相应的强有力的跨行政区的机构,尤其是强有力的流域环境管理机构,如流域水行政管理机构等。许多国家的环境管理主管部门非常重视这种跨行政区环境管理机构的设置,他们将这种跨区环境管理机构作为环境管理主管部门的派出机构或直属机构,人员编制则属于环境管理主管部门。

考察国外的经验,跨区域的环境管理机构大致有两种类型:一是以美国、俄罗斯为代表的分区环境管理机构。美国为便于环境监督和管理,美国联邦环保局将全美50个州划分为10个大区进行管理,在每个大区设立区域环境办公室。每个区域办公室在所管理的州内代表联邦环保局执行联邦的环境法律、实施联邦环保局的各种项目,并对各个州的环境行为进行监督。[1]而俄罗斯自然资源部的跨区管理体现得也很明显,其自然资源部的地方机构垂直分为:中央地区自然资源局、西北地区自然资源局、伏尔加流域自然资源局、南部地区自然资源局、乌拉尔地区自然资源局、西伯利亚地区自然资源局、远东地区自然资源局和北高加索地区自然资源局八个局,并且下设93个委员会和流域管理处。二是以新西兰、法国、韩国、加拿大等为代表的流域环境管理机构。新西兰于1941年通过的《土壤保护和河流控制法》建立了地方流域管理委员会。[2]澳大利亚环境与遗产部建立了全流域管理模式,在州区域内设立州流域管理协调委员会,在区域或整条河流水平上设立

---

①　这10个区域办公室是美国环保局的重要组成部分,所有的区域办公室雇员都是联邦环保局的成员,近万人,占了联邦环保局总雇员人数的一小半。区域办公室领导层的任命、人员工资、工作预算完全由联邦环保局决定。区域办公室只向联邦环保局负责。由于地区的管理官员由联邦环保局管理官员任命,州的环保局不能对地区职员的任命施加任何影响。

②　这是世界上最早利用自然界线作为管理单元的范例。

流域管理委员会。韩国为有效进行韩国国内洛东江、荣山江、锦江三大江的环境管理，环境部设置了区域环境管理办公室（直属于韩国环境部），该区域环境管理办公室下还设置了亚区域环境管理办公室；同时，为加强汉江流域的环境保护，还专门设立了汉江流域环境管理办公室，并直属于韩国环境部。法国成立了直接隶属环境部的塞纳河等六个流域管理办事机构——流域水管局①。加拿大环境部专门成立了圣劳伦斯河管理中心，负责该流域的环境管理工作。

当然，我国也可在已有的行政建制上设立适合我国国情的跨行政区的协调机构。根据第一种类型，我国已经进行了卓有成效的改革，根据 2006 年 7 月的《总局环境保护督查中心组建方案》，在全国设立了东北、华北、西北、华中、西南、东南、华南七个分区管理机构，而这些分区机构在性质上都是原国家环境保护总局的派出机构，均从属于原国家环境保护总局，其职能之一便是"承办跨省区域和流域重大环境纠纷的协调处理工作"和"负责跨省区域和流域环境污染与生态破坏案件的来访投诉受理和协调工作"。根据第二种类型，我国可根据国内的几大主要河流而设立流域管理机构，如长江流域环境管理委员会、黄河流域环境管理委员会等，目前我国已经开始了这方面的实践，但在处理流域管理委员会与国家环保部以及地方政府的关系问题上还没有理顺，还存在诸如流域机构的权力缺乏、地方保护主义影响水资源统一管理、流域管理信息采集难度大、流域规划监督无力等弊端②，有必要进行大胆改革。

六、大力发展非政府组织，强化对环境行政管理事务的参与机制及监督机制

环境保护工作任重道远，仅仅依靠政府的力量是远远不够的，还需要社会各界的广泛参与和合作。在实践中，企业出于自身经济利益的考虑，往往缺乏环境保护工作的积极性与主动性；要么违反环境影响评价的规定，改建、新建、扩建可能影响环境的建设项目之前不作环评，要么违反"三同时"制度，擅自闲置或拆除环保设施，甚至不建环保设施；要么偷排污水，

---

① 水管局是法国水资源环境管理体制中的核心机构，主要职责包括：保护和改善流域的水环境；为流域水资源环境的开发和保护提供技术咨询、调查和研究；向所有水资源的使用者收取"用水费"和"排污费"；通过补贴、贷款方式，将收取费用的 90% 用于资助地方政府和工业企业，鼓励和促进污染防治设施的建设和水资源的保护。

② 雷玉桃：《论我国流域水资源管理的现状与发展趋势》，载《生态经济》，2006 年第 6 期。

以便少交排污费；要么超标排放废水、废气，或者处置废渣时不注意采取无害化措施而污染环境。因此，对于污染企业，环保部门一方面要提高自身的监管能力并加大监管力度，同时也要发展和利用社会的力量，而公众也要积极协助环保部门开展监管工作。目前，基于国家对于公众参与的高度重视以及各方的共同努力，《公众参与环境保护办法》草案已经出台，在2006年8月进行的专家会诊中，专家们对该草案给予了高度评价，真切期望该草案能在保障公众参与环境事务的各项权利方面能发挥积极的作用。

　　另外，除了对企业要进行有力的监管外，对于监督企业的环保部门也要进行有效的监督，防止其违法行政。环保行政部门在行政执法中经常发生诸如环境行政不作为、环境行政越权、滥用环境行政权、违反法定环境行政程序等现象，因此，也需要对此进行大力监督。在以后的环境立法中，国家应该要有意识地规定和丰富有关监督机制的内容，以监督环保行政部门合法、正当地开展环境行政管理工作。在这方面，我们应该学习美国等西方国家，把发展环保非政府组织作为今后加强和改善环境行政管理的努力方向之一。

　　环境行政管理体制的改革与完善是对原有体制的梳理、调整甚至否定，因此必须综合考虑诸如传统行政文化对我国环境行政管理体制的影响，社会公众尤其是非政府组织在环境行政管理体制改革中的作用，改革、发展与稳定的关系，国外管理体制改革的经验与教训以及本土化等各种因素，要防止过于保守和过于急于求成的两种极端思想。总之，由于原有体制的巨大惯性，以及改革内容和目标的重大性，决定了此项改革是一个长期、艰难的转型过程，绝不能一蹴而就，我们必须循序渐进，进行有计划有步骤的考察、设计、论证、试点和推广，方能成功。

第四章　继承与突破：我国环境法基本政策与原则发展之考察

第一节　我国环境法基本政策之发展

环境基本法的作用主要表现为其既宣示国家环境保护的基本政策，又对其他环境法律法规的制定和实施具有一定的指导意义。作为通例，环境基本法除了要阐明该法的适用范围和目的之外，还要阐明国家对环境问题的基本认识，宣告和规定国家的环境保护基本政策。其中，国家环境保护基本政策的作用是非常重要的，它不仅为国家环境保护法制的建设指明方向，还为环境保护法基本原则的确立和主要环境保护制度的设计提供指导方针。因此，在我国正考虑把现行《环境保护法》提升为环境基本法的背景下，加强环境保护基本政策的研究是必要的。

一、国外环境基本法有关环境保护的基本政策

环境基本法的制定起始于第二次世界大战以后，如卢森堡在 1965 年制定了《自然环境和自然资源保护法》，日本于 1967 年通过了污染防治的基本法《公害对策基本法》，并于 1972 年通过了自然环境保护的基本法《自然环境保全法》。美国虽然不是最早制定环境基本法的国家，但它是世界上最早从现代科学意义的环境保护观念出发，全面、系统地阐述国家环境保护基本政策的国家，该国 1969 年的《国家环境政策法》以其规定"国会授权并命令国家机构，应当尽一切可能实现：1. 国家的各项政策、法律以及公法解释与执行均应当与本法的规定一致"而成为该国的环境基本法律。作为环境保护的基本法，该法在第 1 节第 11 条至第 20 条阐述了国家环境政策的目标和国家的职责、环境影响评价、联邦机构的职责、公民的环境权利与义务等基本的环境保护政策。在美国的影响下，一些国家开始制定或修改其环境基本法，并结合各自的国情阐述自己的环境保护基本政策。如罗马尼亚和丹麦 1973 年分别制定了《环境保护法》，匈牙利 1976 年制定了《人类环境保护法》，菲律宾 1977 年颁布了《菲律宾环境法典》，波兰 1980 年颁布

了《环境保护法》，并在 1989 年和 1990 年两度进行修订，印度和保加利亚也分别在 1986 年、1991 年颁布了《环境保护法》，英国 1990 年颁布《环境保护法》之后于 1995 年进行了修订。截至目前，据不完全统计，颁布环境基本法或起环境基本法作用的综合性环境保护法的国家已经达到近 100 个。

进入可持续发展时代后，一些国家的环境基本法对环境保护基本政策的宣告和阐述融入了时代的要求。以日本 1993 年的《环境基本法》为例，该法在总则的第 3 条至第 12 条分别规定了环境资源的继承和享受、构筑对环境负荷影响少的可持续发展社会、通过国际协调积极推进环境保护、国家的职责、地方公共团体的职责、企业的职责、国民的职责、环境日、法制上的措施、年度报告等国家的环境保护基本政策。1999 年修订的加拿大《环境保护法》在第 2 条（加拿大政府的义务）和第 4 条（土著的权利）中也阐述了与日本《环境基本法》类似的国家环境保护基本政策。值得注意的是，2002 年，原为社会主义国家一部分的俄罗斯广泛吸收发达国家的经验制定了《俄罗斯联邦环境保护法》，该法在引言部分宣告了国家环境保护政策的总体框架和基本目的，然后在各章中明确各方面的基本政策。

二、国外环境保护基本政策的建设经验

综合起来，以上国家的环境保护基本政策的宣告具有以下几个方面的特点：

一是国家的环境保护基本政策的宣示和阐述建立在其对环境问题的基本认识上。如美国《国家环境政策法》第 11 条在说明了"鉴于人类活动对于自然环境的一切构成部分的内在联系具有深远影响，尤其在人口增长、高度集中的都市化、工业发展、资源开发以及技术日益进步所带来的深远影响"之后，阐述了国家环境保护基本政策的总体框架及其目的。日本《环境基本法》第 3 条在指出"把环境作为得天独厚的资源维持在正常水平上，是人类健康的文化生活所不可缺少的。但是由于人类的活动增加了环境的负荷，从而使人类存续基础限度的生态平衡出现被破坏的危险"之后，也阐述了其政策的总体框架和目的。

二是先规定政策的总体框架和目标，再宣告各方面的基本政策。如美国《国家环境政策法》第 11 条第 1 款规定了国家的环境政策目标，然后在其他条款中一一阐明国家的环境保护基本政策。《俄罗斯联邦环境保护法》在引言中申明了维护公民环境权、保证生态安全、促进环境法治等总体的环境保护政策框架及其目的，并在后面的各章节中阐述了国家环境监测、环境保

护科学研究、生态文化建设、国际合作等基本的政策。

三是不仅考虑当代人的环境利益，还考虑后代人的环境需求；有时不仅考虑本国环境的保护，还考虑人类环境的保护。如美国《国家环境政策法》第11条规定："……创造和保持人类与自然得以共处与和谐中生存的各种条件，实现当代国民及其子孙后代对于社会、经济以及其他方面的要求。"日本《环境基本法》第3条规定："……必须采取措施实施环境保护，使当代人和后代人能在世世代代地正常享受得天独厚的环境资源的同时，把作为人类存续基础限度的环境维持到永远的将来。"《俄罗斯联邦环境保护法》的引言指出："本联邦法……目的是满足当代人和未来世世代代的需要……"再如，根据匈牙利1976年《人类环境保护法》的标题，就可以看出其环境利益和需求的考虑范围。

四是通过国家的保护和公民的参与来维护公民的环境权。美国《国家环境政策法》第11条第2款和第14条、第15条规定了以保护和促进国民福利为宗旨的国家环境保护基本职责，并在第11条第3款明确宣告公民的环境权，即"国会认为，每个人都可以享受健康的环境，同时每个人也有责任参与对环境的改善和保护"。《俄罗斯联邦环境保护法》在引言指出"根据俄罗斯联邦宪法，每个人都有享受良好环境的权利，每个人都必须爱护自然和环境，珍惜自然财富"之后，在第3条开宗明义地指出俄罗斯各环境法主体必须以"遵守每个人都有享受良好环境的权利"的原则进行活动。

五是强调国际合作。如美国《国家环境政策法》在第12条规定了国际和国内的环境保护合作；日本的《环境基本法》则进了一步，强调积极主动的国际合作，如该法第5条在阐述环境问题的相关性和环境保护的全球性认识之后，承诺日本有能力按照本国在国际社会所处的地位，在国际的协调下，积极推进全球环境保护。《俄罗斯联邦环境保护法》在第3条和第5条中规定国家在环境保护国际合作方面的原则和职权之后，于第15章（环境保护领域的国际合作）专门全面阐述了国际合作的基本政策。

此外，在可持续发展时代制定或修订的环境基本法还具有如下特点：一是以可持续发展为指导，提出了国家经济和社会的发展模式，如日本《环境基本法》第4条提出："在把得天独厚的环境维持在正常水平的同时，一方面要力求发展对环境负荷小的健康经济，另一方面要构筑一个可持续发展的社会，并要在科学知识充实的基础上，预防环境污染。"《俄罗斯联邦环境保护法》和《加拿大环境保护法》也有类似的规定。二是在明确区分环境保护职责和义务的基础上强调环境保护的自主性和积极性。如日本《环境基本法》第 4 条规定"在一切人公平负担的基础上,自主而经济地实施环境保护的措施……"之后,在第 6 条至第 9 条分别明确宣告了国家、地方公共团体、企业和国民的职责。三是强调生物多样性与生态安全的保护及环境法制的维护。如《俄罗斯联邦环境保护法》在引言中指出:"本联邦法……以保证平衡地解决各项社会经济任务,保持良好的环境、生物多样性和自然资源……加强环境保护领域的法律秩序和保障生态安全。"日本《环境基本法》第 12 条要求议会加强对政府环境保护工作的监督。此外,一些国家的环境基本法还强调国民环境文化的培养,如日本《环境基本法》第 10 条(环境日)、《俄罗斯联邦环境保护法》第 13 章(建立生态文化的基础)针对本国的国情作了不同的规定。

三、我国《环境保护法》有关环境保护的基本政策及存在的主要问题

我国 1989 年制定现行《环境保护法》时,环境单行立法的数量相当有限,因此,它的指导和协调作用不容忽视。但在环境单行立法众多的今天,从《立法法》的角度审视,现行《环境保护法》由全国人大常委会通过,它与同样由全国人大常委会通过的各单行环境保护立法在效力方面是平等的,互不隶属。在实际的立法中,也出现了环境单行法的许多规定与《环境保护法》规定不一致的情况。基于此,在 WTO 框架下的市场经济社会,现行《环境保护法》所作的政策宣示和阐述,无论是从其效力等级还是国际环境基本法的发展趋势来考察,其作用的发挥均是有限的。如该法虽然在第 4 条至第 8 条规定了环境保护规划、国家职责、环境保护措施的综合性和合理性、环境保护科教发展、环境权利和义务等环境保护政策,但和国外环境基本法中成熟的环境保护基本政策相比,它存在以下几个方面的问题:一是没有阐述国家对环境问题的基本认识;二是没有明确政策的总体框架和目标,基本政策的规定也是零碎的,不系统;三是没有树立法治政府的理念,政府的职责既不明确,也没有受到有效的监督;四是没有突出可持续发展的基本国策和战略,既没有考虑代内公平的问题,也没有考虑后代人的环境需求;五是没有重视市场对环境资源的基础性配置作用;六是仍然以公民的环境义务为本位,没有突出公民环境权利与社会公益的保护,没有调动公众参与环境保护的主动性和积极性;七是没有涉及生物多样性的保护、生态安全政策,没有重视环境文化的培养;八是环境问题的相关性和环保协作的区域性和全球性没有得到重视,缺乏国际合作的政策;九是没有确定环境法与民

法、刑法、行政法等其他基本法的关系。

可喜的是，上述缺陷部分地被 2005 年颁布的《国务院关于落实科学发展观加强环境保护的决定》所弥补：

第一，"决定"中关于环境保护的认识到位，要求把环境保护摆在更重要的位置，即加强环境保护是落实科学发展观的重要举措，是全面建设小康社会的内在要求，是坚持执政为民、提高执政能力的实际行动，是构建社会主义和谐社会的有力保障。加强环境保护，有利于促进经济结构调整和增长方式转变，实现更快更好地发展；有利于带动环保和相关产业发展，培育新的经济增长点和增加就业；有利于提高全社会的环境意识和道德素质，促进社会主义精神文明建设；有利于保障人民群众身体健康，提高生活质量和延长人均寿命；有利于维护中华民族的长远利益，为子孙后代留下良好的生存和发展空间。因此，必须用科学发展观统领环境保护工作，痛下决心解决环境问题。

第二，"决定"坚持环境保护基本国策，提出了环境保护的基本政策思路，即在发展中解决环境问题。积极推进经济结构调整和经济增长方式的根本性转变，切实改变"先污染后治理、边治理边破坏"的状况，依靠科技进步，发展循环经济，倡导生态文明，强化环境法治，完善监管体制，建立长效机制，建设资源节约型和环境友好型社会。

第三，"决定"提出了依靠法治来加强环境保护的对策，即强化法治，综合治理。坚持依法行政，不断完善环境法律法规，严格环境执法；坚持环境保护与发展综合决策，科学规划，突出预防为主的方针，从源头防治污染和生态破坏，综合运用法律、经济、技术和必要的行政手段解决环境问题。

第四，"决定"提出了发展循环经济、发展环保产业、强化污染防治、强化生态保护方面的政策，并在完善环境管理体制、加强环境监管制度、完善环境保护投入机制、推行有利于环境保护的经济政策、运用市场机制推进污染治理、推动环境科技进步、加强环保队伍和能力建设、发展社会监督机制、扩大国际环境合作与交流等方面作了具体的政策阐述。可以说，比较系统，也比较切合中国环境保护的实际。

第五，"决定"突出了环境经济政策和市场的作用。关于环境经济政策，"决定"提出，建立发展有利于环境保护的价格、税收、信贷、贸易、土地和政府采购等政策体系。政府定价要充分考虑资源的稀缺性和环境成本，对市场调节的价格也要进行有利于环保的指导和监管。对可再生能源发电厂和垃圾焚烧发电厂实行有利于发展的电价政策，对可再生能源发电项目的上网电量实行全额收购政策。对不符合国家产业政策和环保标准的企业,不得审批用地,并停止信贷,不予办理工商登记或者依法取缔。对通过境内非营利社会团体、国家机关向环保事业的捐赠依法给予税收优惠。要完善生态补偿政策,尽快建立生态补偿机制。中央和地方财政转移支付应考虑生态补偿因素,国家和地方可分别开展生态补偿试点。建立遗传资源惠益共享机制。关于发挥市场机制的作用,决定指出,运用市场机制推进污染治理。全面实施城市污水、生活垃圾处理收费制度,收费标准要达到保本微利水平,凡收费不到位的地方,当地财政要对运营成本给予补助。鼓励社会资本参与污水、垃圾处理等基础设施的建设和运营。推动城市污水和垃圾处理单位加快转制改企,采用公开招标方式,择优选择投资主体和经营单位,实行特许经营,并强化监管。对污染处理设施建设运营的用地、用电、设备折旧等实行扶持政策,并给予税收优惠。生产者要依法负责或委托他人回收和处置废弃产品,并承担费用。推行污染治理工程的设计、施工和运营一体化模式,鼓励排污单位委托专业化公司承担污染治理或设施运营。有条件的地区和单位可实行二氧化硫等排污权交易。

此外,"决定"还阐述了生物多样性的保护和生态安全保护政策,拿出很大的篇幅阐述生态文明的建设问题和国际环境保护合作问题。

值得指出的是,"决定"的指导作用虽然很大,但它毕竟是政策性的,即使具有强制力,也属于行政法规性文件,它对中国环境政策的阐述还没有上升到法律的地位。因此,其作用也不能太高估。我们下一步要做的,是逐步把这些政策纳入法律之中,使之发挥法律的功效。

四、国外环境保护基本政策建设的经验对我国环境基本法制定的启示

对于国外环境基本法所宣告和阐述的环境保护基本政策,只要不涉及意识形态的问题,或虽涉及意识形态的问题,但其合理成分可供我国借鉴的,我们也可以结合我国的基本国情和立法传统予以定向地借鉴和发展。针对我国现行《环境保护法》所存在的上述问题,在制定环境基本法时,可以在序言或引言中先阐述我国对国内和国际环境问题的基本认识和加强环境保护的必要性,然后明确我国的环境保护基本政策的总体框架和目标。在此基础上,可以在总则中集中地阐述我国的环境保护基本政策。如果立法体例不协调,有关的基本政策也可以在分则的有关章节加以阐述。

对于环境保护基本政策的总体框架和目标,在设置时应注意以下几点:一是明确将实施可持续发展战略作为环境基本法的立法宗旨,确立科学发展观的法律地位；二是以依法治政的思想为指导，明确国家职责在环境保护中的作用，强调环境保护措施的科学性、有效性和经济性；三是以公民环境权的保护、社会福利的增加和促进人与自然的和谐为目的，既要考虑当代人的环境福利，也要考虑后代人的环境需求；既要考虑国民环境福利的满足，又要考虑人类环境保护的需要。

对于环境保护基本政策的设置，除了要求全面和系统之外，还要注意以下几点：一是建立环境规划和各因素统筹考虑的环境保护模式；二是按照法治政府的精神，合理界定国家环境管理权力的职责范围，重视市场对环境资源的基础性配置作用，体现有权就有责、用权受监督、侵权要赔偿的原则；三是有机结合生态环境保护的规律和行政管理的现实特点，合理划分和衔接国家环境管理的体制，重申环境保护的行政首长负责制；四是确立公民环境权，建立以环境私权和社会公益的保护为本位的权利（力）和义务体系；五是吸收国际环境立法所确立的风险预防、全过程控制、公众参与等符合可持续发展要求的环境保护基本政策，保护生物的多样性，维护生态安全；六是重视环境科学技术的发展，重视环境教育和宣传，培养和提高与时俱进的中华环境文化；七是宣布我国的国际环境保护立场和促进国际合作的基本政策；八是明确环境法的作用，理顺该法与民法、刑法、行政法等其他基本法的适用关系。

第二节　我国环境法基本原则之发展

目前，世界上所有的国家，无论是成文法国家还是非成文法国家，都已制定了专门的环境法律或与环境保护有关的法律。在这些法律之中，存在一类准则或规则，它们贯穿于整个环境法之中，为环境法确认，体现环境法的目的，反映环境法性质、基本特征，并能对环境的开发、利用、保护、改善等活动产生普遍性的指导作用。[1] 这类准则，在环境法上被称为环境法的基本原则。在我国正考虑把现行《环境保护法》提升为环境基本法的背景下，加强其研究是必要的。而要研究，在贸易国际化和环境问题全球化的今天，总结外国环境法基本原则的建设经验，并分析其对我国的借鉴意义是非常重要的。

---

[1]　王保树主编：《经济法原理》，社会科学文献出版社 1999 年版，第 44 页。

一、国外环境法所确立和体现的基本原则

1992 年的《里约环境与发展宣言》在 1972 年联合国《人类环境宣言》的基础上，宣告了关于环境保护与发展的 27 个原则，有些原则是国际环境法的基本原则，有些是国内环境法的基本原则，有些则既属于国际环境法的基本原则，又属于国内环境法的基本原则。其中原则 1 规定的"人类……应享有与自然相和谐的方式过健康而富有生产成果的生活的权利"体现了环境权利的原则；原则 8 体现了科学发展的国内环境法原则；原则 11 体现了科学保护环境的国内环境法原则，原则 10 规定了公众参与的国内环境法原则；原则 5、6、7、9、12、14、18、19、21、27 规定了环境保护合作的国内和国际环境法原则；原则 14、15、17 反映了损害和风险预防的国内和国际环境法原则；原则 13、16 规定了环境责任的国内和国际环境法原则。[①]由于该宣言已经成为国际社会的一种政治承诺，反映了国际社会在环境保护问题上的共识，因此，在可持续发展时代，这些原则对于指导各国环境法的制定和修订，起到了积极的作用。本书在下面介绍和分析几个主要国家及地区的环境法基本原则。

日本环境法的基本原则可以从其 1993 年实施的《环境基本法》总则第 3 条（构建对环境负荷影响少的可持续发展社会）看出，该条规定:"应当本着下述宗旨实施环境保护，即:在可能的限度内，减少因社会经济活动及其他活动而产生的对环境的负荷及其他与环境因素有关的影响，在一切人公平分担的基础上，实行自主而积极地保护环境的措施。在把得天独厚的环境维持在正常水平的同时，一方面要力求发展对环境负荷影响小的健康经济，另一方面要构筑一个可持续发展的社会，并且要在科学知识充实的基础上，预防环境污染。"其中，"要力求发展对环境负荷影响小的健康经济"体现了协调发展的思想和科学发展经济的原则；"减少因社会经济活动及其他活动而对环境的负荷及其他与环境因素有关的影响"体现了环境保护的科学性原则；"在一切人公平分担的基础上，自主而积极地保护环境的措施"体现了公众参与原则和环境责任原则；"要构筑一个可持续发展的社会，并且要在科学知识充实的基础上，预防环境污染"体现了损害与风险预防原则。

法国 1998 年制定了《环境法典》，该法典在第一卷（公用条款）第一编（通则）第 110 条第 1 款规定了四个基本原则，即"……从事对这些国

---

① 赵国清主编:《外国环境法选编》，中国政法大学出版社 2000 年版，第 677—681 页。

家共同财富的妥善保护、开发利用、修缮恢复及良好管理必须在有关法律规定的范围内，遵照下列原则进行：1. 预防为主的原则……2. 采取预防和纠正并举的原则……3. 谁污染谁治理的原则……4. 参与原则……"为了防止对原则的理解发生歧义，该条还对每个原则进行了说明，如对于谁污染谁治理的原则，该条阐释道："根据这一原则，为预防污染、减少污染以及同污染作斗争所采取一切措施引起的费用，应由污染的制造者承担。"对于参与原则，该条规定："根据第 1 项指出的参与原则，人人有权获取有关环境的信息，其中主要包括有关可能对环境造成危害的危险物质以及危险行为的信息。"①

加拿大 1999 年修订的《环境保护法》在前言中明确规定了风险预防、污染者付费、污染预防和保护环境与人类健康四个原则。如对于风险预防原则，该法规定："鉴于加拿大政府承诺执行预防原则，一旦出现严重的危险或不可逆转的破坏，缺乏完全科学确定性，不得以延迟节省成本措施为理由来预防环境退化。"对于污染者付费原则，该法规定："鉴于加拿大政府认可，与有毒物质、污染物质和废弃物质相关的使用者和生产者的责任，并且已经采用'污染者付费'原则。"对于污染预防和保护环境与人类健康的原则，该法规定："鉴于加拿大政府承诺，确保其以一定方式在联邦的和土著的土地上实施的经营和活动，与污染预防和保护环境与人类健康的原则相一致。"② 该法还体现了公众参与等原则，如对于公众参与的原则，该法不仅在第 2 章（公众参与）集中规定了公民增加的权利、资源报告权、参与犯罪调查权、提起环境保护诉讼权、防止或赔偿损失诉讼等实体权利和程序，还在第 3 章至第 11 章各有关的具体场景中规定了信息获得、参与实施等与公众参与有关的机制。

俄罗斯 2002 年实施的《联邦环境保护法》在第 1 章（总则）的第 3 条（环境保护基本原则）指出，俄罗斯联邦国家权力机关、俄罗斯联邦各主体国家权力机关、地方自治机关、法人和自然人的对环境产生影响的经济活动和其他活动，必须遵循如下基本原则：遵守每个人都有享受良好环境的权利；保障人的生命活动的良好条件；为保证可持续发展和良好的环境，将人、社会和国家的生态利益、经济利益和社会利益科学合理地结合起来；保护、发展和合理利用自然资源，是确保良好环境和生态安全的必要条件；俄

---

① 赵国清主编：《外国环境法选编》，中国政法大学出版社 2000 年版，第 618—619 页。
② 同上书，第 218—219 页。

罗斯联邦国家权力机关、俄罗斯联邦各主体国家权力机关、地方自治机关，负责在相应的区域内保障良好的环境和生态安全；利用自然付费，损害环境赔偿；环境保护监督独立自主；对计划中的经济活动和其他活动，实行生态危害推定原则；在作出进行经济活动和其他活动的决定时，必须进行环境影响评价；对可能给环境造成不良影响，对公民的生命、健康和财产造成威胁的经济活动和其他活动的方案及其他论证文件，必须进行国家生态鉴定；在规划和进行经济活动及其他活动时，必须考虑地区的自然和社会经济特点；自然生态系统、自然景观和自然综合体的保全优先；根据环境保护的要求确定经济活动和其他活动影响自然环境的容许度；保证根据环境保护标准，减轻在考虑经济和社会因素、利用现有最佳工艺技术基础上可以达到的经济活动和其他活动的不良环境影响；俄罗斯联邦国家权力机关、俄罗斯联邦各主体国家权力机关、地方自治机关、社会和其他非商业性团体、法人和自然人，都必须参与环境保护活动；保全生物多样性；在对进行或计划进行经济活动和其他活动的主体确立环境保护要求时，保证采取综合的和区别对待的态度；禁止对环境的影响后果无法预测的经济活动和其他活动，禁止实施可能导致自然生态系统退化，植物、动物及其他生物体遗传基因改变和丧失，自然资源衰竭和其他不良环境变化的方案；遵守每个人都有获得可靠的环境状况信息的权利，以及公民依法参与有关其享受良好环境权利的决策的权利；违反环境保护立法必须承担责任；组织和发展生态教育体系，培育和建设生态文化；不妨碍俄罗斯联邦在环境保护领域的国际合作。可以看出，该法明确的基本原则范围非常广泛，既包括法治的原则，如环境保护监督独立自主，还包括环境法的特有原则，即科学发展和科学地保护环境的原则、环境责任原则、公众参与原则和环境保护合作等。

欧盟环境法和判例①在区域层次和成员国层次上，均或多或少地确立或体现了与上述国家类似的环境法基本原则。② 如《欧洲环境法的原则》一书把欧盟环境法的基本原则概括为综合性原则（即把环境保护纳入农业、社会、地区、工业、能源等政策之中综合地加以考虑）、风险预防与损害预防

---

① Ludwig Krämer, *EU Casebook on Environmental Law*, Oxford, Harting Publishing, 2002, p. 128, 135, 145.

② Jan H. Jans, *European Environmental Law*, Second Revised Edition, Groningen, Europa Law Publishing, 2000, p. 31.

的原则、源头整治的原则、污染者付费原则。① 另外，各成员国的环境法基本原则稍有差异，如比利时和荷兰设立了环境质量维持原则（即保持特定地域的良好环境质量，使之不下降），② 德国的宪法法院确立了合作原则，③ 西班牙提出了源头整治、生产者责任、地区差异、科学基础和整合原则。④

此外，上述国家和地区的环境法和美国的《国家环境政策法》还体现了相称原则。所谓相称原则，在环境法之中，是指环境监管的体制和环境保护的需要及环境监管的效率最大化一致，环境监管的措施应当和实际的环境保护需要及现实国情相一致，处罚结果应当与违法行为的性质和程度相一致。为了促进市场调节、宏观调控和行政管理措施的协调，平衡和衔接各种环境公权，平衡和衔接各种环境私权，平衡和协调环境私权和其他私权，用环境公权合理地限制或制约环境私权和其他公权，用环境私权合理地制约环境公权，使环境保护的措施最终达到环境有效、实施可行和成本可接受的目的。近十年来，西方发达国家的环境立法都规定或认可了环境保护的相称原则。更有甚者，在宪法中对这一原则作出了规定，如 2005 年 2 月，法国议会通过一项宪法修正案，要求环境监管机关的监管行为要符合相称原则。

二、国外环境法基本原则的建设经验

综合起来，以上国家和地区的环境法基本原则的建设具有以下几个方面的特点：

一是遵守和体现可持续发展的目的价值。环境法的基本原则是法律规则，它体现环境法的目的价值；环境法的目的价值虽然不是法律规则，但它是指导环境法基本原则的创制。1992 年里约环境与发展会议以来，可持续发展的思想已经跨越国界，得到所有国家政府和民众的广泛承认。如今，在环境法领域，经济、社会和环境保护的可持续发展已经超越保护人体健康、促进经济发展、维持生态系统的良性循环等片面性的目的价值，成为各国环境立法所普遍接受的综合性目的价值。作为目的价值，可持续发展理所当然地成为各国环境法基本原则建设应遵守和应体现的基本指导思想。

二是注重与国际环境法律文件所确认和体现的基本原则接轨。一些国家

---

① Richard Macrocy, Ian Havercroft and Ray Purdy, *Principles of European Environmental Law*, Groningen, Europa Law Publishing, 2004, pp. 33—43.

② Ibid. , p. 87, p. 155.

③ Ibid. , p. 111.

④ Ibid. , p. 191.

环境法基本原则的创设，既立足于本国的国情，又注重响应国际环境法律文件尤其是《里约环境与发展宣言》对国内环境法基本原则建设的要求。如权益协调、公众知情与参与、风险预防、环境保护合作、环境责任等被《里约环境与发展宣言》、《生物多样性公约》、《气候变化框架公约》、《关于森林问题的原则声明》确立或宣示的原则，无论各国的文化和法律背景如何，已经作为一个共同的认识，基本被所有国家的环境法所采用。另外，一些国家的立法和判例所确立和体现的环境法基本原则还和地区条约的规定接轨，如欧盟成员国环境法基本原则都考虑了其条约的规定和欧洲人权法院的判决。

　　三是站在超级环境法律规则或最高级环境法律规则的高度，使环境法基本原则具有特殊性、抽象性、规范性、指导性和统帅性的特点。首先，环境法的基本原则应既区别于其他国内部门法的基本原则，又要与国际环境法的基本原则接轨，具有一定的特殊性。如诚实信用的国内民法的基本原则，虽然可以指导环境保护民事契约的签订和履行，但它不能成为指导所有环境开发、利用、保护和改善活动的基本准则。其次，作为法律准则，环境法基本原则虽然具有一定的抽象性，但也是一个比较明确、清晰和可操作的概念，具有一定的可适用性和可诉性。[①] 如 2002 年的《俄罗斯联邦环境保护法》第 3 条（环境保护基本原则）第 1 项至第 23 项规定的"环境保护监督独立自主"、"利用自然付费，损害环境赔偿"、"违反环境保护立法必须承担责任"等 23 项基本原则，就具有一定的明确性、操作性和可适用性。在无具体的规则作为环境法律救济的依据或具体的法律规则不足以救济时，环境法的实施主体可以把环境法的基本原则纳入环境法律救济的规则依据体系。再次，作为超级环境法律规则或最高级环境法律规则，环境法的基本原则还要指导环境法律制度的构建和完善指导性和统帅性的特点，并指导环境法律制度的构建和完善。如公众知情与参与原则，在俄罗斯、日本、加拿大、美国、欧盟等国家或地区就已经融合或渗透到所有的环境法律制度之中。

　　四是特别重视环境风险防范原则的建设。主要表现在：（1）重视转基因农产品的环境风险控制问题。在美国和欧盟，转基因农产品的科研和生产者一般都要求遵守许可证制度。如巴西总统于 2005 年 3 月下令中止转基因组织研究许可证制度的实施。在该项制度的登记、许可和操作规范被进一步严格之后，2005 年 11 月 23 日，巴西科技部重新启动该制度的实施。这项

---

① 王保树主编：《经济法原理》，社会科学文献出版社 1999 年版，第 49 页。

有利于控制环境风险的法令得到了环保组织的认可。（2）重视温室效应的法律控制问题。大多数的观点认为，二氧化碳、甲烷等气体是使全球气候变暖的罪魁祸首，如2007年联合国发布的"政府间气候变化专门委员会报告"指出，人类排放温室气体造成全球气候变暖的可能性至少"有90％"。"90％"说明这种推断还是有一定的不确定性。尽管如此，《气候变化框架公约》及其《京都议定书》也都设立了成员国的温室气体的排放管制责任，为发达国家成员方设立了削减的义务。其后，欧盟等国家和地区还制定了能源政策和工业排放管制政策，如欧盟制定了《指导和限制温室气体排放的决定》（93/389），提出了碳税或者二氧化碳排放税的措施，可谓非常严格。2007年4月，美国联邦最高法院作出终审裁决，认为大量排放的二氧化碳和其他温室气体已经对人体健康和环境造成危害，联邦环境保护局应当进行管制。（3）重视对纳米技术的环境风险控制问题。纳米技术目前主要应用于化工、生物等领域，目前很多国家对该技术的环境风险表示了很大的担忧。2005年，德国的一家全球保险公司——Allianz Group提出一项报告——《纳米技术的机会与风险》，指出纳米技术的环境风险不应当被排除在保险之外。再如，加拿大于2006年通过一项关于纳米技术的战略计划，该计划就考虑了经济、科技、环境、健康、伦理等因素。英国于2005年12月提出，该国将为发展中国家建设纳米技术风险信息系统提供资助。

五是重视相称原则的建设。由于我国的环境污染事故大都由化学物质造成，本书下面以欧盟化学物的环境管理立法为例，对环境保护的相称原则作一阐述。①关于环境管理体制与环境保护任务的相称性问题，为了落实欧盟2006年《化学物评估、登记、许可和限制条例》导言提出的"需要对在共同体的层次上确保对本条例的技术、科学和行政方面的有效管理"要求，该条例创建了"欧洲化学物局"，并专设第十部分对其职责予以规范。按照该部分的规定，欧洲化学物局具有独立法律人格，其职责是管理本条例规定的事项，执行本条例规定的科技和行政事项，为成员国和共同体的机构提供与化学物有关的最佳可能的科学和技术建议，确保在共同体层次上的协调性。为了使欧洲化学物局更好地履行繁重的化学物监管职责，条例进一步规定，局内设管理委员会、风险评价委员会、社会—经济风险分析委员会、上诉委员会、成员国委员会、信息交换和实施论坛与秘书处。为了使欧洲化学物局的职能与各成员国的职责相适应，条例第121条规定，每个成员国应当任命履行本条例分配任务、开展共同体内合作、与欧洲化学物局保持联络的机构，确保该机构能够掌握和调动与履行职责相称的充足的资源。②关于环境保护措施与环境保护现状的相称性问题,以《化学物评估、登记、许可和限制条例》为例,该条例第 61 条规定:"对现行许可作出评价决定时,如果环境发生变化,比如可以获得符合第 60(5)条之规定的适当的替代物质和技术,或者变更了的环境使许可不再合适,欧盟委员会在考虑相称原则的基础上可以修正或者撤回许可。如果有可以利用的替代技术,而许可的对象人在评价报告中没有准备替代计划,欧盟委员会应当要求许可的对象人提交该计划。在产生严重和立即的人体健康和环境风险的情况下,欧盟委员会应当根据相称原则,在评价结论出来之前中止许可。"为了体现这种相称性,各成员国规定了严格的许可条件和监管措施,如德国的《化学物质和化学品法》规定,许可必须以采取最佳可得污染控制技术为前提,违反者,轻者警告、重者罚款、吊销许可,甚至监禁。③关于惩罚措施与违法行为的相称性问题,2003 年的《关于出口和进口危险化学物质和化学品的欧洲议会和理事会条例》第 18 条规定:"各成员国应确定违反该条例的惩罚措施并且采取所有必要的方法保证这些规定的正确实施。惩罚必须是有效的,相称的和劝阻性的。"2004 年的《关于清洁剂的欧洲议会和理事会条例》第 18 条规定:"在 2005 年 10 月 8 日之前,对这种违法行为规定劝诫的、有效的和相称的处罚措施。"《化学物评估、登记、许可和限制条例》第 126 条规定:"各成员国应当制定规定,以实施本条例,惩罚违反本条例规定的行为,惩罚措施应当是有效、与违法行为相称和劝诫性的。"为了体现这种相称性,各成员国规定了宽严相济的责任措施,严格的有监禁、高额罚款和惩罚性赔偿措施,宽的有警告等。

此外,这些国家还注重环境法基本原则的创新性、全面性和系统性的建设工作。在创新性方面,如比利时、德国等欧盟国家提出了合作原则和维持良好环境质量的原则;在全面性和系统性方面,俄罗斯、欧盟成员国环境法基本原则体系的建设已经非常完善,已经走在了世界的前列。

三、我国环境法确立和体现的基本原则及存在的问题

(一)我国环境法所确立和体现的基本原则

《环境保护法》第 4 条规定:"国家制定的环境保护规划必须纳入国民经济和社会发展计划,国家采取有利于环境保护的经济、技术政策和措施,使环境保护工作同经济建设和社会发展相协调。"可见,该条确立了协调发展的原则。但是这个协调发展的原则,是环境保护与经济和社会发展相协调,也就是说,环境保护的地位还是低。为此,2005 年国务院发布的《国

务院关于落实科学发展观加强环境保护的决定》对该原则进行了修正。"决定"专设第三部分"经济社会发展与环境保护相协调"。可以看出，环境保护的地位提高了，有的学者甚至基于此提出，"决定"实际上确立了"环境保护优先"的基本原则。那么，怎样使经济社会发展与环境保护相协调呢？"决定"提出了三个方面的措施，一是促进地区经济与环境协调发展；二是大力发展循环经济；三是经济发展环保产业。其中，在促进地区经济与环境协调发展方面，"决定"提出了以下原则要求：各地区要根据资源禀赋、环境容量、生态状况、人口数量以及国家发展规划和产业政策，明确不同区域的功能定位和发展方向，将区域经济规划和环境保护目标有机结合起来。在环境容量有限、自然资源供给不足而经济相对发达的地区实行优化开发，坚持环境优先，大力发展高新技术，优化产业结构，加快产业和产品的升级换代，同时率先完成排污总量削减任务，做到增产减污。在环境仍有一定容量、资源较为丰富、发展潜力较大的地区实行重点开发，加快基础设施建设，科学合理利用环境承载能力，推进工业化和城镇化，同时严格控制污染物排放总量，做到增产不增污。在生态环境脆弱的地区和重要生态功能保护区实行限制开发，在坚持保护优先的前提下，合理选择发展方向，发展特色优势产业，确保生态功能的恢复与保育，逐步恢复生态平衡。在自然保护区和具有特殊保护价值的地区实行禁止开发，依法实施保护，严禁不符合规定的任何开发活动。要认真做好生态功能区划工作，确定不同地区的主导功能，形成各具特色的发展格局。必须依照国家规定对各类开发建设规划进行环境影响评价。对环境有重大影响的决策，应当进行环境影响论证。但是，作为一个国务院的文件，其关于环境保护的原则宣示能否修正国家法律所规定的原则呢？笔者认为，这个问题的理解要结合中国的实际。在中国，国务院具有庞大的行政权力，在一些情况下，最高立法机关的运转在很多方面也受制于国务院，最高立法机关的立法活动必须充分参考国务院的意见。另外，中国国务院也具有向最高立法机关提交法律草案和建议的职责。基于此，不能小看"决定"对以后环境立法的影响。比如，在2007—2008年，最高立法机关修订《水污染防治法》时，在专家座谈会上，立法机关的官员就多次引用"决定"的规定或者措辞来为水污染防治制度和法律责任创新辩护。

《环境保护法》第5条规定："国家鼓励环境保护科学教育事业的发展，加强环境保护科学技术的研究和开发，提高环境保护科学技术水平，普及环境保护的科学知识。"可见，该条确立了发展环境科技、普及环境科学知识的原则。

《环境保护法》第 6 条规定："一切单位和个人都有保护环境的义务，并有权对污染和破坏环境的单位和个人进行检举和控告。"第 7 条规定了中央和地方有关国家机关的环境保护职责。可见，这两条确立了环境责任的原则。

《环境保护法》第 8 条规定："对保护和改善环境有显著成绩的单位和个人，由人民政府给予奖励。"可见，该条确立了鼓励参与环境保护的原则。

《环境保护法》第 25 条规定："新建工业企业和现有工业企业的技术改造，应当采取资源利用率高、污染物排放量少的设备和工艺，采用经济合理的废弃物综合利用技术和污染物处理技术。"可见，该条确立了科学保护环境的原则。这个科学性体现在经济和科技两个方面。《环境保护法》第 13 条规定的"建设项目的环境影响报告书，必须对建设项目产生的污染和对环境的影响作出评价，规定防治措施，经项目主管部门预审并依照规定的程序报环境保护行政主管部门批准。环境影响报告书经批准后，计划部门方可批准建设项目设计任务书"确立了环境影响评价制度，该法第 26 条规定的"建设项目中防治污染的设施，必须与主体工程同时设计、同时施工、同时投产使用。防治污染的设施必须经原审批环境影响报告书的环境保护行政主管部门验收合格后，该建设项目方可投入生产或者使用"规定了"三同时"制度，这两个制度体现了损害预防的原则。而损害预防的原则属于科学保护环境原则的范畴。

此外，在专门性环境立法的层面上，《大气污染防治法》、《水污染防治法》、《固体废物污染环境防治法》、《环境噪声污染防治法》和《环境影响评价法》等法律法规，在各自的适用领域重申、补充、丰富或发展了以上基本原则。另外，《大气污染防治法》第 45 条规定的"国家鼓励、支持消耗臭氧层物质替代品的生产和使用，逐步减少消耗臭氧层物质的产量，直至停止消耗臭氧层物质的生产和使用。在国家规定的期限内，生产、进口消耗臭氧层物质的单位必须按照国务院有关行政主管部门核定的配额进行生产、进口"还体现了大气污染防治领域的风险预防的原则。

（二）我国环境法基本原则建设存在的主要问题

1989 年制定现行《环境保护法》时，我国的生态破坏、环境污染问题远没有现在这么复杂，对环境问题的感受和认识也没有现在这么深刻，因此，解决各种环境问题的专门环境立法数量相当有限。从我国目前的政治、经济、科技、伦理和社会背景来考察，与国外环境法所确立和体现的先进环境法基本原则相比，《环境保护法》所确立和体现的基本原则还存在一些缺失和不足，主要表现为：其一，协调发展不是一个基本准则。实际上，发展的协调性反映了各方权益的平衡和协调过程，而权益的平衡和协调作为许多国家的环境立法（如美国的《国家环境政策法》）所确立或体现的一个基本准则，没有得到我国环境法的确立或体现。没有体现社会措施（如消费引导）的采取，没有体现发展的可持续性。其二，发展环境科技、普及环境科学知识的原则没有上升到培养环境文化的原则。其三，《环境保护法》和各专门的环境法律法规所确立和体现的环境责任原则仅包括开发者养护、利用者补偿、污染者治理、破坏者恢复、主管者负责，没有体现消费者最终承担和受益者负担这两个符合现代市场经济规则的基本准则。另外，环境责任原则的对应面是环境权利的确认和保障原则，但现行《环境保护法》和各专门的环境法律法规均只体现了控告、检举和参与环境影响评价的权利，因此，环境权利的确认和保障很不充分。其四，鼓励参与环境保护只局限于一种结果性的被动奖励措施，忽略了公民对自己权利和他人权利的自觉维护，忽略了与公众参与有关的知情权的行使。其五，科学保护环境原则包括环境保护的预防性、综合性、整体性与全过程原则，而《环境保护法》和各专门的环境法律法规均体现不足。其中，环境风险预防目前在我国的大气污染控制领域得到一定的法律规范，如《大气污染防治法》第45条对消耗臭氧层物质的控制作出了规定，除此之外，该原则在其他环境领域缺乏我国环境立法的规制。其六，环境保护措施的相称性原则还没有得到明确的规定和充分的体现，环境法缺乏威慑力，"违法成本低、守法成本高"的现象有待纠正，环境民事责任机制还不健全，罚款的幅度有待大幅度提高。其七，《环境保护法》第1条规定："为保护和改善生活环境与生态环境，防治污染和其他公害，保障人体健康，促进社会主义现代化建设的发展，制定本法。"可见，《环境保护法》所确立和体现的基本原则体系还不是在可持续发展意义上的。虽然1992年以后我国制定或修订的所有专门环境法律、法规和行政规章，基本上都明确或体现了可持续发展的指导思想，并在这个指导思想下丰富和发展了《环境保护法》所确立和体现的基本原则，但作为综合性环境保护法律的《环境保护法》，一直没有得到修订，因而也不可能明确可持续发展的环境法律地位，不能不说是一个遗憾。

另外，作为综合性的环境立法，虽然它不是全国人大通过的，也没有在其条文中明确规定其他环境立法必须与本法协调，但现行《环境保护法》

的颁布，无论从其立法背景，还是其名称、内容上看，其初衷是想起环境基本法作用的。因而其确立和体现的基本原则，在其颁布不久之后，所起的指导和协调作用是不容忽视的。随着可持续发展战略的提出和实施，我国专门环境立法的发展非常迅速，目前已经非常丰富。基于此，2000 年《立法法》颁布实施后，环境法学者和实务界都开始重新审视现行《环境保护法》的地位和作用问题。现在，比较一致的观点是，现行《环境保护法》由全国人大常委会通过，它与同样由全国人大常委会通过的各单行环境保护法律在效力方面是平等的，互不隶属。现行《环境保护法》不属于环境基本法，只属于综合性环境法律。因此，按照《立法法》的要求，现行《环境保护法》所确立和体现的环境法基本原则，需要制定一部环境基本法来重新确认、丰富和发展。

以上问题，对于环境法律制度体系的构建和具体制度的设计，对于不同环境法律法规之间的衔接，对于环境法律规范的解释，均产生一定的负面影响。

四、国外环境法基本原则的建设经验对我国的启示

对于国外环境法所确立或体现的环境法基本原则，只要不涉及意识形态的问题，或虽涉及意识形态的问题，但其合理成分可供我国借鉴的，我们可以结合我国的基本国情和立法传统予以定向地借鉴、吸收和发展。针对我国环境法基本原则建设中所存在的上述问题，在制定环境基本法和制定、修订各专门性环境法律法规时，应有针对性地加以解决。

我国环境法基本原则体系的建设应注意以下几点，一是制定替代现行的《环境保护法》的环境基本法，在其中列举我国环境保护工作应遵循的基本原则。二是要遵守和体现可持续发展的目的价值。三是总体框架要全面、系统，各基本原则既要相互联系，又要相互制约；既要具有广泛的覆盖性，又要具有统帅性和指导性。四是既要立足于本国的国情，又要注重响应国际环境法律文件尤其是《里约环境与发展宣言》对国内环境法基本原则建设的要求，还要借鉴和吸收国外环境法先进和成熟的基本原则建设经验。五是体现环境法基本原则的特殊性、抽象性和规范性。

基于上述要求，根据我国和其他一些国家环境法学的研究成果，作为理论上和实践中的中国环境法，可以归结为以下几个方面的基本原则：一是体现可持续协调发展思想和包括确认和保障环境权利原则在内的环境权益平衡、协调和制约原则，包括代际环境利益平衡原则、环境公权对其他公权的

合理制约原则、不同环境公权间的平衡、制约和协调原则、环境私法权益和其他私法权益的平衡、制约与协调保护原则、① 环境公权与环境私权的相互制约原则。二是发展环境科技、普及环境科技知识、培养环境文化的原则。三是科学环境保护的原则，包括环境保护的预防性（包括风险预防和损害预防）、综合性、整体性与全过程原则，即环境问题的防治要以预防为主，把综合性的防治环境污染与破坏的措施贯穿于环境的开发、利用和改善的过程之中，贯穿于工农业以及其他产业的生产经营活动的全过程之中。四是环境责任原则，包括开发者养护、利用者补偿、污染者治理、破坏者恢复、消费者最终承担、受益者负担、主管者负责等原则的高度概括。② 其中开发者养护、利用者补偿、污染者治理、破坏者恢复四原则在日本等国家又被日本的《环境基本法》统称为原因者负担。五是环境保护的知情与公众参与原则，是指在环境的开发、利用、保护与改善活动中任何单位和个人都应获得相关的环境信息，享有平等的参与权，并可平等地参与到有关环境立法、司法、执法、决策和法律监督的事务之中。③ 六是环境保护的合作原则，包括涉外合作与国内合作的原则。七是在正在修订的《环境保护法》和其他环境立法之中，明确规定相称原则，用该原则来指导环境机构的设置与分工、环境职责的赋予与协调、环境权利的授予与制约、环境义务的履行与协调、环境法律责任的构成与实现等方面的制度建设工作。

① 高家伟：《欧洲环境法》，工商出版社 2000 年版，第 126 页。
② 常纪文、王宗廷主编：《环境法学》，中国方正出版社 2003 年版，第 148 页。
③ Allan Greenbaum, Alex Wellington and Ron Pushchak, *Environmental Law in Social Context*, Ontario, Captus Press, 2002, p. 406.

第五章　创新与完善：我国环境法律制度发展之考察

第一节　我国环境法发展的基本任务与应解决的关键性问题

一、我国环境法律制度发展的基本任务

在开放的市场经济条件下，我国的经济基础和相应的上层建筑发生了全方位的显著变化。环境法律制度属于上层建筑，它的发展必须与社会主义市场经济的内在要求和发展状况相适应，必须在环境法律关系领域体现多样化和多层次的价值目标。环境法律制度功能的复杂性决定了环境法律制度领域和结构的复杂性。[①] 要体现这些价值目标，必须对我国的环境法律制度体系进行全面和系统的变革。

（一）发展环境法律、规划、政策与决策制定的制度体系

发展我国的环境法律制度，必须从规范源头即制度的制定入手。只有为环境法律制度的制定设立游戏规则，才能防止环境法律制度在末端实施上出现成本高昂和效率低下现象。

主要的发展任务是：加大党政分开改革的力度，真正使党的领导回到政治领导、方向领导和组织领导的轨道上来；在红头文件、内部规定落实到社会、经济和环境保护活动之中时必须强调法律的媒介作用，坚决杜绝以党代法和以党代政的现象，确立依法管理环境的权威性；利用法律、法规和规章大量立、改、废的机会，全面加强其他部门法律制度的"绿化"工作，使其充分地考虑国际和国内环境保护的要求；国家在对环境法律、法规和规章进行进一步的立、改、废时，要对政府的工作方式和职能进行彻底转变，充分地考虑市场的需求和市场机制的作用；把规划、政策和决策纳入战略环境

---

① Kurt Deketelaere and Michael Faure, *Environmental Law in the United Kingdom and Belgium from a Comparative Perspective*, Intersebtia Uitgevers Antwerpen, Groningen, 1999, p. 43.

影响评价①和循环经济的发展战略之中，②并把环境保护的要求整合到具体的实施行动要求之中；③按照《立法法》的要求全面清理环境法律、法规和行政规章（截止于 2003 年 3 月初，按照国务院的部署，原国家环境保护总局先后清理了各类环保法规、规章及规范性文件 203 项；经国务院批准后废止了环境行政法规 6 项，总局废止了环保部门规章 2 项；总局清理环保审批事项 53 项④），维护环境法律制度的协调性与统一性；在法律、法规和规章被颁布、修改或废除时，要及时地以适当的方式公布，保证环境法律制度的透明性。

（二）发展环境法律职责制度体系

市场经济强调市场机制在市场中的导向作用，但市场具有盲目性的一面，因此必须强调行政监管的作用。但是，必须对计划经济和市场经济条件下行政监管制度的差异有一个清楚的认识和把握。在此基础上才能改变传统的计划经济条件下的行政命令加控制的环境行政监管模式，强化市场机制和民主政治的作用，⑤调整环境行政监管的领域、方式与力度，正确划分环境与资源行政管理职权，理顺环境、建设、海洋、海事、林业、渔政、国土等部门的业务关系，最终实现环境公权与环境公权、环境公益与环境私益、环境公权与环境私权的全面平衡。

主要的发展任务是：建立环境知识产权保护、环境风险预防⑥和评估的法律制度；建立环境技术法规、环境标准及合格评定程序制度，加强外商投资、生产工艺、设备、技术与产品（包括包装）进出口的环境标准化和卫生管理，创设高标准的"绿色门槛"，将不合格的进口产品挡在海关之外，⑦并防止我国的可持续性因素以"逆差"的形式流向发达国家；全面审查现有的环境补贴（如信贷、奖励、税收优惠、环境损害补贴、政府采购支持）、价格支持、税收减免、押金、保证金等环境行政经济刺激制度，使不

①　2002 年 10 月 28 日颁布的《环境影响评价法》把环境影响评价的对象延展到了发展规划。

②　宗编：《发展循环经济，建设小康社会》，载《中国环境报》2002 年 12 月 14 日第 1 版。

③　Jan H. Jans, European Environmental Law, European Law Publishing, Groningen, 2000, p. 17.

④　《环境工作通讯》，2003 年第 2 期，第 9 页。

⑤　Kurt Deketelaere and Michael Faure, *Environmental Law in the United Kingdom and Belgium from a Comparative Perspective*, Intersebtia Uitgevers Antwerpen, Groningen, 1999, p. 42.

⑥　欧洲联盟的这项制度很完善。See Ludwig Krämer, E. C. Environmental Law, Fourth Edition, Sweet & Maxwell, London, 2000, p. 126.

⑦　根据新华网 2002 年 3 月 12 日的资料显示，深圳检验检疫局首次从印尼进口的活濑尿虾中检测到氯霉素超标的毒虾，并将其拒之于国门之外。

同所有制与不同国别的贸易主体享受平等的国民待遇；在污染物的总量与浓度控制相结合制度的基础上强化许可证管理制度，并针对新源与既存源以及不同产业制定环境标准差别制度；改革环境事故的应急措施制度、环境监测制度，建立环境行政管理编制制度，使环境行政管理队伍的建设符合高效与低成本维持的行政管理要求；协调我国的环境信息通报和公报发布制度，在与 WTO 有关的环境信息（如海岸工程、陆源污染等方面的信息）发布方面，由环境保护行政主管部门集中统一收集、整理之后，再提供给中国政府世贸组织通报咨询局。

（三）发展环境法律权利制度体系

计划经济强调以环境义务为本位，而市场经济强调以环境权利为本位。因此全方位地保证国内外投资者和个人的合法环境权利是市场经济的本质要求。

主要的发展任务是：在宪法、环境保护基本法、环境保护单行法与环境规章的不同层次上确立环境权的公权与私权的双重属性，并使之成为一个可以操作的权利体系；加强环境权制度与传统的部门法权制度（如人身权、物权与债权制度）的沟通，使环境权的保护要求在不同的部门法中都得到体现，实现其他部门法权制度的"绿化"；明确环境物权制度，加强环境物权所有权能的保护；加快环境政治与社会参与权、环境保护的公众参与和环境信息权等环境权利制度的立法细化工作，以保障公民的环境民主和社会权利。

（四）发展环境法律义务制度体系

忠实履行环境保护的义务是保护和改善环境、促进国际贸易和环境保护可持续发展的需要，但是环境义务的履行必须坚持必要性、减少义务履行成本的基本原则，防止构成对国际与国内贸易的变相限制和不合理的差别待遇，促进国际与国内贸易的非扭曲性发展。

主要的发展任务是：建立环境成本核算制度，在此基础上改革环境税费制度，使排污费高于污染治理成本，从而真正实现污染者付费的基本原则；把"三同时"制度和污染集中处理或污染物的委托处理制度结合起来，使污染集中处理或污染物委托处理情况成为"三同时"制度的实施例外；明确限期治理制度的适用条件和期限，坚持和全面推行达标排放合法、超标排污违法并处罚的制度；改革环境影响评价制度，设立其他单独关税区企业进行环境影响评价的资格证与执业监管制度，并使生产企业的环境影响评价制度与区域开发的环境影响评价制度及污染集中处理或委托处理企业的环境影响评价结合起来。

（五）发展环境法律调整机制体系

环境法律调整机制是指环境法律制度采取确认、保护、鼓励、限制、禁止和制裁等调整方法，保证环境保护职责、环境保护权利和环境保护义务按照一定的目标和轨道正常运行的原理。

主要的发展任务是：其一，创新与完善确认与保障机制，如2002年的《俄罗斯联邦环境保护法》序言指出："根据俄罗斯联邦宪法，每个人都拥有享有良好环境的权利，每个人都必须爱护自然和环境，珍惜自然财富。"多层次的法律确认环境权益之后，有必要制定相关的保障机制，如环境物权和环境债权的保障机制等。其二，创新与完善包括税收、贷款、价格优惠、补助金以及环境标志等方法①在内的鼓励与刺激机制。其三，创新与完善限制、禁止与责任机制。如大连市已经划定沿海禁止施用化学肥料和农药的区域。其四，创新与完善行政管制机制。如《深圳经济特区污染物排放许可证管理办法》第32条第1款规定："持证单位在污染物排放许可证有效期内暂停生产经营、中止排放污染物的，应将污染物排放许可证交环境保护部门。"其五，创新与完善科技保证机制，如2002年修订的《海洋环境保护法》第13条规定："国家加强防治海洋环境污染损害的科学技术的研究和开发，对严重污染海洋环境的落后生产工艺和落后设备，实行淘汰制度。企业应当优先使用清洁能源，采用资源利用率高、污染物排放量少的清洁生产工艺，防止对海洋环境的污染。"另外，发展环境标准和环境技术性规范也是保护环境所不可缺少的科学技术机制。其六，创新与完善包括环境污染物排放控制指标的分配与调整、国家产业结构的调整、环境税费政策的制定和调整等在内的宏观调控机制。

（六）发展环境保护市场准入与市场运行制度体系

环境保护市场是合理地配置国内和国际环境的调节器，必须结合现在的市场经济体制改革和加入WTO的契机培育和发展环境保护市场。

主要的发展任务是：全面强化污染集中处理制度和委托处理制度，调动生产企业与代处理企业两方面的积极性，实现环境效益与经济效益的统一；完善与环境保护有关的市场准入制度，逐步放开环境保护市场，实现不同所有制与不同国别企业的国民待遇，建立污染集中处理的招投标制度，引进

---

① 参见1991年经济合作与发展组织（OECD）理事会通过的《关于在环境政策中使用经济手段的建议》。

BOT 等城市污染处理设施的所有、建设与运营制度，促进环境保护产业发展的市场化、自由化和国际化；建立环境成本核算与排污指标交易等具体的制度；在弱化行政干预的基础上确立以市场为导向的环境保护产业管理制度，完善区域性的排污指标转让制度，建立排污指标的政府储备与调节制度，防止排污指标交易市场的过分投机和环境状况的恶化；利用市场机制的导向作用使企业自愿采纳绿色森林认证、环境质量管理体系与企业管理体系的认证，以扩大产品在其他单独关税区的通行能力和竞争能力。

（七）发展环境责任与纠纷处理法律制度体系

违反环境法律规定和合同约定的义务以及不合理地行使环境职权和享受环境权利必定产生环境法律责任，在一定情况下还会产生环境纠纷。WTO框架协议所涉及的环境法律责任制度包括我国大陆地区环境法律责任、我国其他独立关税区环境法律责任和独立关税区级别上的环境法律责任制度，环境纠纷处理是确认环境责任和实现环境责任的公力救济方式，WTO框架协议所涉及的环境纠纷处理制度主要指包括涉外（即涉及其他独立关税区）环境纠纷处理与独立关税区级别上环境纠纷处理法律制度。

主要的发展任务是：改革环境民事纠纷的仲裁制度，设立专门的 WTO 民事争议仲裁机构，把涉及环境问题的涉外贸易纠纷纳入其受案范围，并规定仲裁与执行程序的国民待遇，改革司法体制，使法院在财政和组织管理上独立于地方各级党委和人民政府，防止地方党委和政府欺压外商或本地老百姓等司法不公的现象的出现；完善环境民事司法救济制度，在各级法院中设立专门的涉外贸易法庭，并制定严密的符合国际司法一般惯例的审判与执行程序，在我国大陆地区无相关法律规定的环境贸易纠纷案件，应参考或直接适用 WTO 的有关规则；建立无过错环境民事损害赔偿责任人的限制赔偿责任制度的同时，引进配套的环境民事赔偿基金或/和环境责任保险制度。改革环境行政救济制度，设立宪法法院，以审查法律、行政法规、地方法规、自治条例和单行条例以及行政规章的合宪性，修改环境行政纠纷的或申请复议或起诉的制度，取消环境行政诉讼的诉前强制复议程序，扩大具体行政行为的被诉范围并把抽象性环境行政行为逐步纳入环境行政诉讼的受案范围，设立公民诉讼制度和社会团体支持起诉的制度；逐步提高国家环境行政补偿和赔偿的标准，促进环境行政机关依法行政。

二、我国环境法律制度发展应解决的关键性问题

环境法律制度的全面发展需要长期的努力，要全部完成上述基本任务，短时间内是不可能的。在目前和今后一段时间内，我们所能做的，除了要发展一些急需的环境法律制度之外，更重要的是，我们要解决一些关键性的问题，为环境法律制度的全面发展创造条件或寻找突破口。一般认为，除了加强对行政权的监督和制约外，我国环境法律制度的发展目前应解决的关键性问题为：

（一）解决与环境保护有关的市场准入和市场规则问题

1. 市场准入

在开放的市场经济条件下，与环境保护有关的市场准入是国际和国内贸易和投资规则重点关注的问题。如《服务贸易总协定》第 4 条（发展中国家的更多参与）第 3 款规定："不同成员……在对其有出口利益的部门和服务提供方式实现市场准入自由化。"第 16 条（市场准入）第 1 款规定："对于通过第 1 条确认的服务提供方式实现的市场准入，每一成员对任何其他成员的服务和服务提供者给予的待遇，不得低于其在具体承诺减让表中同意和列明的条款、限制和条件……"

关于市场准入的条件问题，一般认为包括经济条件、技术条件、绩效条件、就业条件和经营方式等方面。以经济条件为例，《服务贸易总协定》第 16 条（市场准入）第 2 款第 5 项规定："在作出市场准入承诺的部门，除非在其减让表中另有列明，否则一成员不得在其一地区或在其全部领土内维持或采取按如下定义的措施：……以限制外国股权最高百分比或限制单个或总体外国投资总额的方式限制外国资本的参与。"我国根据不同的分类管理标准规定了外商投资的起点标准和最高限度问题。以技术条件为例，我国对外资的市场准入设立了不得进行污染转嫁或者其他不利于环境与资源保护的前提条件，如 1995 年的《指导外商投资方向暂行规定》第 7 条规定："属于下列情形之一的外商投资项目，列为禁止类外商投资项目：……（二）属于对环境造成污染损害，破坏自然资源或者损害人体健康的；（三）属于占用大量耕地，不利于保护、开发土地资源，或者危害军事设施安全和使用效能的……"以绩效条件为例，如《服务贸易总协定》第 16 条（市场准入）第 2 款第 1 至第 3 项规定："在作出市场准入承诺的部门，除非在其减让表中另有列明，否则一成员不得在其一地区或在其全部领土内维持或采取按如下定义的措施：无论以数量配额、垄断、专营服务提供者的形式，还是以经济需求测试要求的形式，限制服务提供者的数量；以数量配额或经济需求测试要求的形式限制服务交易或资产总值；以配额或经济需求测试要求的形式，限制服务业务总数或以指定数量单位表示的服务产出总量……"以就业条件和经营方式为例,《服务贸易总协定》第16条（市场准人）第2款第4和第5项规定:"……以数量配额或经济需求测试要求的形式,限制特定服务部门或服务提供者可雇用的、提供具体服务所必需且直接有关的自然人总数;限制或要求服务提供者通过特定类型法律实体或合营企业提供服务的措施。"

2. 市场规则

市场规则是保障市场按照预定的轨道运行的"游戏规则",是防止市场失灵的有力措施。与环境保护有关的市场在运行中往往会发生以下两类现象:

（1）规则不完善

市场经济是自由而不是无序的经济,市场秩序依靠完善的市场规则的存在来维持,完善的市场规则是和完善的法律制度建设联系在一起的。① 以与环境保护有关的市场失灵为例,一些国家发展了产权制度,如1992年《生物多样性公约》生效以后,拉美和非洲的一些国家明确了生物物种财产权;基于资源的稀缺性和促进资源的合理和高效配置,澳大利亚、新西兰、印度等国发展了水许可证市场,新西兰实行了可交易捕鱼配额。② 而在我国,无论是环境污染控制市场规则还是自然资源市场规则,虽然得到了一定的发展,但都还相当的不完善,如主要水污染物的排放指标交易市场在美国等市场经济国家已经相当发达,而在我国,仅在上海等地处于试点阶段。

（2）不正当竞争

由于真正的自由市场是不存在的,理想的市场经济在发展中会产生机会主义、盲目主义和短期行为等对自身不利的因素,如果政府不采取措施进行克服,市场本身终究要被这些不利的因素摧毁。③ 因此,市场经济的发展必然受到社会现实的制约,④ 即只有在承认最低限度的社会和政府限制的前提下,市场才具有现实意义。⑤ 而社会和政府限制的基本措施之一是预防和抑制不正当竞争的行为。和环境保护有关的不正当竞争行为分一般不正当竞争

---

① 曲格平:《社会主义市场经济下的环境管理》（上）,载《环境保护》1999年第4期,第11页。

② 曲格平:《社会主义市场经济下的环境管理》（中）,载《环境保护》1999年第5期,第5—6页。

③ 章谦凡:《市场经济的法律调整》,中国法制出版社1998年版,第8页。

④ 王保树主编:《经济法原理》,社会科学文献出版社1999年版,第53页。

⑤ 章谦凡:《市场经济的法律调整》,中国法制出版社1998年版,第7页。

行为、技术性贸易壁垒和绿色壁垒的设立等。①

在一般不正当竞争方面，虽然市场机制的本身是竞争，但由于竞争成本条件和法律对竞争的限制，又往往产生准入性资源获取上的不均等②，即不完全竞争和环境保护市场的垄断问题，垄断会导致市场效力的降低。为此，GATT 1994 第 3 条规定了国内税与国内规章的国民待遇问题，如该条第 4 款规定："一缔约国领土的产品输入到另一缔约国领土时，在关于产品的国内销售、兜售、购买、运输、分配或使用的全部法令、条例和规定方面，所享受的待遇应不低于相同的本国产品所享受的待遇。但本款的规定不应妨碍国内差别运输费用的实施，如果实施这种差别运输费用纯系基于运输工具的经济使用而与产品的国别无关。"

在技术性贸易壁垒方面，《技术性贸易壁垒协议》规定了以下四个方面的内容：一是鼓励采用国际标准，二是技术法规、标准的合格评定程序要坚持透明度原则，三是坚持技术法规、标准的合格评定程序适用的非歧视原则，四是采取磋商的方式解决贸易中出现的技术法规、标准的合格评定程序争端问题。如《技术性贸易壁垒协议》序言宣告："为此要求鼓励制定此类国际标准和评审制度；但要求保证技术法规及标准，包括包装、标志和标签的要求，以及依技术法规、标准评审的程序都不致给国际贸易制造不必要的障碍。"第 2 条（中央政府机构制定、通过并执行的技术法规）规定："参加国应保证技术法规给予从任何参加国进口的产品的待遇，不得低于本国生产或任何其他国家生产的同类产品的待遇。参加国应保证技术法规的制定、通过和执行，目的和效果不应给国际贸易制造不必要的障碍。为此，技术法规不应是限制贸易的，而应是达到合法目的的必要手段，不如此将冒风险……"

在绿色壁垒方面，如 GATT 1994 第 20 条（一般例外）第 2 款规定："本协定的规定不得解释为阻止缔约国采用或实施以下措施，但对情况相同的各国，实施的措施不得构成武断的或不合理的差别待遇，或构成对国际贸易的变相限制：为保障人民、动植物的生命或健康所必需的措施。"《技术性贸易壁垒协议》序言宣告："认识到不应妨碍任何国家采取必要措施……保护人、动物及植物、生命与健康和环境，或防止欺骗行为等，只要这些措

---

① 技术性贸易壁垒和绿色壁垒问题既可以纳入市场规则的范畴，也可以纳入市场准入条件的范畴，为了论述的方便，本节把它们放在市场规则部分进行研究。

② 魏杰：《市场经济前沿问题》，中国发展出版社 2001 年版，第 89 页。

施不致成为情况相同的国家之间进行任意或无理的歧视或变相限制国际贸易的手段。"

（二）解决环境信息权的充分保障问题

如前所述，市场经济由于具有盲目性和自利性，在运行中不可避免地存在环保和与环保有关的市场信息不能均等获取的问题，① 不能解决环保和与环保有关的市场信息混乱和信息不充分的问题。② 信息不充分必然导致环境保护市场发育不完善，难以保障债权人、第三人和股东的利益，③ 使环境保护公众参与权和监督权难以充分地实现。④ 为此，一些国际协议作了对策性的规定，规定政府规范下的市场必须及时向市场主体平等地提供信息，实行信息的对称性，⑤ 使他们各自能作出符合自身利益的理性判断。⑥ 在与国际贸易有关的环境信息领域，如《技术性贸易壁垒协议》第 10 条规定了有关技术法规、标准及评审程序的信息问题。在专门的国际环境保护信息领域，如 1990 年欧洲共同体理事会通过了获取环境信息的 90/313 号指令，该指令规定了环境信息的范围、可以获取的信息范围和获取的途径、方法及相关的费用等，⑦ 从而使环境信息权在欧洲成为一项包括政策与法律信息、行政管理体制信息、环境状况信息、环境科学信息和环境生活信息在内的法定权利。⑧ 1992 年的《里约与环境发展宣言》原则 10 强调："在国家一级，每一个人都应能适当地获得公共当局所持有的关于环境的资料。"在危险化学品污染防治和其他国际环境保护领域，一些国际条约规定了信息交流和通报的机制。如 1989 年《控制危险废物越境转移及其处置巴塞尔公约》第 4 条（一般义务）第 2 款第 5 项规定："各缔约国应采取措施：……规定向有关国家提供……关于拟议的危险废物和其他废物越境转移的资料，详细说明拟议的转移对人类健康和环境的影响……"

---

① 魏杰：《市场经济前沿问题》，中国发展出版社 2001 年版，第 84 页。

② 王保树主编：《经济法原理》，社会科学文献出版社 1999 年版，第 53 页。

③ Allan Greenbaum, Alex Wellington and Ron Pushchak, *Environmental Law in Social Context*, Captus Press, Ontario, 2002, p. 240.

④ 蔡守秋：《国外加强环境法实施和执法能力建设的努力》，载《2002 年环境法学会高级研讨会论文集》。

⑤ 魏杰：《市场经济前沿问题》，中国发展出版社 2001 年版，第 93 页。

⑥ 章谦凡：《市场经济的法律调整》，中国法制出版社 1998 年版，第 7 页。

⑦ Ludwig Krämer, *E. C. Environmental Law*, Fourth Edition, Sweet & Maxwell, London, 2000, p. 126.

⑧ Jan H. Jans, *European Environmental Law*, European Law Publishing, Groningen, 2000, p. 332.

　　环境信息权保障的规则要求必然体现在国内的环境法律法规之中，为此，一些国家的环境基本法对环境信息权的保障作了原则性的规定，如2002年的《俄罗斯联邦环境保护法》第3条第19项规定："遵守每个人都有获得可靠的环境状况信息的权利，以及公民依法参与有关其享受良好环境权利的决策的权利。"在环境基本法的指引下，一些国家结合本国的国情对环境信息权的保障进行了专门的或附带性的立法。如德国1994年颁布了《环境信息法》，① 该法第1条规定："制定本法的目的是确保自由获取并传播由主管部门掌握的环境信息，规定获取环境信息的先决条件。"其后，该法规定了环境信息的应用范围、环境信息的定义、环境信息权的宣告、环境信息获取申请和审批、环境信息的代表申请、环境信息权的限制、管理体制、环境信息权的经费保障、环境信息的公开报导等方面的内容。1998年的《法国环境法典》把环境信息的保障纳入第二编"信息和民众参与"之中，并专门在第4章规定了除公众审议、环境评估和公众调查之外的其他获取环境信息的渠道。借鉴国外成熟的经验，笔者认为，在社会主义市场经济条件下，要履行或响应国际协议关于环境信息权保障的要求或呼吁，在目前和今后的一段时间内，我国应做好以下四个方面的具体工作：

　　一是要发挥民间中介机构和政府在信息的收集和沟通方面的桥梁作用。就环境信息权的保障来看，强调政府在环境信息的收集、传播和指导作用仍然是世界各国环境信息立法的共同点。如设在荷兰的欧洲环境局是欧洲共同体的一个信息收集和咨询机构，负责收集成员国的环境状况信息，为共同体的决策提供依据。② 环境共同体发布了一系列保障公众环境知情权的指令（如90/313EEC），明确了环境信息权的保证范围、保证途径和保证程序，要求政府自己收集并公开或要求企业公开有关的环境信息。③ 在希腊，整合后的环境、土地使用规划和公共工程部，其一个重要的职责是在国内和国际上协调、收集和分发环境信息。④ 2002年的《俄罗斯联邦环境保护法》第5条要求俄罗斯联邦国家权力机关编制和发布国家环境状况和环境保护年度报告，保证向居民提供可靠的环境状况信息；第12条要求俄罗斯联邦国家权力机关、俄罗斯联邦各主体国家权力机关、地方自治机关、其他组织和公职

---

① 该法于2001年8月23日被修正。

② 高家伟：《欧洲环境法》，工商出版社2000年版，第20页。

③ 同上书，第38页。

④ Ioannis Karakostas and Ioannis Vassilopoulos, *Environmental Law in Greece*, Kluwer Law International Ltd, Netherlands, 1999, p. 26.

人员向从事环境保护活动的社会团体和其他非商业性团体提供关于环境状况、环境保护措施，以及对环境和公民的生命、健康、财产造成威胁的经济活动和其他活动的情况和事实的及时、充分而可靠的信息。与这些国家形成鲜明对比的是，我国的环境立法对环境信息权的保障既不全面，也不充分，如2002年的《环境影响评价法》第6条对与环境影响有关的信息共享和数据库建立问题仅作了原则性的规定，该条规定："国家加强环境影响评价的基础数据库和评价指标体系建设，鼓励和支持对环境影响评价的方法、技术规范进行科学研究，建立必要的环境影响评价信息共享制度，提高环境影响评价的科学性。国务院环境保护行政主管部门应当会同国务院有关部门，组织建立和完善环境影响评价的基础数据库和评价指标体系。"但是对于环境影响评价信息的范围、收集程序和传播渠道等问题有待今后来完善。

二是要建立企业的环境信息报告制度。企业是影响环境的重大"贡献"者，因此政府和公众全面、真实地了解其与环境保护有关的信息是非常必要的。基于此，一些国家对企业的环境信息报告或公布义务作出了专门或附带性的立法，如美国在《超级基金法》、《有毒物质控制法》等法律中规定了企业的环境信息报告制度。1987年美国联邦环境保护局开始要求中等以上公司报告有毒物品的年排放量。[1] 加勒比海地区的一些国家规定，沿海企业必须保持有关污染排放、处理和生产记录，并按照规定向主管机关报告。[2] 目前，我国的许多单行环境法律法规大都规定了企业的环境信息报告制度，如1996年修正的《中华人民共和国矿产资源法》第21条规定："关闭矿山，必须提出矿山闭坑报告及有关采掘工程、不安全隐患、土地复垦利用、环境保护的资料，并按照国家规定报请审查批准。"但是从目前的立法规定来看，报告的对象是政府而不是企业的股东、债权人、消费者和公众。因此，除了环境污染事故应急信息之外，公众往往难以获知其他被报告的信息。

三是建立申报登记、标志制度，我国在这方面的制度已经比较完善，如排污申报登记制度，环境保护设施运行变更申报登记制度等。但要使制度适应开放性市场经济的需要，还需进一步的发展。

---

① 曲格平：《社会主义市场经济下的环境管理》（中），载《环境保护》1999年第5期，第6页。

② Winston Anderson, *The Law of Caribbean Marine Pollution*, Kluwer Law International, London, 1997, pp. 276—277.

四是建立公众环境信息的查询和获取制度。在信息时代，环境信息的书面查阅方式不可或缺，但由于市场经济强调效率，因此强调电子化的信息查阅方式更为重要。如1996年的美国《电子化信息公开法》要求各级行政机关采用电子化的信息公开方式，欧洲联盟也有类似的规定。① 我国的江苏省在实行企业环境信息公开的基础上，正在进行乡镇政府及服务行业环境信息公开的试点工作。② 不过对于政府来说，虽然实施了政府上网工程，一些环境信息也得到公开，但是对于具体的环境审批事项和一些涉及地方政治与经济利益的事项很难在互联网上觅获。另外，公众环境信息的获知渠道和程序也有待法制化。

值得说明的是，2007年的《政府信息公开条例》和《环境保护信息公开办法（试行）》对我国环境信息的公开都有一定的规定，但是它们一般倾向于公开政府所收集的环境信息，对于社会性的主体，如NGO和企业，在环境信息收集和公开、企业的环境信息与公开方面的规定很不充分，需要发展。

（三）解决环境产权和环保公共物品的缺陷问题

环境产权制度是环境法律制度的基础性制度，它决定其他制度的构建和实施，是指环境法关于环境因素和自然资源归谁所有、使用、如何流转以及由此产生的法律后果由谁承担等一系列相对完整的实施规则系统。在我国，环境产权制度包括自然资源产权制度、建立在自然资源基础之上的环境容量产权制度、环境美感及舒适性环境功能的产权制度。自然资源产权制度是指自然资源归谁所有、使用、如何流转以及由此产生的法律后果由谁承担等一系列相对完整的实施规则系统，如矿藏的所有权、探矿权、开采权，农民自留地的树木所有权等。环境容量产权制度，是指环境的污染与破坏容量归谁所有、使用、如何流转以及由此产生的法律后果由谁承担等一系列相对完整的实施规则系统，如排污权、污染物排放总量控制指标的市场化转让权等。环境美感及舒适性环境功能的产权制度，是指森林、风景名胜区、自然保护区、疗养区、森林公园、自然遗迹和人文遗迹等区域具有特殊美感和舒适性的环境功能（这些生态功能不是通过实物形态为人类服务，而是以脱离其

---

① 蔡守秋：《国外加强环境法实施和执法能力建设的努力》，载《2002年环境法学会高级研讨会论文集》。

② 《中国环境报》，2003年2月17日第1版。

实物载体的一种相对独立的功能形式存在)① 归谁所有、使用、如何流转以及由此产生的法律后果由谁承担等一系列相对完整的实施规则系统,如风景名胜区的有偿参观或享受制度,风景名胜区经营权的有偿转让制度,疗养区的有偿使用制度等。由于环境美感及舒适性环境功能具有一定的溢出性,在该区域外的人有时也可获得一定的美感或舒适感,有时也可以为他们带来一定的经济利益,如公园树木能够净化空气致使周围居民楼盘价格上涨,自然保护区的花香溢出使保护区外的人无须购票就可以享受等,但是,依法享有对环境美感及舒适性环境功能的所有权和使用权的人能够得到比其他“搭便车”享受或使用优美环境的人更大份额的美感。

　　传统的观点认为,环境是取之不竭、用之不尽、随处可见的公用无主物或公共产品,因此,一些传统经济学供求关系观点认为环境是无价或微价的。② 体现在法律上,环境损害一般仅指损害行为给国家、单位和个人带来的财产损失与人身伤害,而不计环境自身的损害。③ 随着环境污染和生态破坏的区域化、全球化,安全、适宜、能给人带来美好感受的环境不再是取之不竭、用之不尽、随处可见的东西,它已变成稀缺的资源。稀缺会改变环境的供求关系和有关商品生产的机会成本,求大于供会使环境的价值增值,变得宝贵。④ 宝贵就产生价值的问题。目前,环境的有价性已成为政府、企业和学者的共识,如1993年欧洲理事会公布的《有关环境危害活动造成损害民事责任的欧洲公约》第2条第7款规定环境损害包括:①死亡或者人身伤害;②财产损害;③因环境破坏造成的前面两种情形之外的损失或者损害。⑤ 有价值必然导致环境产权制度的法律确立问题。如不完善环境产权制度,会导致企业的营利行为所产生的负面环境结果让国家、社会和无辜的个人承担(比如发电厂周围的居民发现他们洗衣粉的耗量因为工厂烟囱的排烟而增加)的现象广泛发生,这是违背经济学理论和环境法的正义和公平原则的。而要扭转环境恶化的过程,“首先,环境的成本必须要由引入生产过程所需求的变革来偿还”,⑥ 因此有必要明确环境的产权,完善环境的价

---

① 常纪文:《环境法律责任原理研究》,湖南人民出版社2001年版,第2—3页。

② 张帆:《环境与自然资源经济学》,上海人民出版社1998年版,第5页。

③ 比如1991年的《德国环境责任法》就把生态损害以及所谓的“环境权”排除在外。

④ 张帆:《环境与自然资源经济学》,上海人民出版社1998年版,第6页。

⑤ 高家伟:《欧洲环境法》,工商出版社2000年版,第154—155页。

⑥ 巴里·康芒纳著,侯文蕙译:《封闭的循环》,吉林人民出版社1997年版,第214页。

值核算体系（如竞标或者经济评估的价值核算体系①）和公共环境产权的管制制度,② 克服共有地的悲剧,③ 使企业造成的环境外部不经济性内部化,让生产者和消费者进入生产和消费的决策之中。如果产生环境污染和生态破坏的企业不愿意承担外部性内在化的成本,政府有必要介入这类市场机制无法解决的问题。介入的手段包括法律确认、直接管制和经济刺激三种,如2002 年上半年,浙江嘉兴秀洲出台了《秀洲区水污染排放总量控制排污权有偿使用管理办法》,确认了排污权的产权,在此基础上建立了排污权初始分配的有偿使用制度。④

我国正处于市场经济转轨初期,市场不发达,以市场为依托的环境产权制度也不完善。因此,必须建立主体多元化、客体多样化的环境产权制度,最大限度地发挥环境的经济作用和生态功效。2007 年公布的《物权法》是我国一部重要的财产性法律,本应对环境产权作出充分的规定,但由于缺乏得到公认的环境容量与容量经济价值核算方法,最终出来的版本,只对矿产、土地、水流、树木、野生动物等自然资源的所有权作出了界定,对环境容量的产权连宣示性的规定都没有,基本没有与《环境保护法》所规定的环境责任制度衔接,不能不说是一个遗憾。

（四）解决市场主体和公众的民主参与问题

市场主体是纳税人,是国家的建设者,因此,在限制和剥夺他们环境私权和其他环境权利的时候,应尽可能地充分保证他们的环境知情权和参与权。如1999 年原国家环境保护总局颁发的《环境保护行政处罚办法》在第3 章设立了"听证程序"一节,该节的第32 条规定:"依照环境法律、法规、规章作出责令停止生产或使用、吊销许可证或者较大数额罚款等重大行政处罚决定之前,应当适用本节规定的听证程序。"第37 条第1 款规定:"听证由当事人、调查人员、证人以及与本案处理结果有直接利害关系的第三人参加。"

在公众的环境保护参与方面,1972 年的《斯德哥尔摩人类环境宣言》原则7 指出:"为实现这一环境目标,将要求公民和团体以及企业和各级机

---

① 王凤春:《美国联邦自然资源管理与市场手段的应用》,载《中国人口、资源与环境》1999年第 2 期,第 96 页。

② 徐华飞:《我国水资源产权与配置中的制度创新》,载《中国人口、资源与环境》2001 年第2 期,第 45 页。

③ 汪劲:《环境法律的理念与价值追求》,法律出版社 2000 年版,第 168—172 页。

④ 黄裕侃:《嘉兴秀洲有偿使用排污权》,载《中国环境报》2002 年 10 月 23 日第 1 版。

关承担责任，大家平等地从事努力的工作。"信念 19 指出："为了更广泛地扩大个人、企业和基层社会在保护和改善人类各种环境方面提出开明舆论和采取负责行为的基础，必须……"1992 年的《里约宣言》再对传统的环境权理论进行了重大的突破，如原则 10 规定了公众参与和知情权的原则，明确提出了"环境问题最好是在全体有关市民的参与下，在有关级别上加以处理，在国家一级，每一个人都应适当地获得公共当局所有的关于环境的资料，及包括关于在其社区内的危险物质和活动的资料，并有机会参与各项决策进程。各国应通过广泛提供资料来便利及鼓励公众的认识和参与；应让人人都能有效地使用司法和行政程序，包括补偿和救济的程序。"国际环境保护的公众参与权宣告需要国内立法进行制度化的措施。国内立法首先需要在宪法中进行政策宣告，如我国《宪法》第 2 条规定："中华人民共和国的一切权力属于人民……人民依照法律规定，通过各种途径和形式，管理国家事务，管理经济和文化事务，管理社会事务。"显然公众参与属于管理国家事务、经济、文化和社会事务的范围。在宪法规定的指引下，需要在环境基本法中对环境保护参与权进行原则性的规定。如 2002 年的《俄罗斯联邦环境保护法》第 3 条第 19 项规定："遵守……公民依法参与有关其享受良好环境权利的决策的权利。"在此基础上，各国还应结合自己的政治和法律传统发展公众参与的渠道、方式、资金保障和法律救济等规定，如 2002 年的《俄罗斯联邦环境保护法》第 13 条（保障良好环境权的国家措施体系）规定："俄罗斯联邦国家权力机关、俄罗斯联邦各主体国家权力机关、地方自治机关和公职人员，必须帮助公民、社会团体和其他非商业性团体实现其在环境保护领域的权利。在对其经济活动和其他活动可能损害环境的项目布局时，布局决定必须考虑居民的意见或公决的结果。"

我国的《环境影响评价法》等相关的法律对环境影响评价中的公众参与问题进行了不同程度的规定，如《环境影响评价法》第 11 条规定："专项规划的编制机关对可能造成不良环境影响并直接涉及公众环境权益的规划，应当在该规划草案报送审批前，举行论证会、听证会，或者采取其他形式，征求有关单位、专家和公众对环境影响报告书草案的意见。但是，国家规定需要保密的情形除外。编制机关应当认真考虑有关单位、专家和公众对环境影响报告书草案的意见，并应当在报送审查的环境影响报告书中附具对意见采纳或者不采纳的说明。"第 21 条规定："除国家规定需要保密的情形外，对环境可能造成重大影响、应当编制环境影响报告书的建设项目，建设单位应当在报批建设项目环境影响报告书前，举行论证会、听证会，或者采

取其他形式，征求有关单位、专家和公众的意见。建设单位报批的环境影响
报告书应当附具对有关单位、专家和公众的意见采纳或者不采纳的说明。"
但是参与环境影响评价活动的公众范围的确定、征求意见者应征求哪些意
见、征求意见者不征求反对意见应受到何种处分、意见的法律地位究竟如
何①等方面的立法规定都有待加强。② 为此，2006 年原国家环境保护总局颁
布《环境影响评价公众参与暂行办法》，基本解决了这个问题。由于公众参
与环境保护的领域不仅限于环境影响评价，还包括监督其他私法主体的市场
行为，监督政府的行政行为，参与公益性环境保护活动，组织或参加有关环
境保护社会团体，参与立法和政策的制定等。因此，我国环境保护公众参与
制度的发展任重道远。

（五）解决不适当的政府干预问题或政府干预失灵问题

市场失灵的存在是政府进行市场干预的逻辑起点，政府干预市场并不意
味着政府主宰市场，而是要求政府在研究市场行为、研究市场规律的基础上
能够解决市场失灵所导致的消极影响，③ 能够促进市场经济的健康发展。政
府对市场和市场化的环境保护工作进行不适当的干预，就出现侵犯环境私
益，降低干预行为的政治支持率，④ 出现干预缺位、错位、越位或不到位的
现象。虽然市场具有一定的盲目性，但市场同时具有一定的自发性和自我调
节能力。因此和市场失灵相比，政府监管虽然具有一定的自我纠正和调解能
力，但由于政治立场（如追求短期的政治绩效）和既得利益（如基于职权
而得的非正常收入）的限制，政府失灵所产生的问题更加严重，解决起来
更加困难。⑤

此外，环境法律制度的发展还要解决以下两个方面的问题，一是转变行
政执法方式，如欧盟第五个环境行动计划明确要求各国将禁止性手段即共同

---

① 如在韩国，居民在一定的情况下具有决定建设事项的投票权。以猬岛放射性废物处置场建
设计划为例，由于全北扶安郡的许多居民一直反对，韩国政府被迫于 2003 年 10 月作出决定居民投
票的决定。参见"政府将重新检讨放射性废物处置场建设计划"，载《朝鲜日报》2003 年 12 月 10
日中文版。

② 王凤春：《完善建设项目环境影响评价制度　强化环境影响评价的权威性》，载《中国环境
报》2002 年 12 月 14 日第 3 版。

③ Allan Greenbaum, Alex Wellington and Ron Pushchak, *Environmental Law in Social Context*, Captus Press, Ontario, 2002, p. 232.

④ Ibid., p. 234.

⑤ 曲格平：《社会主义市场经济下的环境管理》（上），载《环境保护》1999 年第 4 期，第 11
页。

体立法命令采取的特定行为转向市场手段，即着眼于经济刺激、行政指导和自愿性的行政协议，① 鼓励有利于环境的行为选择② （这将在本书的"实例分析"中的环境保护契约行政部分进行论述），二是解决法律法规、政策、决策的环境外部性问题，这需要发展立法的环境影响评价制度和综合决策制度。③

第二节　我国环境法律制度发展的原则与模式

一、我国环境法律制度发展的原则

我国环境法律制度发展的原则是指对我国环境法律制度发展工作起指导作用的基本准则。一般来讲，环境法律制度的发展应遵守市场调节、宏观调控和行政管理相协调原则，权益的平衡、协调与制约原则，环境有效与经济可行原则，实施可行与成本可接受原则和外接内设原则。

（一）市场调节、宏观调控和行政管理相协调原则

宏观调控、行政管理与市场调节相协调原则是指国家宏观调控法律制度、行政管理法律制度和市场的自我调节机制在手段和作用方面能够相互协调、相互衔接，实现经济效益、环境效益和政府效率三者的最优化。

环境保护领域存在一定的私法领域供求关系和一些可以转化为私法领域供求关系的公法法律关系，对于这些不涉及政治与意识形态的法律关系，为了促进其自我健康发展，保证资源配置的高效率，减少政府管理的成本和资源浪费，防止政府腐败和利益扭曲，④ 应尽量压缩政府干预的范围和程度，把它们纳入市场调节的范围或融入市场调节的机制，发挥市场机制的作用。⑤ 只有发展环境保护领域的市场调节机制，才能发挥各方面的积极性，多渠道地筹集环境保护资金，提高环境保护产业的经济效益，改善环境保护

---

① Kurt Deketelaere and Michael Faure, *Environmental Law in the United Kingdom and Belgium from a Comparative Perspective*, Intersebtia Uitgevers Antwerpen, Groningen, 1999, p. 42.

② 高家伟：《欧洲环境法》，工商出版社 2000 年版，第 95 页。

③ 张越："论环境与发展综合决策制度的建立和完善"，载《中国环境管理》2000 年第 4 期，第 10 页。

④ 魏杰：《市场经济前沿问题》，中国发展出版社 2001 年版，第 47—49 页。

⑤ 原国家环境保护总局科技标准司、中国环境科学学会编：《市场经济与环境保护》，中国环境科学出版社 2000 年版，第 8 页。

的效果。①

由于市场本身存在自发性、盲目性及无法解决环境污染与生态破坏等问题的外部不经济性的缺点，难以长期保持动态的供求平衡，无法维护社会的分配与竞争公平，难以维护环境安全，② 难以实现环境法律关系领域的正义价值目标，③ 无法促进包括保护环境、改善社区福利设施、建设城镇与农村基础设施、发展国民教育在内的社会公共利益，无法以促进社会稳定的角度来促进就业。因此，在市场经济时代，环境保护在需要市场机制的同时，也迫切需要国家进行适当和合理的干预。④

环境保护的监督管理是现代国家管理的一个独立组成部分，⑤ 国家干预环境保护属于环境保护的监督管理范畴，其手段主要包括采取宏观调控和具体的行政管理措施两类。环境保护的宏观调控也称宏观管理，是指国家采取措施对环境保护领域的一些重要供求关系和结构关系采取一定的限制或促进措施的过程。⑥ 宏观调控的主体既可以是国家权力机关，如全国人大享有环境保护的预算与决算权，享有环境法律制度制定权；也可以是政府机关，如原国家计划与发展行政主管部门享有一定的环境保护投资计划权，原国家经济贸易委员会享有一定的落后设备与工艺淘汰决定权和国家产业结构调整权。⑦ 宏观经济管理与市场机制相互依存、相得益彰，⑧ 它的调整对象既可以是环境保护领域的社会法和公法法律关系，如全国大气、水污染排放总量控制指标的确定、国家对环境保护的预算、国家制定的林木砍伐总限额、国家颁布的全面禁止天然林砍伐命令等，也可以涉及市场运行领域所发生的法律关系。值得注意的是，宏观调控不是针对私法自治的领域，而是私人力量所不能及或不能解决的重要领域，⑨ 而且往往是容易造成市场失灵和外部环

---

① 如排污权初始分配的收益拍卖与政府回购补贴制度就是一个典型的例子。参见［美］泰坦伯格著，崔卫国、范红延译《排污权交易》，三联书店 1992 年版，第 110 页。

② ［美］波内特主编：《环境保护的公共政策》，三联书店 1993 年版，第 166 页。

③ 如惩罚环境犯罪。

④ 曲格平：《社会主义市场经济下的环境管理》（上），载《环境保护》1999 年第 4 期，第 11 页。

⑤ 马骧聪：《环境保护法基本问题》，中国社会科学出版社 1983 年版，第 67 页。

⑥ 黄范章：《外国市场经济的理论分析与实践》，商务印书馆 1998 年版，第 24—28 页。

⑦ 如美国联邦环境保护局享有制定全国性排污权交易计划的职权。参见泰坦伯格著《排污权交易》，三联书店 1993 年版，第 128—132 页。

⑧ 王保树主编：《经济法原理》，社会科学文献出版社 1999 年版，第 309 页。

⑨ 同上书，第 310—311 页。

境不经济性不断增长的领域。由于宏观调控具有调整领域的有限性和重要性、调整手段的宏观性、监督管理的非经常性等特点，因而需要在市场机制和宏观调控手段之外创设一个可以对涉及环境保护公共利益的行为进行日常管理和监督的机制，这就是环境行政管理制度的创设，实行环境行政监督管理的法制化。[①]

值得注意的是，无论是计划经济社会还是市场经济社会，市场始终是存在的，不同的是，计划经济社会里，全方位的计划和严格的行政监管过度地限制了市场的活力，在市场经济条件下，政府改变了其领导和执政方式，放松了对市场的计划与行政管理限制，于是市场在社会主义条件下具有发挥前所未有作用的潜力。如果国家制定的行政管理和宏观调控法律制度失灵，那么不仅市场发挥不了应有的环境保护作用，更重要的是，市场本身的自由放任缺陷也可能给环境保护工作带来巨大的危害，因此在环境法律制度的发展过程中强调市场调节、宏观调控和行政管理相互协调，其意义是不言而喻的。[②]

（二）权益的平衡、协调与制约原则

一个文明的法治社会应该是权力与权力、权力与权利、权利与权利相互平衡、协调和制约的社会。体现在环境法律制度的发展领域，不仅要平衡和制约不同的环境公权，利用环境公权对其他公权进行合理的限制，还要相互平衡和制约环境公权与环境私权，保证环境私法权益之间和环境私法权益与其他私法权益之间的平衡和制约。

1. 环境公权与环境公权的平衡、制约和协调原则

缺乏强有力的监督和制约，高度的公权集中将导致高度的腐败。强调环境公权之间的监督与制约即平衡、协调与制约可以防止环境公权过分集中于某一或某些部门，进而提高环境行政监管的效率，一定程度地预防和遏制官僚主义甚至腐败现象的发生和蔓延。如为了防止环境保护行政主管机关滥用职权，为自己或自己的工作人员谋私利，我国 2002 年修正的《水法》规定了水行政主管部门对环境保护行政主管部门进行监督和制约的机制。以流域水污染物排放总量控制指标核定权限的限制为例，该法第 32 条第 3 至第 4 款规定："县级以上人民政府水行政主管部门或者流域管理机构应当按照水

---

① 原国家环境保护总局科技标准司、中国环境科学学会编：《市场经济与环境保护》，中国环境科学出版社 2000 年版，第 102 页。

② 黄范章：《外国市场经济的理论分析与实践》，商务印书馆 1998 年版，第 65—70 页。

功能区对水质的要求和水体的净化能力，核定该水域的纳污能力，向环境保护行政主管部门提出该水域的限制排污总量意见。县级以上人民政府水行政主管部门和流域管理机构应当对水功能区的水质状况进行监测，发现重点污染物排放总量超过控制指标的，或者水功能区的水质未达到水域使用功能对水质的要求的，应当及时报告人民政府以采取治理措施，并向环境保护行政主管部门通报。"以新建、改建或者扩建排污口的审批权限限制为例，该法第 34 条规定："在江河、湖泊新建、改建或者扩大排污口，应当经过有管辖权的水行政主管部门或者流域管理机构同意，由环境保护行政主管部门负责对该建设项目环境影响评价项目的环境影响报告书进行审批。"再如，为了使不同部门的海洋环境保护公权相互平衡、协调和制约，我国《海洋环境保护法》第 8 条规定："跨区域的海洋环境保护工作，由有关沿海地方人民政府协商解决，或者由上级人民政府协调解决。"第 30 条第 2 款规定："环境保护行政主管部门在批准设置入海排污口之前，必须征求海洋、海事、渔业行政主管部门和军队环境保护部门的意见。"

值得注意的是，虽然权力的相互平衡、协调和制约以多部门相关环境行政职权的设立为前提，但是如果环境行政权力过于分散，过于分散的环境行政权力如要相互平衡、协调和制约，可能导致环境行政监管成本过高和相互扯皮的现象发生。因此强调环境行政权力的统一监督管理或统一协调、指导和监督是非常必要的。实践证明，我国目前的统一监督管理和统一监督、指导和协调之下的有关主管部门分工负责的环境行政管理体制是符合我国的环境保护实践的。

2. 环境公权对其他公权的合理制约原则

之所以强调环境公权对其他公权的合理制约，其目的主要是为了防止其他公权不合理的行使给环境造成不应有的污染和破坏。以环境保护行政对建设行政、规划行政的权力制约为例，我国的环境立法在限制建设和规划行政主管部门的企业新建、改建和扩建审批权和区域发展规划职权的不正当行使方面，发展了环境影响评价制度。如 2002 年的《环境影响评价法》第 1 条规定："为了……预防因规划和建设项目实施后对环境造成不良影响，促进经济、社会和环境的协调发展，制定本法。"在对规划权的限制方面，该法第 7 条规定："国务院有关部门、设区的市级以上地方人民政府及其有关部门，对其组织编制的土地利用的有关规划，区域、流域、海域的建设、开发利用规划，应当在规划编制过程中组织进行环境影响评价，编写该规划有关环境影响的篇章或者说明。规划有关环境影响的篇章或者说明，应当对规划实施后可能造成的环境影响作出分析、预测和评估，提出预防或者减轻不良环境影响的对策和措施，作为规划草案的组成部分一并报送规划审批机关。未编写有关环境影响的篇章或者说明的规划草案，审批机关不予审批。"第8条对工业、农业、畜牧业、林业、能源、水利、交通、城市建设、旅游、自然资源开发的专项规划也规定了环境影响评价及其报送制度。在一些国家，环境影响评价的公权对其他类型的公权限制更加广泛，如美国《国家环境政策法》第1篇第2节第2条第1至第2款规定："联邦政府的一切官署应在作出可能对人类环境产生影响的规划和决定时，采用一种能够确保综合利用自然科学和社会科学以及环境设计工艺的系统的多学科的方法；与根据本法第2节的规定而设立的环境质量委员会进行磋商，确定并发展各种方法和程序，确保当前尚不符合要求的环境舒适和环境价值在作出决定时与经济和技术问题一并得到适当的考虑。"该条第3款规定："在对人类环境质量具有重大影响的每一项建议或立法建议报告和其他重大联邦行动中，均应由负责官员提供一份包括下列各项内容的详细说明：拟议中的行动将会对环境产生的影响；如将建议付诸实施，不可避免地将会出现的任何不利于环境的影响；拟议中的行动的各种选择方案；地方上对人类环境的短期使用和维持和加强长期生产能力之间的关系；和拟议中的行动如付诸实施，将要造成的无法改变和无法恢复的资源损失。"可见，美国环境影响评价制度的适用对象不仅包括建设项目，还包括政府行动和规划，因而其评价的程序也呈现多样化的特点。与美国相比，我国的环境影响评价公权对其他公权的限制，无论是范围还是程度，均有待加强。

值得注意的是，环境影响评价公权的设立仅能在源头上制约建设和规划公权的行使，但不能进行事后的监督和权力制约。因此有必要发展环境跟踪评价制度和环境影响后评价制度。我国在这方面已经有了相关的立法，如2002年的《环境影响评价法》第15条规定："对环境有重大影响的规划实施后，编制机关应当及时组织环境影响的跟踪评价，并将评价结果报告审批机关；发现有明显不良环境影响的，应当及时提出改进措施。"第27条规定："在项目建设、运行过程中产生不符合经审批的环境影响评价文件的情形的，建设单位应当组织环境影响的后评价，采取改进措施，并报原环境影响评价文件审批部门和建设项目审批部门备案；原环境影响评价文件审批部门也可以责成建设单位进行环境影响的后评价，采取改进措施。"

3. 环境私法权益和其他私法权益的平衡、制约与协调保护原则

所谓私法权益，是指受侵害或危害后，其主体可以根据法律的规定提起

司法诉讼的被私法明确规定了的权利和利益。环境私法权益，可以是看得见、摸得着的，也可以是视觉美感权、静稳权、精神享受权等非实质性的权利。① 环境私法权益与其他私法权益在同一地域往往是同时存在和相互影响的，如房屋建设权的行使可能涉及他人采光权的享受，生产经营权的行使可能涉及他人静稳权和清洁空气享受权的享受。对于两类可能相互冲突的私法权益的保护原则问题，1904 年，美国田纳西州最高法院在"麦迪生诉鸭镇硫磺铜铁公司"一案中指出，当私法权益发生冲突时，任何一方享受自己权益的同时，不可能不限制双方享受财产的权利；法律必须为冲突的双方权益创造最佳的协调或限制方式，以保护双方最大的自由和利益。② 笔者认为，最佳的协调或限制方式是法律创设找到的一个平衡点，即公民在容忍一定环境干扰或承担环境风险的同时其环境私法权益可以得到一定标准的保护，其他私法权益的行使要尽量减少环境干扰或风险（如建筑物不得降低其他私法主体所有或居住的房屋的采光能力，企业采取措施减弱噪声的干扰等）。据此，一些国家确立和不断完善了环境私法权益和其他私法权益的平衡、制约与协调保护原则，如德国的法律规定，基本的环境私法权利具有独立的宪法价值；可以构成对其他基本私法权利的限制，限制必须是合理的，即要在基本环境私法权利、其他基本私法权利和宪法价值取向之间进行权衡。③

对于侵害环境私法权益尤其是非实质性环境私法权益的其他私法行为，一些国家都本着权利的平衡、制约与协调保护原则，本着减少行政执行成本以及减少救济途径的空白的目的，④ 规定了比较完善的私益诉讼制度。如美国现行的《清洁空气法》第 304 条（或称美国法典第 7604 条）第 a 款规定：任何人都可以以自己的名义对包括公司和个人在内的私法主体就该法规定的事项提出诉讼。原告仅需主张自己的权益（该项权利为国会制定的法律所保护）受到直接或间接的影响，即他或她有权使用或享受某些自然资源或其生计依赖于这些自然资源，便可确立起诉权。因此，即使原告不是某一污染行为的直接受害人，但也可以"保护公众利益"为由向排污者起

---

① 常纪文：《环境法律责任原理研究》，湖南人民出版社 2001 年版，第 238 页。

② 章谦凡：《市场经济的法律调整》，中国法制出版社 1998 年版，第 239 页。

③ 高家伟：《欧洲环境法》，工商出版社 2000 年版，第 126 页。

④ Allan Greenbaum, Alex Wellington and Ron Pushchak, *Environmental Law in Social Context*, Captus Press, Ontario, 2002, p.239.

诉。① 此外,美国联邦的一些州(比如密执安、印第安纳、马萨诸塞、明尼苏达等州)的环境法规大都规定了"公民诉讼"条款,比如现行的《密执安州环境保护法》第 2 条确认任何人都有向法院提起保护环境的诉权。为了保障这种权利的行使,该法还对经济困难的原告规定了诉讼费用的减免制度。不少州甚至以"环境权"判例法或专门的立法承认公民保护公共环境权益的环境诉讼权。② 在芬兰有关土地使用和开采的环境公益诉讼中,在某一市镇拥有土地的居民均可根据市镇法的有关规定对违法行为提起诉讼,无须注明直接的利害关系。③

值得注意的是,环境保护是一个敏感的问题,对于所有的国家来说,发展是立足于世界之林的唯一办法。一旦经济衰退,环境保护在政治家的眼里就没有多少位置。④ 因此,要使环境得到高质量的保护,要么停止发展,要么实现可持续的经济发展,前者无论对发展中国家还是对发达国家来说都难以接受,而要实现可持续的经济发展对经济实力和科技发展提出了相当高的要求。在经济和科技发展落后的情况下,发展中国家要实行经济快速赶超的目标,由于难以承受高昂的环境保护代价,因此难免会给环境造成严重的损害。⑤ 损害环境必然损害环境私益。因此,环境私益与其他私法权益的平衡和协调保护点就偏向了其他私法权益一方。在经济发达的国家,和发展中国家相比,平衡点则偏向环境私益。一般来说,偏向的程度和一个国家的政治传统、民主化改革及经济、科技发展的程度有关。对于我国来说,发展环境法律制度,也面临平衡点的选择。

4. 环境公权与环境私权相互合理限制或制约原则

(1)环境公权对环境私权的合理限制

之所以对环境私权进行合理的公法制约,即用公权来干预私权的行使,是为了协调和平衡个人利益与公共的环境利益。⑥ 以农民林木所有权实现法律制度的发展为例,如果承认农民可以不受限制地行使其所有权能,大量砍伐林木的行为可能造成水土流失甚至土地沙化的现象,进而影响空气和河水

---

① Federal Environmental Laws, West Group, 1998, p. 1571.

② Mark Wilde, *Civil Liability for Environmental Damage*, Kluwer Law International, Hague, 2002, pp. 140—142.

③ 高家伟:《欧洲环境法》,工商出版社 2000 年版,第 220 页。

④ 同上书,第 15 页。

⑤ 章谦凡:《市场经济的法律调整》,中国法制出版社 1998 年版,第 178 页。

⑥ 高家伟:《欧洲环境法》,工商出版社 2000 年版,第 14 页。

的质量；但如果完全禁止农民砍伐其所有的林木则不符合私权自治的原则。因此，必须既承认村民砍伐林木的私法自治性，又要对其行为进行合理的公法限制。在承认村民砍伐林木的私法自治性方面，1998 年修正的《森林法》第 32 条规定，农村居民采伐自留地和房前屋后个人所有的零星林木可不申请采伐权。在对村民的自治行为进行合理的公法限制方面，该法在第 30 条规定年度木材生产计划之后，在第 31 条规定："采伐森林和林木必须遵守下列规定：（一）成熟的用材林应当根据不同情况，分别采取择伐、皆伐和渐伐方式。皆伐应当严格控制，并在采伐的当年或者次年内完成更新造林……"第 35 条规定："采伐林木的单位或者个人，必须按照采伐许可证规定的面积、株数、树种、期限完成更新造林任务，更新造林的面积和株数不得少于采伐的面积和株数。"以海域使用法律制度的发展为例，由于利用经批准的海域的行为属于公民的环境私权，但利用海域不当，又可能引发严重的海洋环境污染或生态破坏事故，因此也必须强调私法自治和公法限制相结合的原则。基于此，《海域使用管理法》第 28 条规定："海域使用权人不得擅自改变经批准的海域用途；确需改变的，应当在符合海洋功能区划的前提下，报原批准用海的人民政府批准。"以企业的生产经营行为和设备、工艺的引进行为为例，它们属于企业的私权行为，但是对于可能危害社会公共环境利益的，就应该受到一定的公法限制，为此《水污染防治法》、《大气污染防治法》、《海洋环境保护法》等单行环境法律规定了落后设备和工艺的淘汰制度。另外，在与环境保护有关的国际贸易法律制度的发展方面，也要坚持私法自治行为的的公权限制。公权限制的典型规定是 WTO "一般例外"条款的规定，如 GATT 1994 第 20 条规定："本协定的规定不得解释为禁止缔约国采取或加强以下措施，但对情况相同的各国，实施的措施不得构成武断的或不合理差别待遇，或构成对国际贸易的变相限制：（甲）为维护公共道德所必需的措施；（乙）为保障人民、动植物的生命或健康所必需的措施……"《服务贸易总协定》第 14 条也有类似的规定。

（2）环境私权对环境公权的合理制约

之所以坚持对环境公权进行私权限制的原则，其目的一是为了预防和遏制环境公权的滥用，二是为了救济和填补被环境公权侵害了的环境私权。环境行政诉讼制度的创设就是私权对环境公权进行合理限制的典型例子。不过为了进一步保护公共的环境利益，有必要对环境行政诉讼制度进行进一步的发展，扩大环境行政诉权的干预范围。一个典型的例子是美国等一些国家设立的环境保护社会团体环境行政起诉制度。按照传统的理论，行政集团诉讼的原告都应是受害者，非受害者不能参与到集团诉讼中来。团体诉讼往往属于集团诉讼，对于其起诉权的问题，美国联邦最高法院公布的条件为，环保团体或其他社会团体中某一或某些成员的实质性和非实质性环境利益受到或可能受到环境行政行为之危害。① 最早确立这一原则的判例是塞尔拉俱乐部诉莫顿案。在该案中，原告塞尔拉俱乐部以塞尔拉·内华达山脉自然环境保护者的名义和环保团体的身份，对联邦内政部长莫顿起诉，要求撤销内政部的国家森林署的一项关于批准在塞尔拉·内华达山脉修建大型滑雪场的计划。法院最后因原告的诉状中没有指出其任何成员的利益因该项工程受损而判定原告缺乏起诉权。按照法院的观点，环保或其他团体以保护公共环境利益的名义起诉是不够的，它必须提出自己成员在美学、自然保护、经济、娱乐等方面的利益受到直接或间接的损害，才能获得起诉权。一些国家和地区甚至走得更远，抛开了这方面的要求。2000 年 2 月，欧洲委员会通过了关于环境责任的白皮书，该白皮书对团体的起诉权资格提出的要求仅是：具有一定的存在期限；具有明显的自然保存和环境保护能力；具有组织机构和合理的管理效果；活动具有透明度；具有 NGO 的代表性；具有一定的地区性和目的性等。② 团体诉讼的力量雄厚，态度一般比较强硬，有能力与大公司周旋，并且可以造成很大的社会影响，法院与政治家往往非常重视，不敢怠慢。③ 因而在国外环境行政诉讼中被广泛采用。

为了全面地保护公民的环境私权，在对环境法律制度进行发展时，一些国际条约和国家立法扩大了环境私权合理限制环境公权原则的适用范围，为公众创设了广泛的参与权和监督权。如 1991 年《在跨界背景下进行环境影响评价的埃斯波公约》要求各国将可能造成跨界环境损害的活动通知公众，并为公众参与环境影响评价提供机会；1999 年《美国与加拿大关于空气质量的协定》增加了召开公众听证会，征求公众综合意见的程序；2002 年的《俄罗斯联邦环境保护法》第 35 条第 3 款规定："如果建筑物、构筑物、工程和其他项目的布局触犯公民的合法利益，要在考虑有关地区进行的公决结果后作出决定。"

从我国的实际情况来看，权力与权力、权力与权利、权利与权利结构总

---

① 金瑞林主编:《环境法学》，北京大学出版社 1994 年版，第 205 页。

② Edward H. P. Brans, *Liability for Damage to Public Natural Resources*, Kluwer Law International, Hague, 2001, p. 223.

③ 王曦:《美国环境法概论》，武汉大学出版社 1992 年版，第 199 页。

体上是不平衡的。其最主要的缺陷表现在环境权力缺乏有效的权利制约。一般来说，某一环境权力的设置和运行一般会影响其他性质的权力，影响其他机构的环境权力，影响公民的权利以及公民享有但没有被法律上升为权利的反射利益。权力可以制约权力，权利也可以通过法律途径制约权力，但我国公民目前享有的有限环境权利绝大多数可归入民法、行政法、刑法和诉讼法规定的私权范畴，对于许多西方发达国家公民享有的具有环境部门法特色的私权，[①] 如非排他性的风景权、美感享受权、清洁环境权等，在我国却没有上升为权利，仍然表现为非可诉的反射利益。例如，清洁的环境在我国无疑是国家履行其环境保护的职责为公民提供的一种重大环境利益，但只要国家的行为未实质性地损害公民个人的排他性私法权益，即使国家污染了公民以前享有的清洁环境，公民个人并不享有通过司法得到救济的私权。反之公民个人必须履行法律规定的人人保护环境的义务。[②] 发达国家的环保和政治实践早已证明，如果缺乏有效的选民监督机制，反射利益的类型越多，表明该国的行政权力越膨胀，公民的政治和经济利益越得不到保障。因此，要发展我国的环境法律制度，必须加大反射利益私益化的立法力度，把反射的环境利益转化为与环境管理公权直接对应的环境私法权益。只有这样，公民及其他主体在履行保护和改善环境的公法义务的同时就可享受对应的环境对抗权。

（三）环境有效与经济可行原则

1. 环境有效原则

环境有效原则是指环境法律制度的发展必须能够有效地起到保护和改善环境的作用。如在市场经济时代，"搭便车"享受改善了的环境的现象经常挫伤市场主体投资进行环境保护和改善的积极性，于是一些国家确立了有利于环境得到可持续保护和改善的受益者负担原则。该原则要求环境受益者承担一定的环境保护和改善费用，如商品住宅区的草坪遭受了虫灾，管理人员花钱购买了除虫剂，消除了虫灾，保护了环境，那么购买除虫剂的成本最终应由住宅区的居民承担；再如某住宅出租小区的环境状况不尽如人意，物业管理费也低，后来房产公司投入了大量的资金进行环境美化工作，该住宅区的房屋租金也因此上涨。只要消费者愿意租房，说明他们愿意成为改善了的环境的受益者，他们也必须按租期的长短来分担开发商投入的环境改善成本。以具体的立法为例，日本 1993 年的《环境基本法》第 38 条（受益者负担）

---

① 环境公权的私权化和环境公益的私益化正成为各国环境立法的一个潮流。

② 参见梁慧星《民法总论》，法律出版社 2001 年版，第 61—62、77 页。

规定:"在实施自然环境保护时,如有在特殊必要的区域实施旨在保护自然环境的事业而明显受益者,在其受益的限度内,国家和地方公共团体应采取必要的措施对该受益者课以负担实施其事业所需费用的全部或一部分。"目前,受益者负担已经成为西方市场经济国家普遍实行的一项环境保护法基本原则。①

如果环境法律制度的发展不利于环境的可持续保护和改善,或没有收到任何实际的效果,就有必要进行发展。如我国一度曾为学者标榜的"三同时"保证金制度就因为收效甚微甚至被广泛抵制而被"废黜"。

2. 经济可行原则

经济可行原则是指环境法律制度的发展不能给实施主体带来额外的或不必要的或难以接受的经济负担,在一定情况下还能最大限度地促进经济效益的提高。如在经济和科技发展落后的条件下,环境立法强迫企业采纳国际最佳可行的技术和工艺来防治环境污染,显然是不可行的。如果强行实施,可能导致大多数企业经济效益降低甚至破产。再如国家颁布全面禁伐和用材全部进口的制度,会大大增加木材的加工和销售成本,进而严重影响其他相关产业的经济发展速度。如果环境法律制度的实施过于严格和烦琐,可能过分消耗企业的精力和财力,这也是纳税人难以接受的。

因此,环境法律制度的发展必须在环境保护效果和企业的实施成本两个方面找到一个平衡点,即既要保护环境,达到一定的环境污染和生态破坏防治效果,又不致使企业承担过多的经济成本。② 如污水集中处理制度的创设和实施既能防止企业的偷排行为,从而有效地处理废水,又能降低治理成本,实现了环境有效和经济可行原则的统一,因而深受环境保护产业界、企业界、政府和人民群众的共同欢迎。目前,环境法律制度发展的环境有效和经济可行原则已经得到一些国家或国家集团的认可,如1987年欧洲共同体部长理事会指出,环境政策必须和经济、社会和技术发展齐头并进。我国有必要对该原则予以明确。③

(四) 实施可行与成本可接受原则

1. 实施可行原则

---

① 戚道孟主编:《环境法》,南开大学出版社 2000 年版,第 90 页。

② Allan Greenbaum, Alex Wellington and Ron Pushchak, *Environmental Law in Social Context*, Captus Press, Ontario, 2002, p. 235.

③ 章谦凡:《市场经济的法律调整》,中国法制出版社 1998 年版,第 179 页。

实施可行原则是指发展之后的环境法律制度具有可操作性和可适用性，即在现实生活中能够得到遵守，能够得到适用。要遵守实施可行原则必须做到以下几点：

制度系统化。是指环境法律制度在发展时不仅要考虑其他配套制度的建设，还要考虑环境法律制度与其他法律制度的衔接，如我国创设了主要大气污染物的总量控制制度，为了使该制度能够系统化，又在部分地区创设和完善了排放指标交易制度；为了实现污染控制中的环境保护效益和经济效益的双赢，我国创设了水污染物的集中控制制度。为了使该制度系统化，我国先后发展了污水处理设施及配套管网建设的资金筹措制度、运营制度、收费制度，对污水集中处理区域内的企业所遵循的环境影响评价制度和"三同时"制度进行了调整。

制度具体化。制度具体化也称制度的细化，是指环境法律制度的发展必须具有可操作性，不致在现实的实施中产生歧义。如在已经进行了环境影响评价的污水集中处理区域，企业应否再次进行环境影响评价的问题，如果都要求，可能产生一些不必要的管理成本，给一些排放普通污水的中小型企业增加一些不必要的负担；如果都不要求，一些普通废水排放总量巨大的企业和排放特殊废水的企业就可能破坏污水集中处理厂的出水水质。因此，国务院环境保护行政主管部门在认真考察各行业运行工艺与设备的基础上，有必要结合各类型污水集中处理设施的规模与运行机理专门制定一个名录。这样可以使建设单位对号入座，由环境保护行政部门决定应否进行水环境影响评价。对于应进行环境影响评价的企业，环境保护行政主管部门应根据名录的规定决定建设单位应否简化环境影响评价程序。

制度明确化。制度明确化是解决环境行政管理职权争端的有效措施。以海洋环境监测体制的明确为例，如1989年的《环境保护法》第7条第1至第2款规定："国务院环境保护行政主管部门，对全国环境保护工作实施统一监督管理。县级以上地方人民政府环境保护行政主管部门，对本辖区的环境保护工作实施统一监督管理。"第11条规定："国务院环境保护行政主管部门建立监测制度，制定监测规范，会同有关部门组织监测网络，加强对环境监测的管理。国务院和省、自治区、直辖市人民政府的环境保护行政主管部门，应当定期发布环境状况公报。"根据该规定，环境保护行政主管部门牵头组织监测网络，国务院和省、自治区、直辖市人民政府的环境保护行政主管部门定期履行公报编制和发布职能。就法理而言，专门的海洋环境保护单行法在具体发展海洋环境保护管理体制时，应遵循这一规定。而2000年修正的《海洋环境保护法》却作出了相反的规定,该法第 5 条第 2 款规定:"国家海洋行政主管部门负责海洋环境的监督管理,组织海洋环境的调查、监测、监视、评价和科学研究,负责全国防治海洋工程建设项目和海洋倾倒废弃物对海洋污染损害的环境保护工作。"第 14 条第 1 款规定:"国家海洋行政主管部门按照国家环境监测、监视规范和标准,管理全国海洋环境的调查、监测、监视,制定具体的实施办法,会同有关部门组织全国海洋环境监测、监视网络,定期评价海洋环境质量,发布海洋巡航监视通报。"有了《海洋环境保护法》的授权,海洋行政主管部门从 2001 年起也开始编制和发布海洋环境质量公报,也开始牵头组织建设近海环境监测网络(环境保护行政主管部门已经在一些沿海设有监测站)。可见,不明确的职权设置是导致目前环境执法混乱的主要原因。

发展的连续化。在谈环境法律制度的发展时,学者一般比较理想,趋向于考虑制度的应设性,而不考虑制度的发展是否产生激变。但对于基层的执法者和行政管理相对人来说,环境法律制度的激变会给他们在政策的宣传、理解和实施中带来巨大的麻烦。因而制度的发展必须符合理性,即符合实际,循序渐进,保持制度的连续性和相对稳定性。[①] 但这并不意味着环境法律制度不能采取激变的方式进行创新,对于一些发挥关键性作用的环境法律制度,一旦其不能适应环境保护、科技发展的需要,可以根据实际需要采取大刀阔斧式的创新。[②] 不过,为了使创新后的环境法律制度能够在基层得到很好的执行,不致产生民愤,在制度激变的同时,也要采取一些衔接性、过渡性或先宣传后实施的措施。

2. 成本可接受原则

由于环境法律制度尤其是环境行政管理制度的发展涉及政治权力的再分配问题(如 2000 年修正的《海洋环境保护法》涉及环境保护行政主管部门和海洋、水利行政主管部门在环境保护行政监管职权方面的再分配问题),涉及企业经济利益(企业利税的上缴对国家和地方的政治会产生巨大的影响)的重新调整问题,涉及劳动者的就业问题,涉及公民的环境权益保护问题,在一些时候还涉及国家环境主权的维护和保持社会稳定的问题,因此,环境法律制度的发展必须考虑政治成本和社会成本。环境法律制度发展

---

① 国务院温家宝总理在 2003 年 3 月 18 日举行的新闻发布会上重点强调了政策的稳定性和连续性。

② 夏光:《环境政策创新》,中国环境科学出版社 2001 年版,第 103—104 页。

如果太过完善，太过理想，就可能出现制度实施的烦琐化，不仅增加立法成本，还会增加环境行政管理机关的管理成本。因此，环境法律制度的发展必须在可操作性和管理成本可行两个方面找到一个平衡点，① 即既要使环境法律制度具有相当的完善性和可操作性，还要不消耗国家过多的人力和财力资源。② 另外，由于人民群众是国家的主人，环境法律制度的发展还要充分考虑其意愿，这又涉及一个民意成本的问题。

（五）外接内设原则

由于法律关系不是完全独立而是具有一定的联系的，因此，调整某一法律关系的法律制度，其发展需要调整其他相关法律关系的法律制度的解释、重申和补充，这就产生法律关系的外部衔接问题。由于一些基本的法律关系具有一定的抽象性，因此，调整抽象法律关系的法律制度，其发展需要具体内容的丰富和完善，这就产生了法律制度的内设问题。对于环境法律制度而言，其发展的外接内设要求包括以下几个方面：

首先，相对于与国际环境保护和国际贸易协议中的环境保护规则的外接而言，国内环境法律制度的发展属于内设，如国际温室气体的控制机制要和国内温室气体减排制度的发展结合起来，WTO 框架协议和其他条约中的动植物健康保障规则要和国内动物福利的全面与全过程保护制度的发展衔接起来。③ 以希腊为例，在加入欧洲联盟的前后，该国分批地制定了具有衔接共同体法和国内法作用的相关环境保护法案（如 Law 1338/1983 and Law 2076/1992）。④

其次，相对于与其他主流法的制度外接（即环境法的制度发展可以被主流法的基本原理和制度阐释、引用或补充）而言，环境法律制度自身的发展即制度措施之间的协调一致和部门政策的一体化属于内设工作。如环境法中采光权制度的发展要和民法中物权的相邻权制度衔接起来；环境保护行政合同制度的发展既要与行政法的一般原则和强行性规定衔接，又在行政法规定的任意规范范围内引入私法契约自治的原则。对于行政法的一般原则和

---

① Allan Greenbaum, Alex Wellington and Ron Pushchak, *Environmental Law in Social Context*, Captus Press, Ontario, 2002, p. 234.

② ［美］泰坦伯格著，崔卫国、范红延译：《排污权交易》，三联书店 1992 年版，第 67 页。

③ Christiane Meyer, *Animal Welfare Legislation in Canada and Germany*, Peter Lang GmbH, Frankfurt, 1996, p. 90.

④ Ioannis Karakostas and Ioannis Vassilopoulos, *Environmental Law in Greece*, Kluwer Law International Ltd, Netherlands, 1999, pp. 34—35.

强行性规定，如果与市场经济条件下民主化的行政执法要求不相适应，可以进行改和废。以退田还林的行政合同制度为例，如要合理地保障双方当事人的利益，不仅要创设行政强制的制度，如主管机关向人民法院申请强制退田和收缴已发钱粮的制度，还要发展钱粮补贴的发放保障和行政诉讼制度、农户相对自由的林木种植决定权制度、林木经济效益和生态效益的共享制度、经济刺激制度等。

再次，相对于与其他类别的环境法律制度的协调和衔接而言，某一种类的环境法律制度的创设属于内设。如动物福利保护制度的发展要和动物繁殖许可证制度的发展衔接起来，污染集中控制制度的发展要与总量控制制度的发展结合起来。以总量控制制度为例，企业的污染总量控制制度的完善要与区域或流域的污染总量控制制度的完善衔接起来。

一般来说，环境法律制度发展的外接内设要求主要体现在适用范围、调整方式、调整机制、法律规则的行为模式、法律规则的法律后果五个方面。为了进一步说明这五个方面的外接内设问题，本书以动物福利保护制度为例进行分析。在动物福利保护制度的适用范围方面，在现有的经济、技术和伦理基础情况下，不可能给所有的动物以福利。[①] 如家禽和家畜目前没有纳入我国动物福利保护法调整的范围，而在一些广泛实行动物福利保护的国家和崇尚特种动物的国家，我国的一些家禽和家畜可能因为福利保护不当或不到位被对方拒之门外，对方的一些高质量的鲜活动物或高科技含量的动物也可以动物将受到不科学或不人道的照料为由禁止出口到我国。[②] 不管怎样，我国应顺应世界公共道德建设的潮流，制定配套的动物福利保护品种名录，逐步扩大动物福利法保护的范围。[③] 在动物福利保护制度调整方式的外接内设方面，既要发挥私法调整机制的作用（如鼓励企业和个人采用高标准的动物福利保护措施），还要改革传统的公法调整机制（如在行政法调整机制方面发展动物福利保护的行政合同制度，用合同来明确行政管理机关和动物福利保护责任人的权利、利益和义务），既促进动物福利的高标准保护和公民

---

① Christiane Meyer, *Animal Welfare Legislation in Canada and Germany*, Peter Lang GmbH, Frankfurt, 1996, p. 90.

② 与之不同但类似的一个例子是，芬兰斯道拉恩索公司在亚太进口纸浆时，如发现出口国的森林状况不合进口企业的标准，虽然价格非常低廉，往往也会拒绝进口。参见黄冀军《森林托起的国度》，载《中国环境报》2002 年 9 月 18 日第 2 版。

③ Joan Alder & David Wilkinson, *Environmental Law & Ethics*, Macmillan Press Ltd, London, 1999, pp. 256—260.

道德素质的提高，又促进动物贸易的可持续发展。在动物福利保护制度的调整机制方面，我国应借鉴 WTO 发达成员国施行的动物福利分类管理和全面、全过程保护的经验，创设符合我国伦理传统、经济发展状况和科技发展条件且能促进国际贸易可持续发展的动物福利保护制度。在动物福利保护制度行为模式的外接内设方面，由于经济、技术的发展状况和伦理传统的不同，每个国家对动物进口贸易中的福利保护要求可能不同。以屠宰方式为例，一些国家早已禁止了屠刀宰杀的方式，改用隔离式①的电击宰杀模式，而在我国的许多地方，出口的动物制品仍然采用屠刀宰杀的方式。那么以屠刀宰杀的动物就难以获得宰杀制度严格的国家的进口许可证。在动物福利保护制度的法律后果方面，我国应针对动物福利保护制度的行为模式要求创设制定相应的法律后果，如虐待野生动物②、家养动物和实验动物的民事、行政和刑事责任的创设，采用禁宰方式宰杀动物的行政和刑事责任的创设，动物疾病防治责任制度的完善等。

此外，由于环境问题涉及几乎所有人的利益，在民主和法治的国度里，环境问题的依法解决已经深入人心，③ 在民主的框架内保护环境已经成为传统的文化和发展政策及其程序的一个基本的组成部分，④ 因此环境法律制度的发展必须坚持民主的原则。为了培养公民的环境民主意识，一些国家的法律强行规定了公众的环境教育与参与义务。如瑞士的法律要求 6 至 16 岁的公民必须学习环境课程，了解环境问题及其解决的知识，了解环境问题与可持续发展的关系。环境保护组织也要求在环境保护参与和公众环境教育方面发挥作用。⑤

二、我国环境法律制度发展的模式

之所以对环境法律制度进行创新与完善，除了原有的环境法律制度在社会现实面前处于非均衡状态的原因（如公众参与制度不完善，环境信息公

---

① 即后面的动物不能看见前面动物被宰杀的过程。

② 典型的例子是 2002 年北京动物园发生的大学生硫酸泼熊事件。

③ Ellen Margrethe Basse, *Environmental Law in Denmark*, Kluwer Law International Ltd, Netherlands, 2000, pp. 24—25.

④ Ioannis Karakostas and Ioannis Vassilopoulos, *Environmental Law in Greece*, Kluwer Law International Ltd, Netherlands, 1999, p. 20.

⑤ Anne Petitpierre, *Environmental Law in Switzerland*, Kluwer Law International Ltd, Netherlands, 1999, pp. 18—19.

开制度不发展，在议会中占有议席的环境保护社会团体强烈要求授予其环境团体诉讼的代表权和单独的环境公益诉权等）之外，主要的原因还包括制度适用存在需求缺口的问题（如市场急需污染集中处理法律制度的完善），制度适用存在效率低下或成本过高的问题。[1] 问题的解决必定涉及解决模式的问题。对环境法律制度而言，其发展的模式是指其发展的标准样式。立法者究竟采取什么样的标准样式对环境法律制度进行发展，主要取决于这个国家的经济发展、科技创新、利益结构、制度建设的状况和立法者的立场。本节从以下两组基本的标准样式来研究我国环境法律制度的发展模式问题。

（一）基础性与派生性的发展模式

一个规范效力的理由始终是一个规范，而不是一个事实。作为具有法律效力的调整特定关系的系统化规范本身，环境法律制度包括环境公法、私法和社会法（仅是一个法域，而不是部门法）三类性质的规范，环境公法、私法和社会法规范可以分解为环境民事规范、环境行政规范、环境刑事规范和其他性质的规范四类，由于环境民事规范、环境行政规范、环境刑事规范和其他性质的规范分为基础规范（也称最终的、自明的有效力规范[2]）和派生或引申规范[3]两类，因此，环境法律制度具有基础性与派生性两种发展模式。

由于传统的主流法规则存在自身不能解决的环境法权救济缺陷，因此有必要在民法、行政法等传统法的基础上创设新的且具有一定独立性的衔接规则。[4] 新的规则和用环境法的规范语言表述的可以解决环境法律问题的传统法规则按照一定的标准、原则、功能、层次，所组成的相互配合、相互补充、相互协调和相互制约的规则系统就是被发展了的环境法律制度。可见，环境法与传统的公法、私法和社会法均存在重合或交叉的规则。[5] 这些重合或交叉规则的存在为传统的与环境有关的缺损了的法权的救济和修复提供了法律救济的双轨途径。

面对一些与环境污染有关而已有的传统法规则无法解决的法律权益侵害

---

① 夏光:《环境政策创新》，中国环境科学出版社 2001 年版，第 86—89 页。

② ［奥］凯尔森著，沈宗灵译:《法与国家的一般理论》，中国大百科全书出版社 1996 年版，第 125—126 页。

③ 至少经过一次派生或引申。

④ 规则一旦被创设，就成为环境法和传统主流法的共同新规则。

⑤ 正是这些重合的规则的存在，使得一些主流法学者尤其是经济法和行政法学者产生扩大研究地盘吞并环境法的想法。

问题，环境法结合环境问题和解决环境问题机制的特殊性，在传统法基础规范派生或引申规则的基础上进行新的派生或引申或对派生或引申规则进行补充，建立与传统法规则相衔接或补充但又具有一定独立性的新规则。如环境行政处罚的听证制度就是在传统的行政处罚听证制度的基础上派生的。一旦新的规则得到建立，环境法律制度的发展性才真正得以体现。这就产生了环境法律制度的浅层发展问题，即利用主流法的多级派生或引申规则对环境法新规则的合理性进行推导的问题。

随着经济的发展和人民生活水平的提高，选民不再满足现有法律所赋予的与环境有关的权益，提出了与经济发展水平相适应的高质量和领域更加广泛的环境权益需求，如静稳权、采光权、环境美感享受权。有些环境或环境因素，如优美的公有山脉，任何居民对之不享有环境享受方面的独占权或专有权，因而按照传统的民法和行政法理论，一旦政府或政府委托的机构进行破坏式的开发，只要该开发不损害当地居民的独占性和排他性的私权，当地居民是不享有民事和行政诉讼的诉权的。20世纪中期以后，美国的法院发展了判例法和制定法，在一些方面放宽了环境行政和民事起诉权的限制，授予了环境保护方面的公民诉讼权。[①] 另外，一些国家的法院为了救济环境污染损害的受害者，在环境民事诉讼中创设了举证责任倒置或被告对指控进行反证的规则，首倡了因果关系推定或因果关系反证规则。而这些规则是不能被传统法已经经过多级派生或引申的规则进一步推导出来的，而是由公平和正义两个基础性的规则派生出来的。这就产生了环境法的深层次发展问题，即利用未经过任何派生或引申的基础规则，即共同的源泉规则，[②] 对环境法新规则的合理性进行直接推理、论证或阐释。

浅层的发展难度不大，一般好解决。对于深层次的发展，难度则非常大。如美国法院为了确认国家进行环境保护的职权，不惜通过司法解释把联邦宪法第1条第8款规定的"国会……管理同外国、各州之间和同印第安部族的通商"（简称"商务条款"），即将联邦的州际商务管理权扩大到环境保护领域。[③] 其理由是，环境问题是人类的生产和消费造成的，而人类的生产和消费与商务有关。再如美国的法院为了支持那些对环境不享有独占权的公

---

① 王曦：《美国环境法概论》，武汉大学出版社1992年版，第124页。

② ［奥］凯尔森著，沈宗灵译：《法与国家的一般理论》，中国大百科全书出版社1996年版，第125—126页。

③ 王曦：《美国环境法概论》，武汉大学出版社1992年版，第165页。

民或社会团体合乎情理的请求,绕开已经过多级派生或引申的现有规则,从衡平法最基本的规则"不以损害他人财产的方式使用自己的财产"和"衡平法不允许没有补偿的损害行为"中寻求授予原告起诉权的依据。① 这个寻求的过程实际上是对传统法与环境法进行深层次的沟通和协调过程。在我国,有许多环境法特有的规则已经得到或需要民法、刑法和经济法的基本原则甚至利用宪法的基本原则性规定来直接推理、阐释或论证。以环境污染损害的责任归结原则为例,我国最早实行的是过错责任原则,但一些无过错的企业生产行为常常给无辜的单位和个人造成财产和人身伤害,而依据过错责任原则,受害者得不到任何赔偿。这是与环境法的正义和公平的精神相违背的。得不到救济就会产生相应的经济和社会问题。在社会利益高于个人利益的 20 世纪,基于以下理由,无过错责任原则就被民法的公平原则这个基础性的规则派生了。其一,一方把自己的营利活动建立在对他人的环境损害的基础之上,只有对受害者予以经济补偿才合理,才符合民法的公平、正义精神,才有利于风险的合理分担。其二,环境污染往往是高科技产业的附属物,企业外部的人难以知晓企业污染行为的主观心态,即使知晓,也难以用专门的知识在法庭上加以证明。其三,环境损害受害者的范围非常广泛,处理得不好,往往会危及社会的安全。环境法律制度的基础性发展过程需要立法者、法官和研究者具有扎实的法学理论功底和坚实的复合学科知识。一旦论证或推导工作不到位或不严谨,就可能出现就环境法而论环境法的现象,科学的环境法律机制就会被主流法学界或来自主流法学界的立法者、法官和研究者误认为是空中楼阁或空穴来风,既不利于环境法律制度的建设和发展,也不利于环境部门法独立性的巩固。

从我国立法的实践来看,不仅是环境法律制度的发展一向注重与传统的主流法规则尤其是民法、刑法和行政法规则的衔接,而且,传统的主流法规则也一直非常注意环境法律制度发展的新动向。对于有利于实现各主流法立法目的的环境法先进制度,它们在自己的基础规则和派生或引申规则的调整范围内总是力所能及地加以借鉴和移植,即实现传统法律规则的"绿化"和与环境法律规则的动态衔接。如为了把森林物权和环境保护的公益限制结合起来,创造了伐木许可证制度;为了保障住房物权,《物权法》规定,不得违反国家法律,排放污染物、产生噪声等;鉴于环境污染会损害人民群众的生命和健康,恢复环境要花费数目巨大的费用甚至给生态环境带来连锁性

_____

① 王曦:《美国环境法概论》,武汉大学出版社 1992 年版,第 65 页。

的灾难冲击，刑法把故意或过失情况下发生的环境损害纳入环境刑事责任客体要件。因此，可以说，主流法与环境法的法律制度总是在衔接的基础上不断地进行发展的。

（二）自我更新与借鉴移植的发展模式

"在大多数国家，法的历史发展过程中的一个共同规律是：在创制本国法律时，主要根据本国国情，以本国经验为基础，同时也要借鉴和吸收其他国家或地区法律中对本国现在有用的因素。"① 就环境法律制度而言，这就涉及其自我更新和借鉴移植的问题。

1. 自我更新的发展模式

所谓环境法律制度的自我更新，是指立法者根据本国的实际情况在不借鉴和参考国外的制度模式的情况下对环境法律制度进行的更新。

在闭关自守的国度里，法律制度的发展主要表现为自我更新，在开放、民主的国度里，法律制度的自我更新比例会随着借鉴移植比例的增加而降低。根据更新的程度可以把自我更新分为开创性更新和连续性更新两类。开创性更新是指对根据本国的实际情况对环境法律制度进行的突破性和创造性更新。连续性更新是指在已有环境法律制度的基础上进行衔接性和完善性的发展。开创性更新和连续性更新往往是相互结合的，即在开创性更新之后往往伴随着连续性的更新过程。如为了配合环境影响评价制度的实施，进一步预防环境污染和生态破坏，我国根据本国的行政管理实际情况和环境保护工作的需要，首创了"三同时"制度。"三同时"制度的立法最早见于1973年国务院批转的国家计委的《关于保护和改善环境的若干规定（试行草案）》，该《规定》第4条要求："一切新建、扩建和改建的企业，防治污染项目，必须和主体工程同时设计、同时施工、同时投产。"可见，该制度在当时仅适用于企业的污染防治项目。1979年的《环境保护法（试行）》在此基础上进行了更新和发展，该法第6条第1款规定："一切企业、事业单位的选址、设计、建设和生产，都必须充分注意防止对环境的污染和破坏。在进行新建、改建和扩建工程时，必须提出对环境影响的报告书，经环境保护部门和其他有关部门审查批准后才能进行设计；其中防止污染和其他公害的设施，必须与主体工程同时设计、同时施工、同时投产；各项有害物质的排放必须遵守国家规定的标准。"可以看出，"三同时"制度的遵守主体当时已经扩及事业单位，适用对象已经扩展到防止其他公害的设施。国务院

---

① 引自沈宗灵主编《法理学》，北京大学出版社2001年重排本，第101页。

1984 年《关于环境保护工作的决定》指出:"新建、扩建、改建项目(包括小型建设项目)和技术改造项目,以及一切可能对环境造成污染和破坏的工程建设和自然开发项目,都必须严格执行防治污染和生态破坏的措施与主体工程同时设计、施工、投产的规定。"可见,"三同时"制度当时已经扩及技术改造项目以及一切可能对环境造成污染和破坏的工程建设和自然开发项目。1986 年的《建设项目环境保护管理办法》、1989 年的《环境保护法》、1998 年的《建设项目环境保护管理条例》和 2002 年的《环境影响评价法》循序渐进地扩展了其适用范围。目前,"三同时"制度从污染防治的一项基本制度扩展为普遍适用于污染防治、生态保护、自然资源开发和区域开发领域的基本法律制度,其适用范围已经扩展到基本建设项目、技术改造项目、区域开发建设项目、自然开发利用项目以及其他可能损害环境的项目。另外,经过长时间的完善,该制度的可操作性已很强。

此外,在市场经济条件下,有必要结合市场调节机制和政府行政监督管理的民主化要求发展一批具有开创性和连续性更新特点的环境法律制度,如环境保护行政合同制度、环境保护的市场准入制度、环境保护行政指导制度①等。

值得注意的是,在不参考借鉴的情况下,环境法律制度的自我更新虽然充分地考虑了我国环境保护和经济、科技、社会发展的现实情况,但它在制度的创设成本和实施的绩效方面缺乏一定的优化比较措施,因而可能是一个探索和充满风险的过程。② 如我国为了使"三同时"制度得到更有效地实施,于 20 世纪 90 年代中期曾经颁布了征收"三同时"押金的措施,该措施由于存在理论上的缺陷,即押金一般适用于民事担保领域,对于强行性的环境行政法规定,一旦违反就由国家机器追究相应的行政法律责任,没有必要再去规定什么保证措施。加上这一措施加重了企业的经济负担,缺乏地方政府的配合,受到了广泛的抵制,因此实施效果并不是太好。原国家环境保护总局被迫于 1998 年下令取消了该措施。但是 2005 年以后,企业的经济形式开始好转,一些地方又开始征收这项保证金。再如,2008 年修订的《水污染防治法》在法律责任制度的发展上,有三个突破,一是把刑法处罚的双罚制度引入到行政处罚领域,对违法企业及其责任人员都作了行政处罚。

---

① 悉心的行政指导意味着更多的法律遵守。See Allan Greenbaum, Alex Wellington and Ron Push-chak, *Environmental Law in Social Context*, Captus Press, Ontario, 2002, p. 236.

② 夏光:《环境政策创新》,中国环境科学出版社 2001 年版,第 100 页。

二是对于第三人造成污染损害的，规定"排污方承担赔偿责任后，有权向第三人追偿。"三是对于水污染损害是由受害人重大过失造成的，规定"可以减轻排污方的赔偿责任"。这些发展，可以说，是其他国家基本没有的，基本排除国外借鉴的可能。也就是说，这三个制度创新是国家为了促进社会和谐对制度进行自我更新的典范。但是这种更新，与国外传统的和最新的侵权责任理论不太一致，因而实施的风险很大。如果环境污染的高峰期和我国经济的萧条期一并到来，企业因环境污染破产的风险就相当大。这个创新的合理性就会得到反思。因此，在开放和民主的时代，在采取自我更新的制度发展模式的同时，必须采用借鉴移植的发展模式。

2. 借鉴移植的发展模式

法律的借鉴移植，很多学者又简称为法律移植，所谓法律移植，比较权威的观点认为是指"一个国家或地区，将其他国家或地区的法律（体系、内容形式或理论）吸纳到自己的法律体系之中，并予以贯彻实施的活动"。[1]一般来说，借鉴移植是为了本土化，本土化说明环境法律制度的借鉴移植不是机械地照搬适用，而是结合我国的基本国情对引入的环境法律制度进行适应性的更新和改造过程。所以，本书所称的环境法律制度的借鉴移植是指环境法律制度的参考、借鉴、引进、模仿、吸收[2]等本土化措施的总称。

环境法律制度的借鉴移植一般基于以下两种原因而产生，一是国内环境保护工作急需对现有的制度进行创新与完善，而国际条约或外国立法有相应的成熟制度可供借鉴和移植。二是因外来的干预而被迫借鉴移植。如新经济"殖民国"强迫经济"殖民地"国家，或者占领国强迫被占领国适用其推荐的与经济、贸易直接相关的环境法律制度（如资源出口制度，环境保护市场准入制度，环境贸易税费制度等）。在正常的国际环境下，第一种原因是主要的。

根据借鉴移植的对象范围的大小，可以把环境法律制度的借鉴移植分为以下几种情况：一是某一国家或地区环境法律制度体系的全部借鉴移植。这主要适用于借鉴国环境法律制度的建设相当落后，其社会政治体制与被借鉴国基本一致的情况。二是某一领域环境法律制度的全部借鉴移植。如我国在计划经济条件下借鉴移植了美国首创的环境影响评价制度，在市场经济条件下借鉴移植了西方发达国家普遍施行的污染排放总量控制制度和环境许可证

---

① 引自易继明《私法精神与制度选择》，中国政法大学出版社 2003 年版，第 237 页。

② 沈宗灵主编：《法理学》，北京大学出版社 2001 年重排本，第 101 页。

制度。三是某一具体环境法律制度的借鉴移植。如我国在行政责任方面引入了环境行政处罚的听证制度,在海洋环境污染损害赔偿方面,引入了限制赔偿与全部补偿结合的制度,如我国《海洋环境保护法》第66条规定:"国家完善并实施船舶油污损害民事赔偿责任制度;按照船舶油污损害赔偿责任由船东和货主共同承担风险的原则,建立船舶油污保险、油污损害赔偿基金制度。实施船舶油污保险、油污损害赔偿基金制度的具体办法由国务院规定。""建立船舶油污保险、油污损害赔偿基金制度"的规定实际上借鉴了一些国际条约和瑞典、芬兰、德国、日本等国或地区施行的限制赔偿与全部补偿结合的环境法律责任制度。关于建立船舶油污保险制度的问题,如瑞典1969年的《环境保护法》第66条规定:"根据保险项目的具体规定,环境损害保险对《环境损害赔偿法》(1986年第225号)规定的下列人身伤害和财产损失提供赔偿:(一)依《环境损害赔偿法》有权获得赔偿但又不能得到赔偿或者加害人已丧失损害赔偿能力的。"保险金的缴纳义务者为该法第65条规定的"依本法或者依本法发布的命令从事需要许可证和需审批的活动的人"。① 瑞典1973年的《油污损害赔偿责任法》第12条第1款规定:"要求运载2000吨以上散装油类的瑞典船舶的船主,取得或持有保险……以履行其根据本法或其他缔约国的适用法律所负的第5条第1段规定限额内的赔偿责任。"芬兰1995年生效的《环境损害赔偿法》(737/1994)和1999年生效的《环境损害保险法》(81/1998)确立了环境损害的保险制度。② 德国1991年《环境责任法》第19条和附录2规定了环境民事责任的预先保险制度。关于建立污染损害赔偿基金的问题,日本1973年的《公害健康受害补偿法》规定,健康补偿基金由政府向排放大气和水污染的企业强制地课征;欧洲执委会1993年关于环境责任问题的绿皮书建议成员国建立联合赔偿制度,③ 联合赔偿制度实际上就是通过收费或捐助制度建立一种环境风险赔偿基金。④

环境法律制度的借鉴移植工作不仅涉及考察被借鉴移植制度的立法背景和实施效果,还涉及该制度在借鉴移植国的适应性分析。因此,不考虑本国

---

① 全国人大环境与资源委员会编译:《瑞典环境法》,中国环境科学出版社1997年版,第132页。

② 高家伟:《欧洲环境法》,工商出版社2000年版,第220页。

③ See Commission, *Greenbook on Remedying Environmental Damage*, COM90 (93) 47 Final of May 14, 1993.

④ 高家伟:《欧洲环境法》,工商出版社2000年版,第157页。

的实际情况盲目地借鉴移植可能收效甚微，难以取得预期的实施效果。基于此，我国环境法律制度的借鉴移植应采用"软着陆"的方式。[①] "软着陆"的方式要求我国的环境法律制度在进行发展时，应该采取借鉴移植和自我更新相结合或更替进行的模式。更替进行的模式是指在自我更新或借鉴移植的基础上进行借鉴移植或自我更新，在此基础上再如此反复地自我更新或借鉴移植。由于国际社会和国际经济的发展是一个相互影响和相互融合的过程，规范国际社会和国际经济发展的法律也必然体现这个特点，因此在环境法律制度发展到一定时期，纯粹的自我更新与借鉴移植是很少存在的。学者们所讲的自我更新与借鉴移植一般是相对于特定的时期而言的，如制度被借鉴移植后，相关的环境法律制度就本土化了，成了本国的法律制度。该法律制度在不借鉴移植的情况下再次自我发展，就是自我更新的过程。

---

① 沈宗灵主编:《法理学》，北京大学出版社 2001 年重排本，第 105 页。

第六章　相济与相称：我国环境法律责任发展之考察

第一节　环境民事责任发展之考察

谈到中国的环境民事责任的发展，不能不提起一个典型的事件和一部代表性的法律。典型的事件是 2005 年 11 月发生的松花江环境污染事件，典型的法律是 2008 年 2 月修订的《水污染防治法》。可以这么说，松花江环境污染事件的发生，对推动《水污染防治法》的修订起了决定性的作用。

一、松花江污染事件所反映出来的环境民事责任问题

按照中国的《行政诉讼法》和《民事诉讼法》的规定，如原告与环境污染和生态破坏案件没有权利义务方面的直接利害关系，仅有不受法律保护的反射利益关系，就不会受到法院的支持。如 2003 年的"律师金奎喜诉杭州市规划局案"中，原告认为，杭州市规划局允许在西湖风景名胜区范围内建造浙江老年大学，破坏了西湖的原有面貌，根据 1983 年《杭州西湖风景名胜保护管理条例》，杭州市规划局不应核发规划许可证，要求法院撤销杭州市规划局为浙江省老年大学项目所颁发的项目许可证。[①] 起诉后的三天，西湖区人民法院给他下达了不予立案的行政裁定书。原因是法院认为起诉人不具有起诉的资格，即杭州市规划局颁发建设许可证的行政行为对金奎喜无实际影响。[②] 再如，2005 年 11 月底，松花江污染事件发生后，一些个人和单位向黑龙江和吉林省的法院提起了民事赔偿诉讼。如 12 月 17 日，北京大学的三位教授和三位研究生以自然物（鲟鳇鱼、松花江、太阳岛）为共同原告，向黑龙江省高级人民法院提起了环境民事公益诉讼，要求法院判

---

① 参见邸军《我国环境公益诉讼制度研究》，http：//www.acla.org.cn/pages/2006－10－25/s36930.html。

② 参见《金奎喜诉杭州市规划局案》，http：//www.chinacourt.org/public/detail.php? id = 92767。

决被告赔偿 100 亿元，用于设立流域治理污染基金，以恢复松花江流域的生态平衡，保障鲟鳇鱼的生存环境、松花江和太阳岛的环境清洁的权利和原告旅游、欣赏美好景象的权利。[①] 该案和其他的案件一样，最终的结果是没有受理的不予受理，已经受理的不予以审理。这一不合理的现象引发了社会各界的谴责和法学界的广泛议论。

松花江污染事件是我国典型的侵害环境公益的案件，对其研究，对于促进我国环境公益法制的建设具有重要的作用。国内环境法学界对该案诉讼资格问题的讨论主要集中在以下三个方面：

一是到底谁享有索赔权和民事起诉权？一般来说，对于松花江水体享有直接水权的单位即办理合法取水、用水许可手续的单位和个人，如自来水厂、江边工厂、江中网箱养鱼户等，他们的合法水权受到直接的侵害，属于《民事诉讼法》规定的直接利害关系人，应当享有民事起诉权。对于那些不被《水法》所禁止的世世代代直接在江中取水利用的农民以及依靠自来水公司供水的居民、餐饮业主、洗车业主、洗浴业主等，他们可否就自己的损失或者额外的经济负担享有环境民事起诉权呢？目前，学者们的观点还不统一。有的认为，他们因为别人的过失而受到了不应有的损失，就应当得到赔偿。还有的学者认为，依据现有的立法，他们不享有环境污染损害民事起诉权，因为这些主体并不对江中的水产生任何法律所认可的利用权利，也就是说，他们和污染人不存在目前法律所认可的直接利害关系。如直接在江中取水利用的农民享受的取水好处是一种反射利益，这种利益并没有被现行立法上升为可诉的权利；依靠自来水公司供水的居民、餐饮业主、洗车业主、洗浴业主只是和自来水厂形成了合同关系，他们要起诉，只能依据《合同法》第 121 条之规定以第三人（即中国石油天然气集团公司或者吉林石化）的原因造成自来水厂未按照合同约定供水而起诉自来水厂。笔者同意第二种观点。但是这并不意味着笔者同意的现行环境民事起诉权的法律规定是科学、合理的。笔者认为，应该修订现有的不利于有效地保护人民群众利益的《民事诉讼法》、《环境保护法》和《水污染防治法》，让所有受影响的民事主体均享有非重叠的环境污染民事起诉权。[②]

---

① 参见《国内第一起以自然物（鲟鳇鱼、松花江、太阳岛）作为共同原告的环境民事公益诉讼——汪劲等北大法学院教授、研究生代表松花江，起诉中石油》，http：//www. acriticism. com/article. asp？Newsid = 7271&type = 1006。

② 参见常纪文《从松花江污染事件反思我国的环境法律》，载李林、冯军、王敏远等主编《中国法治发展报告》，社会科学文献出版社 2007 年 1 月版。

二是损失仅限于直接损失是否科学? 根据环境立法和司法解释的规定,我国的环境损害民事赔偿目前实行的是只赔偿直接损失的原则,对于因污染而导致的间接损失,不受法律的保护。但是,如果俄罗斯受到了污染损害,俄罗斯的受害者却可以依据 2002 年的《俄罗斯联邦环境保护法》第 77 条的规定得到所有的直接和间接损失的赔偿。同一个行为,造成不同国家的污染损害,却产生了两种赔偿结果,这对我国的受害者公平吗?[①]

三是吉林石化公司是否是赔偿的责任主体,其是否具有独立的民事法律主体资格? 众所周知,吉林石化公司是中国石油天然气集团的分公司,按照法律的规定,不享有独立的民事法律主体资格。也就是说,中国石油天然气集团应当对吉林石化公司的环境侵权行为承担全部的责任。但是一些民法学者根据中国石油天然气集团和吉林石化公司的资本关系提出了不同的看法,认为,吉林石化公司具有独立的民事法律主体资格。如果吉林石化公司在司法实践中真具有诉讼主体资格,那么,其有限的资产能够满足赔偿的需要吗? 如果不能,对于保护受害者的权益公平吗? 这些问题,需要立法或者司法解释加以解决。[②]

四是造成损害是构成国际环境民事责任的必要条件。作为上游国,中国享有国际法所认可的发展权利,享有包括适度排放污染物在内的合理利用河水的权利。中国排放的污染物在流出国境前,只要不超过中国的水环境质量标准,从国内法的角度看就是合理利用河水的表现。但是,符合中国环境质量标准的河水如果不符合下游国环境质量标准而流入下游国,[③] 是否侵犯了下游国的水环境主权呢? 这涉及合理利用河水的国际标准是否存在的问题。目前,国际上并没有被各国广泛接受的统一的河水合理利用国际标准,需要各河流沿岸国通过条约解决。虽然我国和俄罗斯是很多国际环境条约的成员方,但是双方至今都不是某个河流环境保护条约的成员方,中国也未与俄罗斯签订有关河流环境保护条约。因此,一些学者认为,中国即使对俄罗斯产生环境污染损害,也不会产生条约法律责任。但是,另外一些学者指出,国家的环境主权与不损害国外环境作为国际环境法的一项习惯法规则,被1972 年《人类环境宣言》、1992 年《里约环境与发展宣言》和所有重大的

---

① 参见常纪文《从松花江污染事件反思我国的环境法律》,载李林、冯军、王敏远等主编:《中国法治发展报告》,社会科学文献出版社 2007 年版。

② 同上。

③ 如在饮用水环境质量标准方面,我国关于苯和硝基苯的严格程度恰好与俄罗斯相反。

环境条约广泛确认，已经成为国际环境法的一项基本原则。因此，根据该原则，中国方面如对俄罗斯产生实质性的污染损害，还是应当负法律责任的。作为负责任的大国，中国外交部长已经"代表中国政府对此次重大环境污染事件给下游的俄罗斯人民可能带来的损害表示歉意"。① 也就是说，一旦损害发生，中国方面是承认负有涉外责任的。紧接着的问题是，如果损害一旦发生，中国方面负有涉外责任的主体究竟是谁？1972 年的《人类环境宣言》信念 21 指出："按照联合国宪章和国际法原则，各国有按自己的环境政策开发自己资源的主权；并且有责任保证在他们管辖或控制之内的活动，不致损害其他国家的或在国家管辖范围以外地区的环境。"1992 年的《里约环境与发展宣言》也有类似的宣示。由于该规则已经成为广泛认可的国际习惯法规则，因此如果污染对俄罗斯造成损害，中国政府应当对其控制不力承担国际法律责任。当然，这并不能否定中国石油天然气集团或者吉林石化最终应承担的所有民事赔偿责任。

五是检察机关在环境民事责任的追究方面到底能否发挥作用？按照我国的宪法规定，人民检察院属于法律监督机关，它有保护国家和公共环境利益、制止污染环境的不法行为的职责，因此，从理论上讲，检察机关具有提起环境民事公益诉讼的资格。《人民检察院组织法》第 4 条肯定了这一点。该条规定："人民检察院通过行使检察权……保护社会主义的全民所有的财产和劳动群众集体所有的财产，保护公民私人所有的合法财产，保护公民的人身权利、民主权利和其他权利……"令人欣喜的是，一些地方出现了检察机关行使环境民事公益诉讼起诉权的案例，如山东省德州市乐陵市人民检察院，针对污染环境的金鑫化工厂，于 2003 年 4 月 22 日提起环境民事公诉，请求法院判决停止侵害、排除妨碍、消除危险。同年 5 月 9 日，乐陵市人民法院作出判决，要求金鑫化工厂自行拆除污染设施、停止侵害、消除妨碍、消除危险。② 但是，这类环境司法的新实践，由于缺乏具体诉讼法规定的明确支持，③ 并不具有"先例"的作用，没有得到司法界的推广。究其原

---

① 参见《李肇星约见俄驻华大使通报松花江水质污染情况》，http：//news. xinhuanet. com/ world/2005 - 11/26/content_ 3839672. htm。

② 参见别涛《生态整治恢复的法律问题研究》，http：//www. lrn. cn/economic/environmenteco/ 200611/t20061123_ 5731. htm。

③ 如《民事诉讼法》第 15 条规定的"机关、团体、企业事业单位对损害国家集体和个人民事权益的行为，可以支持受损害的单位或个人向人民法院起诉"，仅是支持起诉制度而非代表起诉制度。

因，主要还是缺乏立法的明确规定。另外，大多数检察机关也不愿意介入环境污染这样的涉及利益面广的敏感案件。

上述问题的解决，在实行成文法制度的中国，不可能通过判例来解决，只能通过创新和完善我国环境责任立法来解决。

二、周边国家环境民事责任发展的基本概况

2005 年的松花江污染事件对我国的环境保护国际形象产生了很大的冲击，周边国家也因此加强了对中国环境污染的警惕。在今后的二三十年，我国的人口总量将继续保持增长的态势。为了满足人民群众不断增长的物质和文化需要，缩小与发达国家的经济发展差距，今后的二三十年，我国的发展压力仍然会非常巨大。这就需要进一步发展具有高环境污染风险的工业生产。由于一些国有和民营企业的设备老化，管理不科学，地方环保部门监管不到位，难免会继续发生一些重大甚至特大的跨国大气、水、海洋等污染事件。为了使我国政府今后能自如地应对跨国环境污染事件，在谈判中知晓对方环境立法和立场，目前，进一步加强周边国家的环境损害赔偿法律与实践是非常必要的。

俄罗斯的联邦宪法把环境信息权和环境损害赔偿权确立为公民的基本权利。环境损害和标准密切相关，俄罗斯的环境标准分类复杂，既包括联邦标准，还包括联邦各主体的标准，分类非常细，包括自然保护标准，环境质量标准、允许的环境影响标准、允许的人为环境负载标准、物质和微生物允许排放标准、工艺技术标准、物质和微生物的最高容许浓度标准、允许的物理影响标准、污染物和微生物的排放限额等。标准的规定有的比我国严格，有的比我国宽泛。俄罗斯的环境损害赔偿责任的构成要件包括：有生态损害发生；有生态破坏行为；生态破坏行为与生态损害事实之间有因果关系；不需要主观上有过错。环境损害赔偿的处理方式有和解、仲裁、诉讼等方式。为了追究国外对俄罗斯环境损害的赔偿责任，《俄罗斯联邦环境保护法》规定，联邦各主体国家权力机关和公民有权向法院提起环境损害赔偿诉讼。环境损害赔偿不仅要赔偿直接经济损失，还赔偿间接经济损失和精神损失。赔偿的标准还有专门的计算表和方法。

日本对环境损害的权利救济不仅规定有一般的民事法律，还制定了《公害纠纷处理法》等专门法律。大气、水、海洋等环境质量标准和污染物排放标准非常严格，涵盖的污染物质范围比较广泛。环境民事损害赔偿责任的构成要件包括：无过错原则仅适用于人身损害，财产损害仍然适用过错原

则；在客观方面，日本的判例确立了"忍受限度"理论，即人们可以忍受某种伤害，如果那些伤害超过了忍受的限度，无论加害者是否设置了相当的设备、履行了应有的注意义务，受害者都可以采取法律行动；可以通过盖然性说、间接反证说和疫学因果关系来推定或者认定损害行为和损害后果之间的因果关系。在环境损害纠纷的处理上，不仅规定了司法途径，也规定了行政途径。环境污染纠纷行政处理的形式有斡旋、调解、仲裁和裁定四种。污染者承担的费用包括污染防治费用、环境复原费用和被害救济费用。被害救济费用侧重于人身损害赔偿的救济范围，环境损害赔偿包括财产损害赔偿、物件损害赔偿和精神损害赔偿。其中，财产损害又分为积极的损害、消极的损害和物件的损害。对于在指定地区暴露一定时间且患有指定疾病的人，《公害健康受害补偿法》确立了公害的行政补偿制度。补偿金来源于造成公害的单位交纳的公害征集金、国库支付的补助金和都道府县支付的补助金。

　　韩国不仅制定了规定实体环境民事责任构成要件和赔偿标准的《环境政策基本法》、《大气环境保全法》、《噪音、振动规制法》、《水质环境保全法》、《饮用水管理法》、《废弃物管理法》，制定了规定污染赔偿程序性内容的《环境受害纠纷调整法》和《环境争议解决法》，还制定了处理跨国环境损害纠纷的《关于废物越境转移及其处置的法律》。国家环境标准和自治体环境标准按照内容可以分为大气、水、海洋和固体废物等方面的环境标准，总体上比中国严格。环境污染损害赔偿责任的构成要件包括：环境污染致害人对环境污染受害者承担无过错责任；公众一方在环境损害赔偿诉讼中也应当承担一定的举证责任，向法院请求货币赔偿，也必须向法院出示个人财产损失以及与污染的关联，并且要明确损失的准确数额；排放污染物的行为及其后果之间若存在相当的或然性，法院应当推定其后果是由排放污染物质的企业造成的。受到环境损害的国民既可以通过民事诉讼程序向法院申请消除或禁止环境污染并赔偿损失，也可以按照《环境污染受害纠纷调整法》和《环境争议解决法》的规定提请有关责任机关作出斡旋、前期调解、调解和仲裁等行政处理。韩国的环境争议行政解决制度还为集团诉讼提供了两种具体的操作模式，即代表调解和第三方调解。在这种诉讼中，1—3个原告可以代表所有其他受影响的人寻求裁决。这种做法可以征得其他受影响人的同意（代表调解），也可以不征得其他受影响人的同意（第三方调解）。在损害赔偿的范围方面，法律规定，污染者应缴纳防治其污染和恢复已被污染的环境及对受害救济所需要的费用，包括直接损失和间接损失两类。

　　朝鲜的环境损害赔偿责任立法主要见于2000年修正的《环境保护法》。

环境标准包括环境保护限定标准、污染物排放标准、噪声、振动标准等环境保护标准，环境损害赔偿责任的构成要件包括：有损害、破坏、毁损环境的行为；民众身体健康受到损害或者国家、社会团体、公民的财产遭受损失；破坏环境的行为与人民身体健康受到损害或者国家、社会合作团体、公民的财产遭受损失之间有因果关系。污染者承担的环境民事责任的方式主要是赔偿损失。对违反环境保护秩序进行项目建设或者经营工厂、使用运输器材的，责令停止或者撤出有关建筑物、设施，没收被利用于违法行为的物资和资金，责令复原破坏的环境。对于外国船舶或者公民在朝鲜境内进行环境破坏行为的，拘押相关船舶、公民或者责令赔偿损失。

　　蒙古国的环境立法促进自然资源私有化，并对国有和私有两种并存的环境产权予以平等保护。环境污染损害赔偿的规定见于《蒙古国民法典》和《自然环境保护法》、《空气法》和《危险化学品保护法》等立法。环境损害赔偿责任构成要件包括：受害人受有损害；加害人有毁损环境、违反环境法律的行为；加害人的违法行为与受害人的损害之间有因果关系；不存在免除加害人责任的意外事故、不可抗力、受害人故意或疏忽等消极条件；采用危险责任的归责原则，不要求行为人只有在具备了故意或者过失的情况才承担环境损害赔偿责任。损害赔偿的范围包括给自然环境与资源造成的直接损失，还包括应急经费的支出。如果加害行为因违反环境法律导致生态失衡，应赔偿因此而产生自然资源的再生、人口迁移、牲畜、动物从本地迁徙费用。为了鼓励公民履行举报违法者的义务，鼓励执法者严格执法，《自然环境保护法》规定，对于举报属实、揭发属实、协助揭发违法行为的公民，及查获有关违规现象的国家监察员、环保人员和专业监督机构，政府予以奖励；如果国家监察员、环保人员和专业监督机构不依法查处违规现象，予以罚款。

　　印度环境损害赔偿责任的立法包括《水（污染防治）法》、《大气（污染防治）法》、《环境保护法》、《公共责任保险法》。环境损害赔偿责任采用无过错责任原则，环境损害赔偿的类型有财产赔偿和非财产赔偿，范围包括直接损失、间接损失、精神损失及其他损失。为了保证污染受害者得到充分的赔偿，《公共责任保险法》设立了环境责任保险，根据责任人是国有还是非国有，分别实行普通商务公司实行商业强制保险及政府和国有公司实行保险基金制度两种机制。在环境侵害救济制度方面，印度法规定了强制执行诉讼、公民诉讼和集团诉讼三种司法救济模式。值得注意的是，印度是第一个自美国引入公益诉讼制度的国家，按照规定，任何人都可以对损害公共环境的人提起环境民事诉讼。

松花江污染事件是我国发生的典型跨国污染，它反映了一系列国际环境法律问题，为此，我们要在国家责任、国际责任及包括适当排污权在内的中国发展权方面加大研究和国际谈判的力度，在了解周边国家的环境标准的基础上研究环境损害赔偿责任的追究条件、赔偿标准和环境司法制度。此外，在与周边国家进行河流污染防治的合作谈判时，可就"环境损害"的定义、构成条件、范围和诉讼时效进行谈判，并要求对方提供全面的相关立法资料。

三、我国环境民事责任立法近期发展的亮点

为了预防和应对类似于松花江污染事件的环境污染事件，新修订的《水污染防治法》在环境民事责任方面，既继承了以前法律创设的一些好制度，又借鉴周边国家的相关经验作出了一些重大的创新。继承和创新的一个明显进步之处在于，立法者既强调科学发展观的指导地位，又强调了保护弱势群体、促进社会和谐的重要性。虽然存在一些争论，但是总的来说，水污染环境民事责任的设置是符合中国的国情和执政党的执政理念的。《水污染防治法》在新修订时，除了继续坚持环境污染损害的无过错责任原则外，在环境污染民事责任立法方面，体现了以下几个亮点：

一是民事纠纷的举证责任更加明确。该法第 87 条规定："因水污染引起的损害赔偿诉讼，由排污方就法律规定的免责事由及其行为与损害结果之间不存在因果关系承担举证责任。"该条的设置实际上参照了 2001 年《最高人民法院关于民事诉讼证据的若干规定》第 4 条第 3 项、2004 年《固体废物污染环境防治法》第 86 条关于环境污染民事纠纷处理的规定。

二是规定了共同诉讼、支持诉讼和法律援助制度。关于共同诉讼和支持诉讼，该法第 88 条规定："因水污染受到损害的当事人人数众多的，可以依法由当事人推选代表人进行共同诉讼；环境保护主管部门和有关社会团体可以依法支持因水污染受到损害的当事人向人民法院提起诉讼。"关于法律援助制度，该法规定："国家鼓励法律服务机构和律师为水污染损害诉讼中的受害人提供法律援助。"

三是规定了监测证据取得的方法和程序。该法借鉴了《固体废物污染环境防治法》第 87 条关于监测证据取得的规定，在第 89 条提出："因水污染引起的损害赔偿责任和赔偿金额的纠纷，当事人可以委托环境监测机构提供监测数据。环境监测机构应当接受委托，如实提供有关监测数据。"

四是为防止环境保护等行政主管部门过多地卷入民事纠纷，进一步明确了它们的污染民事纠纷处理职责。1996 年修订的《水污染防治法》规定："赔偿责任和赔偿金额的纠纷，可以根据当事人的请求，由环境保护部门或者交通部门的行政机关处理；当事人对处理决定不服的，可以向人民法院起诉。当事人也可以直接向人民法院起诉。"在具体的实践中，一些人认为"处理"具有具体行政行为的性质，便经常发生对处理决定不服提起行政诉讼的事情。这种对法律条文的误解加重了环境保护等行政主管部门的应诉负担。为此，新修订的《水污染防治法》对有关机关的处理职责明确为"调解处理"，该法第 86 条规定："因水污染引起的损害赔偿责任和赔偿金额的纠纷，可以根据当事人的请求，由环境保护主管部门或者海事管理机构、渔业主管部门按照职责分工调解处理；调解不成的，当事人可以向人民法院提起诉讼。当事人也可以直接向人民法院提起诉讼。"

四、我国环境民事责任近期发展的难点

在《水污染防治法》的新修订审议之中，很多人大常委会委员提出了加强受害者环境、经济和人格权益的民事法律保障机制的建设，这涉及民事法律责任制度的创新问题。创新必然带来观念与利益的冲突，因此各方面的意见分歧比较明显。

（一）不可抗力是否免责的情况

1996 年修订的《水污染防治法》第 56 条规定："完全由于不可抗拒的自然灾害，并经及时采取合理措施，仍然不能避免造成水污染损失的，免予承担责任。"在新修订《水污染防治法》时，一些专家认为，这条规定对受害者不公平，因为即使是不可抗拒的自然灾害发生作用，但是没有企业的排污行为，也就没有受害者的利益损害结果。他们要求对这条进行修改。专家们在研究美国的《清洁水法》和《超级基金法》、欧盟的《环境责任指令》、德国的《环境责任法》、加拿大的《环境保护法》、瑞典《环境保护法》和《环境损害赔偿法》、日本的《水污染防治法》、蒙古的《民法典》和《自然环境保护法》、俄罗斯的《联邦环境保护法》、印度的《公共责任保险法》等代表性的立法之后，这些国家基本上都把不可抗力作为排污企业及其保险公司免责的情形，也就是说，我国 1996 年修订的《水污染防治法》第 56 条之规定是符合世界的立法惯例的。不过专家们指出，上述国家虽然没有强调排污企业及其保险公司免责在不可抗力情况下的损害赔偿责任，但是强调了国家社会安全保障作用。这些国家的政府通过组建补偿基金、政府财政资金援助和社会补偿等形式来加强对受害者的补偿。于是这部分专家指出，应当在修订《水污染防治法》时，也纳入这项制度。但是另外一些专家指出，我国政府对包括污染受害的受灾群众实行救助已经很多年了，有了比较成熟的政策机制，没有必要在该法中规定法律机制。这一观点得到立法机关的采纳。于是新修订的《水污染防治法》规定："由于不可抗力造成水污染损害的，免予承担赔偿责任；法律另有规定的除外。"该条中，不可抗力实际上就是1996年修订的《水污染防治法》第56条规定的"完全由于不可抗拒的自然灾害，并经及时采取合理措施，仍然不能避免造成水污染损失"的情形。由于一些国际环境条约规定了核材料水上运输的绝对无过错责任，即核污染损害是由不可抗力引起的，有关主体也要承担民事赔偿责任。因此，该条规定了"法律另有规定的除外"的限制条件。

（二）受害人的行为导致损失的情况

1996年修订的《水污染防治法》第55条规定："水污染损失由受害者自身的责任所引起的，排污单位不承担责任。"在专家座谈会上，所有的专家认为，这条规定对受害者不公平，如农民在不知情的情况下，把表面无异常的河、沟、渠、湖泊水引进农田，最终造成损害。由于农民是通过自己的行为引进污水最终受害，依照该条的规定，则无法拿到赔偿，而且一些专家还举了实际发生的一些案例。一些专家还指出，一些基层法院在审理中还基于"农民引进表面无异常的污水进行灌溉或者养殖应当事先监测而没有监测"的荒唐理由判决农民败诉。针对这一行为，最高人民法院的法官们在专家会上指出，法院不能为无辜的私法主体施加额外的义务，这种判决不合理。基于此，专家们提出，水环境监测的责任在于地方环保部门和排污企业，如果他们没有公告或者提醒，一方面说明地方环保部门和排污企业有过错，另一方面说明水是可以为农民引用的。在这种情况下，农民引用水的无过错行为造成了自身的损害，则由排污方承担民事责任。该观点得到了新修订的《水污染防治法》的采纳，该款规定："污染损害是由受害人故意造成的，排污方不承担责任。"该条有值得寻味的地方，即该款还规定"水污染损害是由受害人重大过失造成的，可以减轻排污方的赔偿责任"，实际上加重了排污企业的监管义务和法律责任。按照该款的规定，污染损害如由受害人的轻微过失造成的，排污企业应当承担全部责任；污染损害如由受害人的重大过失造成的，排污企业应当承担一定的责任。绝大多数学者认为，该规定是对中国也是对世界环境法律责任理论和实践的一大突破。

（三）第三人的行为导致损失的情况

1996 年修订的《水污染防治法》第 55 条规定:"水污染损失由第三者故意或者过失所引起的,第三者应当承担责任。"在专家座谈会上,专家们认为,这条规定与美国的《清洁水法》和《超级基金法》、欧盟的《环境责任指令》、德国的《环境责任法》、加拿大的《环境保护法》、瑞典《环境保护法》和《环境损害赔偿法》、日本的《水污染防治法》、蒙古的《民法典》和《自然环境保护法》等国外典型立法关于"第三人"责任的规定是一致的,但是在中国,很多情况下第三人故意或者过失造成环境损害但无力赔偿的情况时有发生,而目前社会安全保障的法制机制不健全,因此,受害人的权益得不到保障或者得不到充分的保障。为了充分地保护受害者的利益,一些专家提出,第三人的危害行为得逞往往和排污企业的内部监控和巡查机制不健全有关,因此,应当建立排污企业和第三人的连带责任,即"水污染损害是由第三人故意或者过失造成的,排污方承担赔偿责任后,有权向第三人追偿"。这些专家认为,如果这样规定,则进一步强化了企业的内部监控义务,是对中国环境民事责任制度的又一大创新。不过,一些传统的民法专家和环境法专家持反对态度,他们认为,这种连带责任的主张虽然有利于保护受害者的利益,却不利于保护排污企业的利益,不符合传统民法的原理,主要是因为第三人和排污者之间既不会事先签署环境侵权连带责任约定的合同,也不会对其共同污染侵权行为的受害者负责。立法机关突破传统的法理,作出创新性的规定,其促进社会和谐、克服地方保护主义和保护社会弱者的良苦用心可想而知。一些法学学者进而作出原因分析:以往,国家所有制的企业在国家经济成分中占主要地位,法律从重处罚违法企业实质上主要是针对国有企业,因此法律作出一定的让步,而现在,非国有经济的企业在国家经济成分中占有很大的比重了,而且污染也占很大的比重,不加大所有企业的环境责任,则水污染问题不可能得到真正解决。《水污染防治法》的这次修订,有利于调整产业结构,把一些不利于环境保护的企业淘汰出局。

（四）排污方和受害人的混合过错导致损失的情况

1996 年修订的《水污染防治法》没有规定排污方和受害人的混合过错导致损失如何处理的情况。在专家座谈会上,专家们共同认为,《民法通则》、《环境保护法》、《水污染防治法》规定的环境污染无过错责任原则并不排除过错责任。一些专家指出,如果受害人的故意损害行为和排污方的过错共同导致损害的发生,可以考虑由双方分担损失。这种观点得到了广泛的认可。但是一些学者认为，这种观点虽然合理，但已被《民法通则》明确采纳了，没有必要再专门作出规定。《水污染防治法》考虑到了这种情况，在通过的版本中没有规定混合过错情况下的污染损害责任。

第二节　环境行政责任发展之考察

松花江污染事件反映了我国环境行政责任立法的很多问题，比较典型的问题包括三个方面：一是行政责任的追究规定不明确，不具体，每个立法的规定都很含糊，难以落实到位，难以杜绝地方政府庇护违法企业的现象。二是罚款的数额很低，最高才100万元，对大企业的威慑力差，解决不了"守法成本高、违法成本低"的问题。三是如何把企业工作人员的行政处罚责任和企业的环境行政处罚责任挂起钩来，立法缺乏规定。此外，其他的一些问题，也需要立法予以解决。松花江污染事件发生之后，有关机关和部门对这些问题进行了思考和调研，也采取了一些立法措施。

一、现有行政责任规定的具体化

2006年2月20日，监察部和原国家环境保护总局联合发布了《环境保护违法违纪行为处分暂行规定》（以下简称《暂行规定》），对环境保护领域的行政责任作出了明确化和具体化的努力。《暂行规定》颁布后，两个部门组织了几次联查联办，并宣布了一些限期督办案件，收效很明显。

关于环境行政责任，1989年的《环境保护法》和其他的环境法律法规都有一定程度的规定，如《环境保护法》第45条规定："环境保护监督管理人员滥用职权、玩忽职守、徇私舞弊的，由其所在单位或者上级主管机关给予行政处分；构成犯罪的，依法追究刑事责任。"其他专门性的环境法律，也有类似的规定，如1996年的《水污染防治法》第58条规定："环境保护监督管理人员和其他有关国家工作人员滥用职权、玩忽职守、徇私舞弊的，由其所在单位或者上级主管机关给予行政处分；构成犯罪的，依法追究刑事责任。"2002年的《环境影响评价法》第35条规定："环境保护行政主管部门或者其他部门的工作人员徇私舞弊，滥用职权，玩忽职守，违法批准建设项目环境影响评价文件的，依法给予行政处分；构成犯罪的，依法追究刑事责任。"但是由于这些立法和其他的环境法律法规没有全面、具体地规定责任主体、责任形式、责任的追究者、责任的追究程序等问题，因此不具有可操作性。1997年的《行政监察法》虽然也可以适用于环境行政违法行为，但是由于它适用面广，而且环境行政违法行为具有违法背景复杂、表现形式多样、违法程度不同、涉及环境监管部门的配合等特点，因此，难免出现法律责任主体不明确、责任追究的事项范围不具体、责任追究程序不完善等问题，也难以达到应有的查处效果。基于此，《环境保护法》第 16 条规定的"地方各级人民政府，应当对本辖区的环境质量负责"难以落实。

《暂行规定》是在《行政监察法》、《环境保护法》和其他环境法律有关环境行政责任规定的指导下制定的，规定了责任主体的范围、责任的形式、责任的承担条件、责任的追究主体、责任的追究程序、环保与监察行政机关责任追究行为的协调等原有立法所没有规定或者规定不明确的内容。综合全文，《暂行规定》不仅把现行环境法律法规中所列举的各种环境违法行为进行了集中，还对环境法律法规没有专门规定的"制定或者采取与环境保护法律、法规、规章以及国家环境保护政策相抵触的规定或者措施，经指出仍不改正"、"国家行政机关及其工作人员为被检查单位通风报信或者包庇、纵容环境保护违法违纪行为"等行为作出了处罚规定。因此，《暂行规定》的出台，既堵塞了对原有环境违法行为进行查处时无法可依的漏洞，又使得环境行政责任的追究有法可依，有程序可循。在此立法背景下，几批联查联办案件的及时确定，表明了国家认真实施《暂行规定》的决心和信心。

2000 年以来，一些地方，如山西忻州，出台违反环境保护法律法规的"土政策、土规定"，经多次纠正，却收效甚微。影响极其恶劣。在我国，环境保护是政府主导、多方参与的事业。如果地方政府违反环境保护法律法规制定"土政策、土规定"，那么将对地方的环保事业产生灾害性的影响。笔者认为，一些地方之所以出台这些"土政策、土规定"，除了出于发展本地经济、提高本地就业率的考虑外，还包括以下四个方面的原因：一是绿色GDP 制度没有真正得到建立，地方政府的环境保护目标责任制难以真正落实。基于此，一些地方政府在地方经济增长的压力面前就不那么重视环境保护问题甚至反对环境保护。二是很多"土政策、土规定"是由地方政府集体研究决定的，而我国目前追究集体责任的法律制度不完善，因此，一些地方行政首长基于"法不责众"的心态来公开违背国家法律法规的规定制定"土政策、土规定"。三是一些地方的国家机关工作人员或者其亲属和环境污染或者生态破坏的企业有着复杂的关系甚至不合法的经济利益关系。四是区域环境损害责任追究机制不健全，放任了上游的企业污染中游和下游区域的现象。这些地方拒不纠正违法"土政策、土规定"的行为，既属于《暂行规定》第 4 条第 1 项规定的"拒不执行环境保护法律、法规"的情形，也属于《暂行规定》第 4 条第 2 项规定的"制定或者采取与环境保护法律、法规、规章以及国家环境保护政策相抵触的规定或者措施，经指出仍不改正"的情形。对于这种行为，应当按照该条之规定追究违法者的行政责任。

目前，环境保护中有令不止现象很普遍，原因在于现有的环境行政责任追究机制不完善，已有的环境行政责任规定没有得到很好的实施。为了解决第一个问题，《暂行规定》完善了责任主体的范围、责任的形式、责任的承担条件、责任的追究主体和追究程序等规定，使环境行政责任制度实施起来具有可操作性。为了解决第二个问题，《暂行规定》在第 7 条第 1 项对不依法追究环境行政责任的行为规定了不作为的行政责任。为了追究不作为的行政责任，克服各地方轻环境保护的现象，原国家环境保护总局和国家监察部联合采取了挂牌督办的举措。该项措施的出台，对《暂行规定》的贯彻落实，已经起了非常重要的作用。

二、环境行政法律责任的最新发展

针对松花江污染事件和其他水污染事件的教训和经验，2008 年 2 月全国人大常务委员会修订了《水污染防治法》，新的《水污染防治法》对现有的环境行政责任作出了如下主要的创新：

一是确定了限期治理的时限、要求和后果，防止地方人民政府无限期延展限期治理时限的现象。1996 年修订的《水污染防治法》和 2000 年的《水污染防治法实施细则》均没有规定限期治理的时限，给一些地方政府实施地方保护主义留下了法律空间。为此，新修订的《水污染防治法》第 74 条第 2 款堵塞了这一漏洞，规定限期治理的期限最长不超过一年。关于限期治理期间的要求，该款规定，"限期治理期间，由环境保护主管部门责令限制生产、限制排放或者停产整治"。关于限期治理的消极后果，该款还规定"逾期未完成治理任务的，报经有批准权的人民政府批准，责令关闭"。

二是引进了行政代履行制度。环境保护的行政代履行制度起源于美国，1994 年被我国的《固体废物污染环境防治法》首次引进，建立了危险废物的代为处置制度。实践证明，这一制度效果不错，为此，立法机构认为有必要扩大它的适用范围。该制度也被纳入新修订的《水污染防治法》。新修订的《水污染防治法》建立了水污染行政代治理制度和违法设施的代拆除制度。按照该法的规定，水污染行政代治理具有如下五个特点：其一，首先由环保等行政主管部门对违法者依法作出"责令限期采取治理措施，消除污染"的决定;其二,违法者不按要求采取治理措施或者不具备治理能力;其三,代为治理污染的单位由环保等行政主管部门指定;其四,接受委托代为治理污染的单位有能力进行治理;其五,代为治理所需的全部费用由违法者承担。按照该法的规定,违法设施的代拆除制度具有如下五个特点:其一,首先由可以调动公安等强力部门的县级以上地方人民政府而不是环保等行政主管部门对违法者依法作出"责令限期拆除"的决定;其二,违法者逾期不拆除违法设施;其三,地方人民政府应当组织公安、环保等部门的力量,强制拆除;其四,强制拆除所需的全部费用由违法者承担。其五,和《固体废物污染环境防治法》的规定相比,新修订的《水污染防治法》对环境保护的行政代履行制度规定得更加具体、明确。

三是提高了罚款的数额标准,并取消了部分罚款的数额上限。2000年的《水污染防治法实施细则》把罚款幅度定为2000元以下、1万元以下、2万元以下、5万元以下、10万元以下、20万元以下、应缴排污费数额50%以下、按照水污染直接损失的20%计算罚款(但最高不得超过20万元)、按照重大水污染事故直接损失的30%计算罚款(但最高不得超过100万元)、100万元以下的罚款几类,在新的形势下,显得宽严不济,不利于环境保护。为此,新修订的《水污染防治法》把罚款幅度定为500元以下的罚款、2000元以上2万元以下的罚款、5000元以上5万元以下的罚款、1万元以上10万元以下的罚款、2万元以上10万元以下的罚款、2万元以上20万元以下的罚款、5万元以上20万元以下的罚款、5万元以上50万元以下的罚款、10万元以下的罚款、10万元以上50万元以下的罚款、50万元以上100万元以下的罚款、处上一年度从本单位取得收入的50%以下的罚款、处应缴纳排污费数额1倍以上3倍以下的罚款、处应缴纳排污费数额2倍以上5倍以下的罚款、按照水污染事故造成的直接损失的20%计算罚款、按照水污染事故造成的直接损失的30%计算罚款几类。最轻的为500元以下的罚款,最高的仅规定按照水污染事故造成的直接损失的30%计算罚款上限,而没有规定具体的数额上限。可见,罚款的上限远比2000年的《水污染防治法实施细则》规定的要严厉得多。处罚类别的多元化和罚款数额幅度的加大,体现了我国水污染执法所面临的复杂和严峻局面。

四是对环境行政违法行为,如长期超标排放水污染物的行为、故意偷排废水的行为等,引入按照违法次数和违法时间累计计算罚款的制度。大部分学者认为这一制度的引进,在现有的水环境保护状况下很有必要,但遭到一部分官员和学者的反对。反对者认为,过分强调罚款,会扩大一些追求权力寻租的地方环保部门的财路，进一步刺激用罚款来养活环保部门职工的现象，使本应关闭的企业得不到及时关闭。这两种观点均有其合理性。为了把国外的按照违法次数和违法时间累计计算罚款的制度本土化，即既体现罚款累计的制度，又克服地方环保部门漫天罚款的现象，新修订的《水污染防治法》建立了按照应缴排污费计算罚款的制度，主要包括两种情况：其一，对于违反该法规定，不正常使用水污染物处理设施，或者未经环境保护主管部门批准，拆除、闲置水污染物处理设施的，由县级以上人民政府环境保护主管部门"处应缴纳排污费数额一倍以上三倍以下的罚款"。其二，违反该法规定，排放水污染物超过国家或者地方规定的水污染物排放标准，或者超过重点水污染物排放总量控制指标的，由县级以上人民政府环境保护主管部门按照权限责令限期治理，"处应缴纳排污费数额二倍以上五倍以下的罚款"。

五是把刑法处罚的双罚制度引入到行政处罚领域，对违法企业及其责任人员都作了行政处罚，遏制企业人员盲目听从企业所有者和管理人员的现象。新修订的《水污染防治法》规定："企业事业单位违反本法规定，造成水污染事故的，由县级以上人民政府环境保护主管部门……处以罚款……对直接负责的主管人员和其他直接责任人员可以处上一年度从本单位取得收入的百分之五十以下的罚款。"

六是把一些违法行为纳入治安管理处罚的范围。目前，就经济成本而言，违法成本低、守法成本高已经成环境保护领域的普遍现象，基于此，很多企业的负责人不怕罚款。但是他们害怕拘留。为此，新修订的《水污染防治法》在第90条之中对一些既违反水污染防治法律规定，又危害公共安全触犯《治安管理处罚法》规定的故意行为，规定了包括治安拘留在内的行政处罚对接适用措施，即"违反本法规定，构成违反治安管理行为的，依法给予治安管理处罚"。环境保护部门、法官、学者和企业代表们广泛认为，该条的实施，可以很大程度地遏制环境违法行为。

此外，《水污染防治法》在新修订时，把原国家环境保护总局相当重视的区域和流域限批制度法定化了，如该法规定："对超过重点水污染物排放总量控制指标的地区，有关人民政府环境保护主管部门应当暂停审批新增重点水污染物排放总量的建设项目的环境影响评价文件。"该项规定，有利于消除一些人对目前实践中实行的区域和流域限批制度不合法的误解。

《水污染防治法》的立法经验得到法学界的普遍认可。目前我国正在修订《大气污染防治法》。根据笔者参加该项工作的感受，无论是全国人大常务委员会还是环境保护部，都倾向于参考《水污染防治法》的模式设计大气污染防治行政法律责任。之所以这样，一方面，可以体现法律责任创新的普遍性；另一方面，也可以减少《大气污染防治法》修订稿通过的难度。

第三节　环境刑事责任的发展

为打击环境污染刑事犯罪，1997 年的《刑法》在第 6 章第 6 节"破坏环境资源保护罪"中设置了第 338 条、第 339 条和第 408 条共三条。按照 1997 年最高人民法院《关于执行〈中华人民共和国刑法〉确定罪名的规定》的设定，《刑法》第 338 条设立的是重大环境污染事故罪，第 339 条设立的是非法处置进口的固体废物罪和擅自进口固体废物罪，第 408 条设立的是环境监管失职罪。按照这三条的规定，"重大环境污染事故罪"属于结果犯，必须以"造成重大环境污染事故"为前提；"非法处置进口的固体废物罪"属于行为犯罪，即只要有第 339 条第 1 款规定的违法行为即构成犯罪，如果造成了重大环境污染事故，则产生结果加重处罚的情形；擅自进口固体废物罪也属于结果犯罪，也必须以"造成重大环境污染事故"为前提。

对于上述犯罪中的行为犯，只要行为人作出了刑法所指出的违法行为即负刑事责任，司法机关容易认定。但是对于结果犯，其认定却有一定的难度。因为《刑法》第 338 条、第 339 条和第 408 条设置了"致使公私财产遭受重大损失"、"人身伤亡的严重后果"、"严重危害人体健康"、"后果特别严重"四个定罪量刑的标准，而这些标准本身就很模糊，不同的检察官和不同的法官可能会有不同的理解，不具有可操作性，这会影响《刑法》"罪刑法定"原则的实施。基于这个原因，加上近些年各地普遍出现的环境地方保护主义，致使很多地方出现的严重污染环境的犯罪行为没有得到有效的打击，进而导致区域和流域生态环境质量出现持续恶化的现象，人民群众的财产、人身权利和法律所认可的环境权益得不到有效的保护。这既不符合中央提出的建设环境友好型社会的要求，也不利于和谐社会的有效建立。为此，最高人民法院于 2006 年 7 月 21 日公布了《关于审理环境污染刑事案件具体应用法律若干问题的解释》（自 2006 年 7 月 28 日起施行，以下简称"解释"）。"解释"共五条，综观全文，可以归纳出如下特点：

一是采用了列举和概括相结合的界定方法，具有一定的可操作性。由于环境污染行为多种多样，所造成的危害形式也多种多样，因此，为了增强可操作性，立法一般采取列举式的界定方法是必要的。"解释"也采取了这种方法。"解释"在第1条列举了《刑法》第338条、第339条和第408条所规定的"公私财产遭受重大损失"的三类情形，在第2条列举了《刑法》第338条、第339条和第408条所规定的"人身伤亡的严重后果"或者"严重危害人体健康"的三类情形，在第3条列举了《刑法》第338条、第339条所规定的"后果特别严重"的七类情形。这些列举还提出了具体的数据，如"公私财产遭受重大损失"的情形包括：公私财产损失30万元以上；致使基本农田、防护林地、特种用途林地5亩以上，其他农用地10亩以上，其他土地20亩以上基本功能丧失或者遭受永久性破坏的；致使森林或者其他林木死亡50立方米以上，或者幼树死亡2500株以上等。由于具体的列举可能挂一漏万，所以，"解释"在第2条的第3项和第3条的第7项设立了概括式的列举方法，如第2条第3项把"其他致使'人身伤亡的严重后果'或者'严重危害人体健康'的情形"也作为第338条、第339条和第408条规定的"人身伤亡的严重后果"或者"严重危害人体健康"的情形对待。

二是明确了"公私财产"的损失范围。环境污染事故一旦产生，便有进一步扩大的危险。如果不采取有效的事故应急和污染消除措施，必然会进一步侵犯国家、社会、其他单位和个人的合法环境权益与财产权益。也就是说，政府、其他单位和个人依据职权或者主动、被动采取的事故应急和污染消除措施是为了防止环境污染事态的扩大和消除环境污染而采取的。因采取这些措施所发生的费用支出是环境污染导致的，也算是污染所带来的不应有的损失。基于此，"解释"的第4条把污染所造成的直接财产损失及防止环境污染事态扩大和消除环境污染的费用也纳入"公私财产损失"的范围之列。这个做法是符合法理的。在这个背景下，"解释"把"公私财产损失30万元"以上作为"公私财产遭受重大损失"的情形之一。30万元的起点标准对于"群众利益无小事"的执政理念来说，很合理。但是根据目前我国这几年爆发的数量众多的环境污染事件来看，把防止环境污染事态的扩大和消除环境污染的费用算在内，30万元的起点标准意味着，以后各地追究企业环境刑事责任的案例件数会有大幅度的提高。该严格的起点标准和为克服环境地方保护主义而被《国务院关于落实科学发展观加强环境保护的决定》设立的国家环境督察制度结合起来，可以起到有效抑制区域和流域环境质量恶化的现象。

三是对人员伤亡采取了综合性的认定标准。以往的一些立法往往仅把死亡的人数、重伤的人数和轻伤的人数作为追究法律责任或者哪一类别法律责任的条件标准予以并列性的列举，对于一些既有死亡又有受伤或者既有重伤又有轻伤的情形，如何追究法律责任，则出现法律适用空白的现象，很不科学。为此，"解释"克服了这种情形，在第 2 条第 1 项和第 3 条第 5 项采取了综合性的标准。如第 2 条第 1 项把"致使一人以上死亡、三人以上重伤、十人以上轻伤，或者一人以上重伤并且五人以上轻伤"作为第 338 条、第 339 条和第 408 条规定的"人身伤亡的严重后果"或者"严重危害人体健康"的情形对待。

四是认定标准考虑了环境污染及其应急的最新特点。目前的重大环境污染一般发生在大江、大河、居民区边等敏感地带，因此，环境污染往往导致水源经常受污染、传染病在污染区流行等结果，环境污染的应急往往出现居民大批疏散转移等现象。为此，"解释"予以了注意。如第 2 条把"致使传染病发生、流行或者人员中毒达到《国家突发公共卫生事件应急预案》中突发公共卫生事件分级Ⅲ级情形，严重危害人体健康"作为"人身伤亡的严重后果"或者"严重危害人体健康"的情形，第 3 条把"致使传染病发生、流行达到《国家突发公共卫生事件应急预案》中突发公共卫生事件分级Ⅱ级以上情形"作为第 338 条、第 339 条规定的"后果特别严重"的情形来对待。值得指出的是，"解释"引用了《国家突发公共卫生事件应急预案》的分级标准，既科学，又绕开了自己单独制定分级标准可能面临的难题，体现了最高人民法院司法解释的日益成熟性。

五是几类不同主体的刑事责任追究标准同一化了。主要表现为：其一，单位和个人的环境污染刑事责任追究标准同一化了，如"解释"第 5 条规定："单位犯刑法第三百三十八条、第三百三十九条规定之罪的，定罪量刑标准依照刑法和本解释的有关规定执行。"其二，行政管理相对人和环境监管机关及其工作人员的环境污染刑事责任追究标准在"公私财产遭受重大损失"、"人身伤亡的严重后果"、"严重危害人体健康"三个方面同一适用了，这可以从"解释"的第 1 条和第 2 条看出来。

值得说明的是，由于认定有难度，对于造成野生动物伤亡，自然保护区、风景名胜区等特殊区域环境污染的行为，对于环境危险行为和多次的环境犯罪行为，如何制定刑事责任的具体追究标准，"解释"没有作出进一步的规定。尽管如此，以上五个特点，还是充分体现了依法保护人权、保障公民环境权益和维护执法公正的要求。可以肯定地说，"解释"的实施，对于进一步发挥《刑法》打击环境污染犯罪，促进环境友好型社会与和谐社会建设的功能，将起相当积极的作用。

　　仅从最高法院司法解释自身的发展来考察，"解释"的出台，上述分析和评价是很客观的。但是如果把它和2006年7月26日最高人民检察院公布的《关于渎职侵权犯罪案件立案标准的规定》（于公布的同日生效，以下简称"规定"）一对照，就会发现，"规定"在环境监管失职的刑事犯罪立案标准方面与"解释"所规定的刑事责任追究标准很不衔接，主要体现在三个方面：一是"规定"把"造成个人财产直接经济损失15万元以上，或者直接经济损失不满15万元，但间接经济损失75万元以上的"作为立案的一个起点条件，但"解释"却把包括直接财产损失及防止环境污染事态扩大和消除环境污染的费用在内的30万元作为刑事责任追究的一个起点条件。二是"规定"和"解释"在人员伤亡、人员中毒、林地损坏、特种用途林地损坏、基本农田以外的耕地损坏或者其他土地的损坏等方面制定的标准也很不协调，甚至严重冲突。如"规定"在人员伤亡方面的立案起点标准为"造成死亡1人以上，或者重伤2人以上，或者重伤2人、轻伤4人以上，或者重伤1人、轻伤7人以上，或者轻伤10人以上"，而"解释"在人员伤亡方面规定的刑事责任追究起点标准为"致使一人以上死亡、三人以上重伤、十人以上轻伤，或者一人以上重伤并且五人以上轻伤"。三是"解释"不仅设置了人员中毒的立案标准，还针对公共卫生事件规定了传染病发生和流行的标准，如"解释"第2条规定："具有下列情形之一的，属于刑法第三百三十八条、第三百三十九条和第四百零八条规定的'人身伤亡的严重后果'或者'严重危害人体健康'：……（二）致使传染病发生、流行或者人员中毒达到《国家突发公共卫生事件应急预案》中突发公共卫生事件分级Ⅲ级情形，严重危害人体健康的……""解释"第3条规定："具有下列情形之一的，属于刑法第三百三十八条、第三百三十九条规定的'后果特别严重'：……（六）致使传染病发生、流行达到《国家突发公共卫生事件应急预案》中突发公共卫生事件分级Ⅱ级以上情形的……"而"规定"仅明确设置了"导致30人以上严重中毒的"的人员中毒立案标准。四是"规定"针对"个人财产直接经济损失"和"公共财产、法人或者其他组织财产直接经济损失"分立了两个不同的标准，与"解释"将公私财产损害标准同一化的做法不一致。

　　以上三个方面的不衔接，必然导致三个结果：一是一些被检察机关低标准立案的环境监管失职刑事案件会被法院认定为不是犯罪。如环境污染事件造成个人财产直接经济损失18万元，按照"规定"，应当立案；可是按照"解释"，却不够追究刑事责任的标准。二是按照"解释"设定的标准本应追究刑事责任的一些环境监管失职案件，因为"规定"没有列出相应的立案标准或者制定了更高的立案标准而最终进不了刑事司法程序。如环境污染毁坏基本农田八亩，按照"解释"规定的刑事责任追究标准，即"致使基本农田、防护林地、特种用途林地五亩以上，其他农用地十亩以上，其他土地二十亩以上基本功能丧失或者遭受永久性破坏"，应当追究刑事责任；可是按照"规定"设置的标准，即"造成基本农田或者防护林地、特种用途林地 10 亩以上，或者基本农田以外的耕地 50 亩以上，或者其他土地 70 亩以上被严重毁坏"，则不应当立案。三是对一些既符合"规定"立案标准也符合"解释"刑事责任追究标准的环境监管失职行为，如何适用刑法，会导致不同的理解。如"解释"指出："具有下列情形之一的，属于刑法第三百三十八条、第三百三十九条规定的'后果特别严重'：（一）致使公私财产损失一百万元以上的……""后果特别严重"属于加重处罚的情形。但是"规定"却把"直接经济损失不满 30 万元，但间接经济损失 150 万元以上"仅作为立案的一个起点条件来对待。

　　这个不同部门之间司法解释严重矛盾的问题不解决，势必严重影响对环境监管渎职侵权犯罪案件的打击。建议最高人民法院和最高人民检察院立足于依法保护人权、保障公民环境权益和维护执法公正的要求，作进一步的沟通和协调。

第七章 借鉴与参考：我国环境纠纷解决机制发展之考察

——美国环境公民诉讼判例法的最新发展及对我国的启示

第一节 美国环境公民诉讼判例法之考察意义

出于法治、权力制约及保护环境和公民环境权益的目的，美国 1970 年的《清洁空气法》和 1972 年的《清洁水法》弥补政府实施环境法的缺陷，[1] 放宽了对环境民事和行政起诉权的限制，在世界上首创了环境公民诉讼制度。[2] 其后，《防治船舶污染法》、《综合环境反应、责任和清除法》、《深水港法》、《深海海床硬矿资源法》、《紧急计划和社区知情权法》、《危险物种法》、《消费产品能源节约计划法》、《海洋保护、研究和避难法》、《天然气管道安全法》、《噪声控制法》、《海洋热能保存法》、《外部大陆架土地法》、《电厂和工业燃料使用法》、《资源保育和恢复法》、《安全饮用水法》、《表面开采控制和开垦法》、《有毒物质控制法》等进一步明确引入和发展了环境公民诉讼制度。[3] 20 世纪 90 年代中期，美国的公民环境诉讼制度就已经非常完善了，并对世界各国的环境公益诉讼立法产生了广泛的影响。一些国家，如英国、加拿大、德国、澳大利亚等，借鉴了美国的环境公民诉讼制度，通过专门立法建立了符合本国国情的公民诉讼或者公益诉讼制度。[4] 不仅如此，欧盟还把美国环境公民诉讼制度的诉前通知要求引进到区域国际环

① See Jeffrey G. Miller, *Citizen Suits: Private Enforcement of Federal Pollution Control Laws*, New York, Wiley Law Publications, 1987, p. 2.

② See Deirdre H Robbins, *Public Interest Environmental Litigation in the United States*, David Robinson and john Dunkley, *Public Interest Perspectives in Environmental Law*, London, John Wiley & Sons, Inc, 1995, p. 5.

③ See Micheael D. Axline, *Environmental Citizen Suits*, Michie, Butterworth Legal Publishers, 1995, p. A – A – 1.

④ See Alan Murdie, *Environmental Law and Citizen Action*, London, Earthscan Publications Ltd., 1993, p. 85.

境法中了,如欧盟委员会发现某成员国违反欧盟环境条例、指令或者决定的要求,可以先发给对象国一份书面通知,要求它在两个月内纠正。如果对象国拒绝采取措施或者答复不令欧盟委员会满意,欧盟委员会则有权采取进一步的行动,把对象国告上欧洲法院。① 可以看出,研究美国环境公民诉讼制度的发展状况,已成为世界民主国家加强环境公民或者公益诉讼立法的必要工作。而对美国环境公民诉讼的研究,深受大陆法系传统影响的中国环境法学者大多倾向于法条研究。美国宪法第 3 条第 2 款规定:"司法权的适用范围包括:由于本宪法、合众国法律和根据合众国权力已缔结或将缔结的条约而产生的有关普通法和衡平法的一切案件……"可见,美国是成文法和判例法相结合的国家。立足于实践而又上升为理论的判例,对立法的创新和发展一直起着非常重要的推动作用,② 如美国联邦最高法院在 1972 年审理"塞尔拉俱乐部诉莫顿案"(Sierra Club v. Morton)时,就把"事实上的"损害范围扩展了,从而放宽了对环境公民诉讼起诉权的限制。③ 因此,仅研究法条,而不结合具体的判例,是难以深入地把握美国环境公民诉讼制度的发展状况的。

中国目前正在修订《环境保护法》和《民事诉讼法》,建立环境公益诉讼制度,以约束环境行政权,对抗企业的经营权,防止行政不作为、滥作为以及行政权力违法寻租的现象,最终达到保护和改善环境、保护公民环境权益的目的,已经成为学界的共识。而这方面的立法,应当参考或借鉴美国的环境公民诉讼制度经验。如果不全面、系统地分析美国的环境公民诉讼判例,是难以提出多少切合实际且富有深度的建议的。我国的一些环境法教科书介绍了 1992 年以前的美国环境公民诉讼判例,并对其基本问题进行了分析。但是,1992 年联合国环境与发展会议以来,国际和各国国内的环境形势发生了巨变,包括美国在内的世界大多数国家关于环境保护的认识和立场发生了很大的变化。这些变化必然要体现在立法和司法之中。因此,全面、系统地考察 1992 年以来的美国环境公民诉讼判例法是必要的。

美国的法院分为联邦和州两个系统,联邦法院分为联邦最高法院、联邦上诉法院和联邦地区法院。联邦上诉法院包括 13 个巡回法庭,负责审理管

---

① See Marco Onida, *Europe and the Environment*, Groningen, Europa Law Publishing, 2004, p. 25.

② See René J. G. H. Seerden, Michiel A. Heldeweg and Kurt R. Deketelaere, *Public Environmental Law in European Union and the United States*, New York, Kluwer Law International, 2002, p. 528.

③ See Micheael D. Axline, *Environmental Citizen Suits*, Michie, Butterworth Legal Publishers, 1995, pp. 1—8.

辖范围内的对地区法院裁判结果不服的上诉案件。联邦巡回法庭的设置也明显有别于行政区域的设置，往往是数个州只设一个巡回法院；根据各州人口多寡、面积大小，设置一至四个地区法院。一审案件一般由地区法院受理。① 各州的法院系统大体可分为州最高法院、州上诉法院和州地方法院三类。由于联邦系统和州系统的法院不具有等级关系，所以，一般来讲，在判例的"先例"约束方面，联邦上级法院的判决一般只对自己和联邦系统的下级法院产生"先例"作用，各州的上级法院的判决一般只对自己和州内下级法院产生"先例"性的约束作用。联邦的判例对州法院的审判，一个州的环境司法判例对其他州的法院审判只具有说服力。② 不过，由于州环境保护的职权是联邦环境立法授权的，因此，适用联邦法律所形成的联邦判例，对州法院的影响是不能小视的。所谓"遵循先例"原则，其基本精神是同类案件相同对待，③ 基本含义是，下级法院受上级法院司法先例的约束，上级法院受自己司法先例的约束。④ 例外情况是出现交叉适用的情形，即联邦适用州的立法或者判例、州适用联邦的立法或者判例、一州审判涉及他州的案子必须引用他州的法律时，"遵循先例"可能出现跨法院系统的情况。值得注意的是，"先例"只是一般的原则，在环境保护、伦理道德、立法等社会、经济和生态因素的"情势"发生变更时，联邦最高法院和各州最高法院，普遍具有推翻其本身以及其下级法院判决的权力。甚至美国的各级上诉法院大多也行使这样的权力。⑤

依据美国宪法州际商务条款的扩大解释，联邦政府行使环境保护的职权，该职权不能由州权力所限制、控制、扩张或者取消；⑥ 美国公民根据联邦环境立法享有广泛的环境权，因此，很多环境公民诉讼的案件就有可能呈交联邦法院系统审理。各州依据联邦宪法的分权规定，根据联邦环境立法和

---

① 参见杜颖《美国司法管辖的复杂性》，http：//www. studytimes. com. cn/txt/2006 – 05/08/content_ 6203204. htm。

② 参见余高能《美国判例法的运作机制》，http：//www. ciapl. com/news. asp？Newsid = 6897&type = 1005。

③ 同上。

④ 参见董茂云《英美两国判例法之比较》，http：//www. legalhistory. com. cn/docc/zxlw_ detail. asp？id = 893&sortid = 10。

⑤ 同上。

⑥ See Deirdre H Robbins, *Public Interest Environmental Litigation in the United States*, David Robinson and john Dunkley, *Public Interest Perspectives in Environmental Law*, London, John Wiley & Sons, Inc, 1995, p. 7.

其他立法的授权，也有自己的环境保护职权；州的公民根据宪法和其他环境法律，也享有州一层次的环境权，因此，很多环境公民诉讼的案件就有可能呈交州内的法院系统审理。尽管中国审判制度所依赖的社会制度和政治基础不同于美国，但美国的环境公民诉讼判例法制度，能够上升为技术层面的理论，该理论是和环境问题的全球性和环境对策的技术性一致的，可以为我们借鉴和参考。基于此，本书既选取了联邦法院系统的判例，也选取了一些州最高法院的判例，希望能够总结出一些规律性的经验，供我国的环境公益诉讼立法参考。

第二节　美国环境公民诉讼制度新近发展的判例法考察

一、诉讼目的的实现途径

美国环境公民诉讼制度的目的，一般来说，是为了保护环境，维护公民和其他法律主体的环境利益、财产利益和人格利益，促进其他法律主体合法、合理地行使自己的权利和权力。[①] 那么，除了传统的途径外，原告还通过哪些非常的途径来实现或者彰显这些目的呢？

（一）通过澄清立法规定或者挑战行政机关的职权来保护自己的利益

对于私人来说，法律无禁止性或者限制性规定即可以做。但是法律的禁止性或者限制性规定有时候不明确，私人因为做出某种自己认为不会得到主管机关查处的行为，而受到指控，他们通过什么样的途径来澄清立法的规定以维护自己的合法权益呢？美国的公民诉讼实际给予了回答，那就是司法审查制度。本书下面来介绍"John A. Rapanos 等起诉美国政府案"（Rapanos v. United States，126 S. Ct. 2208）[②]。

按照《清洁水法》的规定，回填可航行水道要获得许可。由于申请许可证的费用非常高昂，时间一般也长达一到二年，如对于非全国范围的许可申请，不考虑设计费和回填费，仅就申请而言，就平均要花上 788 天的时

---

① See Alan Murdie, *Environmental Law and Citizen Action*, London, Earthscan Publications Ltd., 1993, pp. 85—86.

② See http：//www. lexis. com/research/retrieve/frames? _ m =41041547b8e8a11a0011e859177cb 4e9&csvc = bl&cform = bool&_ fmtstr = XCITE&docnum = 1&_ startdoc = 1&wchp = dGLbVlb-zSkAb&_ md5 =42dd4f107e48e34c4758460c473eb913.

间，要支付 271596 美元的申请费。① 因此，申请者苦不堪言。但是，如果不申请就采取行动，一旦被指控，按照《清洁水法》的规定，就要面临严厉的刑事和民事处罚。

1989 年 4 月，密歇根州一位名叫 John A. Rapanos 的人，在自己拥有的离可航行水道约 11 到 20 英里的地块上，回填三块在雨季经常被雨水渗透的低洼湿地。该湿地和可航行水道是通过人工开挖的排水沟来连接的。管理者——美国工程兵兵团认为，该湿地与河流具有水文学上的联系，应当属于美国的可航行水体，在没有得到许可的情况下，不得回填。本案中，原告遭到美国工程兵兵团的指控，面临 63 个月的监禁和总额为几十万美元的民事罚款和刑事罚金。② 原告不服，于是提起了长达 12 年的刑事和民事诉讼。2004 年，John A. Rapanos 将案件上诉到联邦上诉法院第六巡回法庭。此外，还有一部分人，其拥有的土地与 John A. Rapanos 的类似，他们回填湿地的申请也没有得到美国工程兵兵团的同意，于是也作为原告向地区法院提起公民诉讼。后因对判决不服从，向联邦上诉法院第六巡回法庭提起上诉。在各自的上诉被驳回之后，两个诉讼案的原告分别向联邦最高法院提起上诉。联邦最高法院对这些上诉案件进行了合并审理。联邦最高法院审判庭的大多数法官认为，可航行水体的水体流动一般是永久的、常年的或者连续流动的水体，如海洋、小溪、湖泊等。对于离传统意义上的可航行水体遥远，一般在雨季才有水，只能通过人工开挖的流水沟来断断续续地排放雨水的湿地，不能因为其有人工开挖的小沟渠与河流连接，就纳入可航行水体的范围。最后，联邦最高法院作出撤销原判、发回重新审判的判决。

(二) 通过对联邦机构施压来克服各州环境保护的消极主义现象

经济发展的地方保护主义现象并不只中国具有，美国也有。基于此，美国的联邦环境立法建立了环境执法的授权制度和相对应的收回授权制度，即申请的州符合法律规定的条件，联邦环境保护局就可以授权州行使本应由自己行使的权力。如果得到授权的州不再符合条件，或者无视联邦政府的警告，联邦环境保护局就可以收回授权。从理论上讲，只要联邦环境保护局忠于职责，这种制度模式是可以克服各州的环境保护消极主义现象的。但是，

---

① See http: //www. lexis. com/research/retrieve/frames? ＿ m = 41041547b8e8a11a0011e859177cb4e9&csvc = bl&cform = bool&＿ fmtstr = XCITE&docnum = 1&＿ startdoc = 1&wchp = dGLbVlb-zSkAb&＿md5 = 42dd4f107e48e34c4758460c473eb913.

② See United States v. Rapanos, 235 F. 3d 256, 260 (CA6 2000).

也不排除联邦环境保护机构决策失误,或者具有某种倾向作出错误决策,致使州一级的环境保护消极主义现象抬头。为此,美国的环境立法把目光再次投向公民诉讼制度。而且有趣的是,环境保护民间环境社会团体也乐此不疲地喜欢这一法治手段。我们下面来介绍和分析影响广泛的"野生生命保护组织起诉美国联邦环境保护局案"　(Defenders of Wildlife v. United States EPA,450 F. 3d 394)①。

1972 年通过的《清洁水法》建立了国家污染排放许可制度。该制度授予联邦环境保护局以许可向适航水体排放污染物的权力。②《清洁水法》也规定了州政府可以向联邦环境保护局申请在其地域内执行联邦污染排放许可计划。③ 联邦环境保护局应当对州的申请条件进行审查,如果符合《清洁水法》规定的九个特别的条件,局长应当授权向州政府转移该项权力。按照《清洁水法》的规定,授权作出后,联邦环境保护局应当对州的许可实施情况进行监督。当发现许可不符合九个特别的条件的时候,应当予以警告。如果州不采取更正的措施,联邦环境保护局可以收回授权。④ 1973 年美国通过了《危险物种法》,该法第 7 条规定,任何联邦机构对于它许可的、资助的或者执行的活动,应当确保其不得对濒危物种及其栖息环境产生破坏,或者产生相反的影响或者改变。为此,作出决定的联邦机构应当利用可以获得的科学和商业数据,并得到内阁其他部长(如联邦渔业和野生生物局局长、联邦海洋渔业局局长)的咨询和帮助。被请求的机构首长,如联邦渔业和野生生物局或者联邦海洋渔业局局长应当签署行动是否会对清单中的濒危物种及其栖息环境产生破坏,或者直接或间接产生相反影响或者改变的意见,以及提供这些意见所依赖的基础信息。为此,联邦环境保护局和联邦渔业和野生生物局签订了有关向州转移污染排放许可权力的备忘录。备忘录指出:"联邦环境保护局的注意义务包括考虑转移排放许可权力对水体的影响和对水体中生物物种的影响。"

2002 年 1 月 14 日,亚利桑那州向联邦环境保护局提交转移排放许可权力的申请。联邦环境保护局旧金山区域办公室认为,该转移可能导致对清单

① See http：//www. lexis. com/research/retrieve/frames? _ m = 5eb83b65a1559de03d4750d25d 9674fe&csvc = bl&cform = bool&_ fmtstr = XCITE&docnum = 1&_ startdoc = 1&wchp = dGLbVzz-zSkAt&_ md5 = 44bbeab9e18533aa8d23ec0d96822d5c.

② See 33 U. S. C. § 1342 (a).

③ See 33 U. S. C. § 1342 (b).

④ See 33 U. S. C. § 1342 (c).

中濒危物种及其栖息环境的破坏或者影响，于是向联邦渔业和野生生物局提出咨询要求。联邦渔业和野生生物局位于亚利桑那州的区域办公室表达了严重的保留意见，认为会对一些濒危物种产生影响。联邦环境保护局则认为，自己在作出转移许可决定时，只能关注与水质有关的环境事项，并无其他与水质保护无关的关注濒危物种及其栖息环境的法律职责。由于意见不同，在两个部门协商后，联邦渔业和野生生物局位于亚利桑那州的区域办公室负责人，还是签署了与先前意见不同的同意权力转移的意见。由于因果关系阐述不足，甚至矛盾，该咨询意见进而指出，其他的立法足以保护清单中的濒危物种及其栖息环境，因此，许可权力的转移不会对清单中的濒危物种及其栖息环境产生破坏，或者直接或间接产生相反影响或者改变。由于咨询意见指出：由于咨询要求只针对联邦机构而不针对州政府，因此在许可权力转移之后，没有任何一家联邦机构具有法律上的职责与开发者协商关于污染许可对濒危物种的潜在影响。亚利桑那州狩猎与渔业部的一名官员说，该部门以前与州环境质量部关于排污许可的合作很好，许可权力转移后，他相信并且期待两个部门在濒危物种及其栖息环境保护方面，能够继续这种水平的合作。尽管亚利桑那州环境质量部和土地部没有人做这种评论，该评论意见还是对联邦环境保护局2002年12月作出权力转移的决定起了很大的作用。

2003年野生生命保护组织（Defenders of Wildlife）等社会团体和环境专家针对上述情况提起两个公民诉讼：其一，认为联邦环境保护局的排污许可权力转移决定不当，没有充分考虑决策对濒危物种及其栖息环境的影响，违反了《危险物种法》第7条的规定和《行政程序法》有关不得武断和无常决策的规定，于是向地区法院提起司法审查之诉，后因对自己不利的判决不服，向联邦上诉法院第九巡回法庭提起上诉。其二，认为联邦渔业和野生生物局的咨询意见中的因果关系存在问题，违反了《危险物种法》有关咨询意见的规定，于是向美国联邦亚利桑那州地区法院提起司法审查之诉。地区法院作出了对原告不利的判决，后来原告起诉至联邦上诉法院第九巡回法庭。上诉法院经过审理后，基本同意原告的主张，判决撤销联邦环境保护局的决定，并且将案件发回美国联邦亚利桑那州地区法院重审。

通过上诉案例，可以看出，民间环境社会团体对联邦机构提起司法审查之诉可以更好地预防环境污染和生态破坏问题的产生，也可以更好地预防各州环境执法懈怠现象的发生。

不过，有的时候联邦环境保护局也会依据自己的职权，对州不严格实施环保法律的“地方”保护主义行为采取诉讼上的对抗手段，如下文将介绍的

"东北俄亥俄地区污水处理利益者起诉美国联邦环境保护局案"（Northeast O-hio Reg'l Sewer Dist. v. United States EPA, 411 F. 3d 726)①，就是如此。

（三）通过对环境执法行为进行全过程的公民诉讼监督来促进环境法的实施

在美国，环境公民诉讼的原告享有"私人总检察长"的美誉,② 可见其对环境法实施的作用。现在的美国环境公民诉讼，特别是针对政府和行政机关的诉讼，包括民间环境社会团体在内的原告早已不再满足以前那种零碎的、偶然性的司法监督，通过对一些案例进行分析后发现，民间环境社会团体倾向于对政府和行政机关的违法和失职行为③采取穷追猛打式的公民诉讼监督，即对环境执法行为进行全过程的公民诉讼监督来促进环境判例法的发展，进而促进环境立法的完善和环境立法的实施。下面来介绍和分析一个典型的案例——"塞尔拉俱乐部起诉联邦环境保护局地区负责人 Hankinson 案"（Sierra Club v. Hankinson, 351 F. 3d 1358)④。

在美国，针对固定的点源，《清洁水法》要求其获得环境保护局或者其他机构颁发的国家污染物排放许可证。但是一些非点源式的排放，如农业水污染，就不需要获得该许可。为了克服点源和非点源造成的环境污染，州政府必须按照《清洁水法》的要求做好两件事：一是建立一个"水质受限的断面"清单；二是针对每一个水质受限的断面，规定每个断面每天通过的每种污染物的最高量，即"每日总量负荷"要求。联邦环境保护局负责对这两个实施要求进行审批。如果一个州没有按照《清洁水法》的要求履行职责，联邦环境保护局就义务代替州政府履行建立"水质受限的断面"清单和规定"每日总量负荷"的职责。⑤ 立法规定的"水质受限的断面"清

---

① See http：//www. lexis. com/research/retrieve/frames?　_ m = 6e3781be176295510a49fe9884584 c60&csvc = bl&cform = bool&_ fmtstr = FULL&docnum = 1&_ startdoc = 1&wchp = dGLbVzb-zSkAb&_ md5 = e1c86d63f5059009cb21a9cea18ff22b.

② See Jeffrey G. Miller, *Citizen Suits：Private Enforcement of Federal Pollution Control Laws*, New York, Wiley Law Publications, 1987, p. 1.

③ 对失职行为的证明的取证一般要通过正式渠道获取，但有时候，法院也认可不通过正式渠道获取的符合《信息自由法》的证据。See Micheael D. Axline, *Environmental Citizen Suits*, Michie, Butterworth Legal Publishers, 1995, p. 3 - 1, 3 - 2.

④ See http：//www. lexis. com/research/retrieve/frames?　_ m = 0e734bf61449da8b6a9b6e5be47a3c 3b&csvc = bl&cform = bool&_ fmtstr = FULL&docnum = 1&_ startdoc = 1&wchp = dGLbVlb-zSkAb&_ md5 = c805eefd861243fb14f21f364e98a0bb.

⑤ See Sierra Club v. Meiburg, 296 F. 3d 1021, 1024—27 (11th Cir. 2002).

单建立截止日期为 1979 年，但佐治亚州政府直到 1993 年才建立一个部分性的名单。① 1995 年，塞尔拉俱乐部和其他环境保护组织作为原告，以联邦环境保护局违反《清洁水法》的规定 [33 U.S.C. §1365（a）]，将其和地区负责人 Hankinson 告上位于佐治亚州北部地区的美国联邦地区法院，要求法院强制联邦环境保护局履行建立"水质受限的断面"清单和规定"每日总量负荷"的职责。诉讼各方经过协商，地区法院于 1996 年 12 月达成一项同意裁决：要求联邦环境保护局为佐治亚州建立"水质受限的断面"清单，并制定一个五年期的"每日总量负荷"。② 1997 年 10 月，诉讼各方经过协商，法院作出第二项同意裁决，即联邦环境保护局为佐治亚州每一个水体所建立的"水质受限的断面"清单设立一个明确的时间表。

联邦环境保护局之后按照同意裁决公布了 124 个"水质受限的断面"，但是两年之后，佐治亚州还没有把该清单纳入自己的管理系统和其他实施计划。于是塞尔拉俱乐部要求地区法院重新实施同意裁决，强制联邦环境保护局采取进一步的行动。佐治亚州政府承诺在九个月之内提出实施计划。塞尔拉俱乐部后来向地区法院起诉，基于其按照同意裁决督促联邦环境保护局履行职责的行为，向地区法院提出要求联邦环境保护局支付共计律师费和诉讼费的诉求，得到了地区法院的原则支持，不过，地区法院认为，一般背景研究、多余的工作、不成功的诉讼动议以及特定的事项所需要的经费不应当由联邦环境保护局支付。最后，2003 年，地区法院作出联邦环境保护局向原告塞尔拉俱乐部支付 139963.57 美元的判决。由于其中包括 30425.61 美元的专家作证费，联邦环境保护局不服，于 2003 年向联邦上诉法院第十一巡回法庭提出上诉。上诉法院认为，联邦环境保护局履行建立"水质受限的断面"清单和规定"每日总量负荷"的职责是必要的，按照同意裁决，塞尔拉俱乐部有权督促联邦环境保护局履行职责，因此联邦环境保护局应当向塞尔拉俱乐部支付诉讼费、律师费。最后，上诉法院于 2003 年 12 月维持了地区法院的判决。

从以上介绍可以看出，塞尔拉俱乐部对联邦环境保护局和州政府采取了系列公民诉讼监督的方式，最后的结果是促进了州实施计划的完善和该立法的实施。值得注意的是，地区法院在判决的时候，所依据的法律，既有《清洁水法》的明文规定，也有先前的公民诉讼判决。这进一步可以看出，

---

① See Sierra Club v. Hankinson, 939 F. Supp. 865, 868（N. D. Ga. 1996）.
② See Sierra Club v. Hankinson, 939 F. Supp. 872, 873.

美国的环境公民诉讼在完善美国环境法治方面所发挥的作用。不过，从本案例和本书介绍的其他一些案例可以看出，法院通过对民间环境社会团体诉讼费和律师费支持的判决，也促进了环境公民诉讼的兴起。

二、原告的范围

（一）联邦、州和城市基于自己的职责或者利益越来越多地充当公民诉讼的原告

在美国，联邦和州之间各有自己的利益和职责。联邦行政机关由于决定或者执法不当，有时也会侵犯各州的利益，那么各州采取何种手段来救济已经受到损害的利益或者将来可能受到损害的利益呢？《清洁空气法》和《清洁水法》有明确的规定，如《清洁水法》第505（h）条规定，州如果认为联邦环境保护局的行为或者法令侵犯了自己的利益或者对自己产生了相反的影响，可以通过到联邦法院起诉联邦环境保护局。从司法实践来看，一些州是以"公民"的身份作为原告或者与社会团体、个人一起作为原告，对联邦环境保护局提起公民诉讼的。① 在这种情况下，"公民诉讼"的"公民"二字就有了新的意义。"东北俄亥俄地区污水处理利益者起诉美国联邦环境保护局案"（Northeast Ohio Reg'l Sewer Dist. v. United States EPA, 411 F. 3d 726）② 就是典型的案例。

《清洁水法》第402条建立了"国家污染物排放制度"。在该制度之下，排放污水的行为必须获得签署了排放限制的许可证。在根据合理的推断，认为排放可能对环境产生危害时，许可证要注明废水毒性限度（WET）。在20世纪80年代后期，大湖沿岸的八个州达成了保护大湖水质的协议。在此基础上，联邦国会于1990年通过了《大湖危机计划法》。该法律修正了《清洁水法》第118条之规定。在该修正案中，国会要求联邦环境保护局颁布规章，确保污染物排放标准不低于现有的各州的排放标准。该修正案同时要求大湖沿岸各州通过水质标准、防水质退化政策和实施联邦"国家污染物排放制度"的办法。基于此，联邦环境保护局于1995年3月制定了《大湖

---

① See Deirdre H Robbins, *Public Interest Environmental Litigation in the United States*, David Robinson and john Dunkley, *Public Interest Perspectives in Environmental Law*, London, John Wiley & Sons, Inc, 1995, p. 6.

② See http：//www. lexis. com/research/retrieve/frames? _ m = 6e3781be176295510a49fe9884584 c60&csvc = bl&cform = bool& _ fmtstr = FULL&docnum = 1& _ startdoc = 1&wchp = dGLbVzb-zSkAb& _ md5 = e1c86d63f5059009cb21a9cea18ff22b.

系统最终水质导则》，该导则特别规定了有毒污染物排放的限度。导则还要求沿岸的八个州通过并向联邦递交州的实施办法，如果各州颁布的措施与导则不一致，联邦环境保护局可以自己为该州制定标准。

1997 年下半年，印第安纳州递交了自己的实施规则，联邦环境保护局认为，该州制定的水质标准太过宽泛，不利于改善大湖的水质，于 2000 年 8 月下达命令，认为印第安纳州建议的实施办法与《大湖系统最终水质导则》不一致。2000 年 12 月 18 日，该州的一些机构，如市政府、县政府或者有关的污水处理公司，在印第安纳州水质联盟的联合下，向联邦地区法院起诉，要求法庭审查联邦环境保护局的命令。地区法院作出了对原告不利的判决，原告于是上诉至联邦上诉法院第七巡回法庭。

俄亥俄州也于 1997 年下半年递交了自己的实施规则，同样地，联邦环境保护局认为，该实施办法的部分内容，尤其是测试和计算方法，与《大湖系统最终水质导则》不一致，可能导致对大湖水质的破坏。2000 年 12 月 1 日，俄亥俄州的一些市政府、县政府和有关的污水处理公司，将联邦环境保护局告上联邦地区法院。由于对地区法院的判决不服，原告后来提起上诉，将案件移送到联邦上诉法院第六巡回法庭。

按照 28 U. S. C. § 2112（a）（1）的规定，联邦环境保护局向联邦上诉法院第七巡回法庭提出动议，要求将案件移送联邦上诉法院第六巡回法庭，以便第六巡回法庭将两个同性质的案件合并审理。该动议于 2001 年 5 月 15 日得到了第七巡回法庭的批准。

联邦上诉法院第六巡回法庭在审理中认为，印第安纳州的废水毒性限度（WET）采取的是平均值，不利于保护大湖的水质，因而联邦环境保护局的命令是建立在合理的分析之上的，不能说是任意的和反复无常的。俄亥俄州的实施办法允许一些有毒污染物在缺乏生物学数据的前提下排放，也不利于大湖水质的保护，因此，联邦环境保护局的判断也是合理的。2005 年 6 月，上诉法院驳回了两案所有原告的请求。

从上述案例可以看出，"公民诉讼"的"公民"可以阐释成享有自己的私法利益可能受到行政机关的行政行为或者其他私法主体的环境行为侵犯的法律主体，包括公民、民间社会团体、公司、州执法机关（在代表自己的州的利益时）等。在一定的情况下，联邦政府也可以把州和市政府作为被告，提起所谓的"公民诉讼"。这类的公民诉讼，在分权和权力平衡的国家权力结构下，在环境问题越来越复杂的情况下，会越来越多。通过对美国公民诉讼的统计，也发现州或者联邦作为原告提起公民诉讼的案例每年都有一些。

（二）产业者越来越注重通过公民诉讼来维护自己和业界的利益

在很多中国环境法学者的心里，美国的公民环境的原告一般是国民或者社会团体。在很多情况下，政府机构和产业者也可以成为公民诉讼的原告。政府机构成为公民诉讼的原告，本书在前面已经论及。产业者成为公民诉讼的原告，一般基于原告对立法的规定或者行政机关的决策、指控存在不同的看法，认为该规定使自己的利益或者其他产业者的利益受到损害，或者将要受到损害。我们下面来看看两个典型的案例。

1. "渔民 Medeiros 起诉罗德岛州环境管理部负责人 Vincent 案"（Medeiros v. Vincent, 431 F. 3d 25）[①]

1942 年，在国会的同意下，大西洋沿海的 15 个州缔结了《州际渔业管理计划》。由于该计划的加入是完全自愿的，因此实施情况不是太好。1993年，国会通过了《沿海渔业合作法》。该法授予大西洋沿岸州海洋渔业委员会以如下职权：第一，确定《州际渔业管理计划》中的哪些条款是必要的；第二，要求所有的成员州通过和遵守这些条款。如果哪个州拒绝遵守，大西洋沿岸州海洋渔业委员会有权和联邦商务部长联系，请求其就如下两个方面的事项作出最后的决定：一是该被拒绝遵守的条款现在是否有存在的必要，二是成员州还要否继续遵守该条款。如果得到商务部长的同意，有关措施可以延期实施。

1997 年 12 月，大西洋沿岸州海洋渔业委员会在经过调查后，得知大约五分之四的大西洋龙虾是在大西洋沿岸各州的水域中被捕获的。其中大多数龙虾是通过龙虾笼来捕获的，只有很小比例（如在罗德岛州，只有 1.62%的比例）的龙虾是通过拖网或者撒网捕获的。另外，90% 的被捕获的龙虾是刚刚蜕皮的仅达到最低捕获标准的龙虾，成熟龙虾的数量减少导致龙虾卵总体数量的急剧减少。基于此，大西洋沿岸州海洋渔业委员会认为大西洋龙虾处于过度捕捞的状态的情况，于是颁布《州际渔业管理计划》第 3 修正案。第 3 修正案提出了很多必要的龙虾数量保护措施，如减少每条船上可以允许携带的龙虾笼数量，规定了龙虾笼的最大容量，为龙虾笼的逃生口尺寸作出了规定；每条拖网或者撒网的渔船，每天只能最多捕获 100 只龙虾，或者五天甚至更长的时间只能捕获总量为 500 只的龙虾。罗德岛州海洋渔业理

[①]　See http：//www.lexis.com/research/retrieve/frames? _ m = 308992b0a38951106b26c392946 ffa7f&csvc = bl&cform = bool& _ fmtstr = FULL&docnum = 1& _ startdoc = 1&wchp = dGLbVzW-zSkAl& _ md5 = f1593d1847267199227b2c3e5a60bac3.

事会适时地把这些规定转化为了本州的规定。该规定发挥了一些作用，如1999 年 6 月，有一个叫 Medeiros 的渔民由于一天捕获 131 只龙虾而遭到指控。但是，一些人认为，该规定设置的保护措施具有歧视性，最终不利于龙虾资源的保护。2000 年 6 月，罗德岛州海洋渔业理事会废除了该规定。大西洋沿岸州海洋渔业委员会按照规定把情况上报商务部长，商务部长同意罗德岛州延期实施保护龙虾资源措施的规定。然而，在环保主义者的压力下，2000 年 12 月，罗德岛州议会作出决定，恢复了该规定，并剥夺了罗德岛州海洋渔业理事会废除大西洋沿岸州海洋渔业委员会规章的权力，也就是说，罗德岛州海洋渔业理事会由一个执法机构变成了一个咨询机构。结果是，商务部长有关罗德岛州延期实施保护措施的决定不可能得到实施，这必然遭到一些想多捕获龙虾的渔民的抵制。

随后，渔民 Medeiros 把联邦政府、大西洋沿岸州海洋渔业委员会和罗德岛州环境管理部负责人 Vincent 告上州法院，指控《州际渔业管理计划》第3 修正案以及把该修正案转化为州规定的罗德岛州立法侵犯了他的平等保护权和实质性的可得利益，按照美国宪法第 10 修正案的规定，① 罗德岛州的立法特权属于非法"征用"私人利益的行为。由于诉讼管辖存在问题，被告罗德岛州环境管理部和大西洋沿岸州海洋渔业委员会按规定把案件移送到联邦法院罗德岛地区法院。地区法院驳回了原告的请求。Medeiros 不服，上诉至联邦上诉法院第一巡回法庭。上诉法院认为，罗德岛州立法规定的保护龙虾的措施，虽然具有一定的差别性，但因为其对非笼捕获方式的捕获量作出了控制规定，且非笼捕获方式不遵守笼捕方式的捕获限制，所以措施的差别性是适当的和合理的。另外，上述法院认为，原告作为一个私人市民，缺乏援引美国宪法第 10 修正案规定的资格。2005 年 5 月，上诉法院驳回了原告的上诉请求。

2. "S. D. Warren 公司起诉缅因州环境保护部案"（S. D. Warren Co. v. Me. Bd. of Envtl. Prot. , 126 S. Ct. 1843）②

按照《清洁水法》的要求，向可航行水体排放污染物的行为必须获得联邦环境保护局的许可或者获得由联邦授权的州的许可。2004 年，缅

---

① 即"宪法既未委托给合众国，也未禁止各州行使的权力，分别被保留给各州或人民"。

② See http：//www. lexis. com/research/retrieve/frames? ＿ m ＝49de69e14e4a72c6b538a3a1df279587&csvc ＝ bl&cform ＝ bool&＿ fmtstr ＝ FULL&docnum ＝ 1&＿ startdoc ＝ 1&wchp ＝ dGLbVzz-zSkAk&＿ md5 ＝ e225e1f9f4c781f1b412a3c987aabf6e.

因州一家名为"S. D. Warren"拥有五个水坝的水力发电公司,在以前的发电许可到期之前,向联邦能源调整委员会提出下一个五年发电许可的申请。而缅因州环境保护部认为,按照《清洁水法》的第401条的要求,该水坝由于蓄水、把水引向涡轮,然后把水从涡轮排出去,也属于排放的行为,因此应当申请排放许可。获得该许可之后,该公司才能向联邦能源调整委员会提出许可延长的申请。而S. D. Warren公司认为,它没有排放污染物质,因而不用申请排放许可证。于是在2004年向缅因州Cumberland县高等法院提起诉讼。县法院驳回了起诉。S. D. Warren公司上诉至缅因州最高法院,也败诉了。2006年2月,S. D. Warren公司起诉至联邦最高法院。联邦最高法院认为,该案的关键问题是:水坝发电的排水行为是否属于《清洁水法》的排放行为。联邦最高法院认为,《清洁水法》只是明确规定了"一种污染物质排放"和"多种污染物质排放"的定义,[①]并没有为"排放"(discharge)专门规定定义。按照常识,一般是指水流出(flowing out)或者排出(issuing out)的行为,只要该行为影响水体的化学、生物或者物理属性,就属于《清洁水法》所规范的排放行为。而且,按照《清洁水法》的规定,缅因州具有完善《清洁水法》的义务,也就是说,对于《清洁水法》规定不明确的行为,缅因州环境保护部具有提出新的实施措施的职责。在本案中,公司先用水坝蓄水,然后把水引向涡轮,再把水从涡轮排出去,水温会改变。水的物理属性肯定得到改变。因此S. D. Warren公司虽然没有排放传统意义上的污染物质,但是由于其改变了水体的物理属性,也属于《清洁水法》所规范的排放行为。联邦最高法院还指出,它先前作出的一些判决中,就把这种行为作为排放行为来对待。也就是说,联邦最高法院认为:水力发电企业排水的行为属于《清洁水法》规定的排放行为,已经成为判例法。最后,联邦最高法院认为,缅因州环境保护部的要求是妥当的。2006年5月,联邦最高法院维持了缅因州最高法院的判决。

三、原告的起诉资格要件

(一)在法定的期限内通知行政机关或者在法定期限内起诉的前提条件没有松动

公民诉讼实际上是私权请求公权来对抗权力或者权利。对抗必须合理,

---

① See 33 USCS §1362.

给予对方一个改正或者履行职责的机会也是应当的,① 因此，美国的环境立法往往给公民诉讼规定了一个合理的时间期限或者附带时间期限的行为要求,② 如《清洁空气法》、《清洁水法》要求，起诉前 60 天应当通知③相关机构和被起诉的人；加利福尼亚州《环境质量法》规定，如果公民或者检察官认为政府审批的行为没有进行环境影响评价，违反《国家环境政策法》，则应当在行政行为作出后 180 天之内提起诉讼。不过，上述时间期限也有一些例外，即如果行政管理相对人在 180 天期限的后期（如五个半月）按照审批行为开展行为，并且投入了巨大的投资，那么获悉这一情况的公民或者检察官即使在诉讼期限届满前提起诉讼，其起诉资格往往因为"懈怠"而被否定。这方面的典型案例是 1975 年发生在加利福尼亚州内华达县的"人民起诉加利福尼亚州住房和社区发展部案"（People v. Department of Housing & Community Development, 45 Cal. App. 3d 185）。④

该案中，原告加利福尼亚州内华达县检察官代表该县市民起诉加利福尼亚州住房和社区发展部，认为该部在一个公园内批准一些市民建活动房的文件没有进行环境影响评价。法院认为，即使该检察官在第 180 天的期限提起诉讼，但因其有疏忽建房者已经投入巨资进行建设的现实，也就是说，法院认为，检察官在这方面具有"懈怠"的故意或者过失，代表人民来起诉的资格应当被否定。作为判例法，该判例对现在仍然有一些影响。也就是说，环境公民诉讼的时间期限要求或者附带时间期限的行为要求，通过判例法的发展，往往比立法明确规定的还要严格。通过对近期环境公民诉讼案例的考察，发现这一要求仍然没有松动的迹象。"Ellis 起诉 Gallatin 钢铁公司案"

---

① See Deirdre H Robbins, *Public Interest Environmental Litigation in the United States*, David Robinson and john Dunkley, *Public Interest Perspectives in Environmental Law*, London, John Wiley & Sons, Inc, 1995, p. 22. René J. G. H. Seerden, Michiel A. Heldeweg and Kurt R. Deketelaere, *Public Environmental Law in European Union and the United States*, New York, Kluwer Law International, 2002, p. 554.

② See Deirdre H Robbins, *Public Interest Environmental Litigation in the United States*, David Robinson and john Dunkley, *Public Interest Perspectives in Environmental Law*, London, John Wiley & Sons, Inc, 1995, p. 6 and p. 22.

③ 该通知，按照法律的规定，应当符合法律规定的格式，内容也要充分，包括违法人、违法事实、通知的目的、不按照通知要求开展行为的后果等，足以起到提醒的作用。See Micheael D. Axline, *Environmental Citizen Suits*, Michie, Butterworth Legal Publishers, 1995, pp. 6—7.

④ See http: //www. lexis. com/research/retrieve/frames? _ m = 395e53cbd9a2cea48d5c8b5613a04 c4c&csvc = bl&cform = bool&_ fmtstr = FULL&docnum = 1&_ startdoc = 1&wchp = dGLbVlb-zSkAb&_ md5 = a092934e4129ac6d79fb34344f592079.

(Ellis v. Gallatin Steel Co. , 390 F. 3d 461)[1] 就是一个典型的案例。

原告 Ellis 父子三人生活在肯塔基州 Gallatin 县的 168 英亩的土地上,原告 Laverne Brashear 生活在 Ellis 家马路对面的 0.5 英亩的土地上。1995 年 4 月,两个独立的公司"Gallatin 钢铁公司"和"Harsco 公司"在离原告土地大约四分之一英里的地方,分别开始运作钢铁制造设施和炉渣处理厂。原告 Ellis 父子在该月就感到了扬尘对身体和财产的污染侵害,原告 Ellis 父子和 Laverne Brashear 都感受到了炉渣处理厂的震动危害。他们不得不放弃修建好的游泳池和打猎的爱好。1998 年 12 月 29 日,Ellis 按照《清洁空气法》的要求,给联邦环境保护局、美国总检察长和肯塔基州自然资源和环境保护局写了通知信。不到 60 天,也就是 1999 年 2 月 25 日,美国联邦政府通过肯塔基州的东部地区法院对两家公司发出了第一份实施行动命令。1999 年原告 Ellis 父子分两次对两家公司提起了两起多诉求的包括扬尘和震动污染在内的污染妨害公民诉讼;2000 年 10 月 4 日,美国联邦政府对两家公司在地区法院提起遵守法律要求的诉讼。2000 年 12 月 27 日,原告 Laverne Brashear 对 Harsco 公司提起了震动妨害的公民诉讼。2002 年 6 月 20 日,地区法院同意了 Ellis 父子和 Laverne Brashear 介入政府实施环境法律的诉讼的请求,[2] 要求两个被告按照判决的要求采取严格的环境保护措施,并对两个被告予以了民事罚款。

但是,同年 9 月,在上述损害赔偿的判决生效后,地区法院在对剩余的公民诉讼案件进行审理时发现,美国政府对被告提起法律遵守之诉的行为已经排除了公民提起公民诉讼的可能性。也就是说,地区法院认为,按照《清洁空气法》的规定,原告的公民诉讼资格不具备。而原告则认为,2002 年 6 月 20 日之后,被告的污染仍然对原告的财产和健康构成损害。但是地区法院没有予以采纳,认为政府已经对企业采取了行动,原告不再享有"私人总检察长"的身份去提起公民诉讼,他们应该通过普通法的妨害法和

---

① See http: //www. lexis. com/research/retrieve/frames? _ m = ffb341992a3d557702751ee0273eed 86&csvc = bl&cform = bool& _ fmtstr = FULL&docnum = 1& _ startdoc = 1&wchp = dGLbVtz-zSkAA& _ md5 = d377c6fffc016c42b3436d982e36f4af.

② 在美国,按照《联邦民事程序规则法》第 24 条的规定,公民介入环境诉讼的前提条件,一是该诉讼为由政府提起的法律实施诉讼,而不能是政府作为被告的诉讼;二是介入的目的是协助政府或者监督政府严格实施法律;三是介入者与案件有一定的利益关系。See Jeffrey G. Miller, *Citizen Suits: Private Enforcement of Federal Pollution Control Laws*, New York, Wiley Law Publications, 1987, p. 66, p. 70. René J. G. H. Seerden, Michiel A. Heldeweg and Kurt R. Deketelaere, *Public Environmental Law in European Union and the United States*, New York, Kluwer Law International, 2002, p. 554.

《〈清洁空气法〉肯塔基州实施计划》规定的"禁止对他人的财产进行扬尘侵扰"对被告提起损害赔偿之诉讼。最后地区法院判处被告支付给每名原告 24570 美元的房租补偿金,对几名原告共同承担 750000 美元的惩罚性赔偿金。关于赔偿金的承担比例,地区法院判决 Harsco 公司承担 80%,Gallatin 钢铁公司承担 20%。法院在核算原告的损失时,并没有把原告提起损害赔偿的诉讼费和律师费纳入《综合反应、补偿和责任法》所规定"反应"费用之中。为了防止两名被告继续污染原告,地区法院发出了永久禁令,并且为两名被告指定了遵守禁令的专家。原告对其公民诉讼的请求被驳回不服,被告对永久禁令的判决不服,双方均向联邦上诉法院第六巡回法庭提起上诉。2004 年 10 月,上诉法院在审理后基本支持了地区法院关于原告公民诉讼资格的裁决。但是却撤销了地区法院依据《清洁生产法》作出的永久禁止的判决,理由是:原告不能证明环境损害为非不可挽回的损害;原告在申请永久禁令的判决时,并没有履行《清洁空气法》规定的通知义务。

　　从以上介绍和分析,我们可以总结出以下几点:①对于诉前法定期限内①通知行政机关的环境公民诉讼条件,美国的联邦和州法院整体上仍抓得非常严格,即在起诉之前一定期限,原告必须按照法律规定向行政机关通报发生违法的事实、违法者和具体的救济请求。② 因为法院认为,公民诉讼首先考量的是社会的利益,而不是私人化的利益。履行保护社会的利益,首先应当考虑发挥行政机关实施法律的作用。如果原告对此表示怀疑,应当给予行政机关最后一次机会。如果行政机关履行了环境立法规定的义务,公民则不得再向司法机关申请越俎代庖的裁决。③ ②普通侵权诉讼和公民诉讼在大多数情况下分开审理,但有时也可以在一案中结合审理。③和公民诉讼的原告律师费支持力度相比,法院在审理环境民事损害赔偿诉讼时,对原告的诉讼费支持显然不足,甚至没有支持。④ 如在本案中,法院就没有把原告提起

---

　　① 大气、水等法律规定的期限是 60 天,但有的法律(如《自然保育和恢复法》)规定的期限则是 90 天。如果案件的提起既依据了要求履行通知义务的环境立法,也依据了不用履行通知义务的其他法律,则原告在不履行通知义务的情况下,法院就可以受理案件。See Micheael D. Axline, *Environmental Citizen Suits*, Michie, Butterworth Legal Publishers, 1995, pp. 6—11.

　　② See Jeffrey G. Miller, *Citizen Suits: Private Enforcement of Federal Pollution Control Laws*, New York, Wiley Law Publications, 1987, p. 8.

　　③ Deirdre H Robbins, *Public Interest Environmental Litigation in the United States*, David Robinson and john Dunkley, *Public Interest Perspectives in Environmental Law*, London, John Wiley & Sons, Inc, 1995, pp. 22—23.

　　④ 这是由《司法公正法》和环境立法的明确规定决定的。

损害赔偿的诉讼费和律师费纳入《综合反应、补偿和责任法》所规定"反应"费用之中。①

（二）对环境损害的存在和因果关系的认定更加宽松

传统的环境法和诉讼法一般均规定，原告必须是与某一行为有直接利害关系的人，即当事人、受害人或实际受影响人。② 环境公民诉讼制度的建立，显然打破了这个禁锢。然而，环境公民诉讼起诉资格的认定，在判例法国家，还受制于法院的看法。20 世纪 90 年代以前，环境公民诉讼的起诉资格认定，在一些地区的法院非常严格，如 1992 年的"美国政府起诉 AVX 公司案"（United States v. AVX Corp. , 962 F. 2d 108）③，就是如此。

1983 年，美国政府（包括联邦政府和马萨诸塞州政府）发现，Aerovox 公司、Belleville 公司和其他四名被告（合称 AVX 公司）的有毒化学物质排放到了 Acushnet 河里和新 Bedford 海湾之中，违反了《综合环境反应、补偿和责任法》第 107 条之规定，于是在 1984 年作为原告把该公司告上了美国联邦马萨诸塞州地区法院，要求被告支付环境恢复费。该诉讼的时间很漫长，国家野生生命联盟担心联邦政府在法庭的调解中放弃原则，按照《联邦民事程序规则法》第 24 条的规定，提出介入诉讼的动议，要求作为政府之外的原告。1989 年 4 月 27 日，法院作出有限许可的同意裁决，即允许国家野生生命联盟在法庭上仅就以下三个事项发表看法并进行辩论：一是对建议的同意裁决的法律要求；二是应当采取的对付自然资源损害的符合《综合环境反应、补偿和责任法》要求的措施；三是《综合环境反应、补偿和责任法》提出的清除污染的法律要求。法院还裁决，如果国家野生生命联盟认为自己的观点与这三个方面的判决相反，可以提起上诉。在法院的调解下，原告和被告于 1990 年 12 月 18 日达成了一项向法院建议的协议，即被告支付 945 万美元的反应费用和 315 万美元的自然资源补偿费用。作为回应，美国政府在协议中宣布将放弃采取进一步民事诉讼的请求权和对抗被告的行政活动权。1991 年 1 月 7 日，联邦政府公布该协议，要求公众进行评

---

① See http：//www. lexis. com/research/retrieve/frames?＿m = ffb341992a3d557702751ee0273eed 86&csvc = bl&cform = bool&＿fmtstr = FULL&docnum = 1&＿startdoc = 1&wchp = dGLbVtz-zSkAA&＿md5 = d377c6fffc016c42b3436d982e36f4af.

② 参见李国光《环境保护行政诉讼》，中国民主法制出版社 2000 年版，第 75—76 页。

③ See http：//www. lexis. com/research/retrieve/frames?＿m = 3236a4af1854b19d48d023f725d6bdc 6&csvc = bl&cform = bool&＿fmtstr = FULL&docnum = 1&＿startdoc = 1&wchp = dGLbVlb-zSkAb&＿md5 = 971141d09949dea1fd78373a314dedcb.

论。国家野生生命联盟提交了反对意见。在政府的压力下，[①] 1991 年 7 月 16 日，地区法院没有接受国家野生生命联盟的建议，作出了同意该协议的裁决。国家野生生命联盟不服，向联邦上诉法院第一巡回法庭提起上诉。美国政府认为，按照美国宪法第 3 条之规定，国家野生生命联盟没有上诉的资格。上诉法院采纳了美国政府的主张，于 1992 年 4 月 11 日驳回了国家野生生命联盟的上诉申请。国家野生生命联盟在法庭上没有得到证明其成员因地区法院的判决遭受或者将要遭受实质性伤害的机会，也没能够阐述其成员对同意裁决进行评论的充分权利的情况。可见，在那个时期，起诉资格的认定把关，法院还是非常严格的。

后来随着环境问题的进一步严重化，环境保护和可持续发展成为国际流行话语，法院在起诉资格的认定特别是环境损害的存在和因果关系的认定方面，从总体上讲，还是采取了比较宽松的态度。如在环境立法没有明文规定可以提起公民诉讼的情况下，公民和社会团体认为，行政机关的行为没有严格遵守有关的环境立法，他们也可以到其他相关立法中寻找公民诉讼的资格依据。如联邦上诉法院 2006 年审理的"Ouachita 守望联盟起诉 Jacobs 案"（Ouachita Watch League v. Jacobs，463 F. 3d 1163）[②] 和 2004 年密歇根州最高法院审理的"国家野生生物联盟等起诉 Cleveland Cliffs 铁矿公司案"（Nat'l Wildlife Fed'n v. Cleveland Cliffs Iron Co.，471 Mich. 608）[③]，就是如此。

2005 年，美国林务局对一些森林计划进行了调整。按照美国《国家环境政策法》的规定，该调整应当进行环境影响评价。在进行环境影响评价时，美国林务局没有按照自己先前制定的导则，对那些建议的、危险的、濒危的和敏感的物种的总体数量信息进行说明，而是作了调整，仅针对那些物种的栖息环境信息作了说明。由于先前的诉讼判决也指出，应当对建议的、危险的、濒危的和敏感的物种的总体数量信息进行说明。于是，Ouachita 守望联盟、森林保育理事会等社会团体和个人，以该森林计划违反《国家环

---

① 在英美国家，虽然实行三权分立，但是政府对法院的压力和对审判工作的障碍也还是存在的。基于此，一些环保社会团体和公民不敢轻易提起环境公民诉讼。See Alan Murdie, *Environmental Law and Citizen Action*, London, Earthscan Publications Ltd.，1993，p. 86.

② See http：//www. lexis. com/research/retrieve/frames？＿m＝c02537c6f7d072bed8c95ff1480f1a 2d&csvc＝bl&cform＝bool&＿fmtstr＝XCITE&docnum＝1&＿startdoc＝1&wchp＝dGLzVzz-zSkAA&＿md5＝f9983db8f7f5afe5a205dfc420c8c6ea.

③ See http：//www. lexis. com/research/retrieve/frames？＿m＝787c99bba17ddfbc7d91d4344892f1 e6&csvc＝bl&cform＝bool&＿fmtstr＝FULL&docnum＝1&＿startdoc＝1&wchp＝dGLbVtz-zSkAt&＿md5＝1181e06082f5d16e7057db5569551ed4.

境政策法》和《国家森林管理法》为由，于 2005 年将美国林务局西部地区负责人 Jacobs、美国林务局、农业部等相关机构和负责人告上美国联邦法院佐治亚州北部地区法院。地区法院在审理中认为，原告依据《国家环境政策法》和《国家森林管理法》享有的起诉资格不成熟。原告于是提起上诉。联邦上诉法院第十一巡回法庭在审理中认为，原告的起诉是针对行政机关的，如果《国家环境政策法》和《国家森林管理法》没有对起诉资格是否成熟作出规定，则应当到联邦《行政程序法》里寻找依据。如果原告认为，美国林务局的最终行政行为违反联邦《行政程序法》的规定，[1] 且自己的利益，如美感和视觉利益，受到行政机关因为懈怠或者疏忽[2]违反联邦《行政程序法》的行为的侵害，则应当认定侵害行为与损害后果之间的因果关系成立，原告的起诉资格也就成熟了。巡回法庭认定：美国林务局的环境影响信息收集行为违反了联邦《行政程序法》的规定；原告起诉时，有关的环境确实受到了损害。2006 年 9 月 5 日，巡回法庭作出了有利于原告的判决，判决原告的起诉资格成立。可见，在联邦一级的法院，环境公民诉讼的资格的认定是比较宽松的。

在 2003 年的密歇根州"国家野生生物联盟等起诉 Cleveland Cliffs 铁矿公司案"中，密歇根州上诉法院认为，作为社会组织，尽管原告国家野生生物联盟等社会组织在法庭上证明自己成员的利益因为铁矿公司的水污染排放行为受到实质性的损害，但根据密歇根州《自然资源和环境保护法》的规定，[3] 享有起诉权的只能是总检察长和任何受到损害的个人，[4] 而不是社会组织。国家野生生物联盟等原告不服，于 2004 年向密歇根州最高法院提起上诉。密歇根州最高法院在审理中认为，原告的感官美、娱乐美等利益受到了被告的水污染排放行为的侵害，根据密歇根州宪法第 3 条规定的司法权和第 6 条有关权利（力）分立的规定，其起诉资格就成立。也就是说，密歇根州最高法院根据州宪法第 3 条的规定而不是密歇根州《自然资源和环境保护法》的规定，就认定了国家野生生物联盟等社会组织的起诉权，从

---

① 即"任何人遭受行政行为所导致的法律错误，或者在相关法令范围内开展的行政行为所导致的相反的影响或侵害"，可以享有司法审查权。

② See Deirdre H Robbins, *Public Interest Environmental Litigation in the United States*, David Robinson and john Dunkley, *Public Interest Perspectives in Environmental Law*, London, John Wiley & Sons, Inc, 1995, p.10.

③ See Mich. Comp. Laws §324. 1701（1）.

④ 英文原文为"any person"。

而推翻了密歇根州上诉法院的判决。类似的案例还有"塞尔拉俱乐部爱达华分部等起诉爱达华空气质量委员会案"①。可见,在州一级的法院,环境公民诉讼的资格的认定也是比较宽松的。

根据上述案例,可以看出,只要原告认为自己的环境利益受到侵害,虽然没有环境法上的公民诉讼起诉资格规定,仍然可以依据其他法律的规定,如从《行政程序法》甚至宪法的规定之中,寻找行政机关违法的依据和自己利益实质性受损的依据。② 总的来说,现在的美国法院,对于原告"利益受损"和"因果关系存在"的起诉资格条件,其认定总体上还是比较宽松的。但是,值得注意的是,起诉资格条件的宽松还是有一定的前提的,即原告受到的损害必须是包括感官美、娱乐美等利益在内的实质性环境损害,③而不应当仅仅是纯粹的经济损害。④ 如果原告受到的环境损害不是实质性的利益,那么其起诉资格就不一定成立。如 2002 年美国夏威夷州最高法院审理的"塞尔拉俱乐部诉夏威夷州旅游局案"(Sierra Club v. Hawaii Tourism Auth. , 100 Haw. 242)⑤ 就是一个典型的案例。

按照夏威夷州《修订法令》第 201B-6 条〔Hawaii Revised Statutes (HRS) § 201B-6 (Supp. 2000)〕的规定,该州具有提出"战略性旅游计划"的职责。1999 年 6 月 29 日,夏威夷州旅游局提出了该计划。第二天,该局召开新闻发布会,要求社区对该计划进行讨论。同年 8 月 2 日,夏威夷州旅游局签署了寻找旅游市场服务合同方的招标决定,该决定要求对夏威夷州有限的旅游资源进行保护。由于该决定没有进行环境影响评价,塞尔拉俱乐部

---

① 同样的案例还有"塞尔拉俱乐部犹他分部等起诉犹他空气质量委员会案"(Utah Chptr. of the Sierra Club v. Utah Air Quality Bd. , 2006 UT 73), See http：//www. lexis. com/research/retrieve/frames? _ m = ad69306691c90fc9b9afc0b450a26ff9&csvc = bl&cform = bool&_ fmtstr = XCITE&docnum = 1&_ startdoc = 1&wchp = dGLzVlz-zSkAb&_ md5 = b0502d18056523363d07ab28268e70f5。

② 法院往往从宪法中寻找司法管辖权的依据,从《行政程序法》中寻找可以救济的依据。See Micheael D. Axline, *Environmental Citizen Suits*, Michie, Butterworth Legal Publishers, 1995, pp. 2—4.

③ 参见〔美〕罗杰·W. 芬德利、丹尼尔·A. 法伯著,杨广俊等译《环境法概要》,中国社会科学出版社 1997 年版,第 2—6 页。

④ 因为环境法直接保护的利益是环境利益,环境法设置的公民诉讼制度也是如此。在美国,因为环境行为,仅针对经济损害提起公民诉讼,其起诉资格一般得不到法院的认可。典型的案例有 *Morris v Myers*, 24 ELR 20165, 20167 (D Or 1993),原告因为联邦林务局的规划行为起诉,认为该规划限制了他的牲口啃草。最后法院以原告起诉资格不成立,驳回了起诉。

⑤ See http：//www. lexis. com/research/retrieve/frames? _ m = 2255e21f957da502f9d315d56dfafee7&csvc = bl&cform = bool&_ fmtstr = FULL&docnum = 1&_ startdoc = 1&wchp = dGLzVzz-zSkAA&_ md5 = ac749d4c3c991a5f7c38c70b40c793af。

将夏威夷州旅游局告上夏威夷州最高法院,认为被告违反了夏威夷州《修订法令》第 343-5 (b) 条 [Haw. Rev. Stat. § 343-5 (b)] 的规定,要求法院判决夏威夷州旅游局的行为违法,并要求法院发出禁止令。州最高法院在审理中指出,原告要想获得法院的支持,首先得证明自己的起诉资格。法院认为,原告要想获得公民诉讼的起诉资格,按照联邦宪法和州宪法关于起诉资格的规定,[①] 应当符合以下三个条件:一是原告将要受到事实的或者可能到来的利益损害,且该损害是由建议的合同引起的;二是在因果关系方面,该声称的损害可以清晰地追索到被告依据合同所提供的旅游市场服务;三是该损害能够得到法院判决的救济。否则,起诉资格就有可能因为证据具有"投机性"[②] 而被否定。结果,塞尔拉俱乐部只是提出了信息损害的证据,并没能够提出它或者它的成员因为信息损害而受到实质性损害的证据。[③] 基于此,州最高法院认为,原告缺乏起诉的资格。2002 年 12 月,夏威夷州最高法院驳回了原告的起诉。

(三) 实质性损害的认定得到情势变更原则的支持

美国的法官基本上是"遵循先例"的,但是,如果法官认为,以前的判决错误;或者依据宪法、《行政程序法》和环境保护等立法,认为法律实施环境已经改变;或者认为现实的环境状况已经改变,必须作出与以前判决不一致的判决时,可不受"遵循先例"原则的约束。如依据美国《国家环境政策法》的规定,政府机关发布行政决策,应当进行环境影响。如果一个项目在申请建设时对环境可能仅产生微小的影响,因而政府机关没有进行或者没有要求进行环境影响评估。如果建设活动的时间特别长,在建设期间,周围的环境发生了较大的变化,而且立法还把一些可能受建设活动影响的物种列为了受保护物种,那么,可能受到影响的公民或者民间环境社会团体能否提起要求进行环境影响评价的公民诉讼呢?这就涉及"遵循先例"原则和"情势变更"原则的选择适用问题。我们下面来分析一个由联邦法

① See René J. G. H. Seerden, Michiel A. Heldeweg and Kurt R. Deketelaere, *Public Environmental Law in European Union and the United States*, New York, Kluwer Law International, 2002, pp. 554—555.

② See Deirdre H Robbins, *Public Interest Environmental Litigation in the United States*, David Robinson and john Dunkley, *Public Interest Perspectives in Environmental Law*, London, John Wiley & Sons, Inc, 1995, p. 16.

③ 如果信息损害导致了实质性的损害,那么法院就应承认原告的起诉权。典型的案例有 Swan View Coalition v Turner, See Deirdre H Robbins, *Public Interest Environmental Litigation in the United States*, David Robinson and john Dunkley, *Public Interest Perspectives in Environmental Law*, London, John Wiley & Sons, Inc, 1995, p. 26。

院系统审理的典型案例——"海洋保护倡议者组织起诉美国工程兵兵团案"（Ocean Advocates v. United States Army Corps of Eng'rs, 402 F. 3d 846）①。

1992 年，美国 BP 公司准备在其樱桃点码头增建一个北部水上装卸平台，在三年的申请公告期间，美国渔业与野生生物局提出了异议，但最后，美国工程兵兵团认为扩建过程有利于改善该海峡的交通，有利于减少石油泄漏的风险，认为没有必要进行环境影响评价，于是在 1996 年 3 月 1 日，批准了 BP 公司的申请。1997 年 10 月 9 日，海洋保护倡议者组织（Ocean Advocate）要求美国工程兵兵团按照《国家环境政策法》的要求重新审理该许可，并要求对过程的累积环境影响进行评价。海洋保护倡议者组织还提出，美国工程兵兵团的许可行为违反了《海洋哺乳动物保护法》Magnuson 修正案（33 U. S. C. §476）的规定，对海洋哺乳动物产生了影响。该要求被美国工程兵兵团拒绝。1999 年 7 月，华盛顿州自然资源保护部签发一项报告，报告指出，过去五年，码头的交通量增长了 18% 至 36%，因此虽然扩建的码头没有输油管等设施，但是停靠的船舶多了，污染的风险也会增加，故要求扩建考虑生态风险和油污染风险。1999 年 9 月 29 日，海洋保护倡议者组织以美国工程兵兵团上次的拒绝缺乏准确的信息为由，再次向美国工程兵兵团提出进行完全环境影响评价的要求。美国工程兵兵团要求 BP 公司考虑海洋保护倡议者组织的建议。但是 BP 公司仍然坚持自己的观点，认为油污的风险没有增加，因而未违反《海洋哺乳动物保护法》Magnuson 修正案。BP 公司于 2000 年向美国工程兵兵团提出申请，要求将 1996 年获得的建设许可的期限延长一年至 2001 年底。美国工程兵兵团认为这是现行许可的变更，也就没有予以公告，更没有接受公众的评论。华盛顿州自然资源保护部与美国工程兵兵团接触，提出现在的情况已与以前不同，因为樱桃点地区的众多工程已经对环境产生了累积的影响，另外，《海洋哺乳动物保护法》Magnuson 修正案把公牛鲑鱼等物种列入了濒危物种，建议进行环境影响评估。BP 公司仍然认为影响很小，没有必要进行环境影响评价。2000 年 6 月 29 日，美国工程兵兵团认为 BP 公司的解释合理，于是同意了其建设许可的延期申请。

2000 年 9 月，海洋保护倡议者组织等作为原告，把美国工程兵兵团作

---

① See http: //www. lexis. com/research/retrieve/frames? _ m = 2ad0fbbfcccb3a6f144d019f4f474b29&csvc = bl&cform = bool& _ fmtstr = XCITE&docnum = 1& _ startdoc = 1&wchp = dGLbVlb-zSkAA& _ md5 = ad158ca52f37600b2cb571685ad7fee1.

为被告，向位于华盛顿西区的美国联邦地区法院提起公民诉讼，要求被告对工程进行公告和接受评论。后来地区法院同意把 BP 公司作为第二被告。地区法院认为，码头的扩建工程是为了方便交通，无论码头是否扩建，在该水域的交通量都会增加，对环境的影响也会增加，故按照《国家环境政策法》的要求，码头扩建不必进行环境影响评价。法院同时还采纳了美国工程兵兵团关于对海洋哺乳动物影响的说明。最终，驳回了原告的诉讼。[①] 地区法院同时还驳回了 BP 公司关于海洋保护倡议者组织不能作为公民诉讼原告资格和起诉前尽法律规定的注意义务的主张。判决之后，地区法院还作出一项禁令，即为了保护环境，不允许同时利用南、北平台从事原油装卸工作。海洋保护倡议者对环境影响评估的裁决不服从，BP 公司对自己主张被驳回的裁决不服，于是都提起上诉。

联邦上诉法院第九巡回法庭在审理中认为，BP 公司的行为可能影响海洋环境，侵害海洋保护倡议者组织成员的娱乐和美感利益，因此海洋保护倡议者组织是有公民诉讼的资格的；由于海洋保护倡议者组织于 1999 年向美国工程兵兵团提出进行完全环境影响评价的要求，因此，其提起公民诉讼的行为是符合 60 天之前的通知要求条件的；由于美国工程兵兵团在环境条件发生变化（如该区域的活动已经产生累积性的环境影响）和法律要求发生变化（如公牛鲑鱼等物种列入了濒危物种）的情况下，没有提供环境影响评价为何不必要的理由，且其没有提供扩建活动对环境产生可以忽略影响的必要声明，因此，其行为违反《国家环境政策法》和《海洋哺乳动物保护法》Magnuson 修正案。由于案件的一些事情还没有得到澄清，法院在提出建议之后，将案件退回地区法院重新审理。

根据以上分析，可以看出，无论是地区法院还是上诉法院都对原告起诉资格和条件的认定选取了比较宽松的标准。但是对于公民诉讼的请求，两级法院的态度完全不同。从上诉法院的判决来看，还是倾向于严格按照《国家环境政策法》行事，也就是说，环境和法律情势发生变更，应当要求被告从事环境影响评价。从本案可以看出，环境公民诉讼起诉权应当得到情势变更原则的支持。

---

① See *Ocean Advocates v. United States Army Corps of Engineers*, 167 F. Supp. 2d 1200 (W. D. Wash. 2001).

四、法院的受案范围

作为联邦司法机关，联邦法院的司法审判权必须遵守联邦宪法第 3 条的规定，其受案范围必须适用相关联邦环境法律和法令的规定，有时也要参照州的立法和市、县的环境立法规定。作为州内的司法机关，州、市和县的法院，其审判权限应当既遵守联邦宪法第 3 条关于审判权限的规定，还应遵守州宪法的规定。按照宪法关于州际商务管辖权的规定，环境保护通过扩大解释成为联邦管辖的事项，① 而按照联邦环境立法的授权性规定，很多环境保护事项又属于州政府的职责，因此，州内的司法机关在确定环境公民诉讼的受案范围时，既应遵守联邦环境法律和法规的要求，也应当遵守州、市、县相关环境法律、法规和法令的要求。

一般来说，环境公民诉讼的一个重要目的是阻止现在和将来的侵害或者违法行为，其救济措施是寻求法院作出宣告违法、禁止令、限制令、强制守法令等裁决。这些措施适用的案件对象一般是现在违法或者持续违法的案件，那么，对于一个过去存在的违法行为，被告在原告起诉时开始纠正其违法行为，公民或者利益社团还是否享有要求救济的公民诉讼起诉权呢？一般认为，公民诉讼的起诉目的是宣告违法、申请救济令，那么，针对已经纠正的违法行为提起公民诉讼，除非该案件的提起还有其他的救济目的，且环境公民诉讼的救济措施可以达到这个目的，如希望被告以后能长期严格遵守法律的要求等，否则，意义就不是很大，也难以得到法院的支持。② 这样的案例以前有一些，③ 但是 1996 年的"市民诉美国钢铁公司案"（Steel Co. v. Citizens for a Better Env't, 523 U. S. 83）④，则更为典型。

---

① See Deirdre H Robbins, *Public Interest Environmental Litigation in the United States*, David Robinson and john Dunkley, *Public Interest Perspectives in Environmental Law*, London, John Wiley & Sons, Inc, 1995, p. 7.

② See Jeffrey G. Miller, *Citizen Suits: Private Enforcement of Federal Pollution Control Laws*, New York, Wiley Law Publications, 1987, p. 85. Deirdre H Robbins, *Public Interest Environmental Litigation in the United States*, David Robinson and john Dunkley, *Public Interest Perspectives in Environmental Law*, London, John Wiley & Sons, Inc, 1995, p. 23.

③ For Example, *Gwaltney of Smithfield Ltd v Chesapeake Bay Foundation*, Inc. See 484 US 49 (1987).

④ See http: //www. lexis. com/research/retrieve/frames? _ m = ffe23d4e60f2e9204b99e28942ca9c0a&csvc = bl&cform = bool&_ fmtstr = XCITE&docnum = 1&_ startdoc = 1&wchp = dGLbVlb-zSkAl&_ md5 = 51c0ee72bf73b7cae822c035741451a6.

1996 年，原告"为了更好的环境"的市民联盟认为芝加哥 AKA 钢铁公司未按照《紧急计划安排和社区知情权法》的要求对有关的环境信息进行披露，于是把该公司作为被告向伊利诺斯州北部区域的美国联邦地区法院提起公民诉讼。诉讼请求包括：①对于被告没有遵守《紧急计划安排和社区知情权法》有关环境信息披露的行为，要求法院判决违法；②多项禁止令；③对该公司没有按照要求披露信息的行为，每天处民事罚款 25000 美元；④要求被告支付原告全部的诉讼费。在起诉的时候，被告按照法律的要求披露了最新的环境信息。法院在审理中认为，它无权审理对以往环境违法行为的"公民诉讼"案件，于是作出了对被告有利的裁判。原告不服，上诉至联邦上诉法院第七巡回法庭。上诉法院则认为，《紧急计划安排和社区知情权法》包含了对以违法提起公民诉讼的授权，因而对原告的主张总体上予以支持。① 被告不服，于 1997 年向联邦最高法院提起上诉，理由是：对于以前的侵害，原告只能依据 1986 年的《紧急计划安排和社区知情权法》的"公民诉讼"部分的规定，提起损害赔偿等私人法律实施行动，而不能提起公民诉讼。在审理中，最高法院坚持美国宪法第 3 条第 2 款对司法权限制的刚性和无例外的观点。最高法院认为，依据《紧急计划安排和社区知情权法》，公民诉讼必须具有三个条件：一是实质性的损害，原告只能对正在发生的和将来要发生的并不是推测的或者假设的损害提起"禁止令"的公民诉讼；二是被告行为与原告损害后果之间存在合理的因果联系；三是可以救济性，即可以弥补原告诉称的损害。对于本案，最高法院认为，《紧急计划安排和社区知情权法》关于公民诉讼的规定是刚性的和无例外的，由于现行法律关于"公民诉讼"救济措施没有可以用来补偿原告因被告迟延信息披露所带来的损失，或者消除公司因迟延信息披露已经产生的任何影响，如禁止令只能起到对将来损害的救济作用，并不能起到救济以前侵害的作用，因此原告缺乏"公民诉讼"救济申请的资格。对于原告要求对被告处以民事罚款的请求，最高法院认为，对被告以前的违法行为作出民事处罚是必要的，但是民事罚款只能上缴国库，不能用于补偿原告，因此该请求不属于救济自己利益的请求，只能和宣告违法和申请救济令等请求一起提起。② 由于最高法院认为原告对过去的损害缺乏"公民诉讼"起诉权的资格，所以，

---

① See 90 F3d 1237, 1996 US App LEXIS 18262.

② See Jeffrey G. Miller, *Citizen Suits: Private Enforcement of Federal Pollution Control Laws*, New York, Wiley Law Publications, 1987, p. 85.

他们不可能在公民诉讼方面最终胜诉，也就不具有依照美国法典第 42 部分
"公共健康和福利"第 16 章"紧急计划安排和社区知情权"第 11046（f）
条的规定，要求被告补偿其诉讼费的资格。

　　根据本案的最后判决来看，对于过去的违法行为能否提起公民诉讼，美
国的司法判例是根据公民诉讼的救济措施是否具有可救济性的标准来评判
的。如果不能提起公民诉讼，公民或者社会团体则可以向有关机关告发，要
求其进行查处；如果符合条件，公民或者社会团体可以依据普通法来提起侵
权损害赔偿之诉。

五、诉讼的请求

（一）对可能存在的损害可以对被告先提起测定研究的公民诉讼

　　我们知道，公民诉讼的一个前提条件是要有实质性的损害发生。如果被
告进行的确实是某种危险的活动，这种实质性的损害或许已经实质性地发
生，而原告因为经济或者技术条件所限不能举证时，能否提起公民诉讼，要
求被告举证该实质性的损害是否已经发生呢？美国《自然保育和恢复法》
第 7002 条（公民诉讼）第（a）（1）（B）款规定："总的来说，任何人可
以代表他自己对任何人，包括美国或者其他政府机构，在宪法第 11 修正案
许可的范围内，提起公民诉讼；在固体或者有毒废物对健康和环境可能产生
一个迫切的和实质性的危害时，对任何过去的或者现在的固体或者有毒废物
产生者，任何过去的或者现在的固体或者有毒废物运输者，或者任何过去的
或者现在的固体或者有毒废物处理、储存、处置设施的所有者或者操作者，
提起公民诉讼。"提起公民诉讼的请求权一般包括宣告违法、履行义务令、
危害禁止令、守法令，那么原告提起公民诉讼时还是否可以提起和这几个救
济措施相关的其他请求呢？1998 年 5 月 1 日的《美国联邦环境保护局追加
环境项目政策》规定，污染者可能被要求对追加环境项目进行投资。① 一些
司法判决对此也作了发展。其中的一个典型案例是"缅因州人民联盟起诉
Mallinckrodt 公司案"（Maine People's Alliance v. Mallinckrodt, Inc. , 471 F. 3d
277）②。

---

① René J. G. H. Seerden, Michiel A. Heldeweg and Kurt R. Deketelaere, *Public Environmental Law in European Union and the United States*, New York, Kluwer Law International, 2002, p. 554.

② See http：//www. lexis. com/research/retrieve/frames? _ m = 8baddeff0a834d494af9770ee8cf9c4 e&csvc = bl&cform = bool&_ fmtstr = FULL&docnum = 1&_ startdoc = 1&wchp = dGLzVlz-zSkAA&_ md5 = 98969217ab19563556a64c50332d17fd.

　　Phnobscot 河缅因州段两侧，建有一些化工厂。一些过去的和现在的工厂在河边堆积含汞的废弃物，对河流的下游可能产生污染。2005 年，缅因州公民联盟（Maine People's Alliance）和自然资源防御理事会（Natural Resources Defense Council）作为共同原告起诉 Mallinckrodt 等公司，要求被告投资一项研究，以测定 Phnobscot 河缅因州段的汞污染状态和程度，理由是被告的废弃物堆积行为可能已经对河流环境和周围居民的健康产生迫切和实质的污染。缅因州的地区法院受理了案件，在审理后，判决被告中的一个——Mallinckrodt 公司承担投资研究的责任。由于 Mallinckrodt 公司在 1967年至 1982 年间在 Phnobscot 河缅因州段运行了一家化工厂，之后把该企业出售给了他人。2000 年，这家工厂彻底关闭。由于被诉时，Mallinckrodt 公司已经多年不再从事相关的业务，认为法庭滥用职权，因此不服，向联邦上诉法院第一巡回法庭提起上诉，要求对私人在消除迫切的和实质性的危害方面所扮演的角色进行限制。第一巡回法庭认为，尽管两个利益社会团体即原告知道法律救济的措施最终可能被证明为不必要的或者不可实行的，他们还是提起诉讼的目的是寻求法庭的命令来测定汞污染的状态和程度。第一巡回法庭在审理中发现：①按照《自然保育和恢复法》第 7002 条（公民诉讼）第（a）（1）（B）款的规定，环境利益团体享有起诉的资格；②现有的支持地区法院的推断，即化工企业过去的行为对 Phnobscot 下游现在已经产生了迫切的和实质性的危险的可能；③一个现在不再拥有或者运行化工企业的公司，由于其曾经产生的废物现在仍然威胁着环境，地区法院判决其从事研究行为，是符合《自然保育和恢复法》第 7002 条规定的，不存在职权滥用行为。2006 年 12 月，第一巡回法庭最终维持了美国联邦缅因州地区法院的判决。

　　根据上诉案例，可以看出，美国的法院已经把救济令的范围扩大到宣告违法、责令守法、责令履行义务、责令停止危害等范围之外。不过条件是，新的请求必须是和这些救济措施相关的和配套的，在本案中，法院首先依据原告的诉求责令被告澄清是否已经产生相关的危害的事实，在此基础上，再依原告的进一步请求决定是否采取进一步的救济措施。

　　（二）基于风险预防原则要求政府采取环保措施的诉求可能会得到法院的支持

　　一般来说，公民诉讼的提起要基于被告行为和原告损害之间的因果关系。这种因果关系要具有确定性，即能够被证明。但是，自 1992 年联合国环境发展会议以来，风险预防被《里约环境与发展宣言》和《人类气候变

化框架公约》采纳，成为国际环境法的一个基本原则。该原则的一个要义
是，不能以科学的不确定性为理由，拒绝或者迟延采取预防环境问题产生的
措施。该原则目前适用于气候变化、臭氧层保护和基因安全三个领域。要在
这三个领域采取风险预防措施，国家和社会必将付出巨大的代价。其中以应
对气候变化的代价为最高，因为其牵涉的面太广，受影响的企业太多。因
此，在签署和批准有关气候变化的国际公约和协定时，一些国家，如美国，
基于自己的利益就打了退堂鼓。反映在国内，一些民众要求企业减少二氧化
碳的排放以稳定全球气候的呼声也会遇到各种力量的阻截。我们下面来分析
这一方面的典型案例——"马萨诸塞州等环境保护组织起诉联邦环境保护
局案"（Massachusetts v. EPA, 367 U. S. App. D. C. 282）①。

2003 年，马萨诸塞州等 12 个州、3 个城市和一些环境保护组织向联
邦环境保护局提出，大量排放的二氧化碳和其他温室气体已经对人体健康
和环境造成危害，联邦环境保护局应当按照《清洁空气法》第 202 （a）
（1）条之规定，② 制定规章，对新车排放二氧化碳和其他温室气体的事项
进行管制。联邦环境保护局认为，由于二氧化碳的环境效应具有科学不确
定性，按照法律规定，其没有管制从机动车排放的二氧化碳和其他温室气
体的法定职责。它还表示，即使法律有规定，他们也不会在这段时间执
行，从而拒绝了请求者的申请。请求者于是向联邦地区法院起诉，要求法
院裁决联邦环境保护局履行制定规章的职责。由于对判决不服，原告于
2005 年 4 月向美国联邦上诉法院哥伦比亚地区巡回法庭提起上诉。由于
案件涉及多方的利益，联邦的另外 10 个州、一些汽车制造商和民间社会
团体也参加了诉讼。

在法庭审理中，被告联邦环境保护局认为：空气净化法没有把二氧化碳
列为污染物，因此该局无权监管；原告声称自己受到的健康和利益损害与联
邦环境保护局制定的没有规定新机动车二氧化碳排放标准的规章之间没有因
果关系，而且原告所受到的损害并不能因为自己制定一个满足原告欲望的规
章就可以得到救济。基于此，被告按照美国宪法第 3 条之规定，向上诉法院

---

① See http：//www. lexis. com/research/retrieve/frames? _ m = 7ebffb4722c2dbaecf42ca754df3c35f
&csvc = le&cform = &_ fmtstr = FULL&docnum = 1&_ startdoc = 1&wchp = dGLbVzW-zSkAb&_ md5 =
33ae38f098a2c69307b1867833d8e40d.

② 该条的主要内容为：局长如果按照自己的判断或者根据合理的预期，认为污染物质会对
公众健康和福利产生危害，他应当制定符合本条的规章，在其中规定适用于任何种类的新车或者
新马达的污染物排放标准。该标准应当适用于新车和新马达的整个使用周期。

提出，原告没有起诉资格。但该主张却没有得到法院的采纳。也就是说，法院认可原告的起诉资格。

不过，对于联邦环境保护局的规章制定行为，上诉法院认为：机动车排放的二氧化碳仅是温室气体的一个来源，原告提出的要制定的规章无法解决二氧化碳以外的其他温室气体的减排问题。上诉法院认为，导致地球气候变化的原因很多，目前的证据很难科学地证明全球气候变化就和机动车排放的二氧化碳和其他温室气体有关或者有很大的关系。① 如果以后有更加充分的科学证据证明需要采取机动车限制排放措施，联邦环境保护局则有义务来实施。如果现在就让联邦环境保护局制定限制排放的规章，未免不成熟。也就是说，上诉法院认为，根据《清洁空气法》第 202（a）（1）条之规定，看不出联邦环境保护局有对新车和新马达制定温室气体排放标准的正当性，即法院承认联邦环境保护局的判断是合理的。

2005 年 7 月，上诉法院裁决联邦环境保护局胜诉。为了减少公众的担忧，并获得公众的谅解，联邦环境保护局也指出，该局正在进行新技术研究和开发的努力，包括鼓励燃料电池、混合动力马达的使用，并把清洁能源——氢的使用，作为主要的能源来开发。

一些美国汽车制造商对该判决表示欢迎，认为如美国制定了汽车温室气体减排的立法，势必会增加企业和民众的负担。由于世界上大多数国家都不这么做，它们也就"搭便车"地坐享了美国的努力所带来的效应。② 一些学者则对该判决提出了批评，认为，这是美国法院向一些汽车制造商妥协。还有一些学者认为，法院的判决是和美国联邦政府在温室气体减排方面的国际行径是完全一致的，如美国没有批准《气候变化框架公约》，也没有参加《京都议定书》。③ 布什政府上台后，一直拒绝限制温室气体排放，并称这将

① 一些科学家也赞成这个观点，如英国皇家气象学协会成员哈达克尔教授和克里尔教授指出，一些科学家对未来可能发生的气候变化预测缺乏科学根据，参见《英国两位气象科学家批评一些同行"夸大"全球气候变暖的问题》，http://news.bbc.co.uk/chinese/simp/hi/newsid_6460000/newsid_6461100/6461191.stm。另外，2007 年发布的"政府间气候变化专门委员会报告"指出，造成全球气候变暖的原因是人类排放温室气体造成的，而非自然活动造成，这种可能至少"有 90%"。"90%"也说明了还是有一定的不确定性，参见"气候变暖'很有可能'是人为造成"，http://news.bbc.co.uk/chinese/simp/hi/newsid_6320000/newsid_6322600/6322655.stm。

② 参见《温室效应席卷最高法院，布什政府坐上被告席》，http://www.washingtonobserver.org/story.cfm?storyid=1564&charid=1。

③ 同上。

对商业活动构成不良影响。①

　　原告不服，将案件上诉至联邦最高法院。2006 年 6 月，联邦最高法院受理了上诉。原告上诉的目的很明显，就是针对布什政府在大气环境保护方面的懈怠行为。② 2007 年 4 月 2 日，联邦最高法院的九名大法官以五票对四票的比例通过判决，认定：①二氧化碳也属于空气污染物；②除非联邦环境保护局能证明二氧化碳与全球变暖问题无关，否则就得予以监管；③联邦环境保护局没能提供合理解释，以说明为何拒绝管制汽车排放的二氧化碳和其他有害气体。基于此，联邦最高法院裁决：政府声称美国无权限管制新下线汽车和货车的废气排放并不正确，政府须管制汽车污染。最高法院的裁决得到美国众多环保团体和人士的欢迎。不过，联邦环境保护局、参与诉讼的汽车制造商以及在部分经济上依赖汽车制造业的州③则一改对上诉法院裁决的欢迎立场，表示出了反对的态度，认为判决可能损害经济，因为美国经济有 85% 与温室效应气体来源有关。④ 不过，在司法独立的美国，联邦最高法院裁决的确信力是不容怀疑的，反对也无济于事。因此，美国汽车生产商联盟呼吁制定全国性策略应对温室气体问题。联邦环境保护局在判决后表示，将会研究判词，再决定最合适的下一步行动。⑤ 联邦最高法院的最终裁决，解决了自布什总统上台以来就一直悬而未决的气候变化争议。⑥ 基于此，该案被广泛认为是联邦最高法院数十年来所处理的最重要的一个环境诉讼案件。

　　从这个案例可以看出，基于科学的不确定性要求行政机关按照风险预防原则采取环境保护措施，可能会遇到各种各样的阻力，其中的一个阻力可能

---

　　① 参见《美最高法院：政府须管制汽车污染》，http：//news. bbc. co. uk/chinese/simp/hi/newsid_ 6520000/newsid_ 6520500/6520581. stm。

　　② 参见《温室效应席卷最高法院，布什政府坐上被告席》，http：//www. washingtonobserver. org/story. cfm？storyid = 1564&charid = 1。

　　③ 如美国汽车工业重镇密歇根州与另外八个州，参见《大法官挺环保　汽车业应变》，http：//www. tycool. com/2007/04/03/00031. html。

　　④ 参见《大法官挺环保　汽车业应变》，http：//www. tycool. com/2007/04/03/00031. html。

　　⑤ 参见《美最高法院：政府须管制汽车污染》，http：//news. bbc. co. uk/chinese/simp/hi/newsid_ 6520000/newsid_ 6520500/6520581. stm。

　　⑥ 同上。

是国际利益的平衡，即气候变化是一个全球化的问题，它不只是一个国家的问题，如果我采取了努力，而你没有，你却从我的努力上获得好处，我凭什么做呢。另外的一个阻力来源于一些大型汽车制造商，因为原告的主张，势必影响其利润。可见，环境保护的公民诉讼并不是纯粹的仅牵涉环境保护问题的诉讼，它还涉及商业利益甚至国际利益乃至国际立场的协调问题。原告最后之所以胜诉，除了温室气体污染现象的加重使法官考虑情势变更原则之外，一个很重要的启示是，要想公正审理那些涉及错综复杂利益的案件，必须由地位超然的司法机关予以审理。

六、律师参与诉讼的支持机制

目前的美国环境公民诉讼，其提起者往往是民间环境社会团体。这些民间社会团体一般都有一定的资金来源，[①] 因而有一定的财力去提起诉讼。另外，一些律师特别是民间社会团体成员的律师也自愿免费为其打官司。这就促进了环境公民诉讼制度的实施。但是，这并不是长远之计，因为也有律师不愿意免费代理的时候，有民间社会团体经费短缺难以支付高昂的诉讼成本的时候，[②] 如果法律不规定某种支持措施，那么，理论上有利于保护环境的公民诉讼制度就会遇到实质性的障碍。因此，一些环境立法规定了律师费、专家作证费按照败诉比例支付的制度。[③] 如美国《自然保育和恢复法》第6962（a）（1）（B）条规定，如民事类和行政类[④]环境公民诉讼的原告胜诉，则可以要求败诉的被告承担全部合理的律师费和其他诉讼费；如果原告部分胜诉，则由被告承担其败诉部分相称的律师费；如果原告败诉，则由原告承担全部的律师费。值得注意的是，胜诉方获得律师费补偿制度，在美国，并不能成为通例。通例是原告与被告各支付自己的律师费。胜诉方获得律师费补偿，应当具有两个条件，一是有《司法公正法》[⑤] 或者环境立法的

---

① 如捐款（Donation）、会费（member dues）、投资收益等。

② See Deirdre H Robbins, *Public Interest Environmental Litigation in the United States*, David Robinson and john Dunkley, *Public Interest Perspectives in Environmental Law*, London, John Wiley & Sons, Inc, 1995, p. 25.

③ Ibid., p. 10.

④ 民事类的公民诉讼是针对的是污染的企业，行政类的公民诉讼针对的是环境行政职责机关。See René J. G. H. Seerden, Michiel A. Heldeweg and Kurt R. Deketelaere, *Public Environmental Law in European Union and the United States*, New York, Kluwer Law International, 2002, p. 554.

⑤ *Equal Access to Justice Act* 1980 （EAJA）.

明确规定；二是仅适用于消费者保护、环境保护等少数类型的公益诉讼。①
在一些特殊的情况下，即使原告败诉，但法院认为原告还是达到了自己的诉
讼目的，那么，法院可以判决被告承担原告一定的诉讼费。② 此外，对于介
入诉讼的诉讼参加者，如果他们完全胜诉或者部分胜诉，他们的律师费也会
得到法院不同程度的支持。③

　　但是，该机制在实施中存在一个现实的问题，律师的收费标准确定为多
少才合适，才能既维护被告方的权利，也能促进原告提起环境公民诉讼、促
进律师代理环境公民诉讼的积极性呢？2004 年的"Interfaith 社区组织起诉
Honeywell 国际公司案"（Interfaith Cmty. Org. v. Honeywell Int'l, Inc., 426
F. 3d 694）④ 就给予了一个合理的解答。

　　2004 年，Interfaith 社区组织和五个居民对 Honeywell 国际公司等财产所
有人向位于新泽西地区的美国联邦地区法院提起诉讼，要求被告清理位于新
泽西州的被污染的土地。地区法院受理了本案，经过审理后，判决被告支付
土地清理费，并要求被告按照美国《自然保育和恢复法》第 6962（e）条的
规定支付原告的律师费。被告不服，提出上诉。联邦上诉法院第三巡回法庭
受理了上诉案件。审理中，地区法院对要求被告支付土地清理费的判决没有
什么争议，争议的一个焦点问题，就是原告支付律师费的标准问题。一种观
点认为，应该针对一定的时间段，假设一个全国或者地区性的统一平均收费
标准，或者按照公益诉讼律师的收费标准收费。假设一个统一的收费标准有
利于原告和被告获悉律师的未来收费期望，有利于减少争议。另外一种观点
则认为，统一收费标准或者参照公益诉讼律师的收费标准，肯定使律师的收
费标准低于一些经济发达地方的市场标准，既不利于经济发达地方的律师代
理环境公民诉讼案件，也不利于经济发达地方的律师（特别是有名的律师）
到经济不发达的地方代理环境公民诉讼。基于此，美国律师协会在保留收费
合理性等指导原则的前提下，在《美国律师职业行为标准规则》中删去了

---

① See Deirdre H Robbins, *Public Interest Environmental Litigation in the United States*, David Rob-
inson and john Dunkley, *Public Interest Perspectives in Environmental Law*, London, John Wiley & Sons, Inc,
1995, p. 47.

② Ibid.

③ See Jeffrey G. Miller, *Citizen Suits: Private Enforcement of Federal Pollution Control Laws*, New
York, Wiley Law Publications, 1987, p. 115.

④ See http：//www. lexis. com/research/retrieve/frames? ＿ m ＝41c191f17cd8c87d9dd6df643e1c
4692&csvc ＝ bl&cform ＝ bool&＿ fmtstr ＝ XCITE&docnum ＝ 1 &＿ startdoc ＝ 1&wchp ＝ dGLbVtz-zSkAA&＿
md5 ＝4b01bd8dd01d8248946f2069b14097ac.

直接涉及收费标准的数字。① 巡回法庭认为，在市场经济社会，法院不应该干涉本应由市场来决定的律师收费标准，可见，巡回法院采纳的是第二种观点。另外，按照市场原则来判决律师费，有利于促进公益律师参与环境公民诉讼。法院认为，只要原告与律师达成的协议是合法的，收费标准是符合市场机制的，而且有律师的收费单据，就应当得到支持。2005 年 6 月，上诉法院作出了基本支持了原告诉讼请求的判决。但是对于律师费和专家费的数额，因为原告的计算方法有问题（与该案有关的诉讼还有五个，原告把律师和专家参与其他五个案件的费用部分纳入本案中了），法院最后对律师费和专家费的总额进行了调整。

可见，环境公民诉讼律师费收费标准的市场化原则得到了联邦法院的支持。不过，这个市场化是有限度的，一些立法给律师费的收费标准规定了一个最高幅度，如 20 世纪 90 年代初期，一些州的最高律师费和专家作证费标准，一般定为每小时最高 75 美元。② 这一标准，随着经济的发展，现在已有很大的提高，一些有名气的律师，每小时的收费标准已经突破 500 美元。③

第三节　美国环境公民诉讼判例法的新近发展特点

1995 年以来，联邦系统的法院审理了很多环境公民诉讼案件，既遵守了"遵循先例"的原则，又形成了很多先例。联邦最高法院每年接到几千件上诉案，但是最后同意受理的只有几十件。④ 州最高法院也是如此。而以上环境案例，很多是由联邦最高法院和州最高法院审理的，可见，美国法院系统对环境保护这一民生问题的重视和支持程度。

在制定法方面，由于环境保护首先是联邦政府的职权，在一般情况下，联邦环境法优先适用于州环境法。在授权立法的情况下，如州立法规定了更

---

① 参见《律师收费标准的合理性及收费方式的多元化》，http：//www. millionhomepage. cn/law/qls/law_ 71360. html。

② See Deirdre H Robbins, *Public Interest Environmental Litigation in the United States*, David Robinson and john Dunkley, *Public Interest Perspectives in Environmental Law*, London, John Wiley & Sons, Inc, 1995, p. 47.

③ 参见《律师收费标准的合理性及收费方式的多元化》，http：//www. millionhomepage. cn/law/qls/law_ 71360. html。

④ See http：//www. tycool. com/2007/03/18/00024. html.

加严格的环境标准或者环境保护措施，或者规定了一些补充措施，州立法则优先适用于联邦环境法。① 在判例方面，由于判例法也属于法律的一部分，因此在环境保护方面，不应忽视适用联邦法律形成的联邦判例对州法院案件审理的影响力和说服力。联邦法院在审理行政诉讼类和民事诉讼类的环境公民诉讼时，通过对制定法的适用和对具有"先例"作用的判例法的引用，既树立了联邦环境立法的权威性，也促进了联邦判例法的发展。州法院在审理案件时，通过实施联邦环境立法、经过联邦环境保护局批准的州实施计划以及州的立法，既进一步巩固了联邦立法的地位，也促进了州立法和州法院判例法的完善。有的美国学者对美国环境立法的环境公民诉讼条款进行了分析，发现每部立法的规定均有不相同的地方，通过实践中的判例法的发展来促进制定法的完善是一个重要的原因。② 可见，美国的判例法发展和制定法的发展是相辅相成的。我们分析环境公民诉讼判例法制度的发展时，也不应脱离制定法的规定。

通过以上分析，我们发现，通过立法的授权、法院的法律适用及判例的先例约束和指导作用，美国的环境公民诉讼制度目前呈现以下特点：一是权力制衡原则决定了美国法院不能以司法机关的普通身份来进行环境保护问题的司法审查，而是以体现最高民意的宪法的代表机关这一特殊身份来进行的。③ 二是在诉讼目的的实现途径方面，原告通过澄清立法规定或者挑战行政机关的职权来保护自己的利益，通过对联邦机构施压来克服各州环境保护的消极主义现象，通过对环境执法行为进行全过程的公民诉讼监督来促进环境法的实施。三是在原告的范围方面，联邦、州和城市基于自己的职责或者利益可以作为公民诉讼的原告；产业者越来越注重通过提起公民诉讼或者参加他们提起的具有公益性的诉讼来维护自己和业界的利益；④ 除了塞尔拉俱乐部、保育基金会、环境防御基金、自然资源防御理事会等著名环境保护组织外，越来越多的新组建的环境保护组织，通过个

---

① See Micheael D. Axline, *Environmental Citizen Suits*, Michie, Butterworth Legal Publishers, 1995, pp. 4 – 4, 4 – 5.

② See Jeffrey G. Miller, *Citizen Suits: Private Enforcement of Federal Pollution Control Laws*, New York, Wiley Law Publications, 1987, p. 7.

③ 参见赵谦、朱明《司法审查中美国法院特殊身份取得原因解析》，载《湖北广播电视大学学报》2004 年第 3 期。

④ See Micheael D. Axline, *Environmental Citizen Suits*, Michie, Butterworth Legal Publishers, 1995, pp. 1—5.

别起诉或者联合起诉的方式介入那些对环境保护有重要意义的案件，以实现其影响国家环境法治、改善环境质量的目的。① 四是在起诉资格和条件方面，法官根据"公平正义"的自由心证原则，依据衡平法来缓和普通法的保守性，给当事人提供急需的法律救济。尽管在法定的期限内通知行政机关或者在法定期限内起诉的前提条件没有松动，但法官对环境损害的存在和因果关系的认定更加宽松，实质性损害的认定在法院得到了情势变更原则的支持。② 五是受案范围方面，根据救济方式和法院的职能一致的原则，法院认为，环境公民诉讼只能对可以通过救济令救济的案件提起，不能对可以通过普通法诉讼提起的侵权赔偿之诉提起。六是在诉讼请求方面，法院的裁决更加具有弹性，不仅支持对认定的损害进行救济的申请，还支持对于可能存在的损害对被告先提起测定研究的救济申请。不过，对于基于科学的不确定性，要求行政机关按照风险预防原则采取环境保护措施的诉讼请求，可能会得到法院的支持。七是在律师参与的支持机制方面，环境公民诉讼律师费收费标准的市场化原则得到了联邦法院的支持，对推动律师参与权力和权利的制衡，起到了重要的作用。

　　以上发展特点，并不都是 1993 年以后出现的。有些是 1993 年以后出现的，有些则是以前就早已出现，如对以前违法的行为起诉如无意义则不受理的案例，在 20 世纪 80 年代初期就已经出现了。③ 只不过，对于 1993 年以前出现的那些特点，1993 年以后，通过判例法的不断巩固和发展，这些特点就体现得更为明显了。

第四节　美国环境公民诉讼制度与我国
环境公益诉讼理论模式的关系

　　我国的一些学者在研究环境诉讼制度时，大多把美国的环境公民诉讼和我国理论中的环境公益诉讼模式混同，这是值得斟酌的。我国学者倡议的环境公益诉讼，其特征是什么呢？一般的观点认为：第一，环境公益诉讼的直

---

　　① See Deirdre H Robbins, *Public Interest Environmental Litigation in the United States*, David Robinson and john Dunkley, *Public Interest Perspectives in Environmental Law*, London, John Wiley & Sons, Inc, 1995, p. 25, p. 39.

　　② 参见董茂云《英美两国判例法之比较》，http：//www. legalhistory. com. cn/docc/zxlw_ detail. asp？id ＝ 893&sortid ＝ 10。

　　③ For example, *Atlantic States Legal Founda. v. Tyson Foods, Inc.*, 89 F. 2D 1128（11th Cir 1990）.

接目的是伸张社会正义，实现社会公平，以维护国家利益和社会公共利益。当然也不排除在维护公共利益的同时救济自己的私益。第二，诉讼的起诉人可以是与案件无直接利害关系的人。① 一些学者把环境公益诉讼的这两个特点概括为"就原告身份和诉讼目的而言，它表现出'私人为公益'的显著特点"。②

在诉讼目的方面，我国理论中的环境公益诉讼和美国环境公民诉讼是基本相同的。不过，也有不同点。不同点在于：如公民以救济自己的利益为第一目的并以自己的名义行使起诉权，客观上起到维护社会公共利益目的的诉讼案件，在美国可被称为环境公民诉讼，在我国就不一定可被称为环境公益诉讼。

在原告范围方面，我国理论中的环境公益诉讼的原告不一定是与本案有直接利害关系的人，学者们大多认为，任何组织或个人为了维护国家、社会利益都可把侵害公共环境利益之人推上被告席，如湖北人或者湖北省的环境保护组织可以到河北省起诉白洋淀的水污染行为。这个设想的诉讼模式和美国的环境公民诉讼还是有一定区别的。美国法院的判例把视觉美感、娱乐享受等利益的损害纳入实质性的损害，其目的是认定原告与损害之间的利害关系，以最终认可原告的起诉资格。这并不意味任何组织和个人在任何情况下都可以成为环境公民诉讼的原告，因为尽管这种实质性损害的范围非常广泛，视觉美感、娱乐享受等环境利益的损害也被纳入进来了，使原告很容易获得起诉资格，但是，"实质性损害"毕竟也是一种条件，在很多情况下还是可以把一些不符合"时间"、"地域"和其他要求的原告挡在门外。如成员都是一个州的环境保护组织去起诉遥远的其他州政府的内湖水质保护行为，其起诉权因为该组织及其成员的利益没有受到任何实质性的损害不会得到法院的认可；③ 一个无家可归的人在流浪的州起诉州环境保护局，说他的环境利益受到损害，其有关环境利益受到损害的法庭陈述词也不会得到法院

---

① 参见周义发、周沐君《论公民提起的行政公益诉讼》，http://www.law-lib.com/lw/lw_view.asp?no=4286。

② 参见别涛《中国的环境公益诉讼及其立法设想》，载《中国环境法治》（2006年卷），中国环境科学出版社2007年4月版。

③ See Deirdre H Robbins, *Public Interest Environmental Litigation in the United States*, David Robinson and john Dunkley, *Public Interest Perspectives in Environmental Law*, London, John Wiley & Sons, Inc, 1995, pp. 18—19.

的采信。① 我们前面介绍的"塞尔拉俱乐部诉夏威夷州旅游局案",原告塞尔拉俱乐部的起诉权最终没有得到美国夏威夷州最高法院的承认,也是出于类似的原因。

基于以上分析,可以认为,美国的环境公民诉讼模式和我国学者所假设的环境公益诉讼模式,还是存在不同的。由于美国的环境公民诉讼模式为起诉资格设置了一定的限制,和我国学者所假设的环境公益诉讼模式相比,更易为我国的立法接受。但是,和"公民诉讼"的名称相比,表达集体权益保护意义的"公益诉讼"的名称更符合我国的立法术语体系,更能为大众所接受,也更容易为立法者接受。基于此,笔者倾向于把我国的环境公益诉讼模式建设成美国环境公民诉讼的模式,用中国的环境"公益诉讼"模式来达到类似于美国环境"公民诉讼"的目的。

第五节　我国环境民事和行政公益诉讼立法的现状及不足

环境公益诉讼包括行政诉讼类、民事诉讼类和刑事类的环境公益诉讼。限于本书的研究目的,仅探讨行政诉讼和民事诉讼类的环境公益诉讼问题。

一、环境公益行政诉讼立法之不足

环境公益行政诉讼表现出"私人对公权(即环境行政机关),私人为公益"的特点;就诉求而言,它以私人请求法院通过司法审查撤销或者变更环保部门具体环境行政行为为目的。② 我国的现行立法具有如下不足。

（一）环境损害的法律界定及其缺陷

我国《行政诉讼法》第 2 条规定:"公民、法人或者其他组织认为行政机关和行政机关的具体行政行为侵犯其合法权益,有权依照本法向人民法院提起诉讼。"这意味着原告必须是与具体行政行为有直接利害关系的公民、法人和其他组织。"直接利害关系"是指与具体行政行为有法律上的权利义务关系,③"法律上的权利义务关系"意味着原告必须是被侵害

---

① See Deirdre H Robbins, *Public Interest Environmental Litigation in the United States*, David Robinson and john Dunkley, *Public Interest Perspectives in Environmental Law*, London, John Wiley & Sons, Inc, 1995, p. 20.

② 参见别涛《中国的环境公益诉讼及其立法设想》,载《中国环境法治》(2006 年卷),中国环境科学出版社 2007 年 4 月版。

③ 参见林莉红《行政诉讼法概论》,武汉大学出版社 1992 年版,第 88 页。

的实体性权利的享有者，且这种权利必须被原告"专属性"或"排他性"地享有。①　而许多环境因素，如清洁的大气、洁净的海水在传统民法意义上属于"共用"或"公有"的"财产"，河流属于国家财产，任何单位和个人没有专属享用权。因此按照我国《行政诉讼法》的规定，原告不能对导致污染和破坏公共环境的非处罚性具体行政行为提起行政诉讼。这种立法状况对保护公共环境及公民合法的环境权益是不利的。按照特别法或特别规定优先于普通法或普通规定的原理，有必要在专门的环境立法中对《行政诉讼法》的局限性加以突破。《环境保护法》第 6 条规定："一切单位和个人都有保护环境的义务，并有权对污染和破坏环境的单位和个人进行检举和控告。""控告"除了包含向人民法院提起民事诉讼的方式之外，还包括向有关的国家机关告发一般违法与严重违法的事实或嫌疑人，要求依法处理的行为，②　但是对于向哪一国家机关告发、采用何种控告方式等问题则没有进一步明确，因此不具可操作性，有必要由单行的环境立法加以解决。基于此，新修正的《水污染防治法》、《大气污染防治法》、《海洋环境保护法》就明确地对环境行政控告权进行了阐述。如《水污染防治法》第 5 条规定："因水污染危害直接受到损失的单位和个人，有权要求致害者排除危害和赔偿损失。"按照该规定，如果环境行政机关的非职权行为造成了环境损失或危险，侵犯了他人的环境权益及与环境权益相关的其他权益，环境危害的诉讼救济权只能通过要求排除危害或/和赔偿损失的民事诉讼方式来行使；如果环境损失或危险是由环境行政机关的具体行政行为造成的，那么环境危害的诉讼救济权只能通过要求排除危害或/和赔偿损失的行政诉讼方式来行使。③　但是，这一规定没有明确界定"损失"二字的含义。从法理上讲，"损失"不仅包括实质性的损失，还包括视觉和精神感受等非实质性的损失。那么人民法院能否受理非实质性损害的环境行政诉讼案件呢？我国的《行政诉讼法》和专门的环境立法都没有作出规定。要解决这个问题必须先解决非实质性损害的参照标准以及公民、单位在视觉、精神感觉等方面的忍受限度等问题。由于这些问题目前没有得到解决，各级法院均没有受理这类案件。

---

① 参见金瑞林《环境法学》，北京大学出版社 1994 年版，第 203—204 页。
② 参见魏定仁主编《宪法学》，北京大学出版社 1999 年版，第 181 页。
③ 参见蔡守秋《环境行政执法与环境行政诉讼》，武汉大学出版社 1992 年版，第 272—276 页。

（二）社会团体以及非直接利害关系人环境行政起诉权的法律规定及其缺陷

1996 年《国务院关于环境保护若干问题的决定》第 10 条和 2005 年《国务院关于落实科学发展观加强环境保护的决定》第 10 条规定:"……建立公众参与机制,发挥社会团体的作用,鼓励公众参与环境保护工作,检举和揭发各种违反环境保护法律法规的行为。"如果社会团体和与环境行政行为没有直接利害关系的公众的作用仅局限于检举和揭发环境违法行为,那么在环境污染和生态破坏的受害者基于外在的行政压力或经济原因不敢或不能提起环境行政诉讼,且环境行政管理机关及有关的职权机关也没有纠正该违法行为时,危害或可能危害环境的行政行为就不可能得到有效的法律对抗。这难以满足现代环境保护和公众参与的内在需要,因此有必要加强社会团体和非直接利害关系人在环境行政诉讼中的作用。我国已经有社会团体支持民事起诉的法律规定,如《民事诉讼法》第 15 条规定:"机关、社会团体、企业事业单位对损害国家、集体或者个人民事权益的行为,可以支持受损害的单位和个人向人民法院起诉。"但是对于社会团体支持行政起诉以及环境社会团体能否代表其成员提起环境行政诉讼的问题,我国的法律则没有涉及。

（三）环境行政行为司法审查范围的法律规定及其缺陷

《行政诉讼法》第 12 条第 2 项规定:"人民法院不受理公民、法人或者其他组织对下列事项提起的诉讼:……行政法规、规章或者行政机关制定、发布的具有普遍约束力的决定、命令。"这种把抽象性行政行为完全排除在司法审查范围之外的立法规定已经难以满足 WTO 的司法审查规则和我国依法治国的需要。[①] 在市场化和与 WTO 接轨的进程中,地方行政机关为了本地或某些单位或个人的利益,制定、发布具有普遍约束力的决定、命令侵犯国内外单位、个人环境权益和与环境权益相关的其他权益的现象将不可能杜绝,国外的受害者和外国政府因为中国行政机关的推诿得不到救济而把中国中央政府推上 WTO 争端解决机构被诉席的现象也将很普遍。[②] 因此,有必要扩充环境行政诉讼的司法审查范围,以适应充分、有效和及时地保护国内外市场主体合法权益的需要。

---

① 参见唐民皓《WTO 与地方行政管理制度研究》,上海人民出版社 2000 年版,第 17 页。

② 参见王新奎、刘光溪《WTO 争端解决机制概论》,上海人民出版社 2001 年版,第 376—380 页。

（四）诉讼费和律师费的减免缺乏规定

2007 年国务院发布的《诉讼费交纳办法》第 45 条和第 46 条规定了诉讼费的减免情况，但是这两条却没有把公益性的行政诉讼案件明确纳入其中。另外，《诉讼费交纳办法》和其他现行立法缺乏对环境公益诉讼律师费由败诉方承担的明确规定，没有规定律师费的收费标准问题，这对大额索赔的环境公益诉讼案件的起诉来说，对提高律师参与环境公益诉讼的积极性来说，都是不利的。

另外，我国的一些环境行政法把行政复议作为提起行政诉讼的必要前置程序，甚至把行政复议结果规定为终局性和非可诉的处理结果，这种"穷尽行政救济"和排除司法救济的做法限制了当事人环境行政起诉权的行使，已经不适应于现代司法的专业化和陪审员聘请的专家化发展趋势，难以与 WTO 的司法审查规则接轨。

二、环境公益民事诉讼立法之不足

在环境损害的法律界定及其缺陷方面，《民事诉讼法》第 108 条第 1 项规定："起诉必须符合下列条件：（一）原告必须是与本案有直接利害关系的公民、法人和其他组织。"该条的缺陷与《行政诉讼法》规定的缺陷大抵一致，在此不再赘述。

在社会团体环境民事起诉权的法律规定及其缺陷方面，《民事诉讼法》第 15 条规定："机关、社会团体、企业事业单位对损害国家、集体或者个人民事权益的行为，可以支持受损害的单位和个人向人民法院起诉。""支持"意味着社会团体的作用是辅助性的。一个得到环境行政机关行政许可的区域性开发行为可能危及区域的生态安全时，如果所有潜在的受害者在环境社会团体的支持下仍然不敢提起排除危险之诉，环境社会团体作用的局限性就表现出来了。另外，环境社会团体能否代表其成员提起环境民事诉讼的问题，我国的法律也没有涉及。

此外，环境公益民事诉讼的诉讼费减免问题和律师费的败诉方承担问题，《诉讼费交纳办法》和其他现行立法缺乏明确的规定，不利于环境民事公益诉讼的提起和律师的参与。

第六节　创新和完善我国环境民事和行政
公益诉讼立法的对策建议

美国环境公民诉讼的判例法制度虽然产生于"三权分立"的政治结构，但是却具有技术性的特点，在实行成文法的社会主义中国，完全可以结合自己的国情从技术层面转化到环境立法和诉讼立法的具体规定之中。在转化时，可以采取如下措施：

在宪法层面上，要修订宪法，肯定公民的环境权，肯定社会性的环境权益，并确认司法救济对于保护公民和社会环境权益的作用。

在环境行政诉讼类的公益诉讼立法层面，要立足于用司法审查来对抗行政权的滥用，使行政机关对自己的行为负责，实现预防环境问题的目的，[1]按照以下思路修订《行政诉讼法》和《环境保护法》，以建立环境行政公益诉讼的标准和范围[2]：一是承认公民和全社会的环境权，明确环境保护社会团体的地位，承认它们的社会作用，建立良性循环的公众监督法律机制。[3]二是扩展环境行政损害的范围，把损害从目前的环境要素的损害、传统意义上的财产损害和人身伤害扩展至视觉、精神感觉等方面的非实质性损害。三是扩大社会团体以及非直接利害关系人行使环境行政起诉权的案件范围：环境和其他社会团体以及非直接利害关系人的合法环境权益因环境行政行为受到非实质性的损害时，授予他们以行政起诉权；环境和其他社会团体的成员的合法环境权益因环境行政行为受到实质性或非实质性的损害时，承认该社会团体代表其成员起诉的权利；在排除环境妨害或消除环境危险的诉讼中，建立社会团体和与本案无直接利害关系的民众支持环境行政诉讼的制度，在条件成熟时，还应确认各级政府及其职能部门、检察机关提起环境行政诉讼的权利，以弥补私人主体提起环境行政公益诉讼制度的不足。四是建立有利于律师参与和代理诉讼的收费标准制度。只有这样，才有利于社会团体和民众对政府的环境行为进行经常性的监督和法律上的对抗与制衡。值得指出的

---

① See Alan Murdie, *Environmental Law and Citizen Action*, London, Earthscan Publications Ltd., 1993, p. 83.

② 参见陈晶晶《吕忠梅代表：应当重视研究公益诉讼司法实践》，载《法制日报》2007 年 3 月 9 日。

③ 参见吕忠梅《完善纠纷解决机制，依法建设环境友好型社会》，载《学习时报》2006 年 6 月 5 日。

是，环境公益行政诉讼的提起应当遵循一定的前置程序，即原告在起诉前的一定期限（如 30 天或者 60 天）通报有关的行政部门，① 如果被通报的行政部门不予理睬或者行动不合法律的要求，通报人就可以向法院起诉。② 另外，为了保证行政行为的公信力和其他人的利益，起诉最好应当在一定期限内进行，这也为国内外立法所广泛认可。③

在环境民事诉讼类的公益诉讼立法层面，要立足于用社会公共利益限制市场经济条件下不断膨胀的环境民事权利，以预防和治理环境问题为目的，按照以下思路修订《民事诉讼法》和《环境保护法》：一是扩展环境民事损害的范围。环境民事损害的内容应从目前的环境要素的损害、传统意义上的财产损害和人身伤害扩展至视觉、精神感觉等方面的非实质性损害。二是扩大环境和其他社会团体行使环境民事起诉权的案件范围：环境和其他社会团体的合法环境民事权益受到非实质性的损害时，授予该社会团体以民事起诉权；环境和其他社会团体的成员的合法环境民事权益受到实质性或非实质性的损害时，承认该社会团体代表其成员起诉的权利；在排除环境妨害或消除环境危险的诉讼中，除继续坚持社会团体支持环境民事诉讼的制度外，在条件成熟时，还应确认各级政府及其职能部门、检察机关提起环境公益民事诉讼的权利，④ 以弥补私人主体提起环境民事公益诉讼制度的不足。⑤ 三是把美国的"介入诉讼"和我国的第三人参加诉讼的制度相结合，对于那些视觉美、娱乐美等环境利益受到损害的公民和社会团体，授予其第三人的诉讼身份，允许其参加或者介入那些以国家机关为原告、企业或者私人为被告的

---

① 通报的内容应当包括其行政行为违法及应当采取的措施，以及不回应通报人的通报将导致公民诉讼。这几项内容已成为大多数规定公民诉讼制度国家的立法的共同内容。

② 参见别涛《中国的环境公益诉讼及其立法设想》，载《中国环境法治》（2006 年卷），中国环境科学出版社 2007 年 4 月版。

③ 如英国规定，环境司法审查的期限应当为行政决定作出后的 3 个月，个别情况可以为 6 周。参见 Alan Murdie, *Environmental Law and Citizen Action*, London, Earthscan Publications Ltd. , 1993, p. 96。

④ 在美国，联邦司法部中设有环境与自然资源处，负责与 EPA 合作，代表公共利益对污染者提起环境民事和刑事诉讼。See René J. G. H. Seerden, Michiel A. Heldeweg and Kurt R. Deketelaere, *Public Environmental Law in European Union and the United States*, New York, Kluwer Law International, 2002, p. 523.

⑤ 我国的个别环境立法已有明确规定，如《海洋环境保护法》第 90 条规定，破坏海洋环境并给国家造成损失的，由有关部门代表国家对责任者提出损害赔偿要求。

实施环境法的诉讼进程。① 为此，还要规定其介入诉讼的时间和程序，规定其介入诉讼可提出的诉讼请求和应享有的诉讼权利等。四是建立有利于律师参与和代理诉讼的收费标准制度。只有这样，才有利于社会团体和民众对大公司的生产经营行为进行经常性的监督和法律上的对抗与制衡。同样地，环境公益民事诉讼的提起也应当遵循一定的前置程序，即原告在起诉前的一定期限（如 30 天或者 60 天），给潜在的被告发出内容和格式符合法律要求的通知，如果被通报人不予理睬或者行动不合法律的要求，通知人就可以向法院起诉。②

　　在环境单行法的层面，要修订《水污染防治法》、《大气污染防治法》、《海洋环境保护法》、《环境噪声污染防治法》、《放射性污染环境防治法》、《土地管理法》、《森林法》、《自然保护区条例》等专门的环境法律法规，建立与《宪法》、《行政诉讼法》、《民事诉讼法》、《环境保护法》规定一致的具体的公民诉讼内容。这些规定应采取肯定式阐述、否定式阐述、一般列举和概括列举相结合的方式来界定环境公民诉讼受案范围、主体要件、前提条件、诉讼请求、举证方式和条件等内容。如在诉讼的前提条件方面，规定原告必须在法定的期限内通知行政机关或者在法定期限内起诉；在对损害的认定方面，应当明确规定实质性损害的认定符合情势变更的原则；在受案范围方面，可以将美国的环境公民诉讼和普通侵权诉讼两个诉讼模式予以合并，③ 规定环境公民诉讼既可对那些可申请法院强制令的案件提起，也可以对那些可要求环境损害赔偿案件提起；在诉讼请求方面，可以规定与环境保护和利益保护要求相一致的多元化的救济措施，在一定的情况下，也可以基于科学依据的不确定性，要求行政机关按照风险预防原则采取环境保护措施。

　　由于最高人民检察院和最高人民法院享有司法解释权，因此，也有必要发挥它们在环境公益诉讼中的作用。2007 年 3 月，最高人民法院院长肖扬在第五次全国行政审判工作会议提出："特别是对于因农村土地征收……资源环保等社会热点问题引发的群体性行政争议，更要注意最大限度地采取协

① 在美国，政府作为原告的诉讼中，公民或者社会团体介入诉讼的条件和程序是由《联邦民事诉讼规则法》规定的。在我国，可以考虑由《民事诉讼法》等法律作出规定。

② 参见别涛《中国的环境公益诉讼及其立法设想》，载《中国环境法治》（2006 年卷），中国环境科学出版社 2007 年 4 月版。

③ 在美国，环境公民诉讼的提起，并不能排除私人通过妨害排除和损害赔偿行使私益诉讼救济权。也就是说，公民诉讼和侵权损害赔偿两种诉讼模式是并立的。

调方式处理……要防止和避免因工作方法不当导致矛盾激化和转化。要抓紧制定有关行政诉讼协调和解问题的司法解释，为妥善处理行政争议提供有效依据。"① 可见，最高人民法院已经对环境公益诉讼存在的现实问题有了比较深入的认识。虽然《行政诉讼法》和《民事诉讼法》限定了受案条件，但是，最高人民法院也可以发挥一些开创性的作用，如可以把《行政诉讼法》第 11 条第 8 项规定的起诉条件——"认为行政机关侵犯其他人身权、财产权"作扩大化解释，把《民事诉讼法》第 108 条第 1 项规定的原告与案件有"直接利害关系"的起诉条件作扩大化解释，把一些非实质性的损害，如美感损害、美好环境享受利益的损害等也纳入进来，为公民提供一个能够救济自己的社会性环境利益的司法通道。

以上措施的采取，就制度和机制的创新范围和深度而言，是对现有环境诉讼立法的一场重大变革。但是该变革，在环境问题日益恶化、人民群众的呼声日益强烈的现实下，已变得非常迫切。一些官员和学者可能担心，通过肯定环境公益诉讼制度的立法，不仅使环境保护行政机关和国有大中型企业陷入诉讼的旋涡，难以自拔，还会增加本已不堪重负的法院的审判工作量。在美国，《清洁空气法》和《清洁水法》设立公民诉讼制度时也遇到类似的争论和阻力，制度实施的初期也遇到了诉讼案件的多发期。但是实施十多年后，联邦和州法院发现，由于公民诉讼设立了起诉前 60 天通报、原告申请初步禁令要事先提供担保等前提条件，② 滥诉的现象并不多，环境保护的效果也很明显。政府和企业则认为，法律设立的"公民诉讼"威慑之剑时刻悬于头上，有利于他们形成科学、谨慎和负责的环境管理思维和模式。③ 基于同样的道理，如果我国的环境公益诉讼制度设计得合理，我国官员和学者的担心，从长期看，则是可以克服或者避免的。

---

① 参见《人民法院探索新机制解决"官了民不了"难题》，http：//news. xinhuanet. com/legal/2007-03/28/content_ 5908959. htm，最后访问日期：2007 年 8 月 1 日。

② See Jeffrey G. Miller, *Citizen Suits：Private Enforcement of Federal Pollution Control Laws*, New York, Wiley Law Publications, 1987, p. 9.

③ Ibid. , p. 5.

下篇　热点问题

第八章　我国环境影响评价
制度发展之考察

环境影响评价（EIA, environmental impact assessment，我国台湾地区也译为环境影响评估）有广义和狭义之分。广义的环境影响评价，是指对拟议中的重要决策（包括政策的制定、立法等）和开发建设活动，可能对环境产生的物理性、化学性或生物性的作用及其造成的环境变化和对人类健康和福利的可能性影响，进行系统分析、预测和评估，并在此基础上提出减少这些影响的对策和措施的一系列活动的总称。① 狭义的环境影响评价是指对拟议中的建设项目在兴建前的可行性研究阶段，对其选址、设计、施工等过程，尤其是运营和生产阶段可能带来的环境影响进行预测和分析，并提出相应的防治措施，为项目选址、设计以及建成投产后的环境管理提供科学依据。② 至于法律上的环境影响评价制度，我国《环境影响评价法》第 2 条作出了明确规定，"是指对规划和建设项目实施后可能造成的环境影响进行分析、预测和评估，提出预防或者减轻不良环境影响的对策和措施，进行跟踪监测的方法和制度"。具体是指，对规划和建设项目环境影响的调查方式、评价程序、评价范围、评价内容、法律后果以及法律责任等进行专门规定的一系列法律规范所组成的系统。

第一节　我国环境影响评价制度存在的主要问题③

《环境影响评价法》的制定，让我国的环境影响评价制度真正有骨有肉地建立了起来，其制度之手还伸展到了综合性规划和专项规划，这使得我国的环境管理从此进入了一个崭新的时代，实践证明该制度确实也发挥了十分

---

① 参见原国家环境保护总局监督管理司编《中国环境影响评价培训教材》，化学工业出版社2000 年版，第 4 页。

② 参见《中国大百科全书·环境科学》，中国大百科全书出版社 2002 年版，第 216 页。

③ 本节的分析，主要是针对《环境影响评价法》而言。

积极的意义。但另一方面，或许是受到当时历史条件下的认识水平、经济发展状况以及环境条件等诸多因素的限制，或许是在此后出现了当时所没有的新情况新问题，使得该制度还存有诸多问题，面临诸多挑战，需要进一步改进和完善。

一、评价范围偏窄

所谓评价范围，简单地说，就是指哪些对环境有影响的行为应当进行环境影响评价。美国《环境政策法》规定的评价对象，包括"对人类环境有重大影响的各项提案或法律草案、建议报告和其他重大联邦行动"。[1] 所谓其他联邦行动，包括："全部或部分地有联邦政府资助的、协助从事管理的或批准的工程或项目：新的或修改了的行政决定、条例、计划、政策和程序。"可见，美国的评价对象，既有工程项目，也有政策、立法，评价对象十分广泛。

我国的《环境影响评价法》第7条和第8条规定了了对"土地利用的有关规划，区域、流域、海域的建设、开发利用规划"以及"工业、农业、畜牧业、林业、能源、水利、交通、城市建设、旅游、自然资源开发的有关专项规划"等规划的环境影响评价，其评价范围从过去单一的对建设项目的环评扩展到对宏观规划的环评，从而向战略环评迈出了可喜的一步。

但这还远远不够，因为真正的战略环评不应仅仅局限于此，完全意义上的战略环评，应更重视对政策法规等宏观性、战略性行为的环境影响评价。因为，从一般意义上讲，政策法律等宏观性行为对社会发展的影响比建设项目和专项规划更为深远和巨大，故对政策和法律的环境影响评价具有更伟大的意义。譬如，20世纪50年代的大跃进、大炼钢、毁林毁草开垦、围湖造田等一系列错误政策，直接导致了大面积灾难性的生态破坏。又如，我国20世纪80年代中后期提出的"大矿大开，小矿小开"的政策和支持"十五小"企业的政策所造成的严重生态破坏，其影响至今也难以消除。再如，国家为了促进农村经济的发展，制定了《中华人民共和国乡镇企业法》，乡镇企业确实得到了蓬勃的发展，但因此带来的环境损害也是无法估量的，有些地方甚至还出现乡镇企业的产出还不足以弥补环境损害的现象。因此，尽早将政策与立法纳入环评范围之中，对于防止大规模生态破坏和环境污染的出现，具有十分重要的意义。

---

① 42 U. S. C. §4332（2）（C）.

二、欠缺对区域环境容量的总体考虑，缺乏总量控制的系统性思维

我国的《环境影响评价法》规定的规划环评制度和建设项目环评，基本还停留在点源控制的水平，尚没有全面树立区域的概念和系统性思维，缺乏按照环境科学整体性的原理进行总量控制的思想。实际上，无论是进行资源利用的专项规划还是进行项目的建设，我们不能停留在仅仅对该规划和建设项目所涉范围的环境影响。根据环境的整体性原理以及环境影响的迁移扩散原理，我们必须根据规划和建设项目所在区域（或流域）的环境容量进行总量控制。不同的地方，可能具有不同的环境状况，相应的，各地经济发展的方向、规模与速度可以根据各地环境的具体状况而采取相应的模式，而不宜一刀切。事实上，对于生态敏感区和脆弱区的规划和建设项目的审批就和生态良好、环境容量空间很大的地区的审批标准有所不同。譬如，某一建设项目对周边的环境影响可能不大，但就该区域的环境容量却已经满负荷时，则不应再在该区域新建、扩建或改建对该区域环境产生不良影响的建设项目了。此时，对环境有影响的资源开发专项规划也不应审批。

对于区域的环境影响评价问题，我国于2002年颁布了《关于加强开发区区域环境影响评价有关问题的通知》（环发〔2002〕174号），就开发区的区域环评①进行了专门规定，可以说已经走出了区域环评的第一步，但遗憾的是其区域环评还仅仅囿于开发区的区域环评，并没就流域开发、城市新区建设和旧区改造等区域性开发提出全面的环境影响评价要求。

三、评价时机偏晚，妨碍环评制度的有效实施

关于环境影响评价的时机，即何时开始环境影响评价活动的问题，国际上似乎并无统一的标准可循。目前，依照1998年《建设项目环境管理条

---

　　① 《关于加强开发区区域环境影响评价有关问题的通知》规定，开发区区域环境影响评价应体现"科学规划、合理布局、总量控制、集中治理、统一监管"的方针，坚持污染防治与生态保护并重。开发区区域环境影响评价重点包括以下内容：（1）根据区域的社会、经济和环境现状及规划目标，从宏观角度分析区域开发可能带来的环境影响；（2）分析区域环境承载能力，根据环境容量确定开发区污染物允许排放总量；（3）从环境保护角度论证开发区选址、功能区划、产业结构与布局、发展规模的环境合理性和可行性；（4）论证开发区环境保护基础设施建设，包括污染集中治理设施的规模、工艺、布局的合理性，优化污染物排放口位置及排放方式；（5）提出并论证开发区生态保护和生态建设方案；（6）制订环境监测计划，建立开发区动态环境管理系统。

例》第 9 条的规定①，可知我国环评一般在项目立项以后的可行性研究阶段才介入，即在开发行为已基本被建设决策部门认可后开始，此时，EIA 项目的厂址、布局、产品方案、规模、工艺路线等已基本确定。因此，EIA 的功能也只能是提出合理的治理方案了，在实践中真正由于环评未通过而被否决的比例是不大的。实际上，环境影响评价在很多场合，已沦落为只是做做形式工作，发挥不了应有的实质作用。

由于建设项目的资金大多在可行性研究报告以后到位，而环评需在可行性报告以前完成。建设单位在项目不确定时，没有积极性进行环评；而项目确定后却又想加快工程速度，这无疑给环评工作带来了很大的压力和困难，使环评工作处于比较被动的局面。而环评受托单位迫于时间和私利的追逐，往往迎合建设单位的意图和要求，使得环评在某种程度上流于形式，对企业现状缺乏认真细致的调查和论证。环评受托单位，由于受上述因素的影响，其工程分析往往不够准确、全面，治理措施论述也不透彻，过于笼统，缺乏针对性，这样往往容易造成环评预测结果与项目建成后的实际情况不太符合，难以在规划、设计和建设中显示和发挥其应有的作用。

另外，在审批环节，依照法律规定，项目的可行性研究报告和环境影响报告书分别由不同的行政主管部门进行审批，且只有环境影响报告书审批通过后才能审批可行性研究报告的。但实践中，由于项目的可行性研究报告和环境影响报告的编制单位不通气和不沟通，使得环境影响报告书的编制往往滞后于可行性研究报告，因而影响可行性研究报告的审批，这种情况客观上也导致了建设单位不顾环评审批而先行报批的情况。事实上，许多环境影响评价文件确实也大大滞后于可行性研究报告。有学者曾就某市十年间完成的几十本环境影响报告进行分析，发现有多达 86.1% 的报告书不符合有关法律对于环境影响报告书应当在建设项目的可行性研究阶段时启动的规定，这使得大多数环评报告书不能按时介入项目设计和决策过程中。还有 38.9% 的报告书在完成设计之后才启动，此时的环评事实上只能发挥点"事后治理"的作用了；另外，11.1% 的报告书在完成设计之后启动，是为应付法

---

① 《建设项目环境管理条例》第 9 条规定：建设单位应当在建设项目可行性研究阶段报批建设项目环境影响报告书、环境影响报告表或者环境影响登记表；但是，铁路、交通等建设项目，经有审批权的环境保护行政主管部门同意，可以在初步设计完成前报批环境影响报告书或者环境影响报告表。

律责任的规定而补做的。① 可见，评价时机的偏晚，确实影响《环境影响评价法》的有效实施，这种状况有必要通过修改法律予以改观。

四、缺欠拟议行动的替代方案，难以达成科学的评价结论

科学化的决策应遵循择优原则，即通过对多个方案进行经济效益环境影响等方面的对比权衡，从而确定最佳方案，因此，当我们说某一方案最佳，是相对于与其对比的替代方案而言的。"替代方案是相对于建议行动而言的，指除建议行动以外的可以替代建议行动并实现预期目的的方案。按替代方案的性质，可以分为基本替代方案（primary alternative）、二等替代方案（secondary alternative）和推迟行动三种。"② 依基本原理，环境影响评价作为一项决策机制，其功能主要在于为决策者提供关于拟议行动及其各种替代方案的各种环境影响信息，从而使决策者能够确定在环境、社会、经济等方面均为最佳的方案。因此，环评制度应理所当然地包含替代方案的规定，从而通过拟议项目的比较优势而间接衬托出拟议项目的可行性和最优性，以提高评价结论的科学性。例如，假设建议行动是建设火力发电厂，那么它的替代方案有建设水力发电站、核能发电站、风力发电站，或者从他处调配获得电力等。国外的经验也表明，替代方案是环境影响评价制度的重要组成部分。譬如，依照《美国环境政策法》，对于替代方案，联邦经办官员应当提出初步通知书，并要求其提出意见，对于这类行为有不同意见的，应当准备有关书面的影响评价意见书，并列入详细说明书内。③

根据我国《环境影响评价法》第 2 条关于环境影响评价的定义，第 10 条和第 17 条关于专项规划和建设项目的环境影响报告书内容的规定可以看出，我国的环境影响评价制度暂未考虑替代方案。而缺乏替代方案的环境影响评价活动，势必难以为决策者提供充分、全面的信息，自然也难以全面体现环境与发展综合决策的思想。由于缺乏对替代方案的要求，实践中许多环境影响评价基本只能流于形式，仅仅向环保局交个文本而已，很难发挥环境影响评价制度应有的作用。譬如，在深港西部通道工程环境影响评价纠纷案中，深圳方面在做环境影响评价时对于工程的设计没有采用相关替代方案，

---

① 张勇、杨凯、王云等《环境影响评价有效性的评估研究》，载《中国环境科学》2002 年第4 期。

② 王曦：《美国环境法概论》，武汉大学出版社 1992 年版，第 230—231 页。

③ 42 U. S. C. §4332（2）（D）（iv）.

结果引起群体性环境纠纷；而香港方面在做环境影响报告书时，提供了四个备选方案，并将所有的方案经过评审打分，而将得分最高的方案作为深港西部通道的较可取路线方案，结果没有导致显著的环境污染也没引起任何环境纠纷。①

五、公众参与的法律保障不力，难以从外部促进决策的科学化并有效维护环境权益

公众参与是环境影响评价中的重要内容，公开进行调查并听取公众对评价程序及评价结论的意见，便于传达信息，消除误解，促进对相关争议问题的谅解，以及在工程项目的早期阶段就尽早确定冲突的焦点。② 在规划的早期就调整和修改拟建项目比起后来再进行修改和调整而言成本更低；早期的公众参与能消减公众对项目的不满和愤怒，从而有助于避免对规划和建设项目发生"暴力参与"的可能性。泰柏（Tabb）也认为，公众参与的措施可以潜在地提高公众对于政府决策的信任度，可以减少诉讼的发生，并有助于融合和协调各种各样旨在获取公共利益的战略决策之间的关系。③ 在实践中，个人和团体往往也有一种想要参与决策的制定和为某一发展项目出谋划策的欲望；当这些问题得到合理的解决时，即让公民和社团真正参与决策和项目的规划时，比起只是严格地限制他们的参与而言，他们更有满足感和成就感。④ 如果能够得到当地的支持，一项决策和建设项目一般会进展得更为顺利，至少不会出现太大的阻力。⑤ 因此，在环境影响评价时开展适度的公众参与（公众参与环境影响评价需要耗费时间和经济成本⑥），能够提高公众的参与意识，促进环境决策的民主化，提高决策的透明度，也有利于保证公众正当环境权益的维护，减少环境纠纷的产生，促进规划和项目的顺利实施。

---

① 参见汪劲《中外环境影响评价制度比较研究——环境与开发决策的正当法律程序》，北京大学出版社 2006 年版，第 292—293 页。

② J. Glasson, R. Therivel and A. Chadwick, *Introduction to Environmental Impact Assessment* (London: Spon, 1999) p. 162.

③ W. Tabb, *Environmental Impact Assessment in the European Community: Shaping International Norms* (1999) Tulane Law Review 953.

④ Aarhus Convention Conference Report (London: Environmental Law Foundation, 2002) p. 6.

⑤ Paul Stookes, *Getting to the Real EIA*, Oxford University Press, Journal of Environmental Law 2003, p. 143.

⑥ See EIA: *A Study on Costs and Benefits* (Brussels: European Commission, 1996).

与外国实行的以公众参与 EIA 为主的方法不同，我国的公众参与工作尚处于探索、完善阶段，2002 年的《环境影响评价法》只有第 5 条和第 11 条有关于公众参与的内容，且均为原则性的规定，缺乏具体的操作措施。第 5 条中规定，"国家鼓励有关单位、专家和公众以适当方式参与环境影响评价"，而对于"公众"的范围又缺乏明确的规定，似乎将单位、专家和公众并列，而国外关于公众的含义很广泛，除环评单位以外的任何机构、组织、团体和自然人、法人均可列入公众的范围；第 11 条规定了关于编制专项规划时应当在报送草案审批前，举行听证会、论证会等形式征求有关单位、专家和公众对于环境影响评价书草案的意见，而对于建设项目则没有规定公众参与的内容，同时也未规定公众参与规划环评具体的权利和程序，更未规定环境信息公开制度等配套性制度。为了适应公众参与环境影响评价的需要，2006 年原国家环境保护总局颁布了《环境影响评价公众参与暂行办法》，对公众如何参与环境影响评价作出了专门的规定，这在一定程度上改善了这种落后的局面。但遗憾的是，该《办法》也未能对公众参与提供切实的法律保障。总的说来，我们以为，我国关于公众参与环境影响评价的规定，至少还存在如下不足：

（一）公众参与所需的环境信息不足

获取环境信息的环境知情权，从某种意义上说，它"是其他权利得以正确行使的先决性权利，只有知情权得到充分行使，当事人追求的其他权利才有可能充分实现。"[1] 准确、充分及时地获取有关的环境信息是公众参与环境评价的前提性基础。《环境影响评价公众参与暂行办法》第 8 条和第 9 条规定了建设单位和环评单位的信息公布义务，但要求公开的信息并不很全面，譬如对建设单位污染物的排放情况（譬如污染物的类型、排放量的大小及其危害、所需采取的污染治理措施、项目建设对环境的影响程度等信息）没有详细、明晰地规定在信息公开的范围之内。而在实践中，很多建设项目，对于法律要求公布的信息又会再打折扣。

另一方面，《办法》也没有提供公众参与的权利保障。根据《环境影响评价公众参与暂行办法》的标题，该《办法》应该是规定公众享有什么权利，如何或怎样参与环境影响评价等核心内容。但通观全文，实际上是站在建设单位或环境保护行政主管部门的立场上就如何征求公众意见的法律文

---

① 陈焱光《知情权的法理》，载徐显明主编《人权研究》（第 2 卷），山东人民出版社 2002 年版，第 268 页。

件，而没有站在公众的立场上将公众作为主体而规定各项可享有的权利。说到底，该《办法》只是建设单位、环境行政主管部门和审批部门的行为规则而已。①

由于缺乏具体的知情权和参与权，公众参与实际上难以发挥有效的作用。譬如，在"深圳深港西部通道环境影响报告书审批案"中，当地群众曾起诉作为审批单位的深圳市环保局，其中一项理由是认为环保部门侵犯了申请人的环境知情权——申请人曾多次要求查看环境影响评价报告书及设计方案，但是被申请人却以"法律法规未规定对建设项目环境影响评价文件进行审批的行政机关应当向公众公开做出审批所依据的环境影响评价文件"② 为由，而拒绝申请人的合法要求。由于缺少对项目情况的全面了解，群众意见的准确性和可参考性就大打折扣，而由于知情权难以得到落实，监督权亦无从谈起，一旦导致环境纠纷，矛盾将难以解决。

（二）参与方式相对单一

《环境影响评价公众参与暂行办法》只规定了调查问卷、论证会、座谈会和听证会等公众参与的几种途径和形式，没有像国外一样规定诸如记者会邀请意见、网络调查、发行手册简讯等多种形式，参与形式的单一势必影响公众参与的规模和质量。而在实践中，现阶段的公众参与基本上仅仅停留于发放调查问卷的水平。

这种做法存在以下问题：一是由于法律对于很多重要的信息并没有硬性作出要求，因此调查表的内容往往十分简单，不能全面反映拟议项目对周边环境的影响。二是调查表不能保证调查对象的代表性。由于环评工作的时效性，在有限的时间、精力以及场地下，调查范围往往比较窄，不能保证真正具有利害关系的公众被调查到，因而所谓的调查自然不能反映这部分公众的意见。三是缺乏全面的信息，造成公众难以作出有价值的意见。由于建设单位不向公众发布拟建项目的详细情况，被调查人员对拟建项目的内容、污染状况、治理措施等均不太了解，自然很难发表有价值的意见。这样的公众参与，容易造成个别项目即使环评阶段有公众参与，实施生产后仍然会造成对项目周围社会环境，人民生活质量的较大甚至重大影响，以致污染事故和环

---

① 李扬勇《论我国环境公益诉讼制度的构建——兼评〈环境影响评价公众参与暂行办法〉》，载《河北法学》2007 年第 4 期。

② 参见汪劲《中外环境影响评价制度比较研究——环境与开发决策的正当法律程序》，北京大学出版社 2006 年版，第 291 页。

境纠纷不断。

（三）欠缺司法审查的介入，缺失公众监督行政行为的诉讼保障机制

依《环境影响评价法》第 29 条①、第 30 条②以及第 32 条③的规定，对规划编制机关、规划审批机关、建设项目审批机关违反环境影响评价的法律责任主要是由监察机关或上级行政主管部门对主管人员和其他直接责任人员给予行政处分，这种追究个人责任的规定当然十分必要，也有一定的威慑力，但尚不足以使制订和审批政策、规划和建设项目的部门真正遵守该法。因为政策和规划的制定基本都是集体决策的产物，要让个人承担集体违法的责任显然不太公平；再说，监察机关本身隶属于政府，政府违反规定制订规划，让监察机关去追究首长的行政责任，这在实践中很难操作。其次，在行政监督机制中，上级行政机关由于不受监督机制的制约，往往造成主观臆断、强迫命令，"长官意志"的盛行。如有的"条子工程"，由于某个头面人物"指示"，不进行环境影响评价就匆匆上马，即便进行环评，也是敷衍了事。再次，监督主体与监督对象存在着千丝万缕的联系，往往是"老熟人"、"老关系"，易于官官相护、地方保护，以人情代法律。可见，在我国环境影响评价工作中，这种行政系统的内部监督机制实质上有放纵政府忽视其应承担责任之嫌，而行政行为的经常违法也业已构成环境影响评价制度有效实施的障碍。

譬如，就规划的环境影响评价而言，当公众认为审批机关违反法律规定批准的规划可能会对环境造成不利影响并侵犯自身的环境权益时，却无权向人民法院提起行政诉讼，要求撤销已公布的规划。因为规划的制定是一种抽象的行政行为，我国的《行政诉讼法》明确规定，公民可以对行政机关的具体行政行为提起诉讼，但抽象行政行为则不能被纳入行政诉讼的受理范围，这就意味着公民不能起诉规划部门。但实践中，规划的问题是更为根本的问题。合理的规划和布局，可以在很大程度上避免或减轻环境的污染和破

---

① 《环境影响评价法》第 29 条：规划编制机关违反本法规定，组织环境影响评价时弄虚作假或者有失职行为，造成环境影响评价严重失实的，对直接负责的主管人员和其他直接责任人员，由上级机关或者监察机关依法给予行政处分。

② 《环境影响评价法》第 30 条：规划审批机关对依法应当编写有关环境影响的篇章或者说明而未编写的规划草案，依法应当附送环境影响报告书而未附送的专项规划草案，违法予以批准的，对直接负责的主管人员和其他直接责任人员，由上级机关或者监察机关依法给予行政处分。

③ 《环境影响评价法》第 32 条：建设项目依法应当进行环境影响评价而未评价，或者环境影响评价文件未经依法批准，审批部门擅自批准该项目建设的，对直接负责的主管人员和其他直接责任人员，由上级机关或者监察机关依法给予行政处分；构成犯罪的，依法追究刑事责任。

坏；而不合理的规划和布局，即使是很小的建设项目也可能严重地影响人们的生活和身体健康。① 虽然不能直接起诉制订规划的部门，但还是可以起诉审批该规划的行政部门的。因为，在我国，政府的规划部门有一项重要的职权就是审批所有的建设规划许可证。因此，对于上述难题，对应的办法有一条，即赋予公众对环保部门等审批规划和建设项目的具体行政行为进行诉讼的权利。但遗憾的是，《环境影响评价法》和《环境影响评价公众参与暂行办法》均未规定公众的这种对规划环评报告之审批行为的诉讼权利。

现代法治的实践表明，司法监督由于具有独立性、公正性、权威性的特点，对于促使行政机关依法行政、维护法律的权威和尊严不可或缺。在美国，法院在环境影响评价制度中的作用举足轻重，公众有权就可能给环境造成危害、可能给自身或公共环境权益带来损害的行政行为向法院起诉，获得司法救济，从而可以有效减轻或避免行政行为给环境造成的不良影响。因此，那些可能对环境产生不良影响的行政行为，只有受到国家司法权的追究，环境影响评价制度才能得到切实的保障。

（四）公众参与的效力不足

这一问题特别突出，《环境影响评价公众参与暂行办法》洋洋洒洒40条共5000言，从程序上规定了公众参与的途径、方式，以及政府和建设单位的信息公布义务等，但竟然没有一条规定政府和建设单位违反公众参与的法律责任。因为，法律不同于政策、纪律、道德等其他社会规范的显著特征是其具有强制性和可诉性，而本《办法》与其说是法律还不如说只是政策而已，因为没有对违法行为之法律责任的规定，顶多算是立法机关的一种政治意愿的表达而已。

六、缺乏环境影响评价的审批（审查）标准

《环境影响评价法》第 13 条以及第 22、第 23、第 24、第 25 条分别就

---

① 以北京为例，因为规划部门在审批建设规划许可证时疏忽环境保护而产生的环境问题和环境纠纷屡见不鲜。譬如，规划部门将一个有五十多所高校教师居住的小区批准建设在一个三类工业区中，东面与一个全国著名的建材企业只隔一条马路，南面与一个酱油厂只有一墙之隔。结果，建材厂释放的有害气体和酱油厂的噪声使得教授们无法备课和歇息。自小区建成入住后，环境纠纷投诉一直不断，甚至反映到了国务院。有个小区被批准建在了一个电厂旁边，电厂巨大的噪声使小区居民无法休息，结果在电厂和居民间造成严重冲突，影响了社会安定。有的小区内规划的绿地，在小区居民入住后，又批准开发商建设商住楼，也引起小区居民的不满和抗议。有一些建设项目没有做环评就被颁发了建设规划许可证，结果也导致环境纠纷。但在许多状告规划部门的案件中，居民却难以胜诉。

规划环境影响评价文件以及建设项目的环境影响评价文件的审批程序（包括预审主体、审批部门以及审批权限、审批时限等）作出了专门的规定，但对审批的标准和准则问题却只字未提。第一，形式标准，这主要是针对环评文件而言的，如环境影响报告书在形式上应采取怎样的编写体例和格式规范等，报告表、报告书和登记表的主要区别在哪，如果递交上来的评价文件在形式上不合乎规范和要求，怎么办，是不予受理、发回重做还是不予批准呢？第二，实质标准，这主要是针对环评内容而言的，也就是说环境影响评价文件所评对象（规划或建设项目）的内容应考虑哪几个要素，满足哪些方面的要求，审批部门才能作出审批或不予审批规划或建设项目的决定，即审批决定的依据和准则是什么。这些问题，现行《环境影响评价法》并没有提供明晰的答案，结果是不得不依赖审批机关的行政自由裁量行为了。但是，这种缺欠基本标准的"过于自由"的自由裁量势必容易导致恣意。由于审批机关及其工作人员的水平不同、喜好不同，甚至具体审批时日的心情不同，往往会导致类似的规划和建设项目可能会得出完全不同的审批结论，使得规划单位和建设项目单位不能有一个大致的预期。另一方面，如果建设单位不服不予审批的环评审批决定，提起行政复议或行政诉讼，由于缺乏具体的标准，复议部门和法院又如何定夺呢，难道再次完全利用自由裁量或自由心证？再进一步，如果与审批决定具有利害关系的公众认为审批部门作出的审批决定导致了其环境权益的受损，而提起环境行政诉讼，如果没有规范的审批标准作为支持，其胜诉的可能有多大呢？

七、评审程序有漏洞：未规定评审专家的责任，评审质量得不到切实保证

评审是对整个 EIA 工作的总结，也是环境影响评价的关键一环，但评审决策者一般没有阅读完整的环境影响报告书，而在很大程度上依赖于专家对评审报告所提供的信息的判断。现有评审一般是由环保审批部门组织，聘请专家和有关行政管理干部组成评委会对环境影响报告书（表）进行审查。但目前的专家评审制度，至少存在以下问题：

（1）评审时间过短，专家不易熟悉项目情况；

（2）未规定独立评审制度，评审专家不能完全独立于项目建设或者其主管部门，易受其影响甚至左右；

（3）缺欠对评审的监督，由于评审专家名单、评审过程及评审报告均未公开，导致专家处于无监督状态；

（4）没有规定评审问责机制，即使评审环节出现问题，也不能追究评审专家的责任。这无疑将导致专家评审不负责任以及接受贿赂的滋生，以致降低评审的质量。

这些问题将在很大程度上影响评审的质量，进而将直接影响决策者对环境影响报告书审批与否的结果。可见，评审质量不能保证，则不能为审批决策提供真实、全面、可靠的信息，总体上阻碍环境影响评价制度预防环境污染和破坏的功能的有效发挥。

八、现行环评体制存有纰漏，影响环评制度功能的有效发挥

（一）环评单位直接服务于建设（规划）单位，难以保持其独立性和纯洁性

按照现行《环境影响评价法》的规定，环境影响评价机构是由规划单位或建设单位直接确定，其评价费用也大多由规划单位或建设单位提供。从民法的角度看，评价单位和规划（建设）单位之间产生了一种事实上的技术服务合同关系，既然是服务关系，"拿人钱财，替人消灾"，环评单位自然难以环境保护的公共利益为本位，而站在客观的立场上科学、公正地从事环境影响评价，环评就无可避免地异变或沦落为替规划或建设单位说话的工具了。事实上，当前大型工程的规划、可行性评价或环境影响评价，多数是政府或业主出钱，他们自然会倾向于邀请自己熟悉的环评单位来制作规划设计或建设项目的环境影响报告书，然后又邀请自己熟悉的专家当评审。再说，一个大型项目的环境影响评价，往往有数十万元或更多的评价经费，这对于处于清水衙门的科研单位而言具有相当的吸引力，出于"经济人"的本能，"谁会拿了钱不听话？"①

（二）规划环评的审批部门不清，环保部门在环评审查中的独立性不足

首先，我国现行的环境影响评价制度，未能直接规定规划环评的审批部门。《环境影响评价法》第 7 条的后两款规定，"规划有关环境影响的篇章或者说明，应当对规划实施后可能造成的环境影响作出分析、预测和评估，提出预防或者减轻不良环境影响的对策和措施，作为规划草案的组成部分一并报送规划审批机关。未编写有关环境影响的篇章或者说明的规划草案，审批机关不予审批。"第 12 条规定，"专项规划的编制机关在报批规划草案时，应当将环境影响报告书一并附送审批机关审查；未附送环境影响报告书

---

① 唐建光《谁来决定怒江命运》，载《中国新闻周刊》2004 年 5 月 24 日。

的，审批机关不予审批。"第 13 条规定，"设区的市级以上人民政府在审批专项规划草案，作出决策前，应当先由……审查小组，对环境影响报告书进行审查。……由省级以上人民政府有关部门负责审批的专项规划，其环境影响报告书的审查办法，由国务院环境保护行政主管部门会同国务院有关部门制定。"可见，从以上关于综合性规划和专项规划的审批事项的规定中并不能知悉规划的审批部门是何者。

其次，在专项规划的审查中，环保部门在审查小组内的权威性和独立性不够。《环境影响评价法》第 13 条规定"设区的市级以上人民政府在审批专项规划草案，做出决策前，应当先由人民政府指定的环境保护行政主管部门或者其他部门召集有关部门代表和专家组成审查小组，对环境影响报告书进行审查。"这意味着规划的编制机关与审批机关均属行政系统，因为都是"一家人"，一些可能给环境带来不良影响的规划，也可能由于权力关系而"带手过场"，顺利通过审批而付诸实施；在评审小组内，专家的意见仅供参考，并不具有决定性的效力。而环保部门也只是审查小组的成员之一，而不是其决定作用的裁定者。

不过，这种状况后来有了一定的好转。2003 年 10 月颁布的《专项规划环境影响报告书审查办法》第 4 条规定："专项规划编制机关在报批专项规划草案时，应依法将环境影响报告书一并附送审批机关；专项规划的审批机关在作出审批专项规划草案的决定前，应当将专项规划环境影响报告书送同级环境保护行政主管部门，由同级环境保护行政主管部门会同专项规划的审批机关对环境影响报告书进行审查。"但问题是，该条也并未说明环保部门在会同专项规划的审批机关对环境影响报告书进行审查时的权威地位问题。在这种审查、审批体制下，当经济利益与环境利益发生剧烈冲突时，行政部门出于政绩的考虑往往牺牲环境利益而选择经济利益，而环保部门由于只是作为审批部门中的普通一员，就算是不同意也是孤掌难鸣，独力难撑，因此往往让环境影响评价制度经常处于"名存实亡"的境地。

（三）分级审批体制的规定滞后

《环境影响评价法》第 23 条对建设项目环境影响评价文件分级审批的划分原则，沿用了 1998 年实施的《建设项目环境保护管理条例》中对分级审批原则的规定，即计划经济体制条件下的"同级审批"原则。随着我国市场经济体制的形成和国务院投资体制改革的实施，国家对建设项目的审批方式发生了很大变化，计划经济体制下的分级审批规定已经无法适应目前的经济发展和改革形势。现实中，也大量存在基于地方保护主义以规避国家环境保护部门的审批权限而把本应由原国家环境保护部门审批的建设项目"化整为零"，降为地方环保部门审批的情况，譬如，"深圳深港西部通道环境影响报告书审批案"中，深圳方面的建设部门就把与其设计投资额为21.8亿元的侧接线工程化整为零地降为由当地环保部门审批。① 再如，2004年揭露的江苏"铁本"事件所涉及的多项违法审批的背后，无不存在着将大型建设项目化整为零以规避原国家环境保护部门审批的情形。

为充分发挥分级审批在建设项目环境管理中的作用，更有效地预防新建项目的环境影响，亟须按照"什么样的权力审批什么样的项目"的比例原则对现行的分级审批规定进行修改，把该下放的下放，把该提升的提升（当然，主要还是提升的问题），从而保证审批的效率和审批的质量。

九、环评审批部门在现有环境管理体制下难以抵制外部力量的干预，环评易沦为形式

在我国现有的环境管理体制下，由于受制于地方财政和地方人事②，环保部门在政府行政系列中处于弱势地位，往往难以独立行使环评审批权，在实践中环保部门往往由于管理对象的强大，以及同级政府或上级部门的种种外部压力和行政干预，使得环境影响评价制度容易沦落为摆设，环评程序易流于形式。例如，在2005年4月13日上午，原国家环境保护总局召开了圆明园湖底防渗工程环境评价公众听证会，代表在会上对圆明园整治过程中出现的种种问题提出了强烈质疑，当质疑达到高潮时，当事方圆明园管理处主任竟然中途离席，视正在进行的听证会不顾而不辞而别，未给予环保部门以基本的尊重……在这样的体制下，被管理者反而成为"主宰者"，"管理者"却无能为力。因此，为了确保环境影响评价审批的独立性和权威性，有必要全面树立环保部门的权威和地位，当然，这不仅仅是环境影响评价制度的问题，而是整个环境法制实施的一大心病。如今，原国家环境保护总局在本次机构改革中已上升为环境保护部，但愿这种地位的提升会对弊端重重的环境管理体制有一个较大的改观，从而增强环境法的各项基本制度尤其是环境影

---

① 按照1986年《关于建设项目环境影响报告书审批权限问题的通知》的规定，总投资额为2亿元以上的特大型建设项目由原国家环境保护总局审批。而1993年《关于重申建设项目环境影响报告书审批权限的通知》又再次强调"凡总投资额2亿元以上的建设项目，其环境影响报告书一律报我局审批"。

② 参见杨朝霞《环境行政管理体制的弊端与改革》，载《昆明理工大学学报（法学版）》2007年第5期。

响评价制度的有力实施和贯彻。

十、人为割裂建设项目环评与规划环评的联系，不利于环境权益的保护，也有违区域环境保护的精神

现行的《环境影响评价法》把适用范围扩张到了规划，要求有关土地利用的规划，区域、流域、海域的建设和开发利用规划，以及工业、农业、畜牧业、林业、能源、水利、交通、城市建设、旅游、自然资源开发的专项规划等进行环境影响评价，这无疑是一种进步。但问题是，《环境影响评价法》把新纳入的规划的环评和已有的建设项目的环评割裂开来，没有看到二者的联系，没有把规划的环评和建设项目的环评进行很好的协调和对接，而是人为地呈现两张皮，这在实践中是有害的。

对于建设项目的环评和规划的环评人为分割的害处，以下的案例[①]可以给予充分的证明。2003 年 11 月，某公路发展公司（以下简称为甲公司）建成一高速公路，途经某处 A。2004 年某投资公司（以下简称为乙公司）在A 处建一居民小区。2006 年 11 月，原告孙某家居住地因拆迁，与第一被告人乙投资公司签订拆迁安置协议，并被安置到该居民小区。入住不久，孙某发现该楼临近高速公路，噪声污染非常严重。孙某多次要求乙投资公司予以解决，均无结果。孙某于 2007 年 12 月起诉至法院，要求乙投资公司和甲公路发展公司限期采取减轻噪声污染的措施，将住房噪声控制在标准值以下，同时赔偿入住一年以来的噪声扰民补偿费 6000 元。在这里，我们先不看案例的具体审判[②]，而通过本案关注一下建设项目的环评和规划的环评的结合和对接问题。

假若，2003 年建高速公路之时，城市规划部门审批通过了高速公路建

---

① 参见周柯《中国第一起交通噪声污染损害赔偿案评析》，载王灿发主编《环境纠纷处理的理论与实践》，中国政法大学出版社 2002 年版，第 209—214 页。为了论述的方便，已对该案例中的时间稍作变动。

② 在本案中，原告孙某可以投资公司乙违反合同为由主张违约金（当然，也可提起侵权之诉，只不过二者存在竞合），这没有疑问。另外，孙某还可以向建设高速公路的公路发展公司甲提起环境侵权之诉，尽管高速公路建成在先，但高速公路的噪声污染确实侵害了孙某的环境权益，基于环境污染特殊侵权的无过错责任原则，公路发展公司甲应承担小部分赔偿费用，这也没有疑义。假若该建设项目没有做环评，依《环境影响评价法》第 25 条的规定，"建设项目的环境影响评价文件未经法律规定的审批部门审查或者审查后未予批准的，该项目审批部门不得批准其建设，建设单位不得开工建设"，可知，该规划部门存有"未审先批"的违法性，孙某可以向规划部门提起行政诉讼，同时还可以向环保部门提起行政不作为之诉。

设的专项规划，该专项规划也编制了环境影响评价篇章，且通过了规划的环评。而此后 2004 年，乙投资公司在 A 处建居民小区时，假若该建设项目做了环境影响评价而向环保部门提出审批申请，环保部门在审批时应该如何考虑呢？这就涉及规划环评和建设项目环评的衔接问题。即环保部门在审查该建设项目的环境影响报告文件时，是否必须考虑该建设项目的选择应当符合已通过规划环评的建设高速公路的专项规划呢？这正是本案中孙某是否可以起诉环保部门的关键所在。由于现行的《环境影响评价法》没有考虑两类环评的衔接和协调问题，人为地把规划的环评和建设项目的环评割裂开来，致使该案处于胜败难断的状态。推广一点说，立法上的这种疏漏，也不利于从区域的总体上保护环境。

十一、法律责任的设置有待完善

（一）法律责任之间违反"责罚相当"的比例原则

《环境影响评价法》第 31 条第 1 款规定，"建设单位未依法报批建设项目环境影响评价文件，或者未依照本法第二十四条的规定重新报批或者报请重新审核环境影响评价文件，擅自开工建设的，由有权审批该项目环境影响评价文件的环境保护行政主管部门责令停止建设，限期补办手续；逾期不补办手续的，可以处五万元以上二十万元以下的罚款，对建设单位直接负责的主管人员和其他直接责任人员，依法给予行政处分。"第 31 条第 2 款规定，"建设项目环境影响评价文件未经批准或者未经原审批部门重新审核同意，建设单位擅自开工建设的，由有权审批该项目环境影响评价文件的环境保护行政主管部门责令停止建设，可以处五万元以上二十万元以下的罚款，对建设单位直接负责的主管人员和其他直接责任人员，依法给予行政处分。"

两者对比就会发现，该条法律责任的设计明显违反"罚责一致"和"罚责相当"的比例原则。建设单位未依法报批建设项目环境影响评价文件，甚至根本未做环境影响评价，法律只规定令其限期补办环评手续，逾期不补办的才进行罚款；而对于建设单位确实已经做了环境影响评价文件，只是未经批准或者未经原审批部门重新审核同意，法律反而责令停止建设，并处五万元以上二十万元以下的罚款。违法情节严重者的法律责任竟然显著轻于违法情节轻微者，岂不荒谬！这样的规定，无异于鼓励建设单位规避环境影响评价：不做环境影响评价的环保部门不一定能发现，就是发现了也只是限期补办而已，不需马上罚款。事实上，现实中的环境影响评价纠纷许多就是由于建设项目违反环境影响评价程序先行开工建设而造成的，譬如"北京'西—上—六'输电线路工程环境影响报告书审批案"就是没有依法申报实施前的环评审批程序，就经规划部门审批后开始兴建而造成的；另外，著名的"北京圆明园东部湖底防渗工程环境影响报告书审批案"也属于典型的"未审先批案"。①

因此，对于这一条，必须要按照比例原则，及早进行修改，加重对于未报环评文件甚至未做环评的建设者的处罚责任。另外，还必须对"未审先批"的规划部门规定法律责任，以加强对规划部门的监督。

（二）法律责任的设置存有空白地带

1. 缺失规划部门或建设单位不组织公众参与的法律责任

前面已经讲到，我国立法上虽然规定了公众参与，但没有正面赋予公民享有公众参与环境影响评价的权利，而只是站在政府审批部门和建设单位的立场上规定组织公众参与的义务。然而，就算是这样"吝啬"的规定，法律也没就违反这种义务而设置相应的法律责任，这使得公众参与得不到基本的法律的保障。《环境影响评价法》第11条和第21条规定，编制机关应当认真考虑有关单位、专家和公众对环境影响报告书草案的意见，并应当附具对意见采纳或者不采纳的"说明"。该法第14条要求审批机关在审批中对未采纳环境影响报告书结论以及审查意见的，应当作出"说明"。但是对编制机关、审批机关因为没有采纳公众意见、审查意见而造成重大环境危害的行为，并没有规定应追究其法律责任。笔者认为，缺乏法律责任保障的义务规定是没有实际的法律约束力的。也就是说，法律仅要求其"作出说明"是远远不够的，对于无视公众意见而导致环境污染或者环境破坏的严重后果，法律应当追究其法律责任，这样才能使公众参与不至流于形式，从而真正发挥其应有的作用。

2. 欠缺跟踪评价、后评价的法律责任

第一，未规定规划环境影响跟踪评价的法律责任。关于规划环境影响的跟踪评价，根据《环境影响评价法》第15条的规定，凡对环境有重大影响的规划实施后，原规划的组织编制机关应当及时组织对该规划的环境影响进行跟踪评价，并将评价的结果报告规划的原审批机关；发现有明显不良环境影响的，应当及时提出改进措施。经验证明，对于有些事项，在实施前进行评价时认为不会对环境造成危害，但在实施后却可能出现严重的环境问题。

---

① 具体案情请参见汪劲《中外环境影响评价制度比较研究——环境与开发决策的正当法律程序》，北京大学出版社2006年版，第295—316页。

因此，开展环境影响的跟踪评价，有助于及时发现规划执行中出现的新问题，促使有关部门采取相应措施加以及时调整和妥善解决。但是，对于这种良好的设计，该法却没有规定编制机关之跟踪评价的不作为、跟踪评价不当等违反跟踪评价要求的法律责任，使得跟踪评价这种天才的设计势必胎死腹中。

第二，未规定建设项目环境影响后评价的法律责任。对建设项目环境影响的后评价，《环境影响评价法》第 27 条规定，只要在项目建设、运行过程中产生不符合环境影响评价文件的情形，建设单位就应当组织环境影响的后评价，采取改进措施；如果有关建设单位未采取后评价的相应措施，原环境影响评价文件审批部门还可以责成建设单位进行环境影响的后评价，采取改进措施。这一规定，使建设项目的环境影响评价从环评文件的编制、审批、后评价，形成了一个完整的法律程序。[①] 但遗憾的是，不知是无意疏漏还是认为马上规定后评价的法律责任时机还不太成熟等原因，该法对于审批部门以及建设单位违反后评价并没有设定法律责任，这种立法规定在残酷的现实面前很可能导致环境影响后评价制度流于形式，仅仅成为一种"亮丽"的摆设。

3. 未规定"建设项目未履行环评审批程序也为履行'三同时'即擅自投产使用"的法律责任

此部分内容，见本书"三同时"制度发展的有关章节。

（三）法律责任畸轻，缺乏威慑和打击力度

对于违反环境影响评价的法律责任，我国立法规定的主要责任形式为行政罚款，但这种责任单一罚款由于数额偏低，往往缺乏应有的威慑力。《环境影响评价法》第 31 条第 1 款规定，"建设单位未依法报批建设项目环境影响评价文件，或者未依照本法第二十四条的规定重新报批或者报请重新审核环境影响评价文件，擅自开工建设的，由有权审批该项目环境影响评价文件的环境保护行政主管部门责令停止建设，限期补办手续……"这种不经环评直接进行建设的违法行为的过于宽容的规定无疑会助长对环评程序的蔑视，也将使得环境影响评价被迫沦落为形式主义，不利于打击此类违法行为。

《环境影响评价法》第 31 条第 1 款规定："逾期不补办手续的，可以处

---

① 王凤春：《完善建设项目环境影响评价制度强化环境影响评价的权威性》，载《中国环境报》，2002 年 12 月 14 日。

五万元以上二十万元以下的罚款，对建设单位直接负责的主管人员和其他直接责任人员，依法给予行政处分。"第 2 款规定："建设项目环境影响评价文件未经批准或者未经原审批部门重新审核同意，建设单位擅自开工建设的，由有权审批该项目环境影响评价文件的环境保护行政主管部门责令停止建设，可以处五万元以上二十万元以下的罚款，对建设单位直接负责的主管人员和其他直接责任人员，依法给予行政处分。"法律对于违反环境影响评价程序的罚款额度定为五万元以上二十万元以下，这样的处罚力度对于投资上亿或者数十亿的项目来说，显然是九牛一毛，不足以对违法行为产生应有的震慑力。

（四）刑事责任的规定过于简陋，以致难以定罪量刑①

通观我国环境立法中所有关于刑事责任的条款，其立法设计有一个"经典"的模式——"构成犯罪的，依法追究刑事责任"。具体到我国的《环境影响评价法》也是如此，该法第 33 条规定："接受委托为建设项目环境影响评价提供技术服务的机构在环境影响评价工作中不负责任或者弄虚作假，致使环境影响评价文件失实的，由授予环境影响评价资质的环境保护行政主管部门降低其资质等级或者吊销其资质证书，并处所收费用一倍以上三倍以下的罚款；构成犯罪的，依法追究刑事责任。"当我们去《刑法》中寻找对应的罪名时，勉强能够适用的是《刑法》第 209 条规定的"提供虚假证明文件罪"和"出具证明文件重大失实罪"两种罪名，但适用该条至少存有两个疑问：

第一，环境影响评价文件的性质属于证明文件吗？笔者认为，环境影响评价文件不同于《刑法》第 209 条规定的承担资产评估、验资、验证、会计、审计、法律服务等职责的中介组织所提供的证明文件；前者的主要任务是对专项规划和建设项目将对环境产生什么样的影响进行预测和评估，以及对应采取的环境保护措施提出建议，因此其属性主要不属于事实的证明而属于对未来的判断；后者是针对国家机关企事业单位已有的经济和财务收支等状况所进行的具体说明，是对已有事实的一种证明。因此，从属性上看，环境影响评价文件不应属于证明文件。

第二，环境影响评价服务机构在评价工作中不负责任或者弄虚作假的行为属于扰乱市场秩序的行为吗？依照《刑法》的规定，第 209 条的"提供

① 这一问题的发现和思考，得益于与中国政法大学环境法专业的博士生陈懿师弟，以及刑法专业的博士生何显兵和王拓同学的交流，在此表示感谢。

虚假证明文件罪"和"出具证明文件重大失实罪"属于第三章"破坏社会主义市场经济秩序罪"中第八节"扰乱市场秩序罪"下的罪名。也就是说，该条所指的"提供虚假证明文件罪"和"出具证明文件重大失实罪"指的是扰乱市场经济秩序而科以的刑事制裁。但是，环境影响评价服务机构在评价工作中不负责任或者弄虚作假的行为似乎不应该属于扰乱市场经济秩序的行为，而应属于违反环境行政管理的行为，也就是说，对此类行为的刑事制裁应该归入到《刑法》第八章"妨害社会管理秩序罪"之中进行规定。

因此，笔者认为，根据现有《环境影响评价法》和《刑法》的规定，对于在环境影响评价工作中不负责任或者弄虚作假的接受委托为建设项目环境影响评价提供技术服务的机构，难以依法追究其刑事责任。

第二节　国外可资借鉴的发展经验

一、国外立法有关环境影响评价的规定

（一）美国的环境影响评价制度

美国环境影响评价制度的主要法律依据是《1969年国家环境政策法》及其后的修正案和美国国家环境质量委员会（Council on Environmental Quality，CEQ）制定的《关于实施国家环境政策法程序的条例》即《CEQ条例》。

20世纪60年代，美国的环境保护议程越来越多，环境运动也呈现出污染控制应和资源管理相结合的特征和倾向。1969年1月28日，在加利福尼亚州的Santa Barbara海峡发生了一起严重的海上石油钻井平台的井喷事故。许多美国人都经电视目睹了这一重大污染事故。这进一步促使美国人民开始重视生态环境的保护问题，公民团体也越来越多。由于片面、局部的调整保护方法不能制止环境质量继续恶化，人们也思考着试图寻找一种全面的、整体的方法来妥善解决环境问题。正是在这样的背景下，美国的《国家环境政策法》应运而生，也正是该法设计了贯彻"预防为主"原则的环境影响评价制度。到20世纪70年代末期美国绝大多数州相继建立了各种形式的环境影响评价制度，美国的环境质量委员会在1978年指出，所谓的政府行为包括了政府政策、规划、计划。此后，联邦政府许多部门（如能源部）开始考虑将环境评价结合到部门的发展规划中，尤其是房屋与城市开发部在1981年编制了《区域环境影响评价指南》，旨在

帮助评价在大城市范围内的开发或再开发及其可选方案的环境影响；加利福尼亚州在1986年通过了《加利福尼亚环境质量法》（CEQA），要求将环境影响评价的范围从项目拓展到政府的决策、规划和计划。1997年纽约州还制定了专门的《环境质量评价法》。

1. 关于评价范围的规定

1969年的美国《国家环境政策法》第1篇第2节第2条第1款至第2款规定："联邦政府的一切官署应在作出可能对人类环境产生影响的规划和决定时，采用一种能够确保综合利用自然科学和社会科学以及环境设计工艺的系统的多学科的方法；与根据本法第2节的规定而设立的环境质量委员会进行磋商，确定并发展各种方法和程序，确保当前尚不符合要求的环境舒适和环境价值在作出决定时与经济和技术问题一并得到适当的考虑。"① 该条第3款规定："在对人类环境质量具有重大影响的每一项建议或立法建议报告和其他重大联邦行动中，均应由负责官员提供一份包括下列各项内容的详细说明：拟议中的行动将会对环境产生的影响；如将建议付诸实施，不可避免地将会出现的任何不利于环境的影响；拟议中的行动的各种选择方案；地方上对人类环境的短期使用和维持和加强长期生产能力之间的关系；和拟议中的行动如付诸实施，将要造成的无法改变和无法恢复的资源损失。"②

2. 关于环境评价（EA）的编制

依照美国《国家环境政策实施程序条例》，除非一项拟议行为被联邦机构确定为对环境没有显著影响的行为而排除适用《国家环境政策法》，否则，各机构都必须就行为可能造成的环境影响编制环境评价（EA）或环境影响报告书（EIS）。为了帮助联邦机构进行规划和决策，各机构还可以在任何时候为任何行动准备环境报告书（ES）。

编制EA，是为了以此作为根据而判定其行为对环境可能产生的影响，其结果是由联邦机构对行为的环境影响作出一个基本判断（threshold determination），并以此为依据作出如下结论：该行为对环境不会产生重大影响（FONSI，finding of no significant impact），或者应当在EA的基础上继续编制EIS。但是，当主管机构已经决定准备EIS时，则可以不准备ES。

可见，我们可以把EA看作是编制EIS的前置程序，只有当EA认定拟议行为可能对环境产生显著影响时，才可以要求主管机构编制EIS。

---

① 42 U. S. C. §4332（2）（B）.
② 42 U. S. C. §4332（2）（C）.

3. 关于环境影响报告书及其编制的规定

美国《国家环境政策法》规定环境影响报告书的内容主要包括：a. 拟议行为对环境的影响；b. 提案行为付诸实施对环境产生的不可避免的不良影响；c. 提案行为的各种替代方案；d. 对人类环境的区域性短期利用与维持和提高其长期的生产力之间的关系；e. 实施该行为所可能引起的任何无法恢复和无法补救的资源耗损等。①

编制环境影响报告书（EIS）是美国全面实施环境影响评价制度的核心内容。从法定的 EIS 编制程序看，主要包括项目审查（screening）、范围界定、EIS 草案的准备、EIS 最终文本的编制阶段，而充分征求和考虑公众意见贯穿于编制环境影响报告书的全过程之中。②

4. 关于替代方案的规定

对于人类环境有重大影响的行动，考虑替代方案最初是以判例法的形式确立下来的。随后制定的《国家环境政策法》和环境质量委员会颁布的《关于实施国家环境政策法程序的条例》（CEQ 条例）吸收了此成果，并进一步强调了替代方案在环境影响报告书中的核心地位。CEQ 条例规定，环境影响报告书，应以比较的形式陈述拟议行动及其替代方案的环境影响，从而清楚地阐明问题的含义并为决策者和公众的选择提供明确的依据。替代方案又分为基本替代方案（Primary Alternative）、二等替代方案（Secondary Alternative）和推迟行动；依照替代方案的内容可以将替代方案分为不行动方案、环境首选方案、行政机关首选方案和其他替代方案。③ 对替代方案的特别重视和对补救措施的要求是美国环境影响评价报告书的一个突出特点。

5. 关于公众参与的规定

美国的环评程序有两个阶段直接包含公众参与：第一阶段，行政机关认定其拟议的行为无重大环境影响，出具"无重大影响认定"文件，公众予以审查并具有最终的决定效力；第四阶段，即"报告书的评论和定稿"阶段，其间公众先有 90 天对于报告书初稿的评论期，领头机关研究并作出反应后定稿，公众再次获得 30 天对于定稿的评论期，这是整个环评中最重要

　　① 42 U. S. C. § 4332 (2) (C).

　　② 汪劲：《中外环境影响评价制度比较研究——环境与开发决策的正当法律程序》，北京大学出版社 2006 年版，第 76 页。

　　③ 参见于铭《美国环境影响评价中的替代方案研究》，中国海洋大学 2006 年硕士学位论文。

的阶段也是公众主导的阶段，行政机关则是合作性地接收意见和针对实质性意见作出不同类型的反映，或修改所有方案，或补充修改有关的分析等。美国的环评程序给了公众很大的介入范围，让公众最大自由地与机关合作，共同决定立法建议或者建设项目的实施情况。①

（二）其他部分国家的环境影响评价制度

1. 关于环评的范围

20世纪80年代末期，由于认识到单个建设项目环境影响评价的不足，开始将环境影响评价的应用扩展到政策层次；战略环境评价应运而生，并开始得到世界范围的广泛接受，许多国家和地区制定了相应的法律法规和实施导则。

荷兰在1987年建立了法定的环境影响评价制度，要求对废弃物管理、饮水供应、能源与电力供应、土地利用规划等进行环境影响评价；1989年，荷兰修改了《国家环境政策规划》，规定了荷兰到20世纪末期的环境战略，这个《规划》的宗旨就是要求对所有可能引起环境变化的政策、规划和计划做环境影响评价。

新西兰1991年制定的《资源管理法》规定了两类环境评价，一是政策和规划的环境评价，另一是资源开发许可的环境评价。作为环境评价对象的政策和规划包括三个层次：一是中央政府制定的不同领域的国家政策报告；二是各地区政府制定的地区政策报告；三是各地方政府，包括区和市制定的区域规划。

1995年，加拿大颁布了《环境评价法》，对环境评价作出了全面的规定，其中也包括战略环境影响评价。1999年，加拿大还发布了《政策、规划和计划提案环境评价内阁指令》，它适用于提交各个部长和内阁批准并在实施过程中可能产生显著影响（包括有利和不利）的政策、规划和计划提案，该指令明确将政策、规划和计划提案的环境评价称为"战略环境评价"。

俄罗斯总统于1995年11月23日公布的《俄罗斯联邦生态鉴定法》，将生态鉴定的对象规定得十分广泛：将实施后可能对自然环境造成不良影响的俄罗斯联邦各种规范和非规范性法律草案，须经俄罗斯联邦国家权力机关核准的，作为预测俄罗斯联邦生产力发展和布局依据的各种材料等，都必须进行生态鉴定。

---

① 王曦：《美国环境法概论》，武汉大学出版社1992年版，第225页。

欧盟于 1996 年提出《特定规划和计划环境评价指令》的议案，要求成员国在批准或采纳一项规划和计划之前应对其潜在的环境影响进行充分的分析、论证和评价，并提交公众审议，而且该指令对哪些规划和计划应当进行评价以及评价的内容和程序都做了规定。尤其值得注意的是 1997 年 4 月欧盟（EC）发布了战略环境评价导则（草稿）《Draft Directive on SEA》，并要求其成员国最迟在 1999 年底以前执行。

2. 关于公众参与

加拿大早在 1992 年制定的《加拿大环境评价法》前言部分就规定：加拿大政府将努力促进公众参与由加拿大政府或经加拿大政府批准或协助实施项目的环境评价，并提供环境评价所依据的基础材料，把确保公众有机会参与环境评价程序作为环境评价法的目的之一。在该法的环境评价程序中明确规定了公众对环境影响评价的参与。

1997 年日本制定的《环境影响评价法》也规定了公众参与环境影响评价的听证会程序和公众监督程序，其中第 18 条第 1 项规定："从保护环境的角度出发，凡是对相关环境影响评价报告（EIS）草案有意见的人，在第 16 条规定的公告时间开始至公开审查时间结束后两周内，可以以文件的方式给项目发起人明确其意见。"①

俄罗斯联邦环境和自然资源保护部于 1994 年 7 月 18 日公布的《俄罗斯联邦环境影响评价条例》虽然内容不多，但第五部分对公众参与环境影响评价的公众听证程序作了明确规定。一些国际性宣言、公约也对公众参与环境影响作了规定。

二、国外的经验

（一）有较宽的评价范围，建立了对于政策、立法等战略环境影响评价制度

譬如，美国在《国家环境政策法》第 4332 条中规定：② 对人类环境质量具有重大影响的各项提案或法律草案、建议报告以及其他重大联邦行为，均应当由负责经办的官员提供一份包括下列事项的详细说明：①拟议行为对环境的影响；②提案行为付诸实施对环境所产生的不可避免的不良影响；

---

① 耿延斌：《浅谈日本的环境影响评价制度》，http：//www. riel. whu. edu. cn，2007 年 11 月 8 日访问。

② 42 U. S. C. §4332（2）（C）.

③提案行为的各种替代方案；④对人类环境的区域性短期使用与维持和加强长期生命力之间的关系；⑤提案行为付诸实施时可能产生的无法恢复和无法补救的资源耗损。据美国质量委员会的统计，自 1979 年至 1998 年，平均每年完成的环境影响评价报告书，达 500 份以上，其中有 130 份计划层次的环境影响报告书提交给联邦环保局，这些计划主要涉及资源与废物管理；在立法层次上共有五份立法环境影响评价报告书编制文件，主要用以支持野生生物保护区、武器和裁军条约等方面的立法建议。①

欧盟于 1996 年颁行了《欧盟关于一定计划与规划环境影响评价指令建议》，规定鉴于环境评价是在计划和规划中综合考虑环境因素的重要手段，它可以确保有关主管当局在采纳有关计划和规划之前，考虑其实施时可能会产生的环境影响，应在成员国制定的计划和规划中开展环境评价。

（二）有比较成熟的"公众参与"机制，能通过决策的民主化有效保证决策的科学化

1. 环境影响评价程序中公众的范围比较广泛

纵观各国的经验，公众参与的"公众"，范围十分广泛，主要包括：居民；居民代表人；专家学者以及专业人士、低收入阶层、少数民族人士；社会团体、与拟议行为有关的行政机关、受影响的当地政府等。②

2. 公众参与的方式多样

有学者研究外国的公众参与总结出以下种类：公告、非正式小型聚会；一般公开说明会；社区组织说明会、咨询委员会；公民审查委员会；听证会；发行手册简讯；邮寄名单；小组研究；民意调查；全民表决；设立公众通信站；记者会邀请意见；发信邀请意见；回答公众提问；座谈会等。③

3. 规定了不同时机下公众参与的不同方式

美国在确定公众参与的时机方面，确立了了以下的原则：实地参与优于评论；参与意味着公共团体有能力直接或间接影响该项拟议行为的决策；决策的责任可因及早接受公众参与而分散给参与者；在拟议行为的前期阶段，如项目审查阶段或范围界定阶段，参与采用的方式通常是咨询委员会；在拟议行为影响评价的中期阶段一般采用比较正式的参与方式，如听证会等；在拟

---

① 汪劲：《中外环境影响评价制度比较研究——环境与开发决策的正当法律程序》，北京大学出版社 2006 年版，第 113 页。

② 同上书，第 172—180 页。

③ 叶俊荣：《环境影响评估的公众参与：法规范的要求与现实的考虑》，载《环境政策与法律》，中国政法大学出版社 2003 年版，第 212 页。

议行为的后期阶段，参与方式可能是公开说明会、简讯、邮寄名单或公众联络人等比较简单的单方面信息的传达方式。

对于听证会，不管是美国还是加拿大都确定了比较严格的适用条件，一般是拟议项目可能会对环境产生重大影响才开听证会，并不是任何的开发项目只要可能对环境造成影响就开听证会的。

4. 规定了公众参与的效力

主要包括两方面的内容：一是主管机构负有回应采纳或者不采纳公众意见的义务；美国 CEQ 规则中对于主管机构对公众参与的回应作了相当积极和具体的规定。二是公众享有提请司法审查的权利。虽然主管机构享有对于公众意见的自由裁量权，但是其权力也不是任意行使的。如果公众对于主管机构的最终决策没能采纳其意见表示异议，或者认为主管机构的行为违反了法律，那么公众可以请求法院对该主管机构的决策进行司法审查。

5. 规定了公众参与的制度保障

一是规定了组织保障。在美国，组织环境影响评价程序是联邦机构的职责，目的是为了确保充分独立于拟议行为的政府对于替代行为选择的公正性，从而不至于使环境影响评价的目的落空。在加拿大，尽管《环境影响评价法》第 11 条规定，与项目有关的联邦机关应当在环境影响评价程序中作为负责机构的角色存在，但在实践中，环境影响评价程序一般是由拟议者来负责的。

二是规定了信息公开制度。信息公开不仅是公众参与政府决策的前提条件，更是公众参与环境影响评价程序的前提。尤其值得一提的是，对于信息公开，美国的 CEQ 条例还规定，对于政府在法定的期限内没有履行该信息公开的义务，那么公众应当享有对政府的行为进行审查，并要求法院进行救济的权利。

（三）重视替代性方案的作用

替代方案被奉为美国环境影响评价制度的核心与灵魂，这也可以说是美国环境影响评价制度的重要特点与成功经验。

首先，替代方案有助于实现环境影响评价制度的根本目的。从美国环境法的发展历程和《国家环境政策法》的立法背景和内容看，环境影响评价制度的根本目的是将环境影响评价结果用于行政机关的科学决策，而替代方案能帮助决策者综合考虑环境、经济和社会利益，选择对环境损害最小而对经济和社会效益最大的行动来实现优化决策。

其次，替代方案是环境法风险预防原则的贯彻。风险预防原则强调为避免重大环境风险，人们有义务在着手实施建议行动之前全面考虑行动的替代方案。因为考虑替代方案有利于寻找危害更小、更有效的办法来推进环境保护；有利于鼓励企业多方面寻找解决环境问题的办法激励企业创新；有利于通过多方案比较，选择风险较小的方案，最大限度地降低风险，提高效益；有利于通过对具有潜在危害的建议行动作合理的修改来减轻决策者的负担。

第三节　我国环境影响评价制度之发展

一、渐次拓展我国环境影响评价的范围，建立重大决策、规划和立法的环境影响评价制度

中国的历史经验和教训无不表明，国家的重大宏观决策对于生态环境具有重大影响。在我国的历史上，因政策和规划导致环境被破坏的情况时有发生，而且，与建设项目对环境的影响相比，因政策和规划的失误对环境的影响更大，更持久，影响范围更广泛，破坏后果也更严重。这是因为，政策、规划以及立法的错误是方向性、战略性的宏观错误。譬如，我国自 20 世纪 50 年代开始的围湖造田政策，导致了湖泊的严重减少。1949 年洞庭湖的面积为 4350 平方公里，到了 1984 年洞庭湖总面积只有 2145 平方公里了；鄱阳湖由于造田和淤积，40 年湖面缩小了 1/5 以上。素有"千湖之省"的湖北，1949 年面积超过 0.5 平方公里的湖泊达 1066 个，经过四十多年的水土流失和围垦，只剩下三百多个。

当前，在我国经济发展的产业结构、经济布局、投资结构以及投资方向在很大程度上受到政府部门宏观决策影响的情况下，开展对国家的政策、法规、计划、规划等的环境影响评价是十分必要的，也是十分迫切的。随着我国改革开放的不断深化，引进外资的比例正在逐年增加，利用发达国家和国际金融组织如世界银行、亚洲开发银行的贷款已成为我国筹集建设资金发展经济的一个重要组成部分。鉴于进行重大决策环境影响评价的意义以及国外的经验，我国应建立对国家重大经济、技术政策和产业政策（譬如国民经济社会发展规划），重大立法等的环境影响评价制度。不过，环境影响评价对象的扩大与拓展应该既立足于国家的经济发展现状，又具有一定的前瞻性，即应该有一个循序渐进的过程。就目前我国所处的阶段看，暂时还不宜

把立法作为环评的对象。①

二、以总量控制为基础，引入"区域限批"的新型环评制度

"十五"期间，我国的环保指标没有完成，单位国内生产总值能耗降低4%和主要污染物减排2%的目标不但没有完成，反而有所升高。事实上，在中国产业结构能否加快调整、产业布局能否更加合理、经济增长方式能否根本转变、环保指标能否切实完成、"节能降耗"的目标能否真正实现，关键在于各地地方政府能否有效实施中央的立法和政策。而残酷的现实证明，在当前这样一个法制不完善、利益格局日益复杂的现实环境中，中央的环保政策在贯彻执行中屡屡被地方大打折扣。可见，在现有制度框架下，这种地方与中央利益的不断博弈的结果往往是中央政令不畅和地方保护主义盛行。为了有效扭转这种被动的局面，基于区域总量控制的科学原理，原国家环境保护总局于2007年2月，对严重违规的行政区域和大型企业集团打出了一记重拳——推出了"区域限批"的区域环境影响评价政策。

所谓"区域限批"指的是，如果一家企业或一个地区出现严重环保违规（违规高耗能高污染等）的事件，环保部门有权暂停这一企业或这一地区所有的除循环经济以外的所有新建项目的审批，直至该企业或该地区完成整改而符合法律和政策的要求为止。而"区域限批"的环评机制作为一种新的环评调控手段，这一措施的最终目的，并不是对区域和企业的生产力进行破坏，而是为了对其进行改善和优化，以帮助区域和企业摆脱建设发展中生产要素日益枯竭的窘迫和险境，为区域和企业有效地校正发展方向、调整发展速度、规范发展行为，为经济社会建设提供持久的支撑和动力，使生产生活趋向长远的和谐。譬如，唐山市经历了从遭遇"区域限批"，导致招商引资严重受挫、深圳工业园区建设受到影响到经过整改被解除限批，经济结构得到调整和优化、环境得到改善，投资者纷至沓来的大悲大喜。正是环境保护的科学性手段，使发展和环境的矛盾得到逐步化解，使经济建设中的结构性隐患得到逐步消除，使区域发展能够在科学、健康的平台上大展宏图。② 因此，只有认识到"区域限批"的新型环评制度之价值取向和长远目

---

① 相似观点参见马绍峰《美中环境影响评价制度比较研究——兼评我国〈环境影响评价法〉》，载《科技与法律》2004年第3期。

② 胡客平：《区域限批和为政以德》，http：//www.chinadaily.com.cn/hqpl/2007-05/15/content_872945.htm，2008年4月5日访问。

标，才能深刻了解保护环境与经济发展终极目标与利益的统一，才能真正形成环保与经济的良性互动。

就目前来看，"区域限批环评"政策主要包含以下几个方面的内容：

（1）对未按期完成《污染物总量削减目标责任书》确定的削减目标的地区，暂停审批该地区新增排放总量的建设项目。①

（2）对生态破坏严重或者尚未完成生态恢复任务的地区，暂停审批对生态有较大影响的建设项目。②

（3）在大中城市及其近郊，严格控制新（扩）建除热电联产外的燃煤电厂，停止审批新（扩）建钢铁、冶炼等高耗能企业；在重要环境保护区、严重缺水地区，停止审批扩建钢铁冶炼生产能力。③

（4）对无正当理由未实施或未按期完成国家确定的燃煤电厂二氧化硫污染防治项目的地区，停止审批该地区的燃煤电厂项目。④

（5）对不按法定条件、程序和分级审批权限审批环评文件，不依法验收，或者因不依法履行职责致使环评、"三同时"执行率低的地区，限期整改。整改期间暂停审批该区域内除污染治理项目以外的建设项目；逾期不整改的，暂停并上收一级该地区环保部门的项目审批权。⑤

（6）对因超过总量控制方案确定的污染物总量控制指标，致使环境质

---

① 其制度依据是《国务院关于落实科学发展观加强环境保护的决定》第21条：对超过污染物总量控制指标的地区，暂停审批新增污染物排放总量的建设项目。

② 其制度依据是《国务院关于落实科学发展观加强环境保护的决定》第21条：对生态破坏严重或者尚未完成生态恢复任务的地区，暂停审批对生态有较大影响的建设项目。

③ 其制度依据是《国务院关于落实科学发展观加强环境保护的决定》第13条：大中城市及其近郊，严格控制新（扩）建除热电联产外的燃煤电厂，禁止新（扩）建钢铁、冶炼等高耗能企业；以及《钢铁产业政策》（经国务院同意，国家发改委令第35号）：在重要环境保护区、严重缺水地区和大城市市区，不再扩建钢铁冶炼生产能力。

④ 其制度依据是《关于加强燃煤电厂二氧化硫污染防治工作的通知》（原国家环境保护总局、国家发改委2003年9月15日）：对无正当理由未实施或未按期完成国家确定的燃煤电厂二氧化硫污染防治项目的地区，不再审批该地区的新建、改建和扩建项目。

⑤ 《关于印发清理和督查新开工项目工作情况报告的通知》（经国务院同意，国家发改委、国土资源部、国家环保总局、银监会、国家统计局、国家安监总局、国家质检总局、国家工商总局2006年12月18日）：切实把好建设项目开工建设关口。明确开工建设必须符合的产业政策、投资管理、土地管理、环评审批、节能评估、信贷政策等各种条件。发改委将会同有关部门，加强对各地执行新开工项目条件的监督检查，对各项建设程序执行不力的地区，将采取暂停项目审批（核准），暂停安排国家投资等惩罚措施。

量达不到要求的工业开发区，暂停审批该开发区新增排放总量的建设项目。①

（7）凡在江河湖海沿岸，凡在饮用水水源保护区、自然保护区、重要渔业水域、珍稀水生生物栖息地和人口集中居住区附近，凡在国家规定的其他环境敏感区域及其附近，进行开发建设或者新布设化工石化集中工业园区、基地以及其他存在有毒有害物质的建设项目的园区、基地，必须进行开发建设规划的环境影响评价；未开展规划环境影响评价的，各级环保部门原则上不得受理上述园区、基地区域范围内的建设项目环境影响评价文件。②

在各地的实践中，对于环境状况比较恶劣的地区，"区域限批"的要求还可以进一步严格，譬如，对于太湖流域的污染防治问题，无锡市打出了一记狠招——切实加强规划环评和项目环评，一律停止审批和建设排放含氮、磷污染物和有毒有害物质的新建项目；另外做到"三个不批"：①属于落后生产工艺、技术和设备的不批；②排污超过总量控制指标要求的不批；③超过排污控制指标的地区新增排污的项目不批。对投资低于3000万元、不进工业园区的化工项目一律不批；对污染物削减任务没完成、工业园集中污水处理厂没建成、污水管网配套不完善的区域、停止审批新建排污工业项目；

---

①　其制度依据是《国务院关于落实科学发展观加强环境保护的决定》第19条：加大对各类工业开发区的环境监管力度，对达不到环境质量要求的，要限期整改。

②　其制度依据是《关于加强环境影响评价管理防范环境风险的通知》（原国家环境保护总局2005年12月15日，环发［2005］152号）：（一）凡在以下区域进行开发建设，新布设化工石化集中工业园区、基地以及其他存在有毒有害物质的建设项目的园区、基地，必须进行开发建设规划的环境影响评价。1. 江河湖海沿岸，特别是饮用水水源保护区、自然保护区和重要渔业水域、珍稀水生生物栖息地附近区域；2. 人口集中居住区域附近；3.《建设项目环境保护分类管理目录》中确定的其他环境敏感区域及其附近。（五）未开展规划环境影响评价的，各级环保部门原则上不得受理上述园区、基地区域范围内的建设项目环境影响评价文件。以及《环境影响评价法》第7条：国务院有关部门、设区的市级以上地方人民政府及其有关部门，对其组织编制的土地利用的有关规划，区域、流域、海域的建设、开发利用规划，应当在规划编制过程中组织进行环境影响评价，编写该规划有关环境影响的篇章或者说明。《环境影响评价法》第8条：国务院有关部门、设区的市级以上地方政府及其有关部门，对其组织编制的工业、农业、畜牧业、林业、能源、水利、交通、城市建设、旅游、自然资源开发的有关专项规划，应当在该专项规划草案上报审批前，组织进行环境影响评价，并向审批该专项规划的机关提出环境影响报告书。《环境影响评价法》第18条：建设项目的环境影响评价，应当避免与规划的环境影响评价相重复。作为一项整体建设项目的规划，按照建设项目进行环境影响评价，不进行规划的环境影响评价。已经进行了环境影响评价的规划所包含的具体建设项目，其环境影响评价内容建设单位可以简化。

丹阳市、句容市和丹徒区太湖流域内禁止新建排放氮磷的工业项目。①

"区域限批环评"政策的实施对推进环境保护工作有着十分重要的意义：首先，将有效促进违反环境影响评价法规和"三同时"制度的违法、违规项目积极整改，达到国家相关法律、法规要求；其次，将引导环保工作者在面临新的困难和挑战的同时，积极探索有效的监管办法和宏观经济的调控手段；最后，将有利于加强社会各方面包括整个环保体系内部对当前环保工作的重视和信心。

关于"区域限批"的制度化问题，我国有些地方早就进行了积极的立法探索。譬如，2006 年《深圳经济特区建设项目环境保护条例》第 16 条规定，"超过污染物总量控制指标、生态破坏严重或者尚未完成生态恢复任务的区域，环保部门应当暂停审批这一区域内增加污染物排放总量或对生态环境有较大影响的建设项目环境影响评价文件"。值得庆贺的是，2008 年新修订的《水污染防治法》第 18 条第 4 款也明确规定了"区域限批"的环评制度，"对超过重点水污染物排放总量控制指标的地区，有关人民政府环境保护主管部门应当暂停审批新增重点水污染物排放总量的建设项目的环境影响评价文件"。

另外，于 2007 年 11 月 9 日，河北省环境保护局出台了《河北省环境保护局环境保护挂牌督办和区域限批试行办法》，为区域限批的制度化设计跨出了可喜的第一步。该《办法》详细规定了区域（流域）限批的适用范围：

（1）对未按期完成《污染物总量削减目标责任书》确定的削减目标的地区，暂停审批该地区新增污染物排放总量的建设项目环境影响评价文件。

（2）对生态破坏严重或者尚未完成生态恢复任务的地区，暂停审批对生态环境有较大影响的建设项目环境影响评价文件。

（3）超过污染物总量控制指标，河流水体污染严重，对下游环境敏感水域、人口密集区已造成严重威胁或影响社会稳定的，暂停审批直接或间接向该流域排放污水量大的建设项目环境影响评价文件。

（4）对无正当理由未实施或未按期完成国家确定的燃煤电厂二氧化硫污染防治项目的地区，暂停审批该地区的燃煤电厂建设项目环境影

---

① 许津荣：《加强太湖流域污染防治和环境治理——在全市太湖流域水污染治理工作会议上的讲话》，http://www.hwcc.com.cn，2008 年 3 月 30 日访问。

响评价文件。

(5) 对城市污水集中处理设施建设严重滞后，不落实国家和省制定的收费政策，污水处理厂建成后一年内实际处理水量达不到设计能力60%的，以及已建成污水处理设施但无故不运行的地区，暂停审批该地区新增排放水污染物的建设项目环境影响评价文件。

(6) 对不按法定条件、程序和分级审批权限审批环评文件，不依法验收，或者因不依法履行职责致使环评、"三同时"执行率低的地区，限期整改。整改期间暂停审批该区域内除污染治理项目以外的建设项目。

(7) 对超过总量控制方案确定的污染物总量控制指标，致使环境质量达不到要求的工业开发区，暂停审批该开发区新增污染物排放量的建设项目环境影响评价文件。

(8) 对环境质量严重超标并有恶化趋势的地区，暂停审批新增污染物排放量的建设项目环境影响评价文件。

……

被区域（流域）限批的，必须严格依据区域（流域）限批要求进行整改，完成整改任务，由被限批的单位向省环保局提交解除区域（流域）限批书面申请和整改报告。

省环保局经现场检查，认为达到整改要求的，决定解除区域（流域）限批，并通知当地设区市环保局。特别重大的报省政府同意。

省环保局可以委托被区域（流域）限批地的设区市环保局进行现场检查。设区市环保局经检查达到整改要求的向省环保局提出解除区域（流域）限批意见。

笔者认为，"区域限批"把环境影响评价的审批建立在当地环境容量的基础上，使得环境影响评价制度与总量控制制度实现了很好的对接，比较科学，为此，我们建议以后对《环境影响评价法》进行修改时，应把"区域限批"制度纳入进去①，同时加强监管力度，防止未评先建事件的发生。不过，"区域限批"在被限批的区域内也存在不公平问题，因此，需要慎重，不可滥用。

---

① 可喜的是，《建设项目环境影响评价区域限批管理办法（试行）（征求意见稿）》已于2008年6月5日出台。

三、提早介入环评的时机——项目计划和立项时环评就应开始介入，并加强可行性研究报告和环境影响报告之间的沟通与协调

在国际上，许多国家的环评介入的时机比我国的早。例如，美国的环境影响评价制度规定，环境影响评价的法定程序包括环境评价阶段和编制环境影响报告书阶段，即法律要求在编制正式的环境影响报告书之前必须先进行环境评价，只有当环境评价作出一个基本的判断之后，才可决定是否继续编制环境影响报告书。当决定编制并予以公告之后，还要履行项目审查、范围界定、环境影响报告书草案准备与环境影响报告书最终文本的编制等四项手续。加拿大的《环境影响评价法》规定环境影响评价应当在项目的计划阶段就开始着手进行，当计划完成时，项目的环境影响报告书也同时完成。日本的《环境影响评价法》规定在事业或项目判定时期就应当进行调查、预测、评价由于项目的实施所产生的环境影响，并将结果报给地方政府长官以决定是否应继续编制环境影响评价报告书。在德国，《环境影响评价法》也规定各类工程项目必须在拟议计划时期就必须执行环境影响评价制度。[①]

针对我国环境影响评价制度因介入评价的时机过晚而造成制度虚置的情况，我们可以学习以上国家的有关经验，在建设项目立项时[②]（项目建议书阶段[③]），环评单位就介入环评工作：通过现场踏勘、实地调研，了解拟建项目周围是否有住宅小区、文物保护单位、学校等需要特殊保护的环境敏感区域；考察废水是否能通过截流通过市政下水管道排污集中治理的污水处理厂，或排入的河流是否还有一定的环境容量等情况，初步判断选址是否合适。因介入环境影响评价早，时间充裕，环评单位可详细开展现场测试、调查环境背景值、选择典型气象条件等各项具体工作。并且可以对建设项目选

---

① 参见汪劲《中外环境影响评价制度比较研究——环境与开发决策的正当法律程序》，北京大学出版社 2006 年版，第 357 页。

② 也有学者持相似观点，譬如，有学者建议，为了解决环境影响评价工作滞后的问题，应当在项目筹划初期就开展环境影响评价工作，目的在于在项目立项的阶段就对项目可能产生的环境问题作出定量、半定量或者定性分析，通过采取实用经济的污染治理手段消减污染物，使建设项目的污染物排放能够满足当地的环境容量，以便对建设项目的选址、布局提出合理建议。参见肖波《环境影响评价分析》，载《环境导报》1999 年第 2 期。

③ 在我国，一个建设项目的立项到完成大致要经过以下五个阶段：一是项目立项阶段或项目建议阶段；二是可行性研究阶段；三是设计阶段；四是施工阶段；五是生产验收竣工阶段。也就是说，依照我国现行的立法，环境影响评价制度是从建设项目的第二个阶段开始启动和介入的，紧接着就是"三同时"制度的启动阶段了。

址进行充分的论证，保证建设项目选址的合理性；还可以对采用工艺的先进性进行论证和比较，从而指导企业选择先进的生产工艺，做到清洁生产，实现降污减排的目的。当然，除了要提早介入环评的时机之外，也应提高环境影响评价工作的效率，尽量不延误建设项目的审批进程；并加强可行性研究报告和环境影响报告之间的沟通与协调，以保证编制环境影响报告所需信息的充分保障。

还有一点必须引起重视的是，现行《环境影响评价法》第 31 条关于"责令限期补办"的规定，实际上等于否定了环境影响评价的启动时间：建设者为了把建设项目尽快上马，宁可选择不做环境影响评价，而在可行性研究方案通过后就马上进入施工阶段，完全绕过环境影响评价审批这一关，对此，环保部门短期内还不一定能发现，就算"不幸"被发现了也只是被"责令限期补办"，并不需承担什么违法的代价。这样的规定，客观上就将本应于可行性研究阶段就开始启动的环境影响评价推迟到了建设项目的施工甚至运营阶段了。笔者认为，有必要尽快修正"责令限期补办"的这一条款，而规定凡是没有依法报批环境影响评价文件，或者项目调整后没有重新报批或者重新审核环境影响评价文件，就擅自开工建设的，由有权机关根据情况责令其中止施工（或恢复原状），同时予以高额罚款，并令其限期补办环评手续，待其在规定期间内做出环评且通过审批后，方可恢复施工；而逾期没有补办的，则采取更为严厉的制裁措施。

四、合理引入替代方案，提高拟定规划或项目的可信度

环境影响评价所寻求的不是那些没有环境影响的发展项目，而是旨在选择在环境和社会经济方面都是最佳或较佳项目的选择方案，并通过采取预防性措施尽量减少项目对环境可能的不良影响。因此，环评项目的替代方案及其环境影响分析应是环境影响报告书的重点内容。事实上，公众参与和替代方案也被誉为环境影响评价制度的两大精髓。[①]

不过，要求所有的项目都必须进行替代方案的设计，这可能不现实，因为这在客观上难以做到，经济上也不划算，事实上也没有这个必要。笔者认为，只有需要编制环境影响报告书的政策决策、规划、立法和建设项目才需要在报告书中设计替代方案，至于那些对环境影响比较小只需要编制环境报

---

① 汪劲：《中外环境影响评价制度比较研究——环境与开发决策的正当法律程序》，北京大学出版社 2006 年版，第 342 页。

告表和登记表的项目，则可不做替代方案。同时，还可以借助公众参与的态度来辅助决定，即对于公众反映强烈的项目也必须有替代方案的设计。因此，可以在规定公众参与的条款中，应对可供选择方案的选择与评估作出要求，以便公众能够很好地理解各种方案的内涵和优缺点。

对于具体的可供选择的方案的规定，则可以借鉴美国的经验，即把可供选择的方案分为拟议行动（the proposed action）和替代方案（the alternatives）两类，拟议行动是指联邦行政机关建议采取的行动。替代方案是相对于拟议行动而言的，指除拟议行动以外的可以替代拟议行动并实现其预期目的的方案。按照替代方案的性质，它又可分为基本替代方案（primary alternative）、二等替代方案（secondary alternative）和推迟行动三种。基本替代方案指的是以根本不同的方式实现拟议行动的目的、可以完全代替拟议行动的方案，包括不行动（no action）。不行动又包括两种情况，一种是管理方针或政策上的不行动，即不改变现行的管理方针或政策；一种是指不进行建设的工程或项目。二等替代方案是指在不排斥拟议行动的前提下，以不同方式实施拟议行动。推迟行动亦为一种替代方案，它是指当拟议行动的某些重大环境影响在科学上具有不确定性时，应当谨慎地推迟行动。①

对于环境影响评价的替代方案，我国已有地方性法规作出了有益的尝试，如2006年的《深圳经济特区建设项目环境保护条例》第11条第2款规定："建设项目环境影响评价应当对建设项目使用的主要工艺、技术的先进性和材料对环境的影响进行分析和评价，并根据需要提出相应的替代方案或者舒缓措施。"另外，我国有的环境影响评价技术导则也规定了替代方案的内容，譬如2007年制定的《环境影响评价技术导则　陆地石油天然气开发建设项目》（HJ/T 349—2007）中就规定了替代方案②。

笔者建议，在进行充分调查和论证后，适时修订《环境影响评价法》，或是制定专门规定替代方案的行政法规或环保规章，来明确规定环境影响评价制度中必须包含有拟议行动的各种替代方案的适用范围、条件以及编制的内容、程序等，以实现经济效益和环境效益的一体化，提高决策的科学性。

---

① 参见王曦《美国环境法概论》，武汉大学出版社1992年9月版，第223—224页。
② 《环境影响评价技术导则　陆地石油天然气开发建设项目》（HJ/T 349—2007），第30页。

五、切实建立务实、有效的公众参与制度

公众参与环境影响评价是贯彻环境民主原则，保证决策科学化以及维护公众环境权益的正当要求。公众参与也许不一定能保证永远作出正确的决定，但是它在程序上满足了正当性的要求，可以保障决策不为利益集团所左右，增强公众对于规划决策和建设项目的认同感，能保证决策对所有重要因素，对各方面的利益均加以关照，因而能促进公平和正义的维护。完善公众参与，可以从以下几个方面入手：

（一）环境知情权是公众行使环境决策参与权的基础，应该在立法上确立信息公开的制度

《环境信息公开办法（试行）》已于 2007 年 4 月 11 日公布，并于 2008 年 5 月 1 日起施行，但该《办法》还存在诸多不足。我们认为，依法进行环境影响评价活动的国家机关和企事业单位，应当通过适当的形式向公民、其他社会团体以及国家机关、企业和组织发布与该环境影响评价活动有关的信息，满足公众"知情"的需要，对违反环境知情权者必须追究相关的法律责任。就环境评价制度的公众参与而言，应该赋予公众享有查阅所审批的环境影响评价文件的权利（而不是像《办法》规定的一样，仅仅要求公开建设项目环境影响评价文件的受理情况，受理的环境影响评价文件的审批结果），应公开行政审批程序、将审批事项公布周知、公开说明审批决定的理由等。

（二）逐步扩大环境影响评价公众参与中公众的"范围"和参与的"规模"，以提高公众参与的"力量"和"质量"

一方面，应该逐渐赋予广大的环境保护群众性组织，和虽然未组织起来但十分热心公益环保事业的民众的进行公众参与活动的相应权利；另一方面，应逐步扩展战略环境影响评价对各级各类政策的适用范围，使公众参与的对象范围渐次达到满足其行使环境民主权利，维护自身环境权益的需要。

公众参与的主体组成要有代表性和广泛性，参与环境影响评价的人员既要有与拟建项目具有直接利益关系的公众，也要有与项目建设无直接关系的公众，既要有受项目实施影响的人员，也要有规划编制和项目建设单位的人员，既要有专家学者又要有普通群众。总之，在立法上要保证符合公众参与的公开性、平等性、广泛性、便利性、代表性①，以及规模性等方面的

---

① 应能真正代表受到环境不利影响的公众，即应是利益相关者的公众参与。

要求。

（三）明确规定公众参与的介入时机及介入方式

在公众参与中，必须首先采取一定的形式，将项目有关情况向有关群众公示，如论证会、听证会、来电、来信、来访等。对于涉及面较广的项目可在有关报刊、电视、广播中予以公告，对于影响范围小的项目，也要采取张贴公告、发放宣传材料等形式让群众知情。在这方面，我们应学习美国，规定在不同阶段进行公众参与的不同形式，尤其是要把公众参与环评的时机提前，即当项目还处于立项阶段就应当开始着手开展环境影响评价的各项工作，而不应等到可行性研究阶段结束时才进入。当然，重点是要建立和完善环境影响评价的听证制度，以保证能切实广泛地听取公众意见。

（四）规定公众参与的效力，即建立对公众意见的回应和反馈制度，切实将公众意见落到实处

美国在这一方面做得很好，其 CEQ 条例中对公众参与意见的反馈有非常详细的规定。即主办机关在准备最后的环境影响评价报告书时应考虑来自个人或集体的意见，并且采取以下一种或多种手段予以积极回应，从而建立良好的反馈和互动机制：第一，修正可选择方案，包括原方案；第二，制定和评估原先未加认真考虑的方案；第三，补充、改进和修正原先的分析；第四，作出事实资料上的修正；第五，解释所提意见因何不加采用。我国可以借鉴这种制度，建立具有可操作性的公众意见反馈制度，细化跟踪评价制度，这样才能切实有利于公众对于他们意见的处理、采纳、实施情况进行监督，从而确立一种良性互动的环境保护机制，确保公众参与不致流于形式。

（五）保障公众的诉讼权利，确立对环评的司法审查机制

在公众参与的制度建设中，司法机制是一种公众对政府行为进行监督的一种有效的法律保障机制，可以监督有关部门切实遵守法律规定，执行和实施环评制度。要保证环境影响评价的顺利进行，就必须从立法角度明确规定公众参与的司法保障机制，赋予公民寻求救济的诉讼权利。譬如，一旦规划的制定被纳入《环境影响评价法》的调整范围，则与此相关的抽象行政行为就应该接受司法审查。"民告官"虽然困难重重，虽然胜诉的概率不大，但多多少少会对行政机关依法行政产生监督性的影响。再如，把环境影响评价的审批行为纳入司法审查的范围，也会给审批机关加大压力，使其在审批过程中不敢任意妄为。

国外早有这方面的经验，譬如美国的环境影响评价制度自引入公民诉讼以来，其法律实施就取得了较好的效果。对于发挥司法机关在环境影响评价

中的司法审查作用，巴西也曾有成功的案例：2005 年 11 月，巴西的一家法院中止了巴西政府发放的建设一条长途输水渠道的许可证。该渠道全长 622公里，预计投资 17 亿美元，途经四个州，六个干旱的州受益。途经的四个州表示强烈的反对，于是向法院提起诉讼。法院的判决指出，该工程在规划时进行的环境影响评价具有缺陷，没有充分考虑对离水源较远的地方和渠道周围的物种的影响，没有充分考虑对取水地的生态环境影响。①

六、科学建立环境影响评价的审批（审查）准则

前文已经分析，我国的《环境影响评价法》对审批的标准和准则问题没有进行规定，这容易造成实际工作中，环境影响评价审批部门的自由裁量空间太大，不好具体把握，容易导致权力滥用；也不利于环境影响评价制度预防功能的发挥；尤为重要的是不利于那些和环境影响评价结论具有利害关系的当地民众维护自身的环境权益。因此，十分有必要建立一套科学务实的环评审批标准或审批准则，以提高环评审批的公正性和高效性。

也许正是意识到了这一问题，原国家环境保护总局于 2003 年 10 月 8 日和 2005 年 11 月 23 日，先后颁发了《专项规划环境影响报告书审查办法》和《国家环境保护总局建设项目环境影响评价审批程序规定》，基本解决了环评审查、审批标准的问题。

（一）专项规划的环评审查准则

《专项规划环境影响报告书审查办法》第 3 条规定了对专项规划的审查原则，"专项规划环境影响报告书的审查必须客观、公开、公正，从经济、社会和环境可持续发展的角度，综合考虑专项规划实施后对各种环境因素及其所构成的生态系统可能造成的影响。"第 7 条规定了审查的实体内容，"审查意见应当包括下列内容：

（一）实施该专项规划对环境可能造成影响的分析、预测的合理性和准确性；

（二）预防或者减轻不良环境影响的对策和措施的可行性、有效性及调整建议；

（三）对专项规划环境影响评价报告书和评价结论的基本评价；

（四）从经济、社会和环境可持续发展的角度对专项规划的合理性、可

---

① See the Bureau of National Affairs, *International Environment Reporter* (Vol. 28, No. 21), the Bureau of National Affairs, Inc. , 2005, p. 185, p. 742.

行性的总体评价及改进建议。

审查意见应当如实、客观地记录专家意见，并由专家签字。"

另外，2007 年 12 月 7 日，原国家环境保护总局办公厅下发了《国家环境保护总局办公厅关于进一步规范专项规划环境影响报告书审查工作的通知》，针对专项规划的审查办法作出了进一步的规定。该《通知》规定，"审查小组对专项规划环境影响报告书的审查，应当采取会议等形式进行，必要时可以进行现场踏勘。地方各级环境保护行政主管部门不得自行增加技术评估、专家论证等其他独立的审查环节，也不得以任何名义向规划编制机关以及评价单位收取审查费、评估费等任何费用"；"参加审查小组的专家，应当从国务院环境保护行政主管部门规定设立的环境影响评价审查专家库内以随机抽取的方式确定，专家人数不得少于审查小组总人数的二分之一。审查意见应当真实、客观地反映审查小组成员的意见，有不同意见的应当如实加以记录。"

（二）建设项目环评审批准则

1. 形式审批准则

对于建设项目环境影响评价的形式审查问题，《国家环境保护总局建设项目环境影响评价审批程序规定》第 8 条规定，"依法需要环保总局审批的建设项目环境影响评价文件，建设单位应当向环保总局提出申请，提交下列材料，并对所有申报材料内容的真实性负责：

（一）建设项目环境影响评价文件报批申请书 1 份；

（二）建设项目环境影响评价文件文字版一式 8 份，电子版一式 2 份；

（三）建设项目建议书批准文件（审批制项目）或备案准予文件（备案制项目）1 份；

（四）依据有关法律法规规章应提交的其他文件。"

另外，第 9 条对于环评文件的形式效力问题作出了进一步规定，"环保总局对建设单位提出的申请和提交的材料，根据情况分别作出下列处理：

（一）申请材料齐全、符合法定形式的，予以受理，并出具受理回执；

（二）申请材料不齐全或不符合法定形式的，当场或在 5 日内一次告知建设单位需要补正的内容；

（三）按照审批权限规定不属于环保总局审批的申请事项，不予受理，并告知建设单位向有关机关申请。"

另外，各类环境影响评价标准，譬如《环境影响评价技术导则 陆地石油天然气开发建设项目》（HJ/T 349—2007）也对环境影响评价大纲的格式和内容提出了明确的要求①。

2. 实质审批准则

《国家环境保护总局建设项目环境影响评价审批程序规定》第 12 条规定:"环保总局主要从下列方面对建设项目环境影响评价文件进行审查:

(一) 是否符合环境保护相关法律法规。建设项目涉及依法划定的自然保护区、风景名胜区、生活饮用水水源保护区及其他需要特别保护的区域的,应当符合国家有关法律法规该区域内建设项目环境管理的规定;依法需要征得有关机关同意的,建设单位应当事先取得该机关同意。

(二) 是否符合国家产业政策和清洁生产标准或者要求。

(三) 建设项目选址、选线、布局是否符合区域、流域规划和城市总体规划。(应加已经环评审批的土地利用规划)

(四) 项目所在区域环境质量是否满足相应环境功能区划和生态功能区划标准或要求。

(五) 拟采取的污染防治措施能否确保污染物排放达到国家和地方规定的排放标准,满足污染物总量控制要求;涉及可能产生放射性污染的,拟采取的防治措施能否有效预防和控制放射性污染。

(六) 拟采取的生态保护措施能否有效预防和控制生态破坏。"

另外,为了规范环保部门的环评审批行为,保证建设项目环境保护管理工作廉洁高效依法进行,2005 年 11 月 23 日,原国家环境保护总局颁发了《建设项目环境影响评价行为准则与廉政规定》也作出了相应的规定②。有了这些规定后,规划环评的审查和建设项目的审批将变得有章可循,可以大大提高环评审查或审批的效率,也有利于维护公平正义。不过,以上的审查或审批准则尚存有不足的地方,譬如规划或建设项目的环评均没有包含对公

---

① 具体内容,见《环境影响评价技术导则　陆地石油天然气开发建设项目》(HJ/T 349—2007),第 38—42 页。

② 该《规定》第 9 条指出,在建设项目环境影响评价文件审批及环境保护验收工作中,环境保护行政主管部门及其工作人员应当遵守下列规定:(一) 不得利用工作之便向任何单位指定评价机构,推销环保产品,引荐环保设计、环保设施运营单位,参与有偿中介活动;(二) 不得接受咨询费、评审费、专家费等一切相关费用;(三) 不得参加一切与建设项目环境影响评价文件审批及环境保护验收工作有关的、或由公款支付的宴请;(四) 不得利用工作之便吃、拿、卡、要,收取礼品、礼金、有价证券或物品,或以权谋私搞交易;(五) 不得参与用公款支付的一切娱乐消费活动,严禁参加不健康的娱乐活动;(六) 不得在接待来访或电话咨询中出现冷漠、生硬、蛮横、推诿等态度;(七) 不得有越权、渎职、徇私舞弊,或违反办事公平、公正、公开要求的行为;(八) 不得进行其他妨碍建设项目环境影响评价文件审批及环境保护验收工作廉洁、独立、客观、公正的活动。

民环境权益可能造成的不良影响的审查与考量，这一点在以后修改《环境影响评价法》或其他有关规范性文件时应予以考虑。

七、建立科学、规范的环评体制

（一）改革现有评价体制，强化环评机构对规划和建设单位的独立性

由规划单位和建设单位自己选择环评机构，并提供评价费用的体制容易腐蚀评价机构的独立性，不利于形成客观、公正、科学的环境影响评价结论，有必要对此进行改革。基本思路是，不让评价机构与规划单位或建设单位产生事实上的服务合同关系，阻断他们之间合谋的可能性，同时加强对评价机构的监督。具体方案有三：一是环评费用按工程投资的数额按一定比例收取，且由规划单位或建设单位先交由中介机构，然后由中介机构公开招标，委托有资质的评价机构来完成；二是设立环评专家的回避制度，即当专项规划审查小组的专家或者建设项目报批环境影响评价报告书前举行论证会、听证会所邀请的专家与规划的编制机关、与规划环评或建设项目环评服务机构之间存在利害关系或者其他关系可能影响公正审查或公正论证的，规划编制单位、建设单位、环评服务机构以及公众都可以申请回避；三是加强对评价机构以及评价人员的监督，加大对评价单位或评价人员弄虚作假或不负责任的法律责任，尤其是必须确立对评价人员和评审专家的责任追溯制度①。

可喜的是，我国有关部门也意识到了这一问题的严重性。为了规范环评机构以及环评技术人员与专家的评价行为，加强建设项目环境影响评价管理，原国家环境保护总局颁发了《建设项目环境影响评价行为准则与廉政规定》，专门对环评机构以及环评专业人员的评价活动提出了严格的要求②。建议在以后修订《环境影响评价法》时把该规定的有关内容加进去。

---

① 参见唐建光《谁来决定怒江命运？怒江的水电开发引发争论》，载《中国新闻周刊》2004年5月24日。

② 譬如该《规定》第17条规定了严厉的法律责任：从事环境影响评价、技术评估、验收监测或调查工作的人员违反本规定，依照国家法律法规规章或者其他有关规定给予行政处分或者纪律处分；非法收受财物的，按照国家有关规定没收、追缴或责令退还所收受财物；构成犯罪的，依法移送司法机关追究刑事责任。其中，对取得环境影响评价工程师职业资格证书的人员，可以按照环境影响评价工程师职业资格管理的有关规定，予以通报批评、暂停业务或注销登记；对技术评估机构的评估人员或评估专家，可以取消其承担或参加技术评估工作的资格（要注意的是，2004年2月28日，环境保护部颁发的《关于印发第三批取消和调整的环境行政审批项目目录的通知》已经把环评人员上岗证书核发的管理方式改变为自律管理，不再作为资格方面的行政审批）。

（二）由各级人大对规划环评进行审批，以保证和增强审批部门的独立性

对于重大规划、立法及政策的环境影响评价的审批，建议采取两级评审体制，即中央级和省级，而审批部门为人大常委会。中央级主要负责中央政府政策、规划、计划的环境影响评价及跨省区的对环境有重大影响的区域环境影响评价和项目环境影响评价的评审，其审批部门为人大常委会。其余的环境影响评价由省级负责，包括本省的政策、规划、计划的环境影响评价及区域环境影响评价和项目环境影响评价等的评审。同样，省政府的政策、规划、计划的环境影响评价报告书应由省人大或其常委会审批。立法还应加强对审批部门的法律约束，以保证环境影响评价立法目的的实现。

当然，也可在全国人大及地方各级人大的环境与资源保护委员会中设立一个由有关环保部门和专家组成的环境影响评价审批部门。一方面，人大与政府分属不同系统，有利于实现审批的客观公正；另一方面，人大是国家权力机关，有助于强化审批部门的权威，使其免受其他部门或单位的干扰，保证环境影响评价的质量。

对于建设项目的审批，则主要由环保部门来负责，但必须尽力保证环保审批部门的独立性和权威性，而尽量不受或少受地方政府或其他部门的行政干预。

（三）改革和细化分级审批体制①

对《环境影响评价法》第 23 条分级审批规定的修订，应突出以下五个方面的内容：

一是明确有核设施、绝密工程、高等级生物安全实验室等建设项目的环境影响评价文件由国务院环境保护行政主管部门审批。这主要是基于对国家整体的把握和要求，对这类项目必须由国家统一要求，统一管理。

二是由国务院审批或核准的建设项目，其环境影响评价文件由国务院环境保护行政主管部门审批，而由国家发改委、科技部、教育部、国防科工委等国务院有关部门负责审批、核准或备案的对环境可能造成重大环境影响的建设项目，即按照《建设项目环境保护分类管理名录》（总局令第 14 号）规定应编制环境影响报告书的建设项目，其环境影响评价文件由国务院环境

---

① 参见《关于征求〈环境影响评价法〉第二十三条修订建议和〈建设项目环境影响评价文件分级审批规定〉（征求意见稿）意见的函》，http://www.zhb.gov.cn/info/gw/bgth/200508/t20050823_69864.htm，2008 年 3 月 31 日访问。

保护行政主管部门负责审批，而根据总局 14 号令规定应编制环境影响报告表或登记表的建设项目，可由地方环境保护行政主管部门审批，同时在 15 号令（指 2002 年 10 月 11 日发布的《建设项目环境影响评价文件分级审批规定》）的修订中明确规定由各省、自治区、直辖市环境保护局负责审批。

三是跨省、自治区、直辖市行政区域的建设项目以及需要国家宏观调控的建设项目，其环境影响评价文件由国家环境保护行政主管部门负责审批。根据国家社会经济的不断发展，国家宏观调控政策也在不断变化，因此从配合国家宏观调控政策的要求出发，基于环境管理的考虑应进行国家宏观调控的且可能对环境造成重大影响的建设项目，其环境影响评价文件由国务院环境保护行政主管部门审批，具体目录根据国家宏观调控政策要求，在目录中规定。

四是由于国家经济发展形势和投资体制的不断变化，建设项目环境管理要求也在不断变化，为提高效率，便于操作，可由国务院环境保护行政主管部门对其负责审批的建设项目以目录的形式公布，并视情况的发展而予以及时的调整。

五是上述项目以外的建设项目，由各省、自治区、直辖市根据各地的具体情况分别予以规定，其分级审批规定应报国务院环境保护行政主管部门备案，为便于管理和指导，同时在总局 15 号令的修订中也对地方的分级审批规定提出了原则性的指导意见。

对建设项目环境影响评价文件的分级审批规定，从建设项目环境管理的角度出发，对国务院有关部门负责审批的对环境可能造成的较小影响的建设项目，其环境影响评价文件下放一级审批，而对个别需要国家宏观调控的对环境可能造成重大影响的建设项目，其环境影响评价文件则上收一级审批。

总之，分级审批体制的设计应在总体上突出建设项目环境管理的特点，应有利于建设单位、地方环保部门及有关部门的把握和实施，应有利于提高审批的效率和审批的质量，并按照保证"大权批大项目"、"小权批小项目"的比例行政原则，充分发挥建设项目分级审批的作用。

根据上述思路，可把第 23 条修订为：

"国务院环境保护行政主管部门负责审批下列建设项目环境影响评价文件：

（1）核设施、绝密工程、高等级病原微生物实验室等特殊性质的建设项目；

（2）国务院审批或核准的建设项目，国务院有关部门审批、核准或备案的对环境可能造成重大环境影响的建设项目；

（3）跨省、自治区、直辖市行政区域的建设项目，需要国家宏观调控的对环境可能造成重大影响的建设项目。

前款规定的具体建设项目目录由国务院环境保护行政主管部门制定并发布。前款规定以外的建设项目环境影响文件的审批权限由各省、自治区、直辖市人民政府规定，并报国务院环境保护行政主管部门备案。

建设项目可能造成跨行政区域的不良环境影响，有关环境保护行政主管部门对该项目的环境影响评价结论有争议的，其环境影响影响评价文件由共同的上级环境保护行政主管部门审批。"

八、建立环境影响评价的技术准则

我国《环境影响评价法》第 17 条虽然对建设项目环境影响报告书的内容作出了规定，但由于此项规定只是对报告书的基本内容作出的原则性规定，缺乏具体操作的规范性和指导性，因此有必要对编制环境影响报告书制定一项技术标准制度，如果递交的环评报告书不符合该技术标准则不予审批，这样不但可以加强环评报告书的严肃性，而且也便于审批部门审批时进行操作和把握。这一点，有些地方已经探索出了一些有益的经验，譬如，《深圳经济特区建设项目环境保护条例》第 10 条规定，"环境保护部门应当制定编制建设项目环境影响评价文件的技术规范，依照有关规定送市标准化主管部门发布实施。承担建设项目环境影响评价工作的专业机构应当按照技术规范的要求编制环境影响评价文件。"

原国家环境保护总局也意识到了解决这个问题的必要性，为此，先后制定了《规划环境影响评价技术导则（试行）》（HJ/T 130—2003）、《开发区区域环境影响评价技术导则》（HJ/T 131—2003）、《建设项目环境风险评价技术导则》（HJ/T 169—2004）、《环境影响评价技术导则　陆地石油天然气开发建设项目》（HJ/T 349—2007）等环境影响评价技术标准。

九、规划环评和建设项目环评的对接与协调

从前面的案例可以看出，建设项目的建设应该符合所在区域的土地利用规划等方面宏观规划的要求，否则容易导致不必要的环境污染和生态破坏，侵犯本可避免的环境权益，而产生本可避免的环境纠纷。因此，有必要搞好建设项目环评和规划环评的对接和协调问题。对于这个问题，我国已有规范性文件作出了相应的要求，譬如《关于加强环境影响评价管理防范环境风

险的通知》（原国家环境保护总局 2005 年 12 月 15 日，环发［2005］152号）规定："（一）凡在以下区域进行开发建设，新布设化工石化集中工业园区、基地以及其他存在有毒有害物质的建设项目的园区、基地，必须进行开发建设规划的环境影响评价。1. 江河湖海沿岸，特别是饮用水水源保护区、自然保护区和重要渔业水域、珍稀水生生物栖息地附近区域；2. 人口集中居住区域附近；3.《建设项目环境保护分类管理目录》中确定的其他环境敏感区域及其附近。……（五）未开展规划环境影响评价的，各级环保部门原则上不得受理上述园区、基地区域范围内的建设项目环境影响评价文件。"

2007 年 12 月 7 日，《国家环境保护总局办公厅关于进一步规范专项规划环境影响报告书审查工作的通知》（环办［2007］140 号）对于这一问题的规定更为直接和明了，"地方各级环境保护行政主管部门在进行建设项目环境影响评价审批时，也应当充分考虑相关的专项规划环境影响报告书结论及审查意见。"

基于已有的教训和积累的经验，笔者认为有必要及时修改《环境影响评价法》第 17 条，具体是在第 1 款中的第 3 项和第 4 项中加入一项内容："建设项目的布局和选址是否符合已获审批的有关规划的要求。"同时，对于管理部门（如土地规划部门）违反《环境影响评价法》第 25 条"未审先批"发放建设项目规划许可证的行为应科加更为严厉的法律责任，并赋予公民对此进行行政诉讼的诉权。

十、加入风险评估等内容

在世界环境史上，随着现代工业的高速发展，曾发生几起震惊世界的重大环境污染事件，其中包括前苏联切尔诺贝利核电站核泄漏事故以及印度博帕尔市农药厂异氰酸酯毒气泄漏事故等。因此，人们逐渐认识并开始关心重大突发性事故造成的环境危害的评价问题。环境风险评价常称为事故风险评价，其主要考虑与项目连在一起的突发性灾难事故，包括易燃易爆和有毒物质、放射性物质失控状态下的泄漏，大型技术系统（如桥梁、水坝等）的故障。发生这种灾难性事故的概率虽然很低，但一旦发生则影响的程度却往往十分巨大。因此，为了防范重大环境事故的发生，环境风险评价变成为必要，但我国现行的《环境影响评价法》并没有把环境风险评价列为环境影响评价的必要内容。而我国 2005 年发生的松花江水污染事件就给了我们一个沉重的教训。

为了贯彻《国务院关于落实科学发展观加强环境保护的决定》，落实国务院领导关于深刻总结松花江污染事件经验教训，对新上项目严把环境影响评价关的指示精神，从源头防范环境风险，防止重大环境污染事件对人民群众生命财产安全造成危害和损失，2005 年 12 月 15 日，原国家环境保护总局下发了《关于防范环境风险加强环境影响评价管理的通知》 （环发〔2005〕152 号）。该《通知》主要规定了以下内容：

1. 加强规划环评，从决策源头防范环境风险

规划环境影响评价必须对特殊园区①、基地的开发建设规划进行环境可行性与风险性论证。除根据《规划环境影响评价技术导则（试行）》相关要求外，还应包括以下内容：

（1）环境容量分析、生态状况评价和环境安全分析；

（2）产业布局、产品结构、生产规模以及可能存在的环境风险因素及风险概率分析；

（3）环境风险防范及环境安全突发事件应急处理的综合方案。

未开展规划环境影响评价的，各级环保部门原则上不得受理上述园区、基地区域范围内的建设项目环境影响评价文件。

2. 严格项目审批，加强建设项目环境风险评价管理

新建化工石化类建设项目及其他存在有毒有害物质的建设项目，必须进行环境风险评价。②

对扩建及技改项目，应补充对原有工程的环境风险评价，针对存在的环境风险，提出"以新带老"、整改、搬迁及关闭等改进完善措施。

环境风险评价结论要作为建设项目环境影响评价文件审批的主要依据之一。无环境风险评价专章或环境风险评价内容不完善的建设项目环境影响评价文件不予受理审批；经论证，建设项目环境风险评价内容不完善或者存在重大环境风险隐患的，其环境影响评价文件不予审批。

---

① 指以下几类区域：1. 江河湖海沿岸，特别是临近饮用水水源保护区、自然保护区和重要渔业水域、珍稀水生生物栖息地等区域；2. 人口集中居住区域附近；3.《建设项目环境保护分类管理目录》中确定的其他环境敏感区域及其附近。

② 除根据《建设项目环境风险评价导则》等相关要求外，还应包括以下内容：1. 分析建设项目产品、中间产品和原辅材料的规模及物理化学性质、毒理指标和危险性等；2. 针对项目运行期间发生事故可能引起的易燃易爆、有毒有害物质的泄漏，或事故产生的新的有毒有害物质，从水、气、环境安全防护等方面考虑并预测环境风险事故影响范围，评估事故对人身安全及环境的影响和损害；3. 提出环境风险应急预案和事故防范、减缓措施，特别要针对特征污染物提出有效的防止二次污染的应急措施。

环境风险应急预案和事故防范措施不落实的，不得进行建设项目"三同时"验收。

3. 全面排查，防止重大污染事故发生，完善环境风险防范措施

对《环境影响评价法》实施以来已批复的拟建、在建和即将建成投产的化工石化类建设项目及其他存在有毒有害物质的建设项目的环境影响评价文件，各级环保部门需要从政策、规划、环境风险因素等角度进行全面的环境风险排查。①

4. 开展环境风险后评价

经过排查，发现存在重大环境风险隐患的化工石化集中工业园区、基地和建设项目以及其他存在有毒有害物质的建设项目，应针对环境风险事故防范和应急预案，开展环境风险后评价，并依照从源头防范的要求，制定、完善、落实环境风险评价管理的有关措施。

笔者认为，对规划决策以及建设项目开展环境风险评价确有必要，应该把这方面的内容添入环境影响评价制度中，以防止和应对重大环境事故的发生，减少损失。具体方案可以是，在《环境影响评价法》第10条中添加对规划可能带来的环境风险的分析，并提出相应对策；在第17条中添加对建设项目可能带来的环境风险的分析，并提出防止和减少环境风险出现的措施，以及环境风险应急预案等内容。

十一、理顺与相关制度的衔接和沟通问题，设计好配套的制度

环境影响评价制度是一项贯彻预防为主原则的核心制度，其在环境管理中虽然处于"霸主"地位，但其作用到底还是有限的，有必要和其他环境法的基本制度搞好衔接与协调，减少或避免制度之间的冲突，搞好制度间的接力以形成良好的制度合力。如果把防治环境污染和生态破坏比喻为一项接力赛，而把各项制度视为接力赛中的运动员的话，那么"环境影响评价制度"就是第一棒，第一棒相当重要，它对整个比赛具有至关重要的作用，如果第一棒跑得差很可能会影响后边运动员水平的正常发挥。但第一棒也只是整个赛程的一环，后边的接力队员也得接好棒，一棒一棒地传好跑好，每

---

① 另外，该《通知》还规定：环境影响评价文件无环境风险评价专章的，应要求建设单位限期补做环境风险评价，并报原环境影响评价文件审批部门审核；环境影响评价文件无环境风险评价专章或环境风险评价内容不完善的，应要求建设单位必须提出补救措施补充完善其内容，并报原环境影响评价文件审批部门审核。对此，笔者以为这样的规定要求有些过高，成本代价太大，事实上也难以真正实施。其实，只要对那些重大的建设项目，可能造成不良影响的隐患较大的项目进行。

棒都发挥好水平才能保证整个赛事的胜利。

（一）与"三同时"制度传好接力棒

关于"三同时"和环境影响评价制度的衔接问题，我国已有一些立法规定。譬如，《建设项目环境保护管理条例》第 17 条规定，"建设项目的初步设计，应当按照环境保护设计规范的要求，编制环境保护篇章，并依据经批准的建设项目环境影响报告书或者环境影响报告表，在环境保护篇章中落实防治环境污染和生态破坏的措施以及环境保护设施投资概算。"《环境影响评价法》第 26 条规定，"建设项目建设过程中，建设单位应当同时实施环境影响报告书、环境影响报告表以及环境影响评价文件审批部门审批意见中提出的环境保护对策措施。"《关于防范环境风险加强环境影响评价管理的通知》也规定："尚未完成建设项目'三同时'验收的，必须在验收材料中补充环境风险应急预案和事故防范措施，并在验收中检查落实；已完成建设项目'三同时'验收的，但无环境风险应急预案和事故防范措施的，应补充制定并报原验收部门审核。限期制定和落实合理的、具有可操作性的补救措施，报原验收部门审核；尚未完成建设项目'三同时'验收的，必须在上报材料中补充环境风险应急预案和事故防范措施，并在验收中检查落实。"

因此，在进行"三同时"制度的设计时，如果设计单位向环保部门申请查阅环境影响报告书的文本，以编制建设项目的设计中的环保篇章时，环保部门应予以积极配合。同时，需要进行"三同时"环保设施的，应该切实按照审批通过的环境影响评价文件的要求进行设计、施工，而验收部门也应按照环评文件的要求比照进行。

（二）注重与清洁生产和循环经济制度的里应外合

我国的环境影响评价虽然具有巨大的历史进步性，但还存在诸多的缺陷，[①] 如在环境影响评价中重环保设施的配套管理，轻自然资源的高效利用；重污染物达标排放，轻污染物（废物）的综合利用；重政策性执行管理，轻经济性、效益性科学指导。也就是说，我国现行的环境影响评价没有很好地将减少规划和建设项目对环境的不良影响同合理采掘与开发自然资源、科学设计以高效利用原辅材料和能源的技术和工艺、综合利用废弃物和余能等结合起来，即没有把"节能"、"降耗"、"减排"、"循环"、"增效"

---

① 吕晓君等：《完善环境影响评价制度是实现循环经济的保障》，载《环境科学研究》2006 年第 3 期。

几个方面统一起来进行综合性的考虑，没有将环境保护和经济发展有机协调起来进行系统的考虑。这种思维理念使得环境保护和经济发展变成了两张皮，把本来可以结合起来进行统一考虑和设计而发挥协同效应的环境保护和经济发展人为地割裂了开来，从而提高了环境保护的成本，降低了经济发展的效益。

为此，有必要对我国现行的环境影响评价制度进行调整。改革的指导思想是，应该注重把自然资源的"替代利用"、"高效利用"、废弃物的"循环利用"① 和预防可能产生的不良环境影响协调起来。简单地说，就是要把清洁生产和循环经济变为预防和减少造成不良环境影响的重要对策和措施。具体而言，就是要积极推动"节能"、"降耗"、"减排"工艺技术的研发和推广使用，鼓励研发清洁生产技术，推动废物综合利用，同时积极开展产品的生命周期评价和环境无害化技术的推广，即要把对清洁生产和循环经济的评价和环境影响评价结合起来。

关于这一点，已有地方性法规作出了积极的探索，如《深圳经济特区建设项目环境保护条例》第11条规定："建设项目环境影响评价应当体现循环经济的要求，对建设项目和相关产品、产业所可能形成的循环产业链进行分析和评价。建设项目环境影响评价应当对建设项目使用的主要工艺、技术的先进性和材料对环境的影响进行分析和评价，并根据需要提出相应的替代方案或者舒缓措施。"建议今后修改《环境影响评价法》时，应把清洁生产和循环经济的思想理念糅入环境影响评价法律制度之中，使它们里应外合彼此衔接以发挥最佳的协同效应。

_____

① 笔者以为，我国循环经济的内涵可以概括为"替代利用"、"高效利用"、"循环利用"三个方面。所谓替代利用，是指采用易降解、耐性强、无毒、无害或者低毒、低害的原材料等，替代难降解、耐性低、毒性大、危害严重的原材料予以利用；采用清洁、可再生的能源替代污染严重、不可再生的能源予以利用；采用资源利用率高、污染物产生量少的工艺和设备，替代资源利用率低、污染物产生量多的工艺和设备予以利用；采用资源节约和环境友好的产品和包装替代耗材大、污染高的产品和包装；采用资源再生（即再利用和资源化）后的再生原料、再生设备以及再生产品等，替代新原料、新设备、新产品。所谓高效利用，是指在生产、流通、消费、循环利用等过程中，通过优化经济布局、产业结构升级、技术革新、生态设计、改善管理、集约化利用等手段，提高设备、产品的使用频率，延长使用寿命，提高资源和产品的利用效率，从而减少资源的消耗和废物的产生。所谓循环利用，简言之就是指对废弃物和余能的再利用和资源化，具体是将废弃物直接或经过修复、翻新、再制造、变形、粉碎、制浆或熔融等措施而作为原用途或其他用途的原辅材料或产品予以使用，以及将余能（主要是余热、余压）和废弃物中蕴涵的能量予以开发利用的活动的总称。在这里，"循环利用"包含了能量的梯级利用和综合利用。

十二、健全与完善环境影响评价的法律责任制度

（一）按照"责罚相当"的原则，设置法律责任，使其符合比例原则

针对《环境影响评价法》第31条第1款与第2款法律责任的设置违反比例原则的情况，应对该条进行适当调整。可以把第31条第1款的内容在原先的基础上进行如下修改："建设单位未依法报批建设项目环境影响评价文件，或者未依照本法第二十四条的规定重新报批或者报请重新审核环境影响评价文件，擅自开工建设的，由有权审批该项目环境影响评价文件的环境保护行政主管部门责令停止建设，限期补办手续，并可以处七万元以上二十五万元以下的罚款，待补办的环境影响评价文件通过审批后，方可恢复建设施工；逾期不补办手续的，可以处十万元以上三十万元以下的罚款，对建设单位直接负责的主管人员和其他直接责任人员，依法给予行政处分。"

（二）加大对违法行为的制裁力度

就加大制裁力度而言，深圳可谓作了一次大胆的改革。2006年颁布的《深圳经济特区建设项目环境保护条例》（以下简称条例），其处罚限额高出了《环境影响评价法》的五倍。如此严厉的处罚，可以为走出"执法成本高、守法成本高、违法成本低"的困局提供有力的法律武器。譬如，该《条例》第42条规定，建设单位未编制环境影响评价文件或者评价文件未经审批，擅自开工建设或投入生产、经营、使用的，由环保部门责令停止建设、生产、经营或使用，建设项目投资总额在1亿元以上的，环保部门可处以20万元以上100万元以下罚款。①

笔者认为，我国的《环境影响评价法》对于违反环境影响评价的制裁过于轻微，在以后的修改中应加大制裁的力度。一是加大处罚的力度，根据建设项目投资总额的大小以及违法情节，按比例进行罚款，并提高处罚限额的上限；二是对于违反规划环评和建设项目环评情节严重的规划者、建设者以及审批者，还应追究其刑事责任，而不仅仅是进行行政处罚。在这里，特别还要提到一点，即立法不能仅仅停留在只是惩罚违反环评的相关责任人

---

① 《深圳经济特区建设项目环境保护条例》第42条：建设单位未编制环境影响评价文件或者评价文件未经审批，擅自开工建设或者投入生产、经营或者使用的，由环境保护部门责令停止建设、生产、经营或者使用，并按照以下标准处罚：

（一）建设项目投资总额在1000万元以下的，处1万元以上10万元以下罚款；

（二）建设项目投资总额在1000万元以上1亿元以下的，处5万元以上20万元以下罚款；

（三）建设项目投资总额在1亿元以上的，处20万元以上100万元以下罚款。

员，法律还应在制裁相关违法人员的同时增加责令补办规划的环境影响评价文件和建设项目的环境影响评价文件的规定。① 也就是说，只有补办的规划环评文件和建设项目环评文件符合要求，通过环评审批机关的审批后方可继续下一阶段的工作，否则只是"处罚"没有"更正"就变成了一项"烂尾工程"。

（三）增设有关法律责任

一是，增设关于违反公众参与的法律责任。譬如，环保部门对未规定公众参与内容的环境影响评价的报告书，不予审批；建设单位在环境影响报告书中隐匿公众意见或对公众意见作虚假记录的，审批其环境影响评价报告书的环境保护主管部门发现后可处以罚款，并依法可对主要责任人员进行行政处罚；建设单位对公众的合理意见不予采纳而擅自开工建设的，可由环境保护的主管部门责令停止生产，处以罚款，并可依法追究主要责任人员的行政责任。

二是，增设违反跟踪评价、后评价规定的法律责任。其一，在《环境影响评价法》第30条后增加违反第15条关于规划环评的跟踪评价的法律责任，即对于环境有重大影响的规划实施后，编制机关未进行跟踪评价，或进行跟踪评价后虽发现有明显不良环境影响却未提出改进措施的，应追究编制单位的法律责任。其二，在《环境影响评价法》第31条后增加违反第27条的法律责任，即在项目建设、运行过程中因存在不符合经审批的环境影响评价文件情形而被责成进行后评价和采取改进措施的，对于建设单位违法的，应追究相关人员的法律责任。

三是，增设有关环评专家违背科学伦理作虚假评审意见和结论的责任。首先，建立评审专家信息公开制度，把评审专家置于公众的监督之下。其次，如证明专家确有违背科学原理提供虚假环评意见与结论时，可以没收其评审费，并处以评审费数倍的罚款，同时责令其在五年内不得再担任评审专

---

① 譬如《环境影响评价法》第29条规定："规划编制机关违反本法规定，组织环境影响评价时弄虚作假或者有失职行为，造成环境影响评价严重失实的，对直接负责的主管人员和其他直接责任人员，由上级机关或者监察机关依法给予行政处分。"第30条规定："规划审批机关对依法应当编写有关环境影响的篇章或者说明而未编写的规划草案，依法应当附送环境影响报告书而未附送的专项规划草案，违法予以批准的，对直接负责的主管人员和其他直接责任人员，由上级机关或者监察机关依法给予行政处分。"细心的同志会发现，第29条和第30条只是规定了违反规划环评人员的行政责任，并未对没有进行环境影响评价的规划，或没有通过环境影响评价审批的规划，进行补救性规定。譬如可以规定，责令补充编写（或重新编写）环境影响评价篇章或说明。

家，处罚信息要在主要媒体上进行公布；情节严重的还可追究其刑事责任。

四是，增设"建设项目未履行环评审批程序即擅自投产使用"的法律责任。此部分内容，见下文关于违反"三同时"制度的法律责任的论述。

（四）细化有关刑事责任的规定

对于根据现有《环境影响评价法》和《刑法》的规定，难以依法追究对于在环境影响评价工作中不负责任或者弄虚作假的接受委托为建设项目环境影响评价提供技术服务的机构的刑事责任的情况，可以采用如下的改进方案：①

方案一：在《环境影响评价法》第33条中直接规定应采取的刑事处罚措施，譬如规定："接受委托为建设项目环境影响评价提供技术服务的机构在环境影响评价工作中不负责任或者弄虚作假，情节严重的，对其主要责任人员处五年以下有期徒刑或者拘役，并处或单处罚金。"同时，修改《刑法》，增设相应罪名。

方案二：修改《刑法》第六章第六节，在该节中增设规定环境影响评价机构不负责任或者弄虚作假的刑事责任。至于其罪名，可定为"违反环境影响评价管理罪"。

方案三：在刑法典中设立环境犯罪专章，② 把《刑法》第六章第六节以及其他有违环境保护的犯罪都综合到这一章中，罪名可定为"危害环境和违反环境管理罪"，并规定有关环境影响评价的刑事责任。在该章中，具体可设"违反环境管理罪"一节，并在该节中具体规定环境影响评价机构不负责任或者弄虚作假的刑事责任。

---

① 这还只是简单的设想，具体的量刑措施和处罚力度尚需展开进一步的研究和论证。

② 参见张桂荣、杨晓春《充分发挥刑法在保护环境中的作用——〈环境犯罪与环境刑法〉成果简介》，http://www.bjpopss.gov.cn/bjpssweb/n9109c31.aspx，2008年4月28日访问。我国现行刑法对环境犯罪是作为一节在"妨害社会管理秩序罪"一章中进行规定的。对环境犯罪在刑法分则中作这样的处置是不恰当的，因为这与环境犯罪实际侵害的客体不一致。妨害社会管理秩序是对国家确立的并由法律所维护的正常的运作状态的破坏，而环境自身可以构成独立的为刑法所保护的法益，而不必寄于社会管理秩序篇下。尽管在许多情况下环境犯罪在侵犯了事关环境的人格权、财产权和环境安全的同时也会侵犯有关环境管理的秩序，但并不意味着环境犯罪首先侵犯的是环境的管理秩序，而是直接危害了关涉环境的人格权、财产权和环境安全。

第九章 我国"三同时"制度发展之考察

所谓"三同时"是指一切新建、改建和扩建的基本建设项目、技术改造项目、区域开发建设项目、自然开发利用项目以及其他可能损害环境的项目，其中防治污染和生态破坏的设施，必须与主体工程同时设计、同时施工、同时投产使用。而环境法中的"三同时"制度，则是指所有规定"三同时"适用的范围、程序以及相关法律责任等方面的一系列法律规范所组成的规则系统。"三同时"制度是我国首创的一项环境法的基本制度，它和环境影响评价制度一样，也是贯彻预防为主原则的有力法律措施，其重点在于预防和控制新污染源的产生，它"是贯彻环境法综合防治原则的支柱性制度"。[①]

第一节 我国"三同时"制度存在的主要问题

一、法律规定零散，立法位阶过低

前文已经分析，"三同时"制度与环境影响评价制度都是我国环境法制最为重要的两项基本制度，都是贯彻环境法综合防治原则的"支柱性"制度，起着环境准入的作用。但值得思考的是，对于环境影响评价制度我国已有《环境影响评价法》进行专门的规定，而对于"三同时"制度则只是零碎地规定在《环境保护法》、《建设项目环境保护管理条例》、《建设项目竣工环境保护验收管理办法》等立法文件中，这与"三同时"制度的地位很不相称，同时也影响到该制度在实践中的贯彻与执行，以致影响该制度功能的有效发挥。

同时，具体规定"三同时"制度的立法文件《建设项目环境保护管理条例》和《建设项目竣工环境保护验收管理办法》的法律形式仅仅属于行政法规和行政规章，法律效力的位阶明显低于环境影响评价制度，这势必也

---

① 黄明健：《环境法制度论》，中国环境科学出版社 2004 年版，第 185 页。

会影响该制度的权威性。

二、适用范围偏窄：缺乏对区域开发建设的整体调整①

按照《环境影响评价法》第7条的规定②，规划的环境影响评价应包括开发区建设的环境影响评价（开发区属于区域的一种）；《建设项目环境保护管理条例》第31条规定："流域开发、开发区建设、城市新区建设和旧区改建等区域性开发，编制建设规划时，应当进行环境影响评价。具体办法由国务院环境保护行政主管部门会同国务院有关部门另行规定"；2002年的《关于加强开发区区域环境影响评价有关问题的通知》规定："开发区③建设应当在编制规划时进行环境影响评价……经审批的开发区区域环境影响报告书作为编制、修订和完善开发区总体规划的重要依据"，依据上述规范性文件可知，我国的开发区建设需要进行整体的环境影响评价。那么，是否需进行整体的"三同时"竣工验收呢？也就说，区域开发建设是否应在整体上纳入"三同时"制度的调整范围呢？

在法律的层次上，按照1989年《环境保护法》第26条的规定："建设项目中防治污染的设施，必须与主体工程同时设计、同时施工、同时投产使用。防治污染的设施必须经原审批环境影响报告书的环境保护行政主管部门验收合格后，该建设项目方可投入生产或者使用。"该条规定的"三同时"竣工验收针对的只是建设项目的环保措施，而没有明确说明是否包括开发区在内的区域环保措施，因此，可以说，我国的综合性环境法律——《环境保护法》并未明确要求开发区的建设要进行"三同时"竣工验收。与《环境保护法》效力等级相同的《环境影响评价法》也没有作出类似的要求。

在行政法规的层次上，由于《建设项目环境保护管理条例》没有把开发区作为建设项目对待，也没有针对开发区明确规定对"三同时"实行竣工验收，那么，对开发区进行整体性的"三同时"竣工验收是缺乏行政法

① 参见常纪文《开发区的环境监管法律问题——温州养殖污染行政复议案核心问题之法学分析》，载李恒远、常纪文主编《中国环境法治》（2006年卷），中国环境科学出版社2007年版，第85页。

② 《环境影响评价法》第7条第1款规定："国务院有关部门、设区的市级以上地方人民政府及其有关部门，对其组织编制的土地利用的有关规划，区域、流域、海域的建设、开发利用规划，应当在规划编制过程中组织进行环境影响评价，编写该规划有关环境影响的篇章或者说明。"

③ 在《关于加强开发区区域环境影响评价有关问题的通知》中，"开发区"主要包括以下几种：经济技术开发区、高新技术产业开发区、保税区、国家旅游度假区、边境经济合作区等。

规的依据的。有的学者可能会认为，《建设项目环境保护管理条例》第31条只是要求开发区的环境影响评价遵守另外的规定，并没有明文规定开发区的"三同时"验收要遵守另外的规定。说到底，这个观点还是把开发区作为特殊的建设项目在对待。退一步讲，即使开发区可作为特殊的建设项目对待，开发区也不能按照具体的建设项目来进行"三同时"验收，因为按照《环境保护法》第26条和《建设项目环境保护管理条例》第16条、第17条的规定，开发区配套建设的环境保护设施虽然必须与主体工程同时设计、同时施工、同时投产使用，但是建设项目的初步设计，应当按照环境保护设计规范的要求，编制环境保护篇章，并依据经批准的建设项目环境影响报告书或者环境影响报告表，在环境保护篇章中落实防治环境污染和生态破坏的措施。按照《建设项目环境保护管理条例》第31条的规定，开发区与传统的建设项目是有差别的，两者遵守的环境影响评价法律要求不同。在遵守的环境影响评价法律要求都不同的前提下，按照开发区建设环境影响评价规范进行的环境影响评价，无论是程序还是内容，肯定不同于按照具体建设项目环境影响评价规章进行的环境影响评价——开发区的环境影响评价主要是根据区域的社会、经济和环境现状及规划目标，从宏观角度分析区域开发可能带来的环境影响，并分析区域环境承载能力，从而根据环境容量确定开发区污染物允许排放总量制定染物排放总量控制计划。而"三同时"是按照环境影响评价文件严格进行的，也就是说，即使要求对开发区建设实施"三同时"，这个"三同时"肯定也不同于具体建设项目的"三同时"。由于开发区的环境影响评价都不能按照《建设项目环境保护管理条例》进行，因此，即使要求对开发区建设的"三同时"进行验收，也不能按照《建设项目环境保护管理条例》具体规定的程序和内容进行，而只能是遵守另外的规定。

在部门规章的层次上，我国目前缺乏关于区域"三同时"验收的明确规定，如原国家环境保护总局2002年的《关于加强开发区区域环境影响评价有关问题的通知》只是要求"区域环境影响评价中规定的开发区环境保护基础设施（污水集中处理、固体废物集中处理处置、集中供热、集中供气等设施），应当与开发区同步规划、同步建设"，但并没有提出竣工验收的具体要求。

在地方规章的层次上，地方明知区域"三同时"的难度，一般是不会在地方法规和地方规章里规定区域层面的"三同时"竣工验收制度的。如2003年颁布的《浙江省建设项目环境保护管理办法》第34条规定："根据环境影响评价文件及批准文件的要求，建设项目需要配套建设防治污染和预防生态破坏的环境保护设施（以下称环境保护设施）的，环境保护设施应当与主体工程同时设计、施工和投产使用。经济技术开发区等园区应当根据园区内建设项目的污染防治需要，先行配备相应的环境保护基础设施。"这说明，建设项目适用"三同时"制度，开发区则适用与"三同时"不同的环保设施先行配备制度。该《办法》还在第39条规定："建设项目竣工后，建设单位应当向环境保护行政主管部门申请建设项目环境保护验收。"但并没有明确规定对开发区进行整体性的建设项目环境保护验收。

基于以上分析，可以认为，我国缺乏对开发区等区域进行"三同时"方面的规定。这种状况显然不利于从整体上实现对区域的环境保护。

三、"三同时"制度与相关制度的衔接不畅

对于"三同时"制度，曾有学者是这样评价的："三同时"制度"重环境设施配套管理，轻自然资源科学利用；重污染物达标排放，轻污染废物综合利用；重政策性执行管理，轻经济性，效益性，科学指导"①，对此，笔者感同身受。

（一）"三同时"制度与"集中治理"制度脱钩

根据"三同时"制度的要求，凡是对环境有影响的建设项目都必须建设配套的污染防治设施，这种做法实际上是一种分散的点源治理模式，与环境保护的"分散治理和集中治理相结合"的原则相背，实践中也可能造成资金上的浪费。因为，污染防治设施从设计、施工到运行和管理，均需要投入大量的资金，这对于企业来说是一个不小的负担，尽管从"谁污染谁治理"以及环境成本内部化来讲是正当的，但却不一定是必要和高效的，很多时候委托专门的污染治理企业进行集中治理（或者采用总量控制下的排污交易）可能更为经济。因为，污染防治设施的运行和管理对许多企业来说，并非其长处，许多企业毕竟是从事生产经营的，对污染治理方面并不在行，事实上，许多企业运行的污染防治设施由于缺乏技术指导而往往不能收到良好的效果。所以，让每一个企业都花巨额资金去兴建一座座污染防治设施，却无力让这些污染防治设施发挥真正的作用，实在是人、财、物的浪费。有时在某一区域内，实行必要的集中治理，可能更有成效。所以，"三

---

① 雷霆、王芳：《循环经济理论与"三同时"法律制度的融合》，载《经济问题探索》2004年第6期。

同时"制度体现了过强的指令性色彩，有必要进行适当的调整。

（二）"三同时"制度与清洁生产制度和综合利用制度的衔接不够

从本质上讲，建设项目中防治污染的设施与主体工程同时设计、同时施工、同时投产使用，从生产流程的角度看，其实也只能算是一种末端性的治理措施，其制度设计的初衷主要是强调污染物质在排放入环境之前必须进行治理，符合达标排放和总量控制的要求，从而发挥污染预防的作用。因此，与其他制度相比，其功能与作用虽然优越于排入环境之后再进行治理的末端治理制度（如限期治理制度），但如果和注重在生产过程中通过改进工艺和设计以及采用无毒无害的材料和能源而从源头上减少污染物的产生的清洁生产制度和变废为宝的废物综合利用制度相比，则明显处于劣势。因为，"三同时"制度在建设项目的初步设计阶段开始介入，之后虽然贯穿建设项目的施工、投产使用的全过程，但其主要强调的是在建设项目建成并把污染物排入到环境之前的阶段必须采取防治措施，从而保障最终的达标排放；而没有或较少关注生产过程内部的清洁生产和综合利用问题。因此，为了弥补这种的不足，在环境管理的实践中，"三同时"制度既要和环境影响评价制度搞好接力，又要注意和清洁生产以及综合利用制度搞好衔接。

四、验收和审批的程序不具体

"三同时"制度从建设项目的设计阶段开始介入，而贯穿整个建设项目的施工、投产以及运营的全过程，其涉及污染治理设施的工程设计、建设施工、竣工验收等各个环节，按理为了很好地贯穿该制度，应有一套流畅完整的验收和审批程序，这样既便于建设单位切实的遵守该制度，也利于环保部门执法监督。但从关于规定"三同时"制度的三部法律文件——《环境保护法》、《建设项目环境保护管理条例》和《建设项目竣工环境保护验收管理办法》来看，只有《建设项目竣工环境保护验收管理办法》规定得较为详细一点，况且也还不够具体。其一，在初步设计阶段，污染治理设施的设计如何完成，设计单位应具有什么样的条件与资质；其设计应包含哪些必要的内容？其二，在项目的施工阶段，由按照怎样程序来监督污染治理设施是否按要求进行施工？其三，主体工程投入试生产前，申请竣工检查应递交哪些材料；竣工检查部门应按照什么程序进行竣工验收？其四，建设单位在项目试运转前对环保工程申请验收时，其主体工程应处于什么状态；试运行验收应遵循怎样的标准？……

对于这些程序性事项，上述三个法律文件基本都没有作出规定或者规定得不够具体，相比较而言，有些地方政府部门制定的关于"三同时"制度的规范性文件倒是规定得很详细，譬如深圳在 2000 年制定的《深圳市环境保护局建设项目环境保护"三同时"管理办法》就对"三同时"制度的相关程序作了相对全面的规定。当然，1990 年颁布的《建设项目环境保护管理程序》对于"三同时"制度的管理程序也作出了专门的规定，但该《程序》规定得十分粗陋；况且从法律效力上看它只属于行政规范性文件，尚不属于法的范畴，因此有必要对之进行修改和完善。

五、"三同时"制度的验收标准不够明确和具体

根据 1989 年《环境保护法》第 36 条以及 1998 年《建设项目环境保护管理条例》第 28 条的规定，构成违反"三同时"制度之"竣工验收"的事实要件为：

第一，该建设项目需要配套建设环境保护设施；

第二，该建设项目的污染防治设施未建成或者虽已建成但未达到国家规定的要求；

第三，主体工程已投入生产或使用。

不过，对于竣工验收的条件，《环境保护法》以及《建设项目环境保护管理条例》都没有明确规定，直到 2001 年原国家环境保护总局制定的《建设项目竣工环境保护验收管理办法》第 16 条才对建设项目竣工环境保护验收条件作了比较详细的说明。但稍作分析，便可发现这些条件和标准还有诸多缺漏和不够具体的地方，有必要进行充实和完善，譬如，当环保部门验收环保设施的处理能力时，法律没有规定建设单位应保证其主体工程处于怎样的运行状态。因此，如果不对此作出明确规定的话，建设单位完全可以通过舞弊手段蒙混过关，比如可以通过降低主体工程的运行规模，进行减负荷生产——使产生的污染物不超出其"偷工减料"后的污染治理设施的治理能力。而实际上，如果主体工程满负荷运行的话，其污染治理设施远远不能满足治理需要，因此，这在立法上就给污染企业留下了"合法"的可乘之机。再如，该第 16 条没有对排污口、排污管网等作出要求；也没有对试生产的验收检查提出对应的标准，而试生产的验收标准和项目完全竣工的验收标准应有所区别。

六、欠缺配套的监督检查制度

从制度的性质上看,"三同时"制度主要是一种行政管制制度,因此该制度实施的效果在很大程度上需要依赖于监督管理部门的执法监督能力。而管理部门进行高效执法的前提必须是执法主体对执法对象的基本情况十分熟悉,因此现场检查与调查就变得特别重要。譬如,在施工阶段,为监督建设单位的环境污染治理这种现场检查应遵循怎样的程序,以及建设单位应履行什么样的义务如何配合检查等。然而,纵观《环境保护法》、《建设项目环境保护管理条例》、《建设项目竣工环境保护验收管理办法》和《建设项目环境保护管理程序》这四个规范性文件都没有对现场检查进行专门规定。

倒是有些地方环保部门认识到了现场检查对于实施"三同时"制度的重要性,而对配套的现场检查制度作了比较详细的规定,譬如《深圳市环境保护局建设项目环境保护"三同时"管理办法》第10条就规定了跟踪检查制度,第13条还确立了技术监督制度;为了加强"三同时"制度的实施效果,无锡市政府于2002年还制定了专门规定对"三同时"进行现场检查的《无锡市建设项目执行"三同时"现场执法检查规定》。

七、关于拆除或闲置污染治理设施的法律规定内部发生矛盾[①]

对于违法拆除或闲置防治设施的,《环境保护法》第37条规定了相应的法律责任,其违法构成要件为:

第一,未经主管部门同意;

第二,擅自拆除或闲置防治污染的设施;

第三,污染物排放超过规定的排放标准。

然而,《环境保护法》第26条第2款却规定:防治污染的设施不得擅自拆除或闲置,确有必要拆除或闲置的,必须征得所在地的环境保护行政主管部门同意。此款明文规定只有征得所在地的环境保护行政主管部门同意且确有必要拆除或闲置的,防治污染设施方可拆除或闲置,而这与拆除或闲置污染防治设施违法行为的第三个构成要件明显矛盾。根据第37条的规定,只有当建设项目排放污染物超标时才须承担"责令重新安装使用,并处罚

---

① 参见文同爱、李灿《关于"三同时"制度的几点思考》,载《法制与社会》2007年第2期。

款"的法律责任，而对于排放的污染物未超标的（就算业已或可能造成污染①）单位，即使其未征得所在地的环境保护行政主管部门同意而擅自拆除或闲置污染防治设施的，由于不满足"污染物排放超过规定的排放标准"的要件，无需承担行政上的法律责任。这反映出立法上对于擅自拆除或闲置污染防治设施的行为的法律规制缺乏应有的严谨性，有必要进行修改。

八、执法方式单一，过于依赖监管的力度，缺乏灵活的经济性约束机制

从执法效果上看，根据规定"三同时"制度的规范性文件，现有的执法方式主要是行政检查和行政审批，可见，"三同时"制度实施的好坏过于依赖于环境保护主管部门的监督管理的力度与效果。这种单一的行政管制的执法方式，往往执法成本高昂；另外，由于没有综合运用经济刺激的手段，不能对建设单位形成内在激励，从而给建设单位违反"三同时"留下了许多"空间"。因此，有必要进行改革。如湖南省 2006 年建立了环保"三同时"保证金制度。②

九、法律责任的设置存有盲区：欠缺对未进行环评也不遵守"三同时"的建设单位之法律责任的规定

《环境保护法》第 26 条第 1 款规定："建设项目中防治污染的设施，必须与主体工程同时设计、同时施工、同时投产使用。防治污染的设施必须经原审批环境影响报告书的环境保护行政主管部门验收合格后，该建设项目方可投入生产或者使用。"《建设项目环境保护管理条例》第 28 条规定了相应的法律责任："建设项目需要配套建设的环境保护设施未建成、未经验收或者经验收不合格，主体工程正式投入生产或者使用的，由审批该建设项目环境影响文件的环保行政主管部门责令停止生产或者使用，可以处以 10 万元以下的罚款。"前后两条看似完整，但稍加琢磨，便可发现问题：对于需要履行环境影响评价审批程序而没有申请环境影响评价且没有被检查发现的

---

① 排放标准的制定由于受到科学技术水平的限制，有可能出现差错，譬如案例：某企业一直排放符合大气污染物排放标准的 A 物质，但后来科学家证实 A 物质是一种强致癌物质。为此，环保部门立即发出命令：禁止企业向大气排放该 A 物质。该企业认为，环保部门对此无权禁止，因为只要企业排放 A 物质符合现行大气污染物排放标准，其行为就属合法。参见杨朝霞《达标排污就合法吗》，载《绿色视野》2007 年第 5 期。

② 参见《湖南省人民政府关于落实科学发展观加强环境保护的决定》（湘政发［2006］23号）。此一制度以前曾在全国试行过，后来因多种原因而被停用。

建设项目，如果其也不实施"三同时"制度，① 现有法律却没有对之设置相应的法律责任。这是明显的立法漏洞：进行环评并且按照"三同时"制度的要求建设了配套的污染治理设施，只是由于没有达标就投入生产或使用的单位将面临 10 万元以下罚款的责任，而根本不申请环评也不遵守"三同时"的建设单位，法律却没有相应的惩罚措施，明显违反"责罚相当"的比例原则！

但问题是，这种未经环境影响评价审批程序也没有配套建设相应环保设施的建设行为，如何认定其违法性呢，进而怎么对其进行处罚呢？是只追究其违反环境影响评价制度的法律责任？或者只追究其违反"三同时"制度的责任？还是"数责并罚"呢？

对于这种情况，2003 年 6 月 19 日，原国家环境保护总局出台了《关于未执行环境影响评价和"三同时"制度并已投产的行为适用法律的复函》（环函［2003］174 号），认为"对未报批建设项目环境影响评价报告书、环境影响报告表或环境影响登记表，且已经投入生产的建设项目，原则上应按照《建设项目环境保护管理条例》第 28 条②处理"，即只追究其违反"三同时"制度的法律责任。另外，对于这种情况，也有学者主张只应追究为违反环境影响评价制度的法律责任。③ 笔者认为，对于此种状况的建设行为，只追究其违反环境影响评价制度的法律责任又或只追究"三同时"制度的法律责任都有违"责罚相当"的比例原则而明显不当，应根据具体情况进行具体分析。

---

① 这种情况，现实中并不少见。因为，现实中一些法治意识比较强的建设单位能够按照环境影响评价制度的要求在该项目建设之前会申请进行环境影响评价，但或者出于对环境影响评价制度确实不了解；或者知道需要进行环境影响评价的审批，但抱着不申请也不会被发现的侥幸心理；或者出于有所谓"后台"的支持而有恃无恐等原因，使得许多建设项目的投产使用并未进行环境影响评价的审批程序，也未配套建设有关环境保护的设施，譬如闹得沸沸扬扬的"圆明园铺膜事件"就属于此种情况。

② 《建设项目环境保护管理条例》第 28 条规定："违反本条例规定，建设项目需要配套建设的环境保护设施未建成、未经验收或者经验收不合格，主体工程正式投入生产或者使用的，由审批该建设项目环境影响报告书、环境影响报告表或者环境影响登记表的环境保护行政主管部门责令停止生产或者使用，可以处 10 万元以下的罚款。"

③ 参见朱谦《环境影响评价制度的立法缺陷与执法困境——从法律责任的角度审视》，载李恒远、常纪文主编《中国环境法治》（2006 年卷），中国环境科学出版社 2007 年版，第 52—56 页。

第二节　我国"三同时"制度之发展

一、制定关于"三同时"制度的专门性法律规范性文件

1998 年制定的《建设项目环境保护管理条例》主要是对环境影响评价制度和"三同时"制度进行了规定，但随着 2002 年《环境影响评价法》的出台，《建设项目环境保护管理条例》中关于环境影响评价的内容基本不再发挥作用，整整一部 34 个条文的行政法规就只剩下关于"三同时"制度的不足 15 个条文继续发挥效用了。笔者认为，从地位和功能上看，"三同时"制度并不弱于环境影响评价制度，环境影响评价制度早已有了专门的《环境影响评价法》，而 20 世纪 70 年代就出台并一直作为综合防治支柱性制度的"三同时"制度却依然是被零星地规定在多个法律文件中，这说明我国对于这种自创的土生土长的"三同时"制度并没有真正认识其重要性[①]。"三同时"制度已经创立了三十多年，但在理论和实践上并没有多大明显的革新和突破，这势必影响该制度潜力的充分发挥。

环办函 [2004] 458 号文件——《关于征求〈建设项目环境保护管理条例（修订草案征求意见稿）〉意见的函》于 2004 年 7 月早已发出，从其附件——《建设项目环境保护管理条例（修订草案征求意见稿）》的内容看，原国家环境保护总局已经认识到原《建设项目环境保护管理条例》已经过时，需要修改，并且该《意见稿》对"三同时"制度也提出了相应的一些修改意见，但笔者认为由于其修改的力度不大，意义也不会太显著。笔者建议，有必要对"三同时"制度进行专门的立法，立法效力层级上可以选择行政法规的形式，名称上可以用《建设项目环境保护"三同时"管理条例》；更大胆一点，通过人大常委会以法律形式对"三同时"制度进行系统规定也未尝不可，这样刚好可以和专门规定与其地位相当的环境影响评价制度的《环境影响评价法》"双剑合璧"凝成一股合力，从而更好地发挥作用。至于名称，可以称为《建设项目环境保护"三同时"管理法》，同时还应尽量同步颁布相应的实施细则。

---

① 这一点从我国学界对于"三同时"制度的研究热情与研究现状可以看出端倪：因为，据笔者调查，中国期刊网上关于"三同时"制度的法学科研论文远较研究环境影响评价制度的文章少。

二、调整"三同时"制度的适用范围

（一）资源综合利用的"三同时"

笔者认为，对于"三同时"制度，不能仅仅囿于防治环境污染的治理设施的"三同时"，还应扩张到资源综合利用项目的"三同时"，即把"三同时"制度与注重"变废为宝"的循环经济结合起来。其大致内涵是，对于新建、改建和扩建的建设项目，在技术可行和经济合理的条件下，其综合利用或循环利用的设施也应与主体工程同时设计、同时施工、同时投产使用。至于具体的规范还有待于进一步研究。

（二）科学界定"三同时"的条件与范围，协调与"集中治理"和"清洁生产"等制度的关系

前文已经分析，"凡是对环境有影响的建设项目都必须进行'三同时'的规定"，从"分散治理和集中治理相结合"的原则看没有必要，从经济上的成本效益看也不尽合理。因此，有必要对环境有影响的建设项目所采取的措施进行灵活处理。首先，应根据 2002 年的《建设项目环境保护分类管理名录》，对建设项目是否"三同时"进行分类管理：对环境可能造成重大影响应当编制环境影响报告书的建设项目必须严格执行"三同时"；对环境可能造成轻度影响应当编制环境影响报告表的建设项目选择性地强制执行"三同时"，建设单位不进行"三同时"的，需提出委托专门从事环境治理的企业进行治理（如集中治理）的申请，是否许可，经审批该环境影响报告表的环保部门核查后作出决定；对环境影响很小不需要进行环境影响评价的建设项目可自愿选择是否进行"三同时"，对于不进行"三同时"的也应采取相应措施（譬如开展清洁生产、综合利用、无害化处置等措施），以保证能满足同"三同时"制度验收标准同样的要求。当然，对于申请不进行"三同时"的建设单位，环保部门可以根据建设项目的具体情况签订相应的环境行政合同。其次，也可以学习《深圳市环境保护局建设项目环境保护"三同时"管理办法》，把建设项目分为重点管理项目和非重点管理项目，并作出对应的规定（见该《办法》第30条到35条的内容）。

（三）规定开发区建设的"三同时"

传统的"三同时"制度其适用范围仅仅局限于独个的建设项目，这是一种不太科学的点源管理模式，如果是成片的开发区建设，而让其中每一个建设项目都按照"三同时"的要求建设环境保护设施则明显不经济，对此，应按照经济合理和技术可行的原则，对开发区进行宏观规划和布局，按照分

散治理和集中治理相结合的原则，进行整体区域的"三同时"制度。也就是说，"三同时"制度应当包括独个建设项目的"三同时"和区域建设（如开发区建设）的"三同时"。这与原国家环境保护总局于 2002 年颁发的《关于加强开发区区域环境影响评价有关问题的通知》要求"区域环境影响评价中规定的开发区环境保护基础设施（污水集中处理、固体废物集中处理处置、集中供热、集中供气等设施），应当与开发区同步规划、同步建设"的精神正好吻合。当然，开发区实行"三同时"应有许多不同于单个建设项目实行三同时的特征，其关键是同时设计、同时施工、同时投产的"同时"究竟如何把握和设计更为合理，是分批进行"三同时"、按局部区域进行"三同时"，还是整体的"三同时"。

事实上，开发区的建设大都是分期分批进行的，一般会出现部分企业生产而部分企业还在建设的现象，在这种情况下，对整个开发区进行"三同时"验收应建立不同于一般建设项目竣工验收的规则。因此，对于如何规范开发区建设的"三同时"确实是一个值得深入调查和研究的课题。

三、进一步细化和明确"三同时"验收和审批的程序

深圳经济特区于 2000 年制定的《深圳市环境保护局建设项目环境保护"三同时"管理办法》，在关于细化验收和审批的程序方面可谓作了个典范，可以想象这一规范性文件的出台必将大大提高其"三同时"制度实施的效果。该《办法》按照"工程方案设计、审查—定期申报与施工跟踪检查—施工环保技术监督—试生产竣工检查—试运转期管理—竣工验收监测—竣工验收审批"的顺序设计了"三同时"制度实施的完整流程，给执法者和建设者提供了一个明晰的操作性很强的实施指南。笔者建议，在以后修改"三同时"制度的法律文件或者进行"三同时"制度专项立法时，不妨学习该《办法》的框架，按照"三同时"制度的具体流程进行法律规范的具体设计。当然，也可对 1990 年颁布的《建设项目环境保护管理程序》进行修改，而详细规定"三同时"制度实施的程序和具体要求。

四、明确"三同时"制度的验收条件和标准

尽管 2001 年原国家环境保护总局制定的《建设项目竣工环境保护验收管理办法》第 16 条对建设项目竣工环境保护验收条件作了比较详细的说明，但还不够具体，应该在此基础上进行完善和补充，譬如应补充增加关于验收环境保护设施时其主体工程之运行水平的相关规定等。这一方面，可以

学习《深圳市环境保护局建设项目环境保护"三同时"管理办法》，譬如第 26 条规定：在试生产验收监测期内，"建设单位应尽量集中生产订单，保证处理设施能达到或接近满负荷运转，监测采样时的排污流量应达到申报最大水量（以小时计）的75%以上，以验证处理设施的处理能力，保证验收监测结果的代表性。"第 29 条规定："验收监测结果的达标率必须达到 80% 以上。对达标率达不到 80% 或一次监测超标严重的，责令停止试运转，并限期整改，经整改完毕后，重新申请试运转。"总之，只有将竣工验收等方面的要求转化为尽可能具体的指标，才能增强"三同时"制度的实施效果，才能更好地发挥其污染预防的功能。

五、明晰"三同时"制度中的有关概念

"三同时"制度的基本精神是，对环境有影响的建设项目，必须配置并运行相应的环境保护设施，从而保证项目向环境的最终排放符合达标排放和总量控制的要求。因此，在"三同时"制度中，"环境保护设施"便是一个核心的概念。法律规范的显著特征是其具有行为的规范性，它通过确定的法律规范提供明确的指引，告知人们哪些事情可以做，哪些不可以做，应按照什么程序做，等等，因此作为法律规范之界定性规范的概念应具有明确性和具体性。可见，为了更好地实施"三同时"制度，有必要对"环境保护设施"的范围和外延进行明晰化。但我国关于"三同时"制度的法律文件均没有对之进行具体界定，倒是有些地方政府意识到了这个问题而把此概念用列举的方式进行了准确明晰的界定，譬如 2006 年《深圳经济特区建设项目环境保护条例》第 19 条就对"环境保护设施"就进行了列举，具体包括："（一）废水、废气、固体废物、粉尘、烟尘、恶臭气体、放射性物质、噪声、振动、电磁辐射等污染的防治设施；（二）污染物排放计量仪器和监测采样装置；（三）污染源在线监测装置和污染防治设施运行监控装置；（四）各类环境保护标识；（五）环境风险防范和应急设施；（六）法律、法规和规章规定的其他环境保护装置、设备和设施。"

六、配套规定"三同时"制度的监督检查制度

"三同时"制度从性质上看主要是一种行政监管性制度，其主要是依靠行政监管机构从外部给建设单位强大的压力，令其按照"同时设计、同时施工、同时投产（使用）"配置对应的环境保护设施。因此，该制度的实施效果主要取决于监管的力度与效果，由此可知，对与"三同时"相配套的

监督检查制度进行科学的设计便变得尤为重要了，譬如应对检查的主体、检查的权限、检查的程序、检查的对象与内容、建设单位需递交的材料以及需配合的事项、违法责任等作出规定。然而，我国关于"三同时"制度的立法却没有对这种需配套的监督检查制度引起足够的重视，这一点有些地方比中央做得好，譬如《深圳市环境保护局建设项目环境保护"三同时"管理办法》用三个条文规定了"定期跟踪检查制度"①，而无锡市则制定了《无锡市建设项目执行"三同时"现场执法检查规定》专门规定了与"三同时"制度相配套的监督检查制度②。

七、修改相关法律规范，协调法律内部的冲突

对于《环境保护法》、《建设项目环境保护管理条例》和《建设项目竣工环境保护验收管理办法》中关于"三同时"制度有冲突和矛盾的法律规范，应进行相应修改。针对《环境保护法》第26条第2款与第37条冲突的情况，有必要进行调整，思路有二：一是添加申请拆除或闲置防治设施的条件和标准，即申请拆除或闲置防治设施的应满足《建设项目竣工环境保护验收管理办法》中第16条规定的验收竣工条件，否则不能获得审批；二是有必要对第26条与第37条进行修改，使前后协调一致。因此，可以作出以下修改：第26条第2款可修改为"防治污染的设施不得擅自拆除或闲置，

---

① 该制度的基本内容如下：一是规定跟踪检查的方式，分为电话查询和现场检查两种。对治理设施和主体工程尚未开工建设以及已委托环保技术监督的项目可以采用电话查询的方式，对已开工建设而未委托环保技术监督的项目须采用每月定期现场检查的方式。二是规定了跟踪检查的主要内容：（一）核实项目的建设地址、生产规模、生产工艺、污染物的种类、排放量、排放方式、排放去向等与原申报内容是否相符，水源区的项目还应核实厂房的面积、工人人数等；（二）了解项目主体工程开工建设的时间，预计投料试产和正式生产的时间；（三）检查污染处理设施的设计情况，开工建设情况，核实设计方案与实际施工情况是否相符，设施的主体、管线、阀门等设置情况是否合理等；（四）检查施工期防治污染措施的落实情况；（五）检查违反环保"三同时"的其他行为。

② 其中，第五条规定了建设项目执行"三同时"现场执法检查工作的内容：建设项目有《环境影响评价报告书》或《环境影响评价报告表》及"三同时"审批意见的情况；对未投入生产（运行）的建设项目，检查环境保护设施（工程）与主体工程是否正在同时施工；对将投入试生产（运行）的建设项目，检查环境保护设施（工程）与主体工程是否同时建成并具备投入运行的条件；对已投入试生产（运行）的建设项目，检查环境保护设施（工程）运行效果是否稳定、是否达到环境影响评价中提出的要求、能否实现污染物达标排放、能否满足排放污染物总量控制目标要求；对正式投入生产（运行）的建设项目，检查环境保护设施（工程）运行效果是否保持稳定、是否保持环境影响评价中提出的要求、能否保持污染物达标排放、能否保持满足排放污染物总量控制目标要求。

确有必要拆除或闲置的，建设单位必须向所在地的环境保护行政主管部门提出申请，环境保护行政主管部门在接到申请后的 1 个月内审查其污染物排放是否符合环境影响报告书（表）或者环境影响登记表和设计文件中提出的标准及核定的污染物排放总量控制指标的要求，符合要求的发出批准的通知，不符合的发出不予批准的通知；逾期未通知的视为批准。"第 37 条则相应作出以下修改："未经环境保护行政主管部门批准，擅自拆除或者闲置防止污染的设施，污染物排放又不符合环境影响报告书（表）或者环境影响登记表和设计文件中提出的标准及核定的污染物排放总量控制指标要求的，由环保行政主部门责令重新安装使用，并处罚款。"

八、修改现行立法，补充对既未执行环境影响评价制度，也未执行'三同时'制度，并已投入生产的建设项目的法律责任，从而增强"三同时"制度的独立性

对于这一法律漏洞，原国家环境保护总局已经意识到，2003 年原国家环境保护总局《关于未执行环境影响评价和"三同时"制度并已投产的行为适用法律的复函》便通过了专门的行政解释予以补救。该《复函》规定：违反环境影响评价和"三同时"制度的行为，应当依法受到处罚，而对既未执行环境影响评价制度，也未执行'三同时'制度，并已投入生产的建设项目原则上应按照《建设项目环境保护管理条例》第 28 条处理。这样的话，对于既未执行环境影响评价制度，也未执行"三同时"制度，并已投入生产的建设项目就可以追究其法律责任了，但从违法情节上看，这种情形比那种"已过环评，但需配套的环境保护设施未经验收或者经验收不合格，主体工程证实投入生产或制使用的"的违法情节更为严重，理应追究更为严厉的法律责任。也就是说，《复函》只追究此种行为之违反"三同时"制度的法律责任。另外，按照 2005 年 12 月 3 日发布的《国务院关于落实科学发展观加强环境保护的决定》之（二十一）的"建设项目未履行环评审批程序即擅自开工建设或者擅自投产的，责令其停建或者停产，补办环评手续，并追究有关人员的责任"规定，似乎有只追究其违反环境影响评价制度的法律责任之嫌。

实际上，笔者认为，"既未执行环境影响评价也未执行'三同时'制度并已投产的行为"，其违法情节比违反环境影响评价制度或违反"三同时"制度之任何一种更为恶劣，最高可同时违反该两项制度（此时，可仿照刑法里的"数罪并罚"原理实行"数责并罚"），最低可违反一项制度，具体可根据其违法情形而按照"责罚相当"的原则设置相应的罚则。

因此，在以后关于"三同时"制度的修改和专门立法中应把该《复函》的此部分内容补充进去，并进行适当修改和调整，具体办法是可在《建设项目环境保护条例》的28条中添加第2款，其具体的内容可以如下：

"违反本条例规定，对环境可能有不良影响的建设项目，既未执行环境影响评价制度，也未执行'三同时'制度，并已投入生产的，由对其有管辖权的环境保护行政主管部门责令其暂时停止生产或者使用，补办环境影响评价手续：

（一）对于需要编制环境评价报告书和报告表的建设项目，应追究其违反环境影响评价制度和'三同时'制度的双重法律责任，责令其按审批通过的环境影响评价文件的要求补建需配套的环境保护设施，同时可根据具体的违法情况处十万元以上三十万元以下的罚款；待补建的环保治理设施顺利通过环保部门的竣工验收后其主体工程方可继续从事生产或者使用；

（二）对于环境影响很小，经审批核实确实只需编制环境影响评价登记表的建设项目，可以处五万元以上二十万元以下的罚款，待罚款数额缴齐之后，其主体工程方可继续从事生产或者使用。"

九、增加关于行政处罚时效的规定

根据《行政处罚法》第29条的规定，违法行为在两年内未被发现的，不再给予行政处罚。该期限从行为终了之日起计算，违法行为有连续或者继续状态的，从行为终了之日起计算。而根据《建设项目环境保护管理条例》第28条的规定，建设项目的环境保护设施未建设、未经验收或者验收不合格即投入生产的行为，以及既未执行环境影响评价制度，也未执行"三同时"制度，并已投入生产的行为，都是一种应受处罚的环境违法行为。在该项目的环保设施建成并报经环保部门验收合格之前，建设单位违法投入生产的行为一直处于继续状态。如果该违法行为的继续状态并未终了，则负责审批该项目环境影响评价文件的环保部门发现之后，应依据《建设项目环境保护管理条例》第28条的规定及时予以处罚。因此，为了妥善处理此种行政处罚的时效问题，可以在第28条增添第3款："对前述两款违法行为两年的处罚时效，从该违法行为停止之日起计算。"

十、建立公众参与机制，加大对建设单位和审批部门的监督

对环境可能造成重大影响的，或者产生恶臭、异味、油烟、噪声等直接

影响公众生活环境的建设项目，有审批权的环境保护行政主管部门在进行环境保护验收时应实行公示制度，把有关信息向社会公布，并举行听证会听取有关单位、专家和公众意见，接受社会的监督，避免政府偏听偏信而作出错误决策，也防止建设单位弄虚作假。为落实《环境保护行政主管部门政务公开管理办法》（环发［2003］24号）和《国家环境保护总局机关政务公开实施方案（试行）》（环办［2002］148号），原国家环境保护总局决定对建设项目竣工环境保护验收管理进行公示，并于2003年3月28日特颁布《国家环境保护总局办公厅关于建设项目竣工环境保护验收实行公示的通知》（环办［2003］26号），从而保证了"三同时"制度的公众参与。但是，该《方案》在关于公众参与方面规定得还十分粗略，有必要作进一步的细化。

十一、正确看待"三同时"制度的未来

同环境影响评价制度一样，"三同时"制度也是执行环境法治"预防原则"防止和减少新的环境污染和生态破坏发生的基本性制度，况且其制度的效力范围贯彻从建设项目的设计、施工、试生产以及正式投产使用的全程，在建设项目的设计、施工、试生产以及正式投产使用中的任何阶段都可以进行监督管理，因此，从制度的"管辖"范围来说，"三同时"制度是环境管理基本制度体系中"手臂"较长的制度。该制度作为我国独创的一项富有中国特色的制度，在为我国环境保护事业中确实发挥过积极的作用。

但是，另一方面，"三同时"制度也存在诸多缺点，甚至还有一些是致命的，我们必须认真对待这项制度的未来：

第一，该制度过于机械，有失灵活性。这源于"三同时"制度过于强调"同时"——同时设计、同时施工、同时投产使用而产生的负面作用。因为，在现实中有些建设项目的环境保护设施时并不非得本企业自己负责治理污染，其可以通过对从事专门的污染治理单位的委托治理而实现。市场经济条件下，这是可行的，也应该是值得肯定和鼓励的。因为，专门的污染治理单位具有专业的技术和专业的人才，由其治理受托企业的污染比起由各个企业自身去治理而言，可能经济效益更好。其次，一般而言，集中治理比分散治理的效果会也会更好。因此，不必指令性强行由各企业对污染物进行自我治理。

第二，"三同时"制度过于依赖环境影响评价制度。依据《建设项目环境保护管理条例》第20条第1款的规定："建设项目竣工后，建设单位应

当向审批该建设项目环境影响报告书、环境影响报告表或者环境影响登记表的环境保护行政主管部门，申请该建设项目需要配套建设的环境保护设施竣工验收。"可知，"三同时"制度的实施有一个前提性的假设：即该建设项目已经作了环境影响评价，并且顺利通过了审批。但现实中，有许多建设项目并未进行环评就开工建设了，甚至投产使用了，此时就会遇到本节"八"中所讲的法律责任的适用难题。而究其原因，就是环境影响评价制度被作为实施"三同时"制度的前提性条件使然。

第三，"三同时"制度的功能和使命可以由排污许可证制度和环境影响评价制度的结合来替代。我国以前对于排污许可证制度重视不够，制度设计也很不完善，其实施也存有诸多问题（下文将作专题介绍），因此，在这个时期，"三同时"制度对于防止环境污染的发生发挥了积极的作用。但实际上，"三同时"制度的功能是可以由排污许可证制度（结合环境影响评价制度）来代替的。因为，"三同时"制度的目的主要是监督排污单位建设环保设施，使其污染物的排放符合环境要求，包括浓度要求、总量控制要求等，而这正是排污许可证制度的重要功能。

第四，"三同时"制度在相当一段时期内还将继续发挥积极的作用，不宜马上废除。虽然，"三同时"制度具有上述诸多缺陷，但这项制度是特定阶段的特定对策，尤其是在当今排污企业不讲诚信，不讲企业社会责任，"偷排"、"暗排"、"超排"现象"蔚为壮观"的当下；在排污许可制度尚未完善甚至尚未完全建立起来的特殊阶段；在环境污染尚是经济和社会发展障碍的阶段，加强对排污单位的监督管理是不可松懈的。因此，在这一时期，增加一道管理排污单位的程序，添加一道环境保护的防线，是有积极意义的。

因此，就目前来说，我们的重要任务是考虑如何完善"三同时"制度，考虑如何理顺其与环境影响评价制度、排污申报登记制度、清洁生产制度、排污许可证制度、限期治理制度、环境税费制度之间的关系；从体系的角度重新设计和改善各项制度，使他们进行良好的协调和衔接，从而发挥"制度集团军"的协同作用。

第十章 我国排污申报登记制度发展之考察

排污申报登记，是指直接或间接向环境排放废水、废气、固体污染物，产生噪声或者其他污染的单位和个人，应当按照法定程序向环境保护行政主管部门对其排放污染物的类型、排放时间、排放地点、排放方式、排放口设置、排放浓度、排放总量、排放期限、所采取的污染预防和污染治理措施等事项进行申报、登记的过程。排污申报登记制度是规定由排污者依法向环境保护行政主管部门申报登记其污染物的排放和治理情况，并接受环境保护行政主管部门监督管理的一系列法律规范所构成的法律规则系统，它是排污申报登记事项的法律化。设置排污申报登记的目的在于使环保部门全面了解和掌握企业污染防治的动态状况。

第一节 我国排污申报登记制度存在的主要问题

排污申报登记是环境保护的一项基础性工作，是法定数据的主要来源之一，科学地开展这项工作对于环境规划制度、环境影响评价制度、"三同时"制度、污染物总量控制制度、排污收费制度、排污许可证制度、限期治理制度等诸多制度都具有基础性的作用。但由于我国环境法制的时间还不是很长，加上其他诸多因素的影响，导致我国的排污申报登记制度还存在很多的问题，以致阻碍其基础性作用的有效发挥，需要予以调整和完善。

一、排污申报登记的工作方法滞后，影响其应用和实施的效果[①]

（一）数据来源的欠科学性

目前的排污申报登记工作主要停留在年审上，其数据必须到次年初汇总后才能得到，使得数据滞后，影响了申报数据在实际工作中的应用，如排污收费是按月/季征收，需要使用上个月/季的污染物实际排放数据，因此目前

---

① 参见林丰、陆小杰、王来健《建立科学的排污申报登记系统——排污申报登记动态管理系统建设方案构思》，载《污染防治技术》2003 年第 1 期。

的申报登记结果只能作为一个参考；限期治理、限期整改工作往往是针对排污单位现实存在的问题，需要及时作出决定，因此申报登记的结果往往跟不上实际工作的时效要求。

（二）排污申报登记年审制不完善，数据欠缺准确性

我国主要实行的是排污申报登记年审制，它是排污单位对全年生产、经营、排污情况的汇总申报，如果排污单位没有认真积累有关数据，将造成汇总数据的不准确性，而环保部门很难对其数据的准确性进行核查，对瞒报、虚报、谎报的行为在客观上也难以处罚。

（三）数据管理混乱，数据使用存有困难

按照我国的规定，申报结果包含预报和实报的内容，会给数据的使用带来困难。现有排污申报登记包含首次申报、变更申报和申报登记年审的内容，容易造成数据的混淆，既不能完全体现排污单位常年正常的排污情况，也不能完全体现排污单位的实际排污状况，从而造成数据使用的困难，譬如，对于环境规划、排污许可证的发放需要掌握排污单位的常规情况，而对于排污总量考核、限期治理则需要掌握排污单位的具体实际排污状况。

二、登记的范围过于狭窄

依照《排放污染物申报登记管理规定》以及相关立法的规定，我国现行的排污申报登记制度，其登记的范围过于狭窄，仅仅局限于排污情况和污染治理的现状登记，未就可能存在的污染事故风险以及其他可能出现的危险状况进行登记，这样不利于环保部门全面了解情况，容易由于麻痹大意而影响相关应急措施的准备。譬如，安全生产问题和环境事故的发生往往有一定的联系，如果不将安全生产的有关规定和环境污染事故的发生联系起来，不重视由于安全生产的隐患可能存在的环境风险，不将有关情况予以登记，将使得环保部门对可能的风险源一无所知，不能采取相应的措施以防止污染事故的发生。这方面有惨痛的教训，譬如，2005年发生的松花江水污染事件，究其根源就是由于安全生产出现问题而导致的。

三、程序性规定不够具体，有待进一步完善

排污申报登记包含了诸如排污申报登记通知的制作和送达，排污单位填报申报登记表、环保部门进行审核等一系列的程序，因此，为了保障申报登记的内容全面、真实与准确，法律应当设置明确、清晰、合理的程序，以增强其操作性。但我国现行的环境立法并没有重视这种程序性规范，而现实中

由于程序上出现的种种问题，在实践上往往影响申报登记的质量和效力。以排污申报登记通知的送达为例，若送达不规范，[①] 最终往往导致行为的无效或者不具备约束力。主要表现有：执法人员少于两人；没有出示执法证件表明身份；送达回执代签收时，未经当事人以适当的方式认可；留置送达时，没有相关证明人等。

四、缺乏信息公开和公众参与的规定

观 1992 年发布的《排放污染物申报登记管理规定》，可以看出，整个文件体现的是浓厚的行政管理的思想，基本或者完全没有提到政府的信息公开义务和公众的知情权。当然，这种情况是受到当时的历史背景的影响，但现在的中国社会已逐渐进入了一个"小政府大社会"的权利时代，在排污申报领域也有必要重视公众的权利，通过政府和企业信息公开，使他们对影响自己环境权益的企业排污情况有一个大致的了解，同时也能够加强对环保行政部门和污染企事业单位的监督。另一方面，环境保护是一项系统工程，依靠政府的单枪匹马往往也难以实现其意欲达到的目标，因此规定排污申报登记内容的信息公开和保障公民的环境知情权有助于环保部门提高其执法的水平和能力。

五、法律责任不够严厉，难以抵制谎报、瞒报、拒报等违法现象

排污申报登记制度在环境管理中普遍存在谎报、瞒报、虚报等现象，作为对策，除了应加大宣传力度，提高环保部门自身的识别能力，强化执法水平之外，法律上设置严厉的法律责任以加强对这种违法行为的震慑也尤为重要。然而，1992 年《排放污染物申报登记管理规定》关于违法行为的惩罚是远远达不到应有的力度的，试看第 15 条的规定："排污单位拒报或谎报排污申报登记事项的，环境保护行政主管部门可依法处以三百元以上三千元以下罚款，并限期补办排污申报登记手续。"试问，区区"三百元以上三千元以下"的罚款怎么能震慑排污单位呢？因此，在《规定》已发布 15 年，一方面全社会高喊科学发展观，而另一方面排污单位却肆无忌惮地谎报、瞒报、虚报甚嚣尘上的当下，修改《规定》，设计足以震慑违反申报登记者的法律责任，已成为势在必行的事情。

---

① 参见胡素霞、张红亮《析排污申报登记中应注意的几个问题》，载《安阳工学院学报》2007 年第 4 期。

第二节　我国排污申报登记制度之发展

一、国外可资借鉴的主要经验

美国关于申报登记没有作出专门的规定，而是融合在排污许可证制度之中。排污者在申请许可证时通过填报申请表的方式向管理机关提供大量的法律所要求的信息，这些信息应能够使发证机关决定是否发证以及确定许可证的限制。在申请表中填报的信息通常包括：申请人从事的需要许可证的活动；设施名称、地点和通信地址；反映设施的产品或服务的最佳标准工业代码；营运人的姓名、地址、电话号码、所有权状况；设施是否位于印第安土地；列举依照其他法律所获得的许可证或建设批准书；点源及其周围一定范围的地形图；对产业性质的简单说明等。并且规定，这些申请材料的复印件应该向公众公开。

另外，目前，由于一些国家把温室气体也纳入污染物质的范围，所以，在这些国家，排放这些气体的企业应当进行登记，如欧盟从 2005 年起就开始实行温室气体排放的登记制度，澳大利亚和加拿大于 2005 年也分别颁布了本国的温室气体排放登记立法。①

根据以上各国关于排污申报登记的规定，我们可以获得如下两点可以借鉴的经验：

一是信息公开。美国的立法规定，排污者在申请许可证时登记的申请表中的信息应以复印件的形式向社会公众公开，这充分体现了一个民主国家在污染防治中对公众参与的重视以及对公众权利的维护。

二是登记的范围应尽量广泛。对于登记的内容，不仅包括一般污染物，如废水、废气、固体废物、噪声等污染物的具体情况，如生产活动、污染设施的名称、地址、地形图、建设批准书等；而且还应温室效应的控制要求而把登记的范围扩展到对温室气体排放的登记，这一点相当难得，值得学习。

三是对于弄虚作假行为科以严厉的行政处罚甚至刑事制裁。美国的《清洁水法》规定，对于故意在申请中作虚假陈述、描述、证明者，或者故意作虚假记录、报告、计划或其他上报或保存文件者，或者故意伪造、破

---

① See the Bureau of National Affairs, *International Environment Reporter*（Vol. 28，No. 6），the Bureau of National Affairs, Inc.，2005，p. 185，p. 190.

坏、篡改积案设施和方法者，经审判处以 10000 美元以下罚金或 2 年以下监禁，或者二者并罚。对于累犯者，处以每违法日 20000 美元以下的罚金，或者 4 年以下监禁，或者二者并罚。[①]

二、我国排污申报制度之发展

(一) 政府应鼓励建立排污申报登记的动态管理体系[②]

针对排污登记数据混乱的局面，有学者主张对登记事项进行分类，应设立三种形态的申报登记：(1) 按月 (季) 动态申报；(2) 正常状况申报登记；(3) 排污申报登记年审登记。并结合现场监督检查、污染源监督监测，通过相互检验、核准和调整，形成排污申报登记动态管理体系，从而形成分类管理。

"污染源动态排污申报登记"可以应用于：(1) 排污收费工作。排污申报和申报核实是排污收费工作的一个必要环节和步骤，将动态申报数据直接应用于排污收费工作，可使排污收费工作更加规范和准确。(2) 许可证的管理和总量控制。动态申报数据可及时反映排污单位许可证的执行情况，通过动态申报可实现对排污单位排污总量完成情况的动态管理，对有可能超过许可排污总量的单位提前预警，从而保证全年排污总量控制工作的完成。

"常年正常状况排污申报登记"可应用于：(1) 排污总量分配和许可证发放。将常年正常状况排污申报登记数据应用于排放污染物总量分配和许可证发放，可不受排污单位生产变化和非正常排污的影响，从而使总量分配和许可证发放更加科学与合理。(2) 作为环境规划、环境影响评价和限期治理等制度的数据基础。常年正常状况排污申报登记数据由于具有稳定性和代表性，可以使这些工作更加科学和准确。

"排污申报登记年审数据"可应用于：(1) 考核排污总量控制情况。排污申报登记年审数据反映了排污单位全年实际的生产和排污情况，准确的年审数据可应用于对排污单位全年排污总量的考核、执行排污许可证情况的评价。(2) 考核限期治理项目的完成情况。通过排污申报登记年审，可以准确地反映排污单位限期治理项目的完成情况。(3) 为环境统计提供可靠的基础资料。准确的排污申报登记年审数据可为环境统计提供全面的基础数

---

① 　33 U. S. C. § 1319 (c) (4) .

② 　参见林丰、陆小杰、王来健《建立科学的排污申报登记系统——排污申报登记动态管理系统建设方案构思》，载《污染防治技术》2003 年第 1 期。

据，甚至可以直接导出环境统计结果，从而提高了环境统计的准确性，并可减少基层环保部门和排污单位环境统计的工作量。

笔者认为，上述关于建立排污申报登记的动态管理体系的设想十分科学，可以避免前文分析的数据滞后、数据失真以及数据混乱等不利情形，立法上应对此予以鼓励，在充分实践和考证的基础上最后将其纳入立法的内容，并制定申报登记所配套的环境标准。

（二）适当扩大申报登记的范围

排污申报登记的事项不能仅仅局限于污染物排放和治理的现状，还应就可能存在的风险隐患进行登记说明，这样可以便于环保部门采取相关措施以防止污染事故的发生。譬如，应将安全生产的问题和污染事故的引发联系起来，在申报登记表中把可能引致污染事故的安全隐患问题予以特别说明。

（三）规范排污申报登记表格的制作格式和通知的送达程序

排污申报登记是由环保部门和排污企业前后连贯的一系列行动组成的，因此，建立良好的程序设计，可以提高双方工作的导向性，从而提高该制度的实施效果。

1. 立法上应要求环保部门不断改进申报登记的表格内容，统一形式，力求有更好的操作性和通用性

申报登记表格的设计应区分排放不同种类污染物的点源情况，既要考虑表格内容的通用性，又要便于区分种类不同污染物的排放量情况，并抓住主要污染物，这样才能提高执法中的操作性和通用性。

2. 环保部门应当制作统一规范的排污申报登记通知

统一规范通知书的内容，便于执法中更好地操作和把握。立法可以规定，通知书应载明排污者应提供的资料、数据，在何期限内，将报表送达的地点、联系人、电话等，同时告知逾期不报送将承担的法律后果等事项。

3. 严格排污申报登记通知的送达程序

在通知书送达的过程中，容易出现不规范的送达，最终导致送达行为的无效或者不具备约束力。立法上应明确规定：执法人员必须两人以上；送达时出示执法证件以表明身份；送达回执代签收时，需经当事人以适当的方式予以认可；留置送达时，要有相关证明人等。

（四）规范环保部门报表的收集和审查职责①

在环保部门审查申报单位递交的报表时，立法应规定其重点审查的内容和要求，以防出现错漏，从而增强申报登记的真实性。

1. 形式审查

（1）审查资料的完整性

审查资料的完整性，即有无缺项，补充资料是否携带齐全。另外，我们还应注意的一点是，根据企业提供的流程图，看其是否有漏报事项。

（2）审查资料的逻辑性

主要是要审查报表中有逻辑平衡关系的指标，填写的前后是否对应平衡，各表之间是否有矛盾。实践中经常发生的错误是用水之间的平衡和固体废弃物与原料之间的平衡（可以根据物料衡算的原则，原料投入应等于产品产出来判断）。

2. 实质审查

首先，审查监测数据的有效性。《污染源监测管理办法》规定：各级环境保护局负责根据环境管理的需要，明确各类污染源监测数据的有效期限，超过有效期限的污染源监测数据不得作为环境管理的依据。2000年的全国工业污染源达标工作要求指出，每一污染源一年至少复测一次，重点污染源不少于两次。因此，每一污染源的监测数据有效期不能超过一年。超过有效期的数据，应要求排污单位重新提供最新监测数据，必要时，应当依法对排污单位进行现场检查，核实排污申报登记内容。

其次，核定排污量的大小，这是关键的一环。实践中，排污量的核定方法，一般有实测法、物料衡算法和经验计算法，对此，立法应按照各种方法的使用范围而分别做出相应的要求：①安装自动在线监测设备并与当地环保监测站联网的单位，必须采用实时监测数据的汇总数据作为排污量数据；②未装自动在线监测设备的单位，在采用实测法计算排污数据时，为保证监测数据能够准确地反映实际情况，需多次测定样品而取平均值，并须经当地环境监测站的认可。对于无组织排放点污染物排放量的核定，可根据本省核定的经验数据进行测算，或者采用经验系数法减去有组织排放点的排放量而

---

① 参见胡素霞、张红亮《析排污申报登记中应注意的几个问题》，载《安阳工学院学报》2007年第4期。

求得。①

（五）理顺排污申报登记制度同其他制度的衔接与配套问题

申报登记制度本身并不对排污单位的权益产生实质的影响，其意义主要是为其他制度的实施提供数据来源和资料基础，因此，在立法中必须理顺申报登记制度和其他环境法律制度的关系：

如果申报登记的数据超过国家排放标准或总量控制标准，则应由排污单位提供原因分析和拟采取的整改措施、期限等书面材料，并按规定加倍征收排污费。对于由于防治设施的实际处理能力不能满足其处理要求的，由环境保护行政主管部门报请有管辖权的地方政府批准，责令限期治理；对于不正常使用或擅自停运甚至拆除处理设施却不能满足达标排放或总量控制要求的，可以责令停产整顿。在日常工作中，对重点污染源要开展不定期突击检查，进行监督性监测，对超标的排污单位要进行处罚；对连续多次监测，虽然达标但与申报数据有较大的出入的企业，应责令其进行变更登记，等等。

（六）细化变更登记的条件和范围，增强法律的操作性

1992 年发布的《排放污染物申报登记管理规定》第 6 条提出，"排污单位申报登记后，排放污染物的种类、数量、浓度、排放去向、排放地点、排放方式、噪声源种类、数量和噪声强度、噪声污染防治设施或者固体废物的储存、利用或处置场所等需作重大改变"，应向所在地环境保护行政主管部门履行变更申报手续，但由于此条的规定比较原则，实际中很难把握，譬如，作为履行变更手续前提的"重大改变"，在实际中的理解就很不相同，因此有必要进行细化，以增强其操作性。2001 年四川省地方规章《四川省污染物申报登记和排放许可管理办法》在这一点上做出了很好的探索：

《四川省污染物申报登记和排放许可管理办法》第 10 条规定："排污单位的基本情况及排污状况、处理或处置设施运行等发生较大变化时，均应进行变更申报。变更申报对象：

（一）停产三个月以上（含三个月）或停产三个月后又恢复生产的排污单位；

（二）季节性生产，且与去年相比生产时间差异大于（或等于）二个月的排污单位；

---

① 参见林丰、陆小杰、王来健《建立科学的排污申报登记系统——排污申报登记动态管理系统建设方案构思》，载《污染防治技术》2003 年第 1 期。

　　（三）破产、关闭的排污单位；

　　（四）新建、改建、扩建、技改或搬迁的排污单位；

　　（五）与产生污染物有关的生产原料、种类、数量发生改变的生产性排污单位，或燃料种类、成分或数量发生较大变化的排污单位；

　　（六）排放污染物的种类、数量或日排放浓度发生较大变化的排污单位（包括转产或产品结构发生重大变化的排污单位）；

　　（七）产生或排放污染物的工艺、设备以及污染物处理、处置设施等需作重大改变或运行状况发生较大变化的排污单位；

　　（八）污染物的排放地点、去向或排放方式需作重大改变的排污单位；

　　（九）噪声强度发生较大变化或噪声污染防治设施需作重大改变的排污单位（固定噪声源）；

　　（十）固定存贮、利用、处理场等发生重大变化的排污单位；

　　（十一）临时排污许可证换证的排污单位。"

　　从以上的规定可以看出，《四川省污染物申报登记和排放许可管理办法》对于需要履行变更登记的情形进行了比较详尽具体的列举，让执法者和排污者都能一目了然，便于操作。笔者认为，这种地方性探索十分值得借鉴和推广。

　　（七）引入信息公开和公众参与制度

　　对于经核定的排污量以及申报登记的其他事项，除涉及排污单位的商业秘密外，本着环境执法公平、公正、公开的原则，应当采取合理的形式予以公示。在信息公开和公众参与之社会监督的背景下，一方面，可以为环境部门对排污单位所申报登记的事项的了解（如是否存有谎报、瞒报的情况）提供信息来源，便于环保部门更好地执法；另一方面，信息公开也可以让公众了解其生活环境的状况并为维护其权益提供信息来源。这一点，我们要学习美国等西方国家的经验，逐步在立法中引入信息公开和公众参与制度。

　　（八）严厉规定排污者拒报、谎报、瞒报的法律责任，增设环保主管部门违反正当程序和滥用权力等方面的法律责任

　　首先，前文已经分析，《排放污染物申报登记管理规定》关于违反申报登记的罚则实在太轻，有必要进行修改。虽然我国2008年修订的《水污染防治法》第72条把行政罚款的额度规定为"一万元以上十万元以下"，从而提高了处罚的力度，但是这种处罚还只限于污水排放方面的申报登记，还

没有在环境法的诸多领域普及开来。相反，一些地方性的法规对于罚则的规定倒是大刀阔斧，值得借鉴。譬如，《重庆市环境保护条例》第 100 条规定，"有下列行为之一的，由环境保护行政主管部门责令改正，并按以下规定处罚：（一）未按规定对水污染物排放情况进行申报或变更申报的，处二千元以上一万元以下罚款；（二）未按规定对大气污染物和噪声排放情况及固体废物产生情况进行申报或变更申报的，处五千元以上五万元以下罚款；（三）未按规定对危险废物产生情况进行申报或变更申报的，处一万元以上十万元以下罚款。"这一规定按照水、气、危险废物其污染危害性的提高而相应提升了违反申报登记的法律责任，笔者认为是比较科学的；同时这种处罚责任也相对较重，相信对于"违法成本低、守法成本高"的现状会有一定的改变。这一措施值得学习和借鉴。

其次，《排放污染物申报登记管理规定》只是规定了违反申报登记的排污者的法律责任，却没有规定在申报登记的过程中徇私舞弊、滥用权力、贪赃枉法的环保行政主管部门及其责任人员的法律责任，这既不利于敦促执法部门勤勉、严格执法，也不利于保护排污者和相关公众的合法权益。针对这一明显的缺漏，在修改《排放污染物申报登记管理规定》时，有必要增设进去。

第十一章 我国排污许可证
制度发展之考察

第一节 环境行政许可制度的基本原理

一、环境行政许可的法理问题

（一）环境行政许可的法律性质

关于行政许可的性质，行政法学界一直争议比较多。比较有影响的，大致有如下几种学说：

1. 赋权说

这种观点认为，相对人本没有某项权利，只是因为行政主体的允诺和赋权才获得该项被许可的权利。如有学者认为："行政许可是行政主体应行政相对人的申请，通过颁发许可证、执照等形式，依法赋予行政相对方从事某种活动的法律资格或实施某种行为的法律权利的行政行为。"[①] 实际上，行政许可中所容许的权利，很多都是已由法律或行政法规（以及地方性法规）所规定的权利。而行政许可，主要只是审查相对人有无权利资格和行使权利的条件，并不存在赋予相对人以权利的问题。[②]

行政许可并非是对相对人赋予某项权利，而是某项权利已经在法律上进行了规定，行政许可只是出于维护公共利益的需要而特别规定获得这项权利所必须具备的条件，从而提高权利获取的门槛，以保护公共利益。"赋权说"的错误在于混淆了"权利享有"与"权利行使"的概念。譬如，投资建设项目发展经济是宪法赋予的经济权利，但为了防止规划和建设活动污染和破坏环境，而通过环境影响评价行政许可，科加行使这种权利的环保条件，以保护环境。所以，行政许可的实质不是赋予权利，而是通过审查其是否符合权利行使的条件而作出是否准予的决定。

---

① 罗豪才：《行政法》，北京大学出版社1996年版，第175页。
② 郭道晖：《对行政许可是"赋权"行为的质疑》，载《法学》1997年第11期。

2. 解禁说

这种观点认为，行政许可是对一般行为禁止的解除，是恢复相对人自由的行为，而不是权利的授予。如"行政许可是指在法律一般禁止的情况下，行政主体根据行政相对人的申请，通过颁发许可证或执照等形式，依法赋予行政相对人从事某种活动或实施某种行为的权利或资格的行政行为。"①"解禁说"的核心即认为行政许可的权利之前是禁止的，只有满足条件时，行政主体对相对人才能予以许可。

可见，"解禁说"的前提假设是，一切需要由行政机关给予许可的行为在法律上都是被禁止的，即公民有不得为之的义务。此说有扩大公民义务的范围之嫌，势必相应的缩小公民权利的范围。事实上，行政许可的事项，在法律上并不是被禁止的，而是人们享有的权利，譬如按照现行立法，游行示威需要获得公安机关的许可才可进行，但游行示威并不是被法律禁止的，在宪法上游行示威被明确规定是公民的一项基本政治权利。实际上，为游行示威设置行政许可，其立法意图在于规范游行示威行为，为公民行使其集会、游行、示威的权利提供法律保障，同时也为了防止公民滥用集会、游行、示威的权利以致影响社会稳定。

3. 行为能力审查说

这种观点认为，行政许可的实质是对具有从事某项活动之权利能力的相对人是否具备相应的行为能力进行审查，如认为合乎行为能力的要求则准予其从事某项活动，否则不予准许。譬如，"行政许可，就其性质而言，就是行政机关对许可申请人是否具备特定的行政法律、法规所要求的、行使某种权利所必需的条件，即是否具备相应的行政法律、法规所要求的行为能力进行的审查，对具备所需行为能力者颁发相应的证明（如许可证等），从而申请人可以通过其行为实际享有在行政许可前就具有的权利，并承担相应义务的一种具体行政行为。"②

从本质上看，"行为能力审查说"抓住了许可的主要本质，即行政许可都是对权利人提出的申请进行审查，看其是否具备行使该项权利所应具备的条件和资格而作出是否许可的决定，这具有一定积极的意义。但"行为能力审查说"所能解释的面更窄，其只适于解释权利性许可（获得许可后，

①　姜明安：《行政法与行政诉讼法》，北京大学出版社、高等教育出版社 1999 年版，第 182 页。

②　林毅：《行政许可的性质探讨》，载《西南交通大学学报（社会科学版）》2002 年第 2 期。

并不承担一定要作为的义务，可以无条件地放弃被许可的权利，如排污许可），而不能解释附义务性许可（权利主体在获得许可的同时，还需承担在一定期限内从事该许可的活动的义务，否则需承担法律责任，譬如建设项目环境影响评价许可①）的内涵。

4. 证权说（也被称为"验证说"或"权利条件确认说"）

持此观点的学者认为，行政许可只是对权利人行使权利的资格与条件加以验证，并给以合法性的证明，并非权利（包括享有权和行使权）的赋予。如果以权利的取得和实现的动态运行过程为切入，可知，权利的运行有一个"应有权利"—"法定权利"—"实在权利"的动态转化过程，在权利具有"涉他性"的特定场合，行政许可是从"法定权利"转化为"实在权利"的关键一环，即由有权的行政主体依相对人的申请而对其行使该权利的条件或资格进行审核与判定，并对其行使该权利所应承担的义务予以明确，最终将之转化为一种"实在权利"。②

"证权说"指出了"赋权说"的不足，对于厘清错误，准确认识行政许可具有伟大的开创性意义。但该说也有一定缺陷，即该说只能概括非排他性许可（达到条件的任何自然人和法人都可以通过申请而获得许可）的内涵，而对于具有许可数量限制的排他性许可（某一个体或组织获得该项许可后，其他主体就不能再获得该项许可了，如专利许可、商标许可）则不能予以解释了。

5. 公益维护说（或私权限制说）

该说的基本观点是，认为行政许可是行政主体基于维护公共利益的需要，为防止权利滥用，对具有外在潜在不利影响性的权利予以干预和调整，以致出现损害他人利益或公共利益的情况。因为，权利主体在追求自我利益的过程中，往往更多的只是考虑如何满足自我的利益需求，而忽略对实现自我利益追求所必须依赖的、据以协调每个社会成员利益关系的社会公共利益的维护，甚至还不惜侵犯公共利益而实现自我的满足。也就是说，当权利主体的利益追求行为与社会整体利益不相符甚至与社会公共利益相冲突时，当相对人在追求自身利益出现无制约任性时，通过行政许可的权力介入，"强

---

① 按照《建设项目环境条例》第12条的规定："建设项目环境影响报告书、环境影响报告表或者环境影响登记表自批准之日起满5年，建设项目方开工建设的，其环境影响报告书、环境影响报告表或者环境影响登记表应当报原审批机关重新审核。"

② 郭道晖：《对行政许可是"赋权"行为的质疑》，载《法学》1997年第11期。

行干预和制止相对人损害被全体社会成员所共同确认的社会秩序的利益追求行为，从而确保理性发展的社会所必需的衡平机制与社会秩序。"①

6. 评述

对于上述关于行政许可性质的论述，笔者赞同"公益维护"说。"赋权"说和"解禁"说只看到了行政许可的表面现象，而没能抓住许可的本质，并混淆了"权利享有"和"权利行使"的概念。正如学者所言，所谓行政许可，"是指个人或个体的应有权利，在法治社会里通过法律的确认成为实定权利，经由法律制定或认可的行政部门依申请对其行使该权利的'条件'进行审核，对其行使该权利所应承担的义务予以明确，并对其是否具备行使该权利的资格予以确认，使之转变为实在权利。"② 因此，行政许可的"赋权说"或"解禁说"均有局限性。

"行为能力审查"说相比可谓前进了一大步，但还不能解释所有类别行政许可的性质，其观点具有以偏概全之嫌。而"公益维护"说（或"私权限制"说），从权利本位、限制权利滥用和维护公共利益的角度出发，准确地认识了行政许可的本质。

实际上，行政主体基于对权利主体总是倾向于自我利益追求的最大化，以致可能损害公共利益的顾虑，通过设置行为许可和资格许可的途径，而介入私权领域以限制和约束私权行使的条件，并科以私权行使时必须履行的义务，从而站在维护公共利益的立场上以实现对个体与个体之间、个体与社会之间利益关系的协调。也就是说，环境行政许可权的行使是通过建立确保社会稳定有序的权利约束机制和利益衡平机制，以确保对环境与自然资源的合理开发和优化利用，以节约资源和能源以及保护和改善生活环境和生态环境，从而保障人身健康、财产安全和促进可持续发展。

（二）设置环境行政许可的逻辑前提

前面论述了环境行政许可的本质是，行政公权基于维护公共利益的需要而对私权领域进行干预。那么，接下来的问题是，这种公权介入私权空间进行干预的根本原因是什么呢？干预有没有范围和程度的限制呢？这就涉及设置环境行政许可的逻辑前提了。

我们知道，人的行为有封闭性和外溢性（他涉性）之分，其外溢性有些有益有些有害，而有时则兼有双重效果，这有点类似经济学中的"外部

---

① 罗文燕：《行政许可制度之法理思考》，载《浙江社会科学》2003 年第 3 期。
② 罗文燕：《行政许可制度研究》，中国人民公安大学出版社 2003 年版，第 17 页。

性"原理。一般来讲，只有伤害他人或可能伤害他人和社会的行为，才是法律检查和干预的对象，纯粹属于自我空间领域的不具有他涉性的涉己权利和行为，权力是不应强加干预的。"人类之所以有理有权个别地或集体地对其中任何分子的行动自由进行干涉……唯一的目的只是要防止对他人的伤害。"① 对于代表公共利益的政府来说，为了解决人的行为的"他涉性"问题，可以采用预防性管制和追惩性管制两种方式进行干预和协调。预防性管制是通过预设条件和科加义务来消除这些活动可能产生的危害，从而发挥事前预防的作用；而追惩性管制则是通过事后的法律制裁，以消除这些活动产生的危害，从而发挥惩戒和矫正作用。预防性管制的基本方式便是行政许可，其优点在于它通过事先理性地设置若干条件，并借助于这些条件来抑制某些行为的危害性，达到"挡住蚊虫并获取光照和通风"的效果，从而实现趋利避害的目的。

可见，行为的"他涉性"便是设置环境行政许可的逻辑前提，也就是说，只有存在不利"他涉性"可能的行为，法律才有设置环境行政许可进行干预的必要。具体而言，至少表现为以下几种情况：

1. 行为的危险性

这是指行为的行使具有对外部的危险性影响，因此需要对这类行为进行事前的控制和约束。譬如，危险废物的经营和越境转移、危险化学品的进口、民用核设施的建造和运行、放射性固体废物贮存和处置等，都对环境有一定的危险性，有必要对之规定一定的限制性条件，只有符合条件者方可从事此类行为。如就危险废物的经营来说，《危险废物经营许可证管理办法》第 2 条、第 7 条、第 13 条、第 15 条就规定了严格的许可条件。

2. 行为的公共性

这是指行为的行使可能会对有关环境和资源的公共利益，譬如，自然资源的保护以及生活环境和生态环境的维护和改善等方面产生不利的影响，因此也有必要对其进行行政干预和约束。譬如，专项规划和工程项目的建设可能会对公共的环境产生不良影响，因此，通过设置环境影响评价许可进行干预，令其对环境可能产生的影响进行预测和评价并采取相应的环保措施，只有符合一定标准和要求的，才能通过环评审批，这样就可以尽可能地防止和减少环境损害的发生。再如，因对教学科研进入自然保护区缓冲区设置审

---

① ［英］约翰·密尔：《论自由》，商务印书馆 1983 年版，第 13 页。

批，对进入自然保护区实验区开展参观、旅游设置审批等，均是基于维护公共利益的需要。

3. 资源的有限性

这是指作为行为利用对象的物资在一定时空范围内具有稀缺性或有限性，因此，对这类物资的利用必须进行控制，防止造成破坏性的影响，以保护有限的资源。这类许可包括：森林的采伐许可，林木运输许可，野生动物的猎捕、驯养和买卖许可，渔业许可等。这类许可中有许多是有数量上的限制的，属于行政许可中的特许许可。

4. 行为的专业技术性

这是指某类行为活动的行使应具有较高的专业水准，未经专业培训一般难以胜任，只有具备一定的资格和条件方能从事的情况。对于这种专业性强、技能要求高的职业，国家有必要设置一定的准入条件，通过行政许可进行资格、能力和条件的审查，只有符合条件者才能发放许可证，允许其从事此类活动，以防止对社会产生不良影响。这类行为的许可如民用核设施操作人员执照的核发、建设项目环境影响评价服务机构的资格审查、环保产品检测机构的资质认可等。

5. 行为的规模性

这是指某类行为的进行，其主体必须在资金和人力上达到一定的规模方能从事，规模太小则可能不能胜任。对于这类行为，法律上往往设置一定规模上的条件，通过行政许可审查申请者是否具备相应的规模和条件，从而决定是否准予其从事，以保证行为活动的高效性。这类许可，如从事建设项目环境影响评价服务的机构必须具备相应的人力资源和技术设备上的规模，对此 2005 年的《建设项目环境影响评价资质管理办法》第二章"评价机构的资质条件"进行了专门的规定，譬如，甲级评价机构的成立应当具备相应的资金和人力规模：在中华人民共和国境内登记的各类所有制企业或事业法人，具有固定的工作场所和工作条件，固定资产不少于1000 万元，其中企业法人工商注册资金不少于 300 万元；具备 20 名以上环境影响评价专职技术人员，其中至少有 10 名登记于该机构的环境影响评价工程师，其他人员应当取得环境影响评价岗位证书。环境影响报告书评价范围包括核工业类的，专职技术人员中还应当至少有 3 名注册于该机构的核安全工程师等。

（三）环境行政许可的功能

行政许可广泛存在于社会生活的方方面面，在环境保护和资源节约领域中，其应用也十分广泛。事实上，政府之所以广泛利用和偏爱行政许可，甚至将行政管理等同于行政许可，是由于环境行政许可不仅具有行政权力的普遍功能，还具备许多不同于其他具体行政行为的独特功能。如（1）限制权利任意行使，防止权利滥用以致损害公共利益；（2）预防和控制危险，防控环境污染和生态破坏，以维护社会秩序，保障公共安全和社会公共利益；（3）控制资源合理开发和优化配置，以节约和保护自然资源；（4）设定市场准入规则，保证特殊行业的专业性和规模性，提高工作的效能；（5）加强国家对环境与资源活动的宏观管理，以保护生活环境和生态环境，推进资源节约型和环境友好型社会的形成，保障可持续发展。

（四）环境行政许可的局限性

从环境与资源的行政许可的性质看，它是基于维护公共利益的需要而由公共行政部门介入私权领域而对人们行使权利的条件和范围进行控制，以限制相对人任意行使权利，从而协调和平衡个体利益和个体利益以及个体利益和公共利益之间的关系。由于行政部门并不总是代表公共利益，且对于利益关系的认识有时也会存在偏差等原因，使得行政许可具有难以避免的缺陷。日本曾有学者将行政许可的缺点归纳为以下十点：一是自我永久持续性；二是自我增殖性；三是高费用性；四是非效率性；五是恣意裁量性；六是非效率的保护性；七是腐败性；八是非关税障碍性；九是重复性；十是中央集权性。[①] 有学者以行政许可设置的目的、性质、特点、发展历史及作用为视角，认为行政许可的局限性表现为四个方面：一是行政许可先天带来的缺陷及其造成的负面影响；二是行政主体行使自由裁量权所带来的缺陷和局限性；三是在行政许可制度初创期，对行政许可的规范不完善和不成熟所带来的负面影响；四是行政主体滥用许可权所造成的负面影响。并认为，前两种缺陷是行政许可本身所固有的，无法完全避免和消除，后两种缺陷随着对行政许可的法律规制的不断成熟、完善，终将减少，并可能被逐渐消灭。[②] 那么，就环境行政许可而言，其固有局限性主要表现在以下两个方面：

1. 由行政许可的本质所带来的局限性

（1）行政许可是以牺牲一部分主体的眼前利益和局部利益为条件的，容易造成个体和局部上的不公平。行政许可的本旨在于通过行政权力的运用而建立利益的衡平机制，以维护社会的正常秩序，维护社会的公共利益，并

---

① 转引自杨建顺《日本行政法通论》，中国法制出版社1998年版，第457—459页。
② 参见罗文燕《行政许可制度研究》，中国人民公安大学出版社2003年版，第62—66页。

保证符合条件的主体能有效实现其合法权益。因此，行政许可为限制公众、企事业单位和社会组织任意行使权利而进行干预，这种限制必将使得一部分主体由于不具备规定的条件而不能行使相应的权利。因此，行政许可虽然保障了公共利益，虽然有效保护了符合条件的主体的根本利益，但这种保护却是以个别主体的局部的、眼前的利益受到限制和损害为代价的，可能造成个体上的不公平。譬如，对于自然资源利用方面的特许许可，由于其受到数量上的限制，使得同样具备相应行为能力和条件的主体仅仅由于申请在后，便不能取得许可，从个体上看，这确实有失公平。

（2）行政许可客观上降低了行政效率，增加了权利人实现权利的成本。为了限制恣意，保护相对人的合法权利，行政许可的实施，往往受到诸多程序规则的限制。这些限制性规则确实能在一定程度上限制权力，但由于其烦琐性，使得遵循这些程序和要求不得不花费一定的时间，耗费一定的资金，势必降低行政效率，增加实现权利的成本。譬如，就建设项目的环境影响评价许可而言，由于制作环境影响评价文件需要委托专门的环评服务机构，因此必须支付相应的资金；同时由于撰写环评文件需要一定的时间，因此势必增加建设项目的时间成本。

2. 由行政许可的自由裁量所带来的局限性

（1）容易滥用权力，滋生腐败。行政许可为限制公众、企事业单位和社会组织任意行使权利而进行干预，它的主要表现形态，就是为相对人追求自身利益的一些特定行为设置必要的条件，通过规定相对人行使自身权利必须具备一定的资格来限制相对人任意行使权利。因此，行政许可权对相对人这部分权利的行使和实现掌握着生杀予夺的大权，"凡是有权力的地方就容易产生腐败"、"绝对的权力产生绝对的腐败"，权力的权利化，使得行政许可权客观上为滋生腐败提供了一定的生存空间。因此，有必要设置科学制度对行政许可权的行使进行严格限制，同时对腐败和滥用权力的行为科以法律责任。

（2）容易侵犯权利。权力有天生的扩张性和被滥用性，行政权的日益扩张已成为了现代社会中一个不争的事实。而行政权的扩张和腐败带来的是行政权对社会生活的各个领域全方位的蚕食和渗透，表现在行政许可领域即行政许可过多、过滥、自由裁量的空间过大，从而使得权利自由行使的空间越来越少，导致权利越来越受到权力的侵犯。现实中，自由裁量又总是倾向于往最大化的方向发展，自由裁量的空间越大，权利受到侵犯的可能性就越大，而权利受到保护和有效实现的难度也就越高。但是，自由裁量又是实施行政许可所不可避免的，它是一个伴随行政许可的长期的过程。因此，有必要通过制度设计对行政许可的自由裁量权进行严格限制，并赋予公众参与的权利以防止和减少权利受损的可能性，同时赋予其起诉违法和不当行政许可的诉讼权利，以保证受损的权利能够得以救济。

二、环境行政许可制度的解读

（一）环境行政许可制度的概念

1. 环境行政许可制度的定义

所谓行政许可制度主要是指对所有规定行政许可权正当行使的一系列法律规定所组成的规范体系的统称。具体而言是指，对于公民、法人或者其他组织提出从事对他人或公共利益产生或可能产生不利影响的特定活动的申请，有权的行政主体必须按照法定权限并依照法定程序审查其是否符合法定条件，而作出准予或不准予的决定，所有规定这一系列事项的法律规范所组成的系统就是行政许可制度。

而环境行政许可制度是行政许可制度在环境与资源保护领域的应用，具体是指对于公民、法人或者其他组织提出的从事对环境产生或可能产生直接或间接不利影响的特定活动的申请，有权的行政主体必须按照法定权限并依照法定的程序审查其是否符合法定条件，而作出准予或不准予的决定的一系列法律规范所组成的规则系统。

2. "环境行政许可制度"与"环境行政许可"的辨析

要注意的是，行政许可不同于行政许可制度，而环境行政许可自然也不同于环境行政许可制度。

首先，二者的范畴不同。环境行政许可是一种具体行政行为，其属于行为的范畴。而环境行政许可制度主要是规范环境行政许可这种具体行政行为正当行使的法律规范体系，其属于规范或制度的范畴。

其次，二者存在的逻辑前提不同。前文已经分析，环境行政许可存在的逻辑前提是权利行为的"他涉性"和趋向"滥用性"，其可能损害他人利益或公共利益，从而通过设置环境行政许可干预这种私权，以维护公共利益。而环境行政许可制度存在的逻辑前提是权力的扩张性和滥用性，容易侵犯权利，从而通过设置一定的法律规则对环境行政许可权进行约束和规制，以防止权力侵犯权利。

再次，二者追求的目的、定位以及采用的理论基础不同。环境行政许可的根本的目的是防止私权滥用和维护公共利益。因此，其定位是站在维护社会公共利益的公权立场上的，其理论基础是管理论①和公共利益本位论②。环境行政许可制度的目的旨在平衡权力和权利的关系，约束和限制权力，防止权力滥用，以保护私权和公共利益。因此，其立场是站在限制权力、保护权利和维护公共利益的公共立场上的，其理论基础主要是控权论③和平衡论④。

总之，环境行政许可是一种作为权力介入权利，旨在维护公共利益而实施干预的具体行政行为；而环境行政许可制度是有关正确处理权力与权利关系，旨在控制权力保障权利的一切法律规范，二者具有本质上的不同。

（二）环境行政许可制度的定位

环境行政许可在社会生活中具体发挥效能与作用时，其主要表现形态就是为相对人追求自身利益的活动设置必要的约束，规定相对人行使这部分权利必须具备一定的资格、条件并履行一定的义务来限制相对人任意行使权利。正如前面分析行政许可的局限性时讲到的，这种行政权力往往容易受到私利的"诱惑"而走向贪污和滥用，以致侵犯相对人的权利。"一切有权力的人都容易滥用权力，这是万古不易的一条经验。有权力的人使用权力一直遇到有界限的地方才休止。"⑤"防止权力的腐败仅靠从政者的道德品质是非常危险的，也是靠不住的。解决权力异化的根本出路是建立完善的制度，并将这种制度用法律给予规范化，借助于法律的强制力来保障其实现。"⑥ 因此，环境行政许可作为权力介入权利实施干预的一种强势的行政行为，要确保权利不被侵犯，要确保社会不失衡、失序，就必须在权力介入权利干预的同时设法防止权力的无制约任性，其中，很重要的两点就是，必须十分严格地界定权力介入权利实施干预的范围与界限，并规范行政许可的程序。但另

---

① 相关论述请见武步云《行政法的理论基础——公共权力论》，载《法律科学》1994 年第 3 期。

② 相关论述请见叶必丰《行政法的人文精神》，北京大学出版社 2005 年版。

③ 相关论述请见［英］威廉·韦德著，徐炳等译《行政法》，中国大百科全书出版社 1997 年版；［美］古德诺：《比较行政法》，美国纽约普特南父子公司 1903 年版。［美］施瓦茨著，徐炳等译：《行政法》，群众出版社 1986 年版；张尚鷟主编：《走出低谷的中国行政法学——中国行政法学综述与评价》，中国政法大学出版社 1991 年版；王连昌主编：《行政法学》，中国政法大学出版社 1997 年版，等著作。

④ 相关论述参见罗豪才主编《现代行政法的平衡之约》，北京大学出版社 1997 年版；宋功德：《行政法的均衡之约》，北京大学出版社 2004 年版，等著作。

⑤ ［英］孟德斯鸠：《论法的精神》（上册），商务印书馆 1961 年版，第 154 页。

⑥ 王广辉主编：《通向宪政之路》，法律出版社 2002 年版，第 36 页。转引自罗文燕《行政许可制度之法理思考》，载《浙江社会科学》2003 年第 3 期。

一方面，又必须保证环境行政许可功能的正常发挥，以便能够实现对公共利益的有效维护。可见，环境行政许可制度必须妥善处理权力和权利的关系，适当处理政府干预和自由行为的关系，以及合理平衡私人利益和公共利益的关系。这应是环境行政许可制度的精髓。

因此，环境行政许可制度应合理定位：

1. 适当限定环境行政许可的适用范围，明确规定需许可的事项，防止许可滥用，造成不必要的干预；

2. 明确规定需许可事项的具体条件、资质（譬如技术能力、专业素质、资金规模、人才储备等）以及相关的义务（譬如许可时限、附属义务等），且以必要为限，提高许可的透明性和预期性；

3. 约束行政主体的行政许可权力，明确其职责权限和相关义务；

4. 明确行政许可实施的法定程序，防止权力滥用和任性恣意，以保护符合法定条件和资质的相对人的合法权益；

5. 扫除妨碍行政许可正常实施的各种因素，以保障行政许可制度功能的有效发挥；

6. 合理分配许可权限，科学设计许可程序，降低许可规制的成本，提高规制的效益；

7. 设计纠纷解决和侵权救济的途径，保障权利因违法行政遭受损害时得到及时和公正救济；

8. 严格违法行政的法律责任，严厉打击和惩戒权力懈怠、超越职权、滥用权力等违法行政行为。

（三）环境行政许可制度的主要内容

环境行政许可制度作为旨在正确处理权力与权利的关系而控制权力并保障权利的制度，其大致内容基本上都可以从权力与权利之间的平衡，以及个体权益的保障和公共利益的维护之间的平衡中进行推导。

1. 环境行政许可的范围

环境行政许可的范围是指行政许可应在多大的空间范围内介入私权，具体而言，即行政许可权对哪些事项应予干预，对哪些事项则不能介入。因为，行政许可的范围过大，则不利于对相对人权利的保护；而行政许可范围过小，则不能有力地维护社会公共利益。如何在两者之间找到一个平衡点，对环境行政许可制度的建立及其完善而言，至关重要。

实际上，前文对设置环境行政许可的逻辑前提的分析，间接论述了规定环境行政许可的范围应该予以考虑的因素。即只有当相对人的行为具有一定的"他涉性"（包括潜在的危险性、行为的公共性、资源的有限性、行为的专业性以及行为的规模性）时，或者说只有当主体与主体之间、主体与社会之间的利益冲突造成了或可能造成对社会公共利益的危害时，才具备运用权力介入私权空间进行干预的必要。具体而言，关于环境行政许可的范围的法律规定应该包含以下的内容：（1）规定相对人不得自由行使权利的边界；（2）界定行政主体应该介入相对人私权的范围，即哪些事项应该进行行政许可的权力干预；（3）限定行政主体应该干预相对人自由行使私权的程度，即行政权力可以干预私权到何种程度。

关于环境行政许可的范围问题，可以根据我国《行政许可法》第12条"关于可以设定行政许可的事项"以及第13条"不得设置行政许可的事项"的规定，大致予以确定。当然，对于具体的环境行政许可，对其适用范围可以通过进一步的法律规定予以明确。譬如以环境影响评价的审批为例，我国的《环境影响评价法》第7条、第8条规定了"土地利用的有关规划，区域、流域、海域的建设、开发利用规划"以及"工业、农业、畜牧业、林业、能源、水利、交通、城市建设、旅游、自然资源开发的有关专项规划"等规划必须进行环境影响评价的审批；另外，1999年原国家环境保护总局下发的《国家环境保护总局关于执行建设项目环境影响评价制度有关问题的通知》（环发〔1999〕107号）规定了建设项目环评许可的范围，即所有"按固定资产投资方式进行的一切开发建设活动，包括国有经济、城乡集体经济、联营、股份制、外资、港澳台投资、个体经济和其他各种不同经济类型的开发活动"都必须进行建设项目环境影响评价许可。

2. 行政许可的设定权限

环境行政许可的设定权限指的是在一个国家的法律体系中，哪一法律效力级别的法律文件可以设定行政许可，以及可以设定什么内容的许可的问题，这实际上讲的是一个设定行政许可之立法权限的分配问题。"如果行政许可的设定不明确或者说随意设定，不仅会侵犯相对人的合法权利，也不利于社会公共利益的保护，必然会影响到行政许可制度作用的发挥，破坏法律的尊严。"① 因为，依法不具有行政许可设定权的国家机关设定的许可不应具有法律效力，其不能作为行政许可的法律依据。关于这方面，《行政许可法》第14条、第15条、第16条和第17条进行了具体的规定。

_____

① 罗文燕：《行政许可制度研究》，中国人民公安大学出版社2003年版，第37页。

3. 环境行政许可的实施机关

这是指哪些行政主体具有行使相关的行政许可权，这其实是一个行政许可权的分配问题。具体分为两个方面的内容：一是横向上的分配关系，即不同类别行政部门行政许可权的分工问题，如环保行政部门和资源管理管理部门之间的许可权限分工；二是纵向上的分配关系，即上下级同类别的行政部门之间关于行政许可权限的分配问题，譬如，国家环保部和地方环保局的行政许可权的分配问题，如什么情况下的污染物排放必须由国家环保部门许可，哪些可由各级地方环保部门许可即可。而不具有行政许可权或超越许可权限的许可行为是违法的行政行为，应根据情况予以撤销或变更，造成损害的还应予以赔偿。

4. 环境行政许可的程序

这是指关于环境行政许可具体实施的程序性规定。行政程序是制约行政权力任意扩张和滥用的重要手段，它是控制行政许可过程中的自由裁量权，以保证行政许可的公开、公正、公平的重要机制。从学理上分析，环境行政许可的程序应包括两个方面：（1）规定行政主体行使行政许可权时必须遵循的方式和步骤；（2）规定相对人欲获得许可所必须经过的环节和各环节应满足的具体要求。

《行政许可法》对此作出了专门规定，大致可包括以下几方面的内容：（1）申请和受理，包括申请是否必须出具书面资料，受理时对申请的不同处理等；（2）审查和决定，应包括审查的分工、审查的标准、许可的期限、许可是否公开以及听证的具体程序等；（3）变更或延续的事项等。

5. 行政许可的监督检查

这包括两方面的监督：一是对实施行政许可的行政主体的监督；二是对获得许可的相对人的监督。首先是上级行政部门对下级行政机关是否按照法定权限和依照法定程序实施了行政许可，进行监督检查，并应及时纠正行政许可当中的违法行政行为。

其次，相对人获得环境行政许可后，作出许可的行政主体对其是否按照许可时的要求而切实履行相关义务，应进行监督检查。当然，行政主体不得借监督检查之名而非法干涉相对人所从事的合法活动。而持证人违反许可证和相关法律规定的，应当承担相应的法律责任，情节严重的还可以宣布许可证无效。不过，在特殊情况下，政府也可以豁免许可证持有人的特定义务，如英国宣布，在极端寒冷的冬天，政府将允许发电企业超过其排放限度排放污染物，以便为用户提供更多的取暖用电。[①]

6. 违法许可的法律救济和法律责任

环境行政主体在审查许可申请，作出许可决定，以及进行许可的监督检查时，都有可能超越权限或滥用权力，从而侵犯相对人的权益。此时，关于环境行政许可的立法应规定相对人受损权益的救济措施，以及行政主体不依法行使环境行政许可权而应承担的法律责任。

第二节　排污许可证制度的基本构造

一、排污许可证制度的概念

排污许可证制度"是比申报登记制度更为严格的对环境进行科学化、目标化和定量化管理的一种制度"[②]。它是环境行政许可制度中使用得最多也最为常见的一种，其和环境影响评价制度、"三同时"制度、限期治理制度、排污收费制度、集中控制制度、环境目标责任制度、城市环境综合整治定量考核制度并称为我国环境管理的"八项制度"。根据我国环境立法的基本情况，可以把排污许可证制度分为两大类：

一类是广义上的排污许可证制度，是指对任何公民、法人以及社会组织向环境排放污染物质和释放能量，凡是可能造成较大环境污染的，必须获得有关部门的排污许可证后方能排放，未经许可不得排放的一系列法律规范所组成的规则系统的通称。这一类排污许可制度在废水、废气、废渣、噪声、辐射、废热等方面的环境立法中十分普遍，譬如《环境噪声污染防治法》第 19 条规定："在城市范围内从事生产活动确需排放偶发性强烈噪声的，必须事先向当地公安机关提出申请，经批准后方可进行。"对于此类排污许可证制度，可称其为"风险防患的排污许可证制度"。

另一类是狭义的排污许可证制度，即总量控制下的排污许可证制度。以前，我们讲的排污许可证制度，大多也是指这类许可制度，其主要应用

---

① See the Bureau of National Affairs, *International Environment Reporter* (Vol. 28, No. 23), the Bureau of National Affairs, Inc. , 2005, p. 815.

② 金瑞林主编：《环境与资源保护法学》，北京大学出版社 2006 年版，第 133 页。

于水体①和大气等需要进行总量控制的污染防治立法之中。譬如，《大气污染防治法》第 15 条规定："大气污染物总量控制区内有关地方人民政府依照国务院规定的条件和程序，按照公开、公平、公正的原则，核定企业事业单位的主要大气污染物排放总量，核发主要大气污染物排放许可证。有大气污染物总量控制任务的企业事业单位，必须按照核定的主要大气污染物排放总量和许可证规定的排放条件排放污染物。"对于此类狭义的排污许可制度，我们可称其为"总量控制的排污许可证制度"。

对其定义，有学者认为，排污许可证制度是指"对有关排污许可证的申请、审核、办理、中止、吊销、监督管理和法律责任等一系列规定的通称"②。也有学者认为，"排污许可证制度是指国家行政机关根据当事人的申请或申报，以改善环境质量为目标，以污染物总量控制为基础，规划定量排污单位许可排放什么污染物、许可污染物排放量、许可污染物排放去向内容的一项行政管理制度"③。其实，前者是对广义排污许可证制度的定义，而后者是对狭义排污许可证制度的定义。

我们所探讨的排污许可证制度是指广义上的。为有效控制排污行为，凡是造成或可能造成较大环境污染的排污者，必须在一定期限内向有权的环保行政主管部门提出排污申请，经法定程序获得排污许可证（或临时排污许可证）方能从事或继续从事排污行为，且须按照排污许可证的要求进行排污，而一系列规定此类排污许可证的申请、审核、颁发、监督管理和法律责任的法律规范所组成的规则体系就统称为排污许可证制度。

二、排污许可证的本质与法律地位

总的来说，排污许可证可以协调排污权、环境权和行政权的关系：确认

---

①　2000 年的《中华人民共和国水污染防治法实施细则》第 10 条规定："县级以上地方人民政府环境保护部门……根据总量控制实施方案，审核本行政区域向水体排污的单位的重点污染物排放量，对不超过排放总量控制指标的，发给排污许可证；对超过排放总量控制指标的，限期治理。限期治理期间，发给临时排污许可证。"

②　韩德培主编：《环境保护法教程》（第四版），法律出版社 2003 年版，第 114 页。

③　王立：《中国环境法的新视角》，中国检察出版社 2001 年版，第 173 页。不过，此定义还没有全面揭示狭义排污许可证的内涵。我们认为，狭义的排污许可证制度，是指为有效控制排污行为，而保护生活环境和生态环境，各级环境保护行政主管部门根据排污单位申报登记的排污情况，以环境容量为基础而确定本地区总量控制目标，并分配各有关排污申报单位的污染物总量消减指标，对于排污情况符合各项要求的排污单位，依照法定权限和法定程序颁发其排污许可证或临时排污许可证，并在许可证上同时规定其污染排放的具体要求，而排污单位应依证从事排污活动的一系列法律规范所组成的规则体系的统称。

和限制排污权，维护环境质量，保护环境权；限制行政权，防止权力异变，维护排污者的正当权益

（一）在环境时代，排污权具有正当性，需要法律确认其正当地位

对于排污权的认识确实有必要进行厘清了，而排污许可无疑是一个很好的路径。

学界对于排污权的认识存有诸多分歧：譬如，有学者把之纳入环境权的范围，认为排污权是企业的环境权[①]；还有部分学者从民法的角度认识排污权，认为它是一项不同于传统物权的准物权，具体属于利用环境容量的用益物权[②]；也有学者认为排污权是对环境的污染，这有违环境保护的初衷，因此其无论如何不能被认为是一项权利，并认为"排污权交易犹如卖淫合法"[③]。对此，笔者目前比较倾向于第二种观点，即排污权是一项对环境容量的利用权，从实质上看属于新型的用益物权，即排污者对于属于国家所有的环境资源之特有属性和功能——容纳和净化污染物质的使用和收益权。不过，排污权的权利客体是"无形"的环境容量、权利对象是具有整体属性的环境，故在属性和形态上不同于传统的用益物权。要正确认识排污权的法律地位，[④] 可从以下几个方面入手。

1. 排污权是一项不可剥夺的"应有权利"

众所周知，人类的生存和发展，一方面必须源源不断地从环境取得物质和能量资源，以满足衣、食、住、行的需要，这即是人们对自然资源的利用权；而另一方面，人类也必须向环境排放生产和消费过程中所产生的各种废弃物质（包括释放能量），而环境也具有净化和分解这些污染物质的作用，这便是人们对环境容量的利用权。而这些权利都是人类生存和发展所必需的前提性基础，是"基于人的自然本性，而生而有之的，即人的自然权利或'天赋人权'"[⑤]。因此，排污权体现的是人们对于环境容量予以利用的利益，这是任何公民、法人、社会组织及其集合体应享有而不可剥夺的应有权利。

---

① 相关观点和论述请参见蔡守秋《环境资源法学教程》，武汉大学出版社 2000 年版，第 250—252 页；陈泉生：《环境法学基本理论》，环境科学出版社 2004 年版，第 368 页。

② 参见邓海峰《环境容量的准物权化及其权利构成》，载《中国法学》2005 年第 4 期；高利红、余耀军：《排污权的法律性质》，载《郑州大学学报（哲学社会科学版）》2003 年第 3 期。

③ 李忠卿：《排污权交易犹如卖淫合法》，http://guancha.gmw.cn/content/2007 – 11/12/content_ 696382. htm，2008 年 5 月 8 日访问。

④ 在这里，将不具体阐述排污权的权利属性（笔者主张把排污权当做特殊的用益物权看待），而只论证排污权应是一项法律上予以确认和限制的权利。

⑤ 郭道晖：《法理学精义》，湖南人民出版社 2005 年版，第 94 页。

2. 环境容量在现代环境危机出现以前不具有稀缺性，排污权没有法律保护的需求

排污权体现的是一种对环境容量予以利用的利益，但在出现近代环境危机以前，由于当时的生产力水平还不是很发达，环境容量尚能够满足生产和生活的一般需要，尚未成为稀缺资源。因此，对环境进行排污被认为是天经地义的行为，不会受到侵害，因此还没有通过法律予以确认并进行保护的必要。

3. 在环境危机出现后，环境容量具有稀缺性，由于行政权力的介入，排污权具有易受侵害性，根据权利生成理论，有把排污权从"应有权利"上升为"法律权利"予以保护的必要

奥斯丁曾说："权利之特质在于给所有者利益"[①]；范伯格也曾说："法定权利是一种针对其他人的要求"，对于权利主体来说，权利也无非"是一种要国家加以认可和强制实施的要求"[②]。因此，对于权利主体来说，权利无非是一种受到社会承认或法律保护的利益。但是，并不是主体的每一种利益或要求都能成为法律权利，这种利益（或应有权利）上升为法律权利是有条件的，那就是必须符合权利生成的条件、遵循权利生成的机理，方能生成为法律权利。而权利生成的前提条件之一便是这种利益必须是一种稀缺的利益，即这种利益可能受到侵犯，有保护的必要。而排污权是符合这一要求的。首先，环境容量已成稀缺资源，众多排污者共同利用环境容量，任何排污者都不能任意进行排污，对此，法律应把环境容量在不同排污者之间进行合理配置，从而界定排污权行使的边界。其次，排污权已变得易受侵害。因为，当环境危机出现以后，国家出于环境保护的需要而对各类排污行为进行了严格管控和限制，典型的例子是排污企业动辄被罚款，甚至还被任意地关停并转。此时，排污者的正当利益往往容易受到更为强大的行政权力的侵犯，于是，把排污权上升为法律权利以便与行政权力进行合理抗争就成为必要了。但是，我国近年来只重视对排污者的管制和处罚，而不重视对排污者正当利益的尊重和保护[③]。对此，通过排污许可法律规范对排污权予以法律上的确认和界定，不失为一种不错的办法。其现实表现就是，只要符合法律

---

① 转引自张文显《法哲学范畴研究》，中国政法大学出版社 2001 年版，第 302 页。

② ［美］J. 范伯格，王守昌等译：《自由权利和社会正义》，贵州人民出版社 1998 年版，第 82 页。

③ 当然，尽管这种管制和处罚的措施和力度还存在诸多问题，但是不可否认的一点是排污者经常受到行政强权的侵犯已是一个不争的事实。

要求的排污权就是正当的权利，行政部门应予以许可，而不能任意剥夺和限制。

4. 排污权符合权利生成的其他条件，应把排污权正式树立为法律权利，并通过许可证予以确认根据权利生成的基本原理①，排污权基本能够满足：（1）排污权有独立主体的存在——排污者；（2）排污权有权利相对者的存在——其他排污者（共同利用环境容量）；（3）利益或资源须具有稀缺性——环境容量已具有稀缺性，排污权也易受到侵害（这点前面已经论述）；（4）该种利益或要求须得到所在群体的肯定性评价。这一点前面已经论述，排污权的实质是对环境容量的利用权，这是正当的自然权利，应予以肯定。但由于"排污权"容易和"污染权"相混淆而一度被误解。可喜的是，新出台的《排污许可证管理条例》（征求意见稿）第 19 条对排污权给予了正式的确认。② 探究排污许可证的法律意义，从持证方看，就是持证者进行排污的"法定权利"凭证，故其排污权是应受法律保护的。

要注意的是，排污权确实是一项应予以法律保护的权利，但另一方面，排污权又具有天生的扩张性和侵犯性，容易侵犯环境权益，因此，法律必须对之予以规制，于是，便进入排污许可证法律地位的下一个层次，即限定排污权形式的条件，以保护环境质量，维护环境权益。

（二）划定排污权获取和行使的条件——排污权具有天然的扩张性和"他涉性"，容易滥用和失控，需要代表公共利益的权力的限制，以保护生活环境和生态环境，维护环境权③

排污权对于行政权力而言是一项弱势权利，需要得到法律的保护；但另一方面，它对于环境权而言则是一项强势权利，因为排污权很容易侵犯环境权，而环境权却不能直接侵犯排污权。这是因为，排污权不同于一般的权利，它具有天生的扩张性和侵犯性，其现实表现是容易滥用环境容量超标排

---

① 权利生成理论认为，利益上升为法律权利，需要满足以下条件：（1）须有独立主体的存在；（2）须有权利相对者的存在；（3）利益或资源须具有稀缺性；（4）该种利益或要求须得到所在群体的肯定性评价。

② 《排污许可证管理条例》（征求意见稿）第 19 条规定："在排污许可证有效期限内，排污者有权按照许可证的规定依法排污。未有法定情形并经法定程序任何单位和个人不得剥夺或限制该权利。"

③ 界定排污许可的法律地位，确立排污权的正当法权之前，有必要对与排污权相对应的"环境权"进行界定，但由于界定环境权不是本章的主旨所在，所以暂不展开详细论述。对它的基本认识是，环境权是公民、法人、组织及其集合体享用安全、良好状态之环境的权利。

污（包括浓度超标、总量超标或强度超标①）而污染和破坏环境，甚至大多时候还造成人身和财产损害。依据前述关于设定环境行政许可逻辑前提的理论阐述，可知，排污权的这种"他涉性"和"危险性"，以及对公共环境容量资源利用的"公共性"，使得对之进行管制成为必要——对排污权予以严格的限制和监管——通过立法严格规定排污权取得的各种条件，包括排污口的设置、污染排放的浓度和总量、排放速率等；通过具体的许可行为对排污申请者应满足的各项条件予以确认和核对，只有符合条件者方发放排污许可证，②并通过许可证具体规定排污者需承担的义务③。排污者只有经过行政许可④获得许可证，才能真正获取受法律保护的"法定权利"⑤，并按照许可证规定的条件予以行使，从而将"法定权利"转为"实享权利"⑥。

　　总之，环境具有净化和分解人类排放的污染物质的作用，但这种作用又是有限度的，因此人类可以也应该在环境容量的范围内向环境排放污染物。但是，人类对于环境容量的利用容易失控也是一种客观存在的事实，这是环境问题产生的重要原因。环境法作为应对环境问题，保护生活环境和生态环境的部门法，自然应将环境容量的利用纳入其调整范围。也就是说，环境容量的利用，是人类生存发展所必需的，这是不能剥夺的，应通过立法对此项权利予以确认；但由于其具有易于失控的特性，又必须将其进行规范和控制，即将其限制在一个合理的范围之内，这种限制主要是通过代表公共利益之行政部门的管制来实现的，而政府管制的正当性就是基于公共利益而保护环境质量，保障和维护环境权的正当和持续行使。而这种管制的最佳方式便

---

① 噪声污染与放射性污染其实是一种强度超标，而不能用浓度超标表示。

② 《排污许可证管理条例》（征求意见稿）第8条和第9条对排污者申请排污许可证的条件进行了具体的规定。譬如，第8条规定：有经过环境保护行政主管部门验收合格的污染防治设施或措施；排放污染物满足环保行政主管部门验收的要求等。第9条规定：按规定设置有规范化的排污口；排放污染物符合环境功能区和所在区域污染物排放总量控制指标的要求。

③ 《排污许可证管理条例》（征求意见稿）第24条规定了排污者获证后的基本义务。譬如，污染物排放种类、数量、浓度等不得超出排污许可证载明的控制指标，排放地点、方式、去向等符合排污许可证的规定；按规定公布主要污染物排放情况，接受环境保护行政主管部门的现场检查、排污监测和年度检验等。

④ 并不是所有的排污行为都需通过许可予以规制，只有具有较大程度"他涉性"和侵害性可能的那些排污行为才需要行政许可，也就是说排污许可是有适用范围的。

⑤ 要注意的是，此时，具有法律效力的排污权并非是许可行为赋予的，行政部门的许可只是对申报事项和法律规定的具体情况予以核对，对符合条件者发给许可证，并通过许可证规定排污权行使的边界。对于许可行为的性质，在前文论述行政许可行为的性质时已经详细论证。

⑥ 郭道晖：《法理学精义》，湖南人民出版社2005年版，第100页。

是行政许可，即立法规定排污者意欲获取排污权的各项具体条件，通过有权的排污许可行政管理部门具体审核排污者的申请，只有符合条件的排污者，才发放许可证，排污者按照排污许可证的具体要求进行排污的行为才是合法的。

（三）限制和监督行政权，既要防止权力滥用，以保护持证者正当的排污权利，又要防止权力懈怠和徇私舞弊，以保护环境权

排污许可证既规定了排污行为的具体要求，为排污者行使其权利圈定了边界，以防止其污染和破坏环境而侵犯环境权。与此同时，排污权作为民事主体享有的权利，其在面对具有国家强制力为后盾的行政权力面前又处于弱势，容易遭到行政许可部门的侵犯。因此，法律必须合理限制行政权，以保护排污权，而排污许可证便是保护正当的排污权，使之对抗行政权的有力武器。也就是说，未依法取得排污许可证或未按照排污许可证的要求向环境排放污染物的行为是法律所反对的，排污者必须承担相应的法律责任，行政机关有权依法采取强制措施；但是，另一方面，排污许可证作为持证者享有排污权的法律凭证，在符合许可证条件的要求下，排污是排污者的法定权利，非因法定事由，并经法定程序不得被行政部门剥夺和限制。这样，从另一角度看，排污许可证便具有另一层法律意义，即排污许可证也规定了排污许可部门的权力界限，对于持证者按证排污的行为必须予以尊重，不能任意侵犯，从而约束行政机关的权力滥用和恣意妄为，以保障排污者的合法排污权益。

同时，环境行政主管部门对排污行为进行监管也是其职责所在，其不能玩忽职守、徇私舞弊，纵容甚至包庇排污者，让排污行为超越监管，失控甚至滥用，以致污染和破坏环境，侵害环境权。

第三节　我国排污许可证制度存在的主要问题

根据我国现有的关于排污许可证制度的各项规定，对照前文分析的关于科学设计排污许可证制度的基本思路，可知我国的排污许可证制度至少存有如下的缺陷和不足。

一、排污许可的法律规定比较零散，缺乏系统立法

我国的排污许可制度虽然在 1987 年就已经在水污染物排污许可方面进行了试点，但发展到现在仍然缺乏一部系统规定排污许可制度的法律文件。

1988 年原国家环境保护局发布现已被废止的《水污染物排放许可证管理暂行办法》，对向陆地水体排污活动作出了排污许可证和临时许可证的规定，在被废止以前，该《暂行办法》一直是实施水污染物排污许可制度的主要法律依据，而且也成为有关排污许可证制度的地方性法规和规章的立法样本。随着《暂行办法》的废止，我国目前的水污染排放许可证的实施只能适用 2000 年制定的作为行政法规的《水污染防治法实施细则》、2001 年作为规章的《淮河、太湖流域排放重点水污染物许可证管理办法》、2004 年作为部门规章的《环境保护许可听证暂行办法》、2003 年国务院发布的《淮河流域水污染防治暂行条例》，以及 2008 年新修订的《水污染防治法》等规定了。

新修订的《水污染防治法》虽然对排污许可证制度作出了全新的规定，但配套的具体办法和实施步骤，国务院迟迟没有制定出来。因此，总的说来，这些规定十分零散而不成体系，势必严重影响排污许可证制度应有效应的发挥，事实证明也确实如此：据原国家环境保护总局发布的《2006 年中国环境状况》公布的情况表明，2006 年，全国化学需氧量排放量 1428.2 万吨，比上年增长 1.0%；二氧化硫排放量 2588.8 万吨，比上年增长了1.5%。究其原因，最主要的是作为污染防治支柱性制度的排污许可证制度并未真正建立起来。而根本原因则是缺乏一部全面规定排污许可证制度的具有较高法律效力的立法，现有法律依据的薄弱以及法律地位的尴尬，导致我国的排污许可证制度长期停留在试点的阶段，一直没能取得重大的进展。因此笔者建议有必要在行政法规甚至法律的层面制定一部专门规定作为基本制度之排污许可制度的法律文件，其名称可以采用诸如《排污许可证管理法》或者《排污许可证管理条例》，当然在目前时机还不是十分成熟的情况下可以选择先制定《排污许可证管理条例》（其内容应包括排污权交易）。①

二、适用范围偏窄

一项法律制度的适用范围无疑会具体影响到该制度发挥作用的广度与深度，进而将直接影响该制度的实施效果。因此科学划定制度的适用范围就变得十分重要。但是，就我国现有的水污染排污许可证制度而言，其适用范围十分有限，这严重阻滞了该制度应有功能的发挥。

---

① 2007 年，国务院已经出台了《排污许可证管理条例》（征求意见稿）。

（一）从适物范围看——局限于总量控制下的污水和废气

就现有立法规定看，我国的排污许可主要是总量控制下的排污许可，其主要适用于直接或间接向水体排污的重点排污单位，尤其是针对工业点源的排污活动。试以水污染排放许可证为例：首先，现有的排污许可制度的重点调整对象主要是重点污染物总量控制区域内的单位，具体包括三河（淮河、海河、辽河）、三湖（太湖、巢湖、滇池）、两区（二氧化硫控制区和酸雨控制区）、一市（北京市）、一海（渤海）等区域。其次，对于重点区域内的大多数污染物并不都适用排污许可证制度，而仅仅是针对所谓重点污染物而已，譬如，"十五"期间，全国控制的主要污染物为水两项（COD、氨氮）、气三项（二氧化硫、烟尘、工业粉尘）、噪声和固体废物等[①]。对于水污染而言，其排放许可证制度与重点污染物总量控制制度密切联系在一起，按照 1996 年《水污染防治法》第 16 条的规定仅仅适用于"实现水污染物达标排放仍不能达到国家规定的水环境质量标准的水体"，且"实施重点污染物排放的总量控制制度"。

可见，我国的排污许可证制度其适用范围十分狭窄，这种把集中主要力量防治总量控制区域内主要污染物的思想在经济状况和治理能力还比较落后的情况下是比较明智的，有利于集中力量解决突出的环境问题，但这种"头痛医头、脚痛医脚"的西医疗法究其本质来讲只是一种末端"治标"的疗法，我们在对待污染防治的问题上应采用中医式的"治本"疗法，即在经济技术可行的情况下适当扩大排污许可证的适用范围，采用全面预防式的办法才会事半功倍。

事实上，排污许可证应是对污染物排放的种类、浓度、数量、速率、方式、去向以及时段、季节等排污行为的全面控制，而不能仅限于排放总量，否则就无法对所有排污者进行全面控制，真正保证环境质量、减少污染排放对周围环境的影响。因此，就算是总量上满足要求，但排放速率的快慢、排放方式的不同（譬如，废水排放的不良影响会随废水的河中心排放和河边排放而不同）、排污口的具体位置等也会对环境产生较大或重大影响，有必要对这些问题也进行控制。而现行《大气污染防治法》和《水污染防治法实施细则》实际上把总量控制作为排污许可证的前置条件，这不仅事实上使得对未纳入总量控制范围的排污者均无法进行排污许可证管理，而且对于

---

① 原国家环境保护局：《排污许可证试点工作方案》，http：//www. elaws. com. cn/article/346/ 2007/20070506129203. html，2007 年 11 月 7 日访问。

纳入总量控制范围的排污者也难以保障其排污行为的安全性。况且，鉴于排污总量的核定与分配是一个技术性和政策性都很强的工作，还需要继续开展大量的研究与监测工作，目前的技术还难以完全胜任，因此，不宜把排污许可证制度仅仅局限在排放总量的控制上；且只局限于污水、废气的排污许可，而把固体废弃物、噪声污染的排放排除在外。①

（二）从适用范围看——排除了对现有排污者的规制

从现有的关于排污许可证制度的各项规定看，排污许可证制度主要只适用于新建、改建、扩建的新排污者。而对于已有的排污者，就算其排污行为严重污染环境，排污许可制度也对他无可奈何。如此狭窄的适用范围，大大阻碍了排污许可证制度功能的正常发挥。

三、管理体制滞后，有碍管理的顺畅和高效

排污许可证制度实施效果的好坏，最主要的会受到行政监督管理能力和执法水平的影响，而监督管理的水平和能力的高低又取决于行政管理体制的具体设计是否科学。

就我国目前在排污许可证管理方面的体制而言，可以说是一种"弱部门"针对往往有地方政府或明或暗支持的"强企业"进行监督管理的体制，在这样的体制下，排污许可制度的效果势必会受到严重影响。以水污染许可证制度为例，关于排污许可证的管理体制，《水污染防治法实施细则》第8条规定，"对依法实施重点污染物排放总量控制的水体，县级以上地方人民政府应当依据总量控制计划分配的排放总量控制指标，组织制定本行政区域内该水体的总量控制实施方案"；第10条规定，"县级以上地方人民政府环境保护部门根据总量控制实施方案，审核本行政区域内向该水体排污的单位的重点污染物排放量，对不超过排放总量控制指标的，发给排污许可证；对超过排放总量控制指标的，限期治理，限期治理期间，发给临时排污许可证"。如果进行概括的话，即作为排污许可证制度基础的总量控制计划是由县级以上地方人民政府来制定，而县级以上环保部门却只能根据总量控制计划及其方案发给许可证和临时许可证。各级环保部门由于财政、人事等方面从属于本级人民政府，所以基本上无力反抗各级政府的决定，而在排污许可

①　这一点，新修订的《水污染防治法》和《排污许可证管理条例（征求意见稿）》已作修改。但由于《排污许可证管理条例》尚未生效，而与《水污染防治法》需配套的排污许可办法也没有出台，所以，在今后的一段时期内，这种状况还将继续存在。

证的发放、变更、收缴的实践中也基本上不具有多大的话语权，很大程度上须听命于各级政府。而一般情况下，排污许可重点控制的企业往往是当地政府所保护的企业，这种地方保护主义的存在，在很大程度上会导致排污许可证制度的调控失效。

另外，关于分级审批的标准以及审批事项权限争议的处理问题，现有立法的规定也不甚明朗和科学。

四、许可证的审批设计不合理，导致"许可"退化为"登记确认"，不能发挥其应有功能

许可俗称审批，其基本精神是通过对提交的申请进行严格审查，对于符合条件者，颁发许可证；而不符合条件的，则不予许可。客观上，也不可能所有的申请都符合条件，假如都符合条件的话，也就没有对此事进行许可管理的必要了。这是因为，设置许可，从其任务来讲无非是起到一种筛选和过滤的作用，淘汰掉不符合要求的，批准符合要求的。也就是说，经过审核一般应产生批准或不批准两种结果。而排放许可证作为普通许可，有时还属于特许许可（总量控制的场合），对于排污者获取排污许可是需要满足一定客观条件的，应该以禁止任意排污为基础。

但是，在我国目前的实践中，排污许可证的发放几乎不存在"不批准"的情形，不是对排污行为的审批及排污指标的合理分配，而是排污者申报多少排污量，环保部门就认可多少排放量——不能达到浓度标准和总量控制标准的，对之发放临时许可证。总之，排污许可申请不会被拒绝，要么获得排污许可证，要么至少也会获得临时排污许可证。所以，实际上，它是跟在排污者后面进行的一种排污的事后认可。① 如果只存在批准，不存在不批准，事实上就与确立许可证制度的初衷相违背了。

五、排污许可实施的程序粗陋不公

（一）信息公开不够

排污者在申请许可证时通过填报申请表和递交材料的方式向管理机关提供必需的信息，这些信息应能使发证机关决定是否可以发证、确定排放指标以及提出相应的许可证限制。递交的材料通常包括如下信息：申请人从事的

---

① 徐家良、范笑仙：《制度安排、制度变迁与政府管制限度——对排污许可证制度演变过程的分析》，载《上海社会科学院学术季刊》2002 年第 1 期。

活动；设施名称、地点和通信地址；环保部门竣工验收材料；污染防治计划等①；上一年度实行排污许可证制度工作总结；排污口规范化整治材料；为完成限期治理任务，经审核通过的治理方案等。② 从信息公开的角度看，这些申请材料的信息理应向公众公开，这样可以促进社会监督企业提供的信息是否真实，从而加大监督的力度。但我国现行的排污许可证制度，并没有对信息公开作出相应规定。

（二）公众参与不足

发放的排污许可证往往决定企业污染物排放的位置、种类、数量、浓度和方式等，这与附近居民的利益息息相关。决定许可证是否发放以及发放条件的环境主管部门虽然代表的是公共利益，但其代表性在很多时候往往是有限的，总会受到某些挑战：一是政府的利益偏向以及办事人员的私利。政府为追求辖区内的经济利益和政绩表现，往往在决策时会偏向企业，与企业形成利益联盟，而损害当地居民的利益，另外，办事人员出于私欲甚至接受贿赂，往往也容易和企业达成一致意见。二是政府信息的不全和偏差。环境保护是一项涉及面很广泛很复杂的工程，政府由于人力、物力等的局限，通常难以面面俱到地收集资料，有关拟议项目的环境信息主要来源于申请者提交的环境影响评价报告、排污申报以及其他报送材料。而提供这些材料的企业所编写的材料往往以通过审批为目的，不可避免的会存在一些虚假的因素。而公众的有效参与正好可以在一定程度上弥补政府的这种局限性，从而促进政府更好地代表公共利益，并维护公众自己的正当权益。但是，不管是国家的《水污染物排放许可证管理暂行办法》还是各地制定的排污许可证管理办法，都很少有公众参与的规定。

（三）程序设计过于粗糙和简单

由于受重实体轻程序思想的影响，我国的排污许可证制度中关于程序的内容很少，这种程序上的模糊性往往会阻碍制度实施的顺畅性，也在事实上为办证人员从事腐败提供了可乘之机。1988 年制定的《水污染物排放许可证管理暂行办法》中关于程序问题的规定很少，只有几条可以勉强算得上程序性条款，譬如，第 10 条规定，"排污单位必须在规定的时间内，持当

① 具体内容，请参见《杭州市环境保护局排污许可程序》，http：//www. hangzhou. gov. cn/main/wsbs/bszn/hblh/fxzxk/T52146. shtml，2007 年 11 月 7 日访问。

② 具体内容，请参见《南京市排污许可证管理》，http：//www. njhb. gov. cn/art/2006/05/29/art_ 99_ 749. html，2007 年 11 月 7 日访问。

地环境保护行政主管部门批准的排污申报登记表申请《排放许可证》。"但在取得排污申报登记之后到底在多长时限内需要申请排放许可证，而环保部门的审核期限又有多长，申报单位需要递交哪些材料等一概没有规定，这种粗糙的设计为许可部门留下太多的自由裁量空间，容易导致恣意和滥用，必将大大增加排污申请的难度，也会导致各地制定的申请办法五花八门。

六、对排污权交易没有进行系统规定

排污权交易是排污许可证制度下对经济手段的一种灵活运用，在当前市场经济的大好形势下应大有作为。但正如前文所说，我国现实情况是现有立法并没有系统规定排污权交易，大部分仍停留在试点阶段。况且没有从试点工作中积极提炼经验和教训，从而制定全国性的法律文件，而仅仅只有几部地方性的法规或规章作了专门的规定。这是和国际社会的现状和发展趋势格格不入的，也远远不能适应中国社会的现实需要，更未能体现一个大国应有的姿态和作为。因此，有必要积极应对，努力改变此种局面，可以适时通过立法对灵活贯彻和实施排污许可制度的排污权交易进行较为全面和科学的规定。

七、法律责任的设置有失科学性，缺乏应有的震慑力

排污企业出于经济利益的考虑，往往会本能的权衡其违法成本和守法成本，当法律的制裁十分严厉时，迫于其制裁的巨大成本而不敢违法排污，但如果设计的法律责任过轻，以致其违法成本还低于守法成本的话，企业是宁愿选择违法的，因此，从法律的经济分析角度看，法律责任不能太轻。但综观我国违反排污许可制度的法律责任条款，其责任明显有些偏轻。依照《水污染防治法实施细则》第44条，"不按照排污许可证或者临时排污许可证的规定排放污染物的，由颁发许可证的环境保护部门责令限期改正，可以处5万元以下的罚款；情节严重的，并可以吊销排污许可证或者临时排污许可证"。可以看出，违反排污许可证规定的，也就是超过指标排污的企业一般只会承担5万元以下的行政罚款，而只有情节严重的才有可能招致吊销许可证。

进一步追问，如果企业被吊销排污许可证或者临时排污许可证后仍然继续违法排污，应对之采取什么制裁措施呢？奇怪的是，对此，法律并没有作出进一步的规定。也就是说，法律没有对无证排污的恶劣行为进行规制。这充分反映了立法技术的落后性，在这里，主要是非逻辑性和非全面性。

第四节 国外可资借鉴的发展经验

一、美国等国家的立法中关于排污许可证的主要规定

（一）关于排污许可的法律规定

1. 关于信息公开

根据美国《联邦水污染控制法》第 401 条的规定①，任何向联邦环保局申请水污染物排放许可证的申请人，在申请时必须提交由法律规定的来自州际水污染控制机关签发的一份证明书，以证明申请者的排放活动遵守《联邦水污染控制法》第 301、第 302、第 303、第 306 和第 307 条的各项要求。第 301 条和第 303 条要求排放达到各州水质标准，因而各州被要求证明特定的排放符合所有的为达到水质标准、处理标准或州的其他法律规定的要求所必需的限制。州或州机构在收到所有对证明书的申请的情况下，应当指定公告程序，并且在它认为适当的程度上，制定与特定申请相关的听证程序。只有在申请人获得证明或证明机关放弃证明书（期限不超过一年）的情况下，联邦环保局才会受理申请人的许可申请。如果证明机关拒绝签发证明，则发证机关不得对申请人发放许可证。法律还要求对反对意见必须举行公众听证会，而发放许可证和执照的机构应当举行这样的听证会，局长应当在听证会上提交关于对发放许可证和执照的机构的任何反对意见的评价和建议，许可证的发放必须以听证会上局长的建议以及其他证据为基础，如果二者不一致则不予发放许可证。这一证明制度使许可证的发放与排放地所在的州的管理及立法相衔接，保证发证机关在发证时获得可靠的信息。

另外，申请人获得许可证后，不是许可证管理程序的结束，而是一种延续。被许可人必须依照许可证的要求进行排放活动，为了让管理机关和公众了解排污者执行许可证的情况，美国法律规定了严格的排污监测和报告制度。如美国的《联邦水污染控制法》第 308 条规定，② 环保局有权要求任何污染源的所有者或经营者建立及维持特定的记录，制作特定的报告，安装、使用和维持监测仪器，提取特定的样本，并且提供环保局要求的其他信息。环保局有权在任何合理的时间内进入排污者的场区，检查所要求记录的维持

---

① 33 U. S. C. § 1341 or CWA. § 401.

② 33 U. S. C. § 1318. or CWA. § 308.

情况和取样化验。除了出于保护商业秘密的必要不能公开以外，在第 308 条所规定的所有数据都应向公众公开。这一要求是支持公众采取行动对抗违法排污行为的基础。

每一许可证都必须包括维持和合理安装监测仪器的要求，确定足以提供可靠的有关污染物排放的数量、浓度的特定监测方法以及分析样本的测试方法。如果申请者认为在许可草案中规定的监测要求不足以提供精确的数据，法律可对他提出额外的监测责任，以获取准确数据。对排放是否符合许可证要求的评估要按照许可证上提供的监测方法进行，因此，除非申请人在许可证发放程序中已对不足够的监测要求提出了异议，否则，在以后的实施行动中很难以监测方法不足够为辩护理由。根据《联邦水污染控制法》第 308条规定，监测结果必须以发证机关提供的表格形式定期报告给发证机关，报告的频率由每个许可证规定，但至少一年一次。在定期报告外，一些排放有毒物质的报告必须在 24 小时内完成，无法合适地监测和报告是对许可的违反。任何人在被发现提供虚假数据时将被依法处以罚款和刑罚。监测记录，包括连续监测装置的图表和测定刻度以及维持记录，应该保留三年到五年。

2. 关于公众参与①

美国许可证制度中最著名的公众参与程序是公开评论和公开听证会制度。《联邦水污染控制法》规定，发证机关在审查完申请材料后，要先作出一个同意或不同意发证的暂时性决定。如不同意发证，则须发布一项否决意向通告。该否决意向要接受公开评论（包括公开听证会）。如经公开评论程序后发证机关改变否决意向，可收回否决意向通告。如果同意发证，则开始编制许可草案，决定排放限制、执行的时间安排、监测要求等。排污者和公众一般都有机会评议和评论这一草案。

法律设定一个不少于 30 天的期间让公众可以提交书面意见或要求召开公开听证会。当某个或某批许可证的提议涉及相当大的公众利益时，发证机关应当直接举行公众听证会。举行听证会的信息要提前告知公众，利害关系人至少应该有 30 天的准备期。公众听证会后，发证机关根据公众的意见对发证作最后决定。如果最终决定与先前公布的暂时性决定没有实质性的改变，发证机关应该递交一份决定的复印件给每一位提交了书面意见的人，如果发证机关的最终决定对暂时性决定和许可草案有实质性的改变，发证机关必须发布公告。最终决定公告后的 30 天内，任何利害关系人可以要求一个

① 33 U. S. C. § 1341（a）.

证据听证会（evidentiary hearing）或司法审查来重新考虑这一决定。证据听
证会是准司法性质的过程，由一个行政法法官主持。听证会作出的决定可以
被上诉到联邦环保局局长那里。如果联邦环保局是发证机关的话，则整个发
证行为可以根据联邦行政程序法进行司法审查。如果发证机关是州环保局的
话，则可能受到州行政程序法约束。只有完成了这些程序后，许可证才能
生效。

　　由于许多重污染企业多选择在远离城市中心的边缘地区或对本城市影响
较少的位置落户，其对本城市居民的影响不大，但却会对其他邻近城市的居
民产生严重损害，然而，政府的代表性受到管辖地域的限制，这些受害者的
声音不能通过正常途径反映到决策者那里，污染产生地的政府也没有代表这
些受害者利益的动力。NAACP 的弗林特团体诉安格拉（NAACP -Flint Chap-
ter v. Engler）一案中，[1] 判决要求许可证管理机关在发证时不仅要考虑项目
对当地居民的影响，还应考虑其对邻近地区居民的影响。立法机关应制定法
律保障受到许可证影响的利害关系人都有机会参加到发放许可证程序中来，
表达自己的意见。该案说明了更广泛公众参与的必要性。

　　美国的公众参与程序在完善许可证制度方面也发挥了积极作用。1977
年前，受美国《联邦水污染控制法》许可制度管制的污染物主要限于几
种常规污染物，如生化需氧量、悬浮颗粒物和酸碱物等。虽然《联邦水污
染控制法》第 307 条授权联邦环保局确认被证实具有毒性影响的物质并加
以管制。由于法律规定的复杂程序，而且 1972 年的法案对环保局有限的
员工提出了一些不现实的期限要求，环保局未能建立起对有毒污染物的排
放进行控制的有效项目，由此导致著名的环保组织——自然资源保护委员
会（NRDC）起诉环保局，这个诉讼已经和解。在解决过程中，环保局和
NRDC 共同提出了一项政策，在该政策中双方确认了：（1）作为主要管制
对象的污染物；（2）实施这些管制主要涉及的行业；（3）在现行法律机
制中排放有毒物质的管制方法。和解协议成为《联邦水污染控制法》
1977 年修正案中控制有毒物质战略的框架以及 1987 年修正案中的部分
内容。[2]

---

① 　NAACP-Flint Chapter v. Michigan Dept. of Environmental Quality 456 Mich. 919, 573 N. W. 2d 617
（Table）（Mich. 1997）.

② 　参见李挚萍《美国排污许可制度中的公共利益保护机制》，载《法商研究》2004 年第 4
期。

　　在各种公众监督中，公民诉讼制度的震慑作用最大。1972 年的《清洁空气法》最早在美国环境法中规定公民诉讼条款。该法第 304 条规定，任何人都可以自己的名义提起民事诉讼，控告任何没有取得本法所规定的许可，进行或准备进行新排放设施的建设或主要排放设施的改建，或被认为是违反了或正在违反依本法发放的许可证条件的人。① 另外，《联邦水污染控制法》第 505 条也作了类似的规定。

（二）关于排污权交易的法律规定

　　排污权交易起源于美国的《清洁空气法》中的"泡泡政策"，② 目前在世界上很多国家得到广泛的应用，并正进入温室气体的排放控制领域。

　　在国家和地区层次，欧盟委员会于 2003 年通过了温室气体排放交易指令（2003/87/EC）；2004 年 12 月 21 日，该委员会要求所有的排放源进行登记，由于希腊、意大利、比利时和芬兰没有按照欧盟的要求把 2003/87/EC 转化国内排放指标分配立法，被欧盟处罚。③ 2006 年 1 月 10 日，欧盟通过了 2008—2012 年各成员国温室气体排放交易计划的指南，以与东京议定书 2008—2012 年的计划一致。④

　　加拿大制定了"温室气体排放拍卖制度"，如加拿大的拍卖项目所得经费，将部分用于森林保护、可再生能源的支持、垃圾填埋、废气的控制等领域。⑤ 美国从 1999 年起，其温室气体的排放开始大增，以 2004 年为例，该国增加了 2%，因此受到国际社会的普遍关注。⑥ 虽然美国在对外政策上对《东京议定书》一直持消极态度，但是在国内，一些州则表现出了积极的态度，如 2005 年 12 月初，美国的纽约、新泽西、马萨诸塞、费尔蒙特、缅因、特拉华、新汉普郡、罗德岛和康乃提卡（Connecticut）九个州开始谈判，准备签订具有约束力的州际二氧化碳排放份额交易协定。一些州对此表现出观望态度，如马里兰州、哥伦比亚特区和宾夕法尼亚州在该协定中处于

　　① 44U. S. C. A. 7604. or CAA. § 304.

　　② 42U. S. C. § 7651b（d）.

　　③ See the Bureau of National Affairs, International Environment Reporter（Vol. 28, No. 2）, the Bureau of National Affairs, Inc. , 2005, p. 37.

　　④ See the Bureau of National Affairs, International Environment Reporter（Vol. 29, No. 1）, the Bureau of National Affairs, Inc. , 2006, p. 41.

　　⑤ See the Bureau of National Affairs, International Environment Reporter（Vol. 28, No. 1）, the Bureau of National Affairs, Inc. , 2005, p. 18.

　　⑥ See the Bureau of National Affairs, International Environment Reporter（Vol. 29, No. 1）, the Bureau of National Affairs, Inc. , 2006, p. 10.

观察员的地位。① 2005 年 12 月 20 日，这些州签订了备忘录，指出在 2009 年达成一项协定，从 2015 年起，每个州每年应当减少 2.5% 的二氧化碳的排放，至 2019 年，每个州的排放将比基准年减少 10%。②

在全球层次，发达国家和发展中国家正在通过"清洁发展机制"（CDM）进行国际层面的温室气体排放份额交易。其原理是，发达国家资助发展中国家进行技术改造或者发展清洁能源、植树造林，以腾出排放指标给发达国家使用。如西班牙 2005 年 11 月宣布，2005—2010 年期间，该国将投资 4700 万欧元去购买排放信用，并且输出有利于可持续发展的清洁技术。③ 意大利 2005 年 11 月宣布，在未来的 7 年时间内将支付 15 亿欧元到国外购买本国的二氧化碳减排指标。购买的信用将占该国减排总指标的 60%。④ 我国已经得到了几个相关的项目，如风力发电等，一些发展中国家，如非洲的一些国家获得了为低收入家庭装备太阳能热水器的项目；⑤ 巴西于 2005 年 12 月 30 日与英国和日本就该国一个垃圾填埋场的沼气燃烧项目达成协议，从而使巴西成为世界第一个因减少沼气排放而受益的发展中国家。⑥ 为了方便 CDM 机制的实施，英国的伦敦已经建立了排放交易的场所。国际上普遍认为，俄罗斯将从该机制中受益最大，因为自前苏联解体以来，很多工厂都倒闭了，因此俄罗斯的温室气体排放量有很大的下降，加上俄罗斯的森林面积大，因此，它可以向国外转让很大的排放份额⑦。

---

① See the Bureau of National Affairs, International Environment Reporter (Vol. 28, No. 25), the Bureau of National Affairs, Inc., 2005, p. 902.

② See the Bureau of National Affairs, International Environment Reporter (Vol. 29, No. 1), the Bureau of National Affairs, Inc., 2006, p. 10.

③ See the Bureau of National Affairs, International Environment Reporter (Vol. 28, No. 23), the Bureau of National Affairs, Inc., 2005, p. 822.

④ Ibid., p. 817.

⑤ See the Bureau of National Affairs, International Environment Reporter (Vol. 28, No. 19), the Bureau of National Affairs, Inc., 2005, p. 689.

⑥ See the Bureau of National Affairs, International Environment Reporter (Vol. 29, No. 1), the Bureau of National Affairs, Inc., 2006, p. 12.

⑦ See the Bureau of National Affairs, International Environment Reporter (Vol. 28, No. 2), the Bureau of National Affairs, Inc., 2005, p. s-11.

二、排污许可证制度的主要国际经验

美国、加拿大①以及瑞典等欧盟国家的立法以及国际上 CDM 的许多经验值得我们学习和借鉴:

(一) 有完善的法律依据

美国水污染许可证制度的法律依据十分丰实,具有五个方面的或层次的规定:(1) 联邦立法机关制定的成文法,如《联邦水污染控制法》、《清洁空气法》、《安全饮用水法》(Safe Drinking Water Act)、《海洋倾倒法》(Ocean Dumping Act)、《固体废物管制法》(RCRA) 等;(2) 判例法确定的基本法律原则和精神;(3) 《联邦条例典》(即 Code of Federal Regulations);(4) 总统和政府部门尤其是联邦环保局为保证该制度的实施而指定的法令,如《总统公告和执行令汇编》;(5) 州、领地、印第安部落等制定的 NPDES 许可证规划。

(二) 有广泛的适用范围

美国的 NPDES 许可证制度其适用范围十分广泛,并不同我国的许可证制度只是总量控制下的许可一样,该制度规定无论从 "点源" 向 "美国水体" 排放 "污染物" 的行为均必须取得许可证,无论是否会对受纳水体产生污染,还是会对环境产生其他不良的影响,任何无许可证从点源排污都将是非法的。而 NPDES 规定的污染物包括:"向水体排放的如下物质:疏浚废物、固体废物、焚烧渣烬、污水、垃圾、污泥、军需品、化学物质、生物材料、放射性材料、热、拆毁或分解的设备,沙、地下脏物以及工业、城市生活和农业废物。"② 瑞典是最早实行现代排污许可证制度的国家,其《环境保护法》第 9 条规定,从事或者拟从事对环境有害的活动者都须向国家环境保护许可证管理委员会提出申请③。

(三) 实行排污许可证申请、审批、监管全过程信息的充分公开

环境问题的公共性、环境保护的公益性、决定环境信息应该由与此信息具有利益关系的公众分享。由于每一份排污许可可能都会涉及项目周围公众的健康与安全问题,因此,公众应有权监督许可证的发放和管理的全过程。信息的获得是监督的基础,许可证申请及管理过程中的相关信息,如项目的

---

① 参见《介绍加拿大排污许可证制度》,载《陕西环境》1996 年第 1 期。

② 33U. S. C. § 1362 (6).

③ 全国人大环境与资源委员会编译:《瑞典环境法》,环境科学出版社 1997 年版,第 118 页。

性质、规模、排放污染物的种类、数量等，除了涉及国家安全、商业秘密等依法需要保密的以外，应逐步全面向社会公开，至少可以为公众通过特定的途径获取，公众可以将从公开途径获得的数据资料直接用于维护自己权益和其他合法活动之中，法律应当对这种信息的获取提供途径和保障，并且承认此种信息的证据效力，而不必一定花费时间和金钱通过委托监测的方法去获取相关数据及资料，而造成不必要的障碍和浪费。

（四）建立了科学的监督管理体制

美国的 NPDES 许可证制度的管理体制同我国的统一监督管理与分级分部门管理相结合的体制有相似之处，但实质上却有很大差异。美国的统一监督管理是由联邦环保局实施，其统一监管权包括：（1）制定美国的 NPDES 许可证规划甚至可以直接为州制定州许可证规划；（2）审批州许可证规划；（3）对许可证规划未获批准或虽获批准但有违反联邦保障和法律而不改正的州直接实施许可证制度；（4）审查所有的许可证，修改、暂停甚至吊销任何机构发放的 NPDES 许可证。这样的体制能保证美国联邦环保局有足够的权力而直接对州政府发号施令，采取法律的、行政的行动，从而促进各州依法实施许可证制度。而瑞典也建立了由国家环境保护局、郡行政委员会和在环境与卫生方面负有职责的市政机构组成的既明确分工又紧密合作的管理体制。①

（五）有翔实的程序性规定

美国的 NPDES 一般分为两类许可证：单项许可证（individual permits）和总体许可证（general permits），单项许可证是专门适应于单个设施的许可证，针对单个设施的具体特征、独特功能而提出限制条件和要求；总体许可证是对覆盖一定区域多个特定类型的排污设施而发放的许可证，其特点是一定区域的多个点源具有共同因素②。总体许可证无须排放单位个别申报，但许可机关可以要求其中任何排污单位申请单项许可证，这样既有利于更有效地分配资源、节约时间，也利于确保对类似排污设施许可证要求的一致性。依照相关法律，发放许可证的主要程序如下：③

1. 接受许可证申请；
2. 审查申请材料的完整性与准确性；

---

① 全国人大环境与资源委员会编译：《瑞典环境法》，环境科学出版社 1997 年版，第 124 页。
② 40CFR §122.28.
③ 40CFR §124（c）（1）（B）.

3. 补充必要的信息；

4. 根据申请材料和其他资料确定基于技术标准的污水排放限量；

5. 根据申请材料和其他资料确定基于水质标准的污水排放限量；

6. 比较基于技术标准和基于水质标准的两种排放限度的大小，而选择一种更为严格的限度作为许可证的排放限度；

7. 对每一污染物确定监控和报告要求；

8. 确定特殊的条件；

9. 确定一般条件；

10. 考虑差异性和其他合适的管制；制作事实清单（fact sheet），概括主要的事实和在许可证草案制作、公示等过程中考虑到的与事实有关的法律、方法和政策等方面的问题，以及其他可作为依据的资料；

11. 完成审查、制作许可证草案并公示，必要时举行听证会；

12. 制作并发放正式许可证；总体许可证的许可程序还有一项特殊之处是，许可机构事先必须收集相关数据来确定是发放总体许可证还是发放单项许可证，譬如，考虑是否存在有众多的生产活动、生产过程以及污染物排放类型相似的排污企业等因素。

（六）鼓励和保障公众参与

公众参与是公民维护自身环境权益，抗衡排污者的一种有效途径。但公众参与对政府和排放者而言则是一种监督和制约，被监督者一般对此缺乏主动性和积极性，甚至产生抵触和抵制，然而这一制度又必须依赖与政府具有亲密关系的立法机关来建立、完善，并由政府保障实施。对于此种困境，美国的思路是通过立法将保障公众参与作为政府和排放者的法律义务来明确，要求排放者准备必要的与申请项目和排放污染物相关的资料和信息，并采取相关的措施将其置于公众可获得的状态，从而便于公众获取信息；硬性要求排污企业主动与受影响或可能受影响的社区联系，使他们的意见能得到反应。政府则有义务尽快进行立法和建立制度，完善排放许可证管理中的公众参与程序，妥善处理公众意见。

（七）支持和发展公共环保团体

美国的公众参与实际上主要是环保团体的参与。环保团体聚集了大量的环保热心人士和专业人士。合理发挥他们的资源与作用，可以弥补政府的缺陷与不足。从美国的经验来看，美国环保团体不仅是一个压力团体，监督政府和企业履行环保义务；同时也是一个协力团体，它们协助政府完善了大量的环保制度，是政府可依赖的重要力量；更是一个援助团体，这些环保公共团体协助污染受害者起诉污染致害者，救济其受损的环境权益。

（八）有较完善的排污权交易市场

美国的排污权交易发展得最早，该制度的建立为美国环境保护的实践作出了重大的贡献，而目前则正进入了温室气体的排放控制领域，欧盟国家、加拿大等国家纷纷进行了仿效和学习。这种经济手段在环保领域的应用大大缓减了环保过于依靠政府单打一的局面，加强了企业进行环境保护、清洁生产和污染减排的积极性，有利于排污许可制度的有效实施。

（九）规定了严厉的法律责任

美国的 NPDES 制度规定了严格的法律责任，其责任形式包括民事、行政甚至刑事责任。值得一提的是，NPDES 制度还确立了"按日计罚"的制裁制度，如对于过失违法的，应被处以每违法日 2500 美元以上、25000 美元以下的罚金，或者处以 1 年以下的监禁，或者二者并罚。对于累犯者，处以每违法日 50000 美元以下的罚金，或者 2 年以下监禁，或者二者并罚。[①]

对于故意违法的，应被处以每违法日 5000 美元以上、50000 美元以下的罚金，或者处以 3 年以下的监禁，或者二者并罚。对于累犯者，处以每违法日 100000 美元以下的罚金，或者 6 年以下监禁，或者二者并罚。[②]

对于故意制造危险的，如果是违法本卷第 1311 条、第 1312 条、第 1316 条、第 1317 条、第 1318 条、第 1321 条第 2 款第 3 项、第 1328 条和第 1345 条等的规定，而使他人处于死亡或严重人身伤害的极度危险之中，经审判处以 250000 美元以下的罚金，或者 15 年以下监禁，或者二者并处。而对于自然人以外的组织，则处以 1000000 美元以下的罚金。如违法者是累犯，则刑罚幅度在此基础上翻一番。[③]

对于故意在申请中作虚假陈述、描述、证明者，或者故意作虚假记录、报告、计划或其他上报或保存文件者，或者故意伪造、破坏、篡改积案设施和方法者，经审判处以 10000 美元以下罚金或 2 年以下监禁，或者二者并罚。对于累犯者，处以每违法日 20000 美元以下的罚金，或者 4 年以下监禁，或者二者并罚。[④]

---

① 33 U. S. C. § 1319（c）（1）（B）.
② 33 U. S. C. § 1319（c）（2）（B）.
③ 33 U. S. C. § 1319（c）（3）（A）.
④ 33 U. S. C. § 1319（c）（4）.

第五节　我国排污许可证制度之发展

一、对排污许可进行专门和系统立法，提高排污许可证制度的法律地位

前文已经论述，我国的排污许可证制度在立法上既没有系统性，也无专门性立法文件，排污许可证制度在制度完备上的残缺、在效力等级上的低级，无疑影响制度功能的有效发挥，有必要对排污许可证进行专门立法。2007 年 10 月 23 日，原国家环境保护总局的《排污许可证管理条例（征求意见稿）》已经出台，总算响应了实践对立法的呼唤。不过，笔者认为，我们不能仅停留在行政法规的水平，对于排污许可证制度，应在时机成熟的时候，通过全国人大制定专门的法律进行全面系统和全新的规定，并在法律的基础上制定配套的规章和地方法规，从而形成法律、行政法规、规章三个层次。

二、扩大排污许可的适用范围

从适用范围上看，我们要消除排污管理的盲区，将污染日趋严重而又游离于环境监控之外的个体工商户也纳入管理的范围。同时，不仅要求直接向环境排放污染物的行为要取得排污许可，而且还应要求城市污水集中处理设施或者工业废水集中处理设施排放污染物的间接排污行为也应当取得许可。

《排污许可证管理条例（征求意见稿）》已经借鉴了美国等先进国家的经验，把排污许可证扩展到在中华人民共和国行政区域内在生产经营过程中直接或间接向环境排放废水、废气污染物以及在工业生产和商业经营中产生噪声污染和产生工业固体废物和危险废物的企业事业单位和个体工商户，而没有拘泥于总量控制；其次，不仅规定新建排污项目需要获得排污许可证，现有排污建设项目也必须取得排污许可证；再次，规定了"未取得排污许可证的排污者，不得排放污染物；排污许可证的持有者，必须按照许可证核定的污染物种类、控制指标和规定的方式排放污染物"，这是一个很大的进步，要克服各种阻力坚决推行之。

三、改革排污许可证的管理体制

《排污许可证管理条例（征求意见稿）》对于管理体制着墨不多，仅仅规定"县级以上人民政府环境保护行政主管部门依照本条例的规定，负责排污许可证的审批颁发与监督管理工作，"并没有从根本上改革管理体制。笔者认为，我国环境保护工作一直没有取得什么重大进展，这和我们不适应现实需要的管理体制有很直接的关系，因此有必要在保证稳定的基础上大刀阔斧地对我国现行的环境管理体制进行革命根本性的变革，譬如，在管理关系上建立垂直管理的体制，在财政上建立中央统一拨款和地方补充的财政体制，上级环保局可以任命考核下级环保局局长的人事管理体制等。①《意见稿》第 25 条的行政督察制度规定，"上级环境保护行政主管部门应当加强对下级环境保护行政主管部门排污许可管理工作情况的监督检查，及时纠正下级环保主管部门在实施排污许可过程中的违法违规行为，"有点垂直管理的意味，但规定十分含蓄，除了显示了法规制定者的睿智外更体现了某种无奈。

四、全面、明确、合理地规定排污许可的标准和条件

（一）形式标准

排污申请应提交的材料以及其他各项条件应当在法律上明确指出，且应该以适当的方式向社会公开。排污许可条件的规范化、公开化和透明化，是行政法治原则的基本要求。一方面，它是满足排污申请者知情权的需要，因为这种规范性和公开性可以提供一种稳定的预期，从而提高申请的效率；另一方面也是监督行政权力的需要，有利于加强行政相对人（排污申请者）以及利害关系人（环境权主体）对环境保护主管部门的监督，减少行政许可中的恣意和腐败。

（二）实质标准

这是指各项条件的具体内容，应当全面、合理。即在符合这种条件下的排污既不会超过环境的承受能力，而造成环境污染和破坏，也不至于因条件过于苛刻难以达到，而让正常排污者不能取得排污许可证。一般情况下，排污许可证的要求是浓度达标；实行总量控制管理的，还必须符合总量控制的要求。当然，除此之外还有许多其他的条件，譬如排污口的设置、排放方式等。这一点，《排污许可证管理条例（征求意见稿）》第 8 条和第 9 条进行了比较全面的规定，这是一种进步。

---

①　杨朝霞：《论我国环境行政管理体制的弊端和改革》，载《昆明理工大学学报（社科法学版）》2007 年第 5 期。

五、规范和完善许可的程序

从前文对美国 NPDES 许可证制度的介绍可以看出，美国设计了专门的程序性规则，这样便于管理者和申请者更好地履行各自的义务，从而有利于排污许可证制度的高效实施。从《排污许可证管理条例（征求意见稿）》来看，该《意见稿》用了两章——"排污许可证的申请与受理"和"排污许可证的审批与颁发"，对程序进行了专门的规定，较从前是一个了不起的进步，不过此程序并非十分完美，还有必要进行细化。

首先，程序内容尚有模糊的地方。譬如，对于新项目排污申请条件，即第 8 条第 1 款第 5 项规定，"排放污染物满足环保行政主管部门验收的要求"，其具体标准是很难把握的，笔者认为应结合排放标准和总量控制标准进行规定，如改为"排放污染物满足环保行政主管部门关于排放标准和总量控制标准等方面的验收要求"。

其次，程序内容没有重视排污者的权益保护。譬如，该草案第 15 条，"环境保护行政主管部门应当自受理排污许可证申请之日起 20 日内依法作出颁发或者不予颁发排污许可证的决定，并予以公布。作出不予颁发决定的，应书面告知申请者，并说明理由"，对于不予颁发许可证的，虽然规定了环保部门应书面告知申请者，并说明理由，但并没有告知可以采取的诸如行政复议和行政诉讼的救济措施，可见，其"命令控制"的思想理由有余，而对申请者的权益保护不足，因此有必要在书面通知书"说明理由"的后面加上具体的救济权利及其期限。

再次，为了增强程序的直观性而更方便操作，可以在法律条文的基础上制定一个程序流程图，譬如溧泗市环保局就针对排污许可证的审理而制定了一个流程图（如下图一）。

六、保证和扩大信息公开

对于信息公开，《排污许可证管理条例（征求意见稿）》第 16 条规定，"环境保护行政主管部门应当将审查和颁发排污许可证的情况予以公告，并定期将污染严重排污者主要污染物排放情况向社会公布，接受公众监督。"不过，该条至少存在以下不足：

一是，该《意见稿》规定了环保行政主管部门的信息公开义务，而较

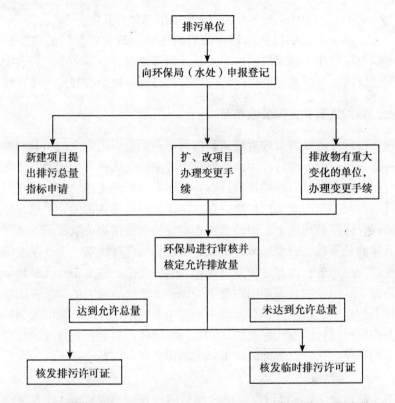

图一　溧泗市排污申报程序流程图（资料来源于溧泗市环保局网站）

少规定排污申请企业的信息公开义务①。根据 2007 年《环境信息公开办法（试行）》的规定，污染物排放超过国家或者地方排放标准，或者污染物排放总量超过地方人民政府核定的排放总量控制指标的污染严重的企业，应当向社会公开下列信息：（一）企业名称、地址、法定代表人；（二）主要污染物的名称、排放方式、排放浓度和总量、超标、超总量情况；（三）企业环保设施的建设和运行情况；（四）环境污染事故应急预案。企业不得以保守商业秘密为借口，拒绝公开前款所列的环境信息。《排污许可证管理条例（征求意见稿）》和《环境信息公开办法（试行）》一个是行政法规，一个是行政规章，二者冲突。因此，笔者建议《排污许可证管理条例（征求意

———————————

① 《排污许可证管理条例（征求意见稿）》第 41 条第 1 款第（七）项以法律责任的形式间接规定了排污单位信息公开的义务：违反本条例第二十四条规定，有下列情形之一的，由县级以上环境保护行政主管部门责令限期改正，并处五万元以下罚款；情节严重的，并处五万元以上五十万元以下罚款……（七）未按规定向环境保护行政主管部门报告或向社会公布其排污情况的……

见稿)》应当在修改中添加排污申请企业的信息公开义务。

二是，该《意见稿》虽然规定政府的环保行政主管部门的信息公开义务，却没有规定违反该义务的法律责任。笔者建议，在下一步的修改中，有必要对违反信息公开义务的行政部门和排污许可申报企业规定违法责任。

七、切实落实和保障公众参与

由于排污许可证的发放直接关系排污申请企业周边群众的切身利益，因此在排污许可证的办理过程中，政府应当考虑公众的声音。同时，公众参与除了可以有效维护其自身的环境权益外，还有一个很大的功能便是帮助和保证环境部门获得全面真实的环境信息，防止排污申请者造假。当然，公众参与不能仅仅停留在理念上，而是要建立相应的制度保证公众参与的途径与效力，具体的是要建立公众环境知情权制度、排污许可决策的听证制度等。譬如，法律应规定公众参与之申请与受理的具体要求：应准备什么材料，具备什么条件，从而限制环保部门恣意不受理；对于反响较大的问题，法律应规定听证会的程序，以及听证会公众意见对于影响排污许可决策的效力；应从立法上明确环保社团的法律地位，明确环保团体的权利；更重要的是应规定环保部门违反公众参与制度时应承担的法律责任，以及公众可以采取的救济措施。

对于公众参与，《排污许可证管理条例（征求意见稿）》没有进行专门规定，仅在第37条从管理的角度规定了公众的举报权，即"任何单位或者个人对违反本条例规定的行为，有权向环境保护行政主管部门或者监察机关等有关部门举报。收到举报的环境保护行政主管部门或者监察机关等有关部门应当依法调查处理"，笔者认为应在以后的修改中真正确立公众参与排污许可决策的制度，规定对重大的排污许可事项，应举行听证会。

八、理性建立排污权交易机制

建立排污权交易机制是一个复杂的工程，有学者认为，较为完整的排污权交易制度体系应包括立法、信息公示、监控系统、总量控制、排污权的初始分配和市场交易六大部分（如下图二）。[①] 对于法律而言，笔者认为，其任务主要是通过公平分配各方的权利义务以及设置严格公平的法律责任，而

---

① 张颖、王勇：《我国排污权交易制度的应用研究》，载《中南大学学报（社会科学版）》2004年第4期。

建立排污交易的规则，保证排污市场的稳定与活力，保障排污权交易的秩序安全和高效便捷。

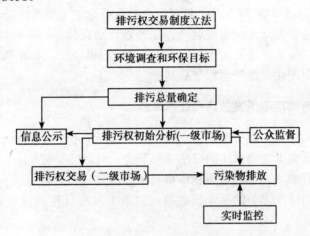

图二　排污权交易的制度体系

［资料来源于张颖、王勇：《我国排污权交易制度的应用研究》，

载《中南大学学报（社会科学版）》2004 年第 4 期］

首先，法律应当保证排污权一级分配的科学性和公平性；其次是保障提供充分透明的信息，保障公民的知情权，使环保工作接受社会监督，从而降低交易费用；再次，就是要在法律上规范政府的职责，令其建立完善严密的监控系统，监督排污者在其购买的排污指标总量下排污，因为这是保障排污权交易公平、公正、持续进行和控制环境质量的关键；最后，就是要设置严格的法律责任，对于超过许可指标违法排污的，以及在排污权交易中违背交易规则的当事人给予严厉的制裁。

《排污许可证管理条例（征求意见稿）》对于排污权交易根本没有进行规定，可以说这是该意见稿最大的硬伤，有必要进行重大修改。或者索性学习《太原市二氧化硫排污交易管理办法》出台专门规定排污权交易的立法，在形式上可以采用行政法规或部门规章的形式，譬如制定国务院《排污交易管理条例》或者原国家环境保护总局《排污交易管理办法》。① 当然，在我国目前的阶段，要在全国范围和短时期内全面建立排污权交易机制还不是

---

① 原国家环境保护总局已把制定排污权条例列入了日程。《国家环境保护总局酝酿制定排污权交易条例》http：//www.people.com.cn/GB/huanbao/1072/3182678.html，2007 年 11 月 12 日访问。

十分成熟，因此，我们应从排污权交易试点开始。可喜的是，浙江于2007年11月10日建立了嘉兴排污权储备交易中心，这是国内第一个"排污权银行"。① 另外，从2008年1月1日起，全国重点湖泊主要水污染物排污权有偿使用试点将率先从太湖流域启动，江苏则计划在建立一级市场的基础上，逐步形成二级排污权交易市场。② 我们应不断积累经验，本着循序渐进和因地制宜的原则理性对待排污权交易制度。

九、明确规定不予发放许可证的情形

笔者认为，为了便于操作，立法中应明确规定不予发放排污许可证的情形，这样可以大大提高执法的效率。关于这一点，已有地方性法规作出了有益的尝试，譬如《四川省污染物申报登记和排放许可管理办法》第21条规定，具有下列情况之一的企业事业单位，不予发放《排污许可证》或《临时排污许可证》：

（一）没有通过环境影响评价和"三同时"验收的；

（二）所采用的工艺、技术、设备或生产的产品属于国家明令淘汰、禁止使用的；

（三）所排放的各类污染物超过国家或地方排放标准，经县级或县级以上人民政府或者环境保护部门限期治理，逾期仍不能达标排放的；

（四）不按照有管辖权的环境保护行政主管部门要求的期限完成排污申报登记或者拒绝接受环境保护部门对其排污情况进行监督检查的。

《排污许可证管理条例（征求意见稿）》吸收了地方立法的经验，第8条、第9条直接规定排污许可必须达到的条件，第13条则规定了不予许可的情形，总算有一个很大的进步。

十、鼓励科技创新，为总量控制、排污许可证制度以及排污权交易奠定坚实的科学基础

有关部门应加强领导和技术指导，鼓励科学技术的创新活动，提高环境

---

① 程汉鹏：《建立排污权交易制度的深远意义》，http：//guancha. gmw. cn/content/2007 - 11/12/content_ 696531. htm，2007年11月12日访问。

② 范利祥： 《太湖首试排污权有偿使用，江苏拟建二级排污权交易市场》，http：//www. nanfangdaily. com. cn/jj/20071112/zj/200711120013. asp，2007年11月12日访问。

监测和环境统计的水平，以便能够科学测算环境容量，科学分配排污指标。在全面发放排污许可证的同时，重点控制主要排污者，积极探索建立以环境容量为基础、以排污许可证为主要管理手段、以排污权交易为杠杆、以改善环境质量为目标的污染防治体系，建立和完善污染物排放总量监测报告制度和排污许可证动态管理信息系统，规范对排污者的管理。

十一、严格法律责任，提高排污者的违法成本

我国现行的排污许可证制度，设置的法律责任主要限于行政责任，而且主要局限于罚款的形式，责任形式单一；同时，就是这种唯一的行政处罚也往往设置了远远低于对应守法成本的最高处罚限额，造成"守法成本高、违法成本低"，以致排污企业宁可选择违法受罚的尴尬和被动局面。因此，有必要严格法律责任，提高违反许可证制度之排污者的违法成本，从而迫使其守法。

前面介绍美国的 NPDES 制度时，我们了解到美国对于违反 NPDES 者设置了系统而严格的民事、行政和刑事责任，而在刑事责任方面又依过失违法、故意违法以及故意制造危险、在申请中作虚假陈述等而分别设置了苛刻的罚金和监禁责任，正是这种严厉的法律责任保证了 NPDES 制度的有效实施。若以我国最近才制定的《排污许可证管理条例（征求意见稿）》与美国的 NPDES 制度的法律责任进行对照，便可以看出我国对于违反排污许可制度者的法律责任显著偏低，最明显的是我国基本没有刑事责任的规定，有也是轻描淡写一笔带过，譬如，其规定了环境保护行政主管部门及其工作人员违反排污许可制度的刑事责任，而没有规定重大违反排污单位的刑事责任。在法律责任的设置上，应该向美国学习！

第十二章 我国限期治理制度发展之考察

第一节 限期治理制度的性质

一、限期治理制度的概念

限期治理，是指对超标排放污染物、超过总量控制指标排放污染物以及严重污染环境的项目、行业和区域，依法限定其在一定的期限内，完成治理任务，以达到治理目标。广义的限期治理还包括由开发活动所造成的环境破坏方面的限期完成更新造林任务、责令限期改正等。① 而所谓限期治理制度则是对规定限期治理的条件、决定权限、实施程序、监督管理及其救济等方面的一系法律规范所组成的规则体系的通称。实行限期治理制度可以推动有关企业和区域治理污染和改善区域环境质量，提高经济效益和生态效益，有利于改善政府和企业、政府和群众、厂矿企业与群众的关系，有利于社会的安定团结。

二、限期治理制度的性质

关于限期治理的性质，一般认为其是一项环境行政要求，《中华人民共和国环境保护法》、《水污染防治法》、《固体废物污染环境防治法》、《中华人民共和国海洋环境保护法》等环境法律均在"法律责任"之外把限期治理规定为一项环境行政要求。但是，2000 年修正的《大气污染防治法》却把其纳入"法律责任"的规定之中，如该法第 48 条规定，"违反本法规定，向大气排放污染物超过国家和地方规定排放标准的，应当限期治理，并由所在地县级以上地方人民政府环境保护行政主管部门处 1 万元以上 10 万元以下罚款，限期治理的决定权限和违反限期治理要求的行政处罚由国务院规定"。基于此，一些学者认为限期治理是一项环境行政责任。但是我们认为，仅仅凭借"应当限期治理"和"违反限期治理要求"的措辞就判断限

---

① 韩德培：《环境保护法教程》，法律出版社 2003 年第 4 版，第 96 页。

期治理是一项法律责任，这是值得商榷的。因为，纳入"法律责任"条款之中的内容并非都属于法律责任。在这里，就必须明确两个问题：第一，弄清法律责任的含义，进而判断限期治理是否属于法律责任；第二，如果限期治理不属于法律责任，它属于什么？

（一）限期治理不属于法律责任，而属于具体行政行为的范畴

要弄清限期治理到底属不属于法律责任，其基本前提是必须明确界定法律责任的内涵。对于法律责任，学界有多种观点，典型的学说如"处罚说"①、"不利后果说"②、"责任说"③、"否定性评价说"④、"第二性义务说"⑤、"负担说"⑥ 等。根据这些理论，并结合行政法学的一般原理，笔者认为，限期治理就其本质来看，它不属于法律责任的范畴，而属于具体行政行为的范畴，即一项行政主体基于特定目的（保护环境）而作出的科与特定行政相对人从事某项强制性义务的具体行政行为。

（二）限期治理属于行政强制措施

接下来的问题是，这项行政行为属于什么类型的行政行为呢？根据行政法学的基本理论，尤其是关于行政强制措施的基本理论，我们认为限期治理在法律性质上看属于行政法中的行政强制范畴，具体来讲其属于一项

---

① 譬如凯尔森就认为："法律责任的概念是与义务相关的概念。一个人在法律上对一定行为负责，或者他再次承担法律责任，意思就是，如果作相反的行为，他应受处罚。"参见［奥］凯尔森著，沈宗灵译《法与国家的一般理论》，中国大百科全书出版社 1996 年版，第 73 页。

② 譬如沈宗灵教授认为："法律责任就是指行为人由于违法行为、违约行为或者由于法律的直接规定而应承受的某种不利后果。"沈宗灵主编：《法理学》，北京大学出版社 2000 年版，第 505 页。相似观点还可参见张梓太《环境法律责任研究》，商务印书馆 2004 年版，第 24 页。张老师认为："法律责任是由于违反法定义务、约定义务或因法律有特别规定，法律迫使行为人或其关系人承受的一种不利的法律后果。"

③ 譬如孙国华教授认为："法律责任是一般社会责任的特殊表现之一，专指实施违法行为者必须承担的责任"。孙国华主编：《中华法学大辞典·法理学卷》，中国检察出版社 1997 年版，第 134 页。

④ 譬如赵秉志教授认为法律责任就是国家对违法者及其违法行为所给予的否定性评价，参见赵秉志主编《刑法学通论》，高等教育出版社 1996 年版，第 313 页。

⑤ 譬如张文显教授认为："法律责任是由于侵犯法定权利或违反法定义务而引起的、由专门国家机关认定并归结于法律关系有责主体的、带有直接强制性的义务，亦即由于违反第一性义务而招致的第二性义务。"张文显主编：《法哲学范畴研究》（修订版），中国政法大学出版社 2001 年版，第 122 页。

⑥ 譬如刘作翔教授等认为："法律责任是有责任主体因法定义务违反之事实而应当承受的由专门国家机关依法确认并强制其承受的合理的负担。"刘作翔、龚项："法律责任的概念分析"，载《法学》1997 年第 10 期。

责令行政相对人在一定期限内履行某项特定行为的行政强制措施。所谓行政强制措施，系指行政主体为了维护和实施行政管理秩序，预防和制止社会危害事件与违法行为的发生与存在，依照法律、法规的规定，针对特定公民、法人或者其他组织的人身、行为及财产进行约束与处置的限权性强制行为。① 对照此定义，限期治理完全符合其基本特征：（1）限期治理具有具体性。它是环境行政主管部门针对特定的排污者（一般是造成或可能造成环境污染的排污者）规定特定的期限，责令其在该期限内治理污染并达到预定目标（一般是符合浓度达标和总量控制达标）的具体行政行为。（2）限期治理具有强制性。被责令限期治理的排污者必须容忍和服从该义务，否则将承担被罚款或责令停止排污的法律责任。（3）限期治理具有限权性。第一，限期治理不是赋权行为，它不是给排污者某种利益，而是科以治理污染的负担；第二，限期治理不是处分行为，它只是对排污者行使排污权的一种限制而不是剥夺其排污权。（4）限期治理具有从属性。行政主体作出限期治理的决定，是为了迫使暂不符合排污许可、环境影响评价许可、"三同时"环保设施验收许可要求或其他行政要求的排污者在一定期限内履行其没有履行或没有完全履行的特定环保义务，以满足排污许可、环境影响评价许可、"三同时"环保设施验收许可的基本要求。因此，一般来说，限期治理往往从属于排污许可、环境影响评价许可、"三同时"环保设施验收许可等行政行为。（5）限期治理不具有制裁性。限期治理的目的不是为了制裁和惩罚排污者，而是对排污者科以一定的义务，以实现其环境保护管理的特定目标。事实上，限期治理也并不以排污者违法为前提，譬如获得临时排污许可证的排污者并没有违法，但其也得承担"限期治理"的义务。（6）限期治理具有可诉性。对于环保主管部门违反限期治理制度以致侵犯其权利的，可以提起行政复议，也可提起环境行政诉讼。

（三）限期治理属于驱动性行政强制措施

根据学者的研究，中国现行的行政强制措施共有 263 种②，如果根据这些手段的直接功能进行分类，至少可以分为检查性措施、保全性措施、约束性措施、驱动性措施、恢复性措施、处置性措施、执行性措施、惩罚

① 胡建淼主编：《行政强制法研究》，法律出版社 2003 年版，第 17 页。

② 胡建淼、金伟峰等：《中国现行法律法规规章所涉行政强制措施之现状及实证分析》，载《法学论坛》2000 年第 6 期。

性措施等。所谓驱动性强制措施就是要求当事人履行作为的义务，譬如强制驱散、强制拖航等就属于驱动性强制措施。[①] 而限期治理正是行政主体要求排污者履行治理污染的特定义务，可见，其属于驱动性行政强制措施。

第二节　我国限期治理制度存在的主要问题

一、我国限期治理制度存在的主要问题

（一）限期治理的范围偏窄

1. 不应忽视行业和区域的限期治理

从我国现行立法可以看出，我国环境立法关于限期治理的范围主要局限于项目的点源治理，而对于行业性、区域性的污染治理则重视不够。实际上，我国现有的污染很多属于结构性污染，即产业结构不合理，高污染、高消耗的产业在整个产业结构中所占的比重还比较大，因此笔者认为，行业性限期治理不应忽视。同理，流域性等区域性污染在我国也很明显，典型的便是淮河污染问题，因此对于淮河治理必须以整个淮河流域的限期治理为目标，而不能仅仅抓住几个点源，这样难以发挥效果。

2. 带有较强计划经济色彩，以致非公有制企业可能会被排除在限期治理的范围之外

我国《环境保护法》第29条规定，"对造成环境严重污染的企业事业单位，限期治理。中央或者省、自治区、直辖市人民政府直接管辖的企业事业单位的限期治理，由省、自治区、直辖市人民政府决定。市、县或者市、县以下人民政府管辖的企业事业单位的限期治理，由市、县人民政府决定。"那么，按照这个规定，非公有制企业可能被排除在限期治理之外。因为，政府直接管企业这种做法是我国市场经济以前的模式，而1992年以后，我国逐渐进入市场经济，政企分开的现代企业制度也逐渐形成，被政府直接管理的国营企业已经越来越少了，而越来越多的民营企业和外资企业如雨后春笋般涌现出来。那么，按照这个条款，这些非公营企业就会被排除在限期治理之外，或者使得能决定对其进行限期治理的权力主体则处于法律未规定的状态，这明显是一个法律漏洞。

---

① 胡建淼：《行政强制法研究》，法律出版社2003年版，第29页。

（二）关于限期治理决定部门的规定凌乱，不科学

1. 关于限期治理决定权的立法规定内部冲突，有违法制统一性原则

法制统一性原则是现代社会法治国家所共同提倡和遵守的一个重要的原则。部门立法甚至整个国家的法律体系都应当遵守这一原则，环境保护立法自然也不能例外。

前文已述，关于限期治理的决定权的问题，在我国统一环境法律体系内，《环境保护法》和其他的一些污染防治的单行法规以及许多地方法规对限期治理决定权的规定竟然各有不同。《环境保护法》将限期治理的决定权赋予各级人民政府，将环境保护行政主管部门排除在外；《环境噪声污染防治法》赋予环境保护行政主管部门较低层次的限期治理决定权①；新修订的《大气污染防治法》和《海洋环境保护法》中限期治理决定权徘徊于人民政府和环境保护行政主管部门之间而不能确定；到了新的《固体废弃物污染环境防治法》和《水污染防治法》又将决定权赋予了环境保护主管部门。

作为环境保护基本法的《环境保护法》将环境保护行政主管部门排除在限期治理决定权行使主体之外，而污染防治的单行法以及地方性法规却又不同程度地将环境保护行政主管部门纳入限期治理决定权行使主体之中，势必造成法律内部的冲突，势必影响限期治理的实效的发挥，势必最终使我国的污染防治工作的展开受阻。

2. 限期治理决定权归于人民政府，管理错位，弊多于利

在国家级立法的层面上，除了《水污染防治法》把限期治理权授予了环境保护部门外，其他的立法，一般还是坚持由地方人民政府来作决定。地方人民政府作出限期治理的决定具有以下弊病：

第一，容易导致地方保护主义。在我国目前的社会主义初级阶段，许多地方政府一般只注重发展本地经济，而对环境保护工作则一般不太重视。如果污染防治的限期治理由人民政府行使其决定权，则给只重视经济效益而不太注重环境效益的地方政府正好提供了法律上的借口。对本应进行限期治理的排污企业由于其纳税多、是本地经济发展的支柱企业等原因而不责令限期治理，对环保部门提出的限期治理意见也不予批准，而环保部门却无可奈

---

① 《环境噪声污染防治法》第17条第2款、第3款的规定，"被限期治理的单位必须按期完成治理任务。限期治理由县级以上人民政府按照国务院规定的权限决定。对小型企业事业单位的限期治理，可以由县级以上人民政府在国务院规定的权限内授权其环境保护行政主管部门决定"。

何，结果使环境行政主管部门的限期治理意见沦落为一纸空文。现实中确也存在污染企业贿赂政府部门要员寻求领导"批字"，或者弄虚作假，蒙混过关的情形。

第二，让政府代替行使需要专业化知识和设备的环境保护行政主管部门的职能，其权力配置不科学，阻碍该制度全面、有效地实施。因限期治理的审批和监督工作的科学化和技术化的特点，使得其行政应是专业化行政。但现行立法却将决定权赋予综合决策的人民政府，由于缺乏专业性知识，就算人民政府诚心想环保也可能会错过了治理污染的最佳时机。另外，也使得环境保护部门在环境管理的过程中过多地受到同级人民政府的干扰和阻力，造成"知情者无权，有权者无能"的错位局面，从而影响限期治理制度作用的发挥。

（三）限期治理实施的程序性规定不明确

按照依法行政和限期治理制度的基本原理，限期治理的实施大致需要经过以下环节：

1. 限期治理的启动

主要指环保部门应根据排污单位以及该区域整体的环境质量状况，提出限期治理的意见。限期治理的启动可由政府指定环保部门启动；可由发现情况的环保部门建议有决定权的政府启动；也可由公众检举提供情报，建议有决定权的政府或部门启动等。

2. 限期治理的决定、送达、异议

第一，地方政府或其授权、委托的环保部门作出限期治理的决定，需要听证的则安排听证；第二，将制作的限期治理决定书送达相对人；第三，如果排污单位对限期治理的决定不服，则可在一定期限内提出异议，环保部门在规定时期内予以答复。

3. 限期治理的汇报

污染单位应按照要求，提交治理计划和方案，实施限期治理，并定期向环保部门报告治理进度。

4. 治理完成，申请验收

污染单位限期治理完成后，应申请有决定权的环保部门或政府进行验收。

5. 检查验收

对于限期治理的验收申请，相关环保行政主管部门应当组织现场检查和验收。

6. 发证、报告与公布

经环保部门进行验收，完成治理任务的，应核发排污许可证，向相关人民政府报告，同时向社会公布；未完成治理的，报请本级人民政府责令停产治理或关闭。

7. 作出停产或关闭的决定并执行

对于未完成治理任务的，人民政府应适时作出责令停产治理或关闭的决定，并强制执行。

8. 维权救济

排污单位对限期治理的处罚决定不服的，应有提请行政复议或行政诉讼予以救济的权利。

因此，欲使限期治理制度取得满意的实施效果，必须对限期治理的各项程序作出明确的规定。譬如环保部门提出意见后，人民政府应予以答复的决定期限有多长？排污单位何时开始申请验收？环保部门验收的期限有多长？排污单位是否可以申请延期，可以的话最多可以延期几次，最长的延期期限又有多长？如排污单位遭遇不可抗力，又当如何？但综观我国关于限期治理的各项立法，基本没有重视程序性内容的规定，这将严重影响限期治理制度在实践中的可操作性。另外，这种落后的状况可能为地方政府及其部门怠于履行职责、办事拖沓大开方便之门，从而影响该制度的严肃性、权威性以及最终的实效性。

（四）法律责任的设置不够完善

张文显先生曾说，"法律责任作为法律运行的保障机制，是法治不可缺少的环节。"[①] 因此，作为带有强制性色彩的限期治理制度的贯彻和实施自然也离不开法律责任的保障。但综观我国目前关于限期治理制度的立法规定，其中法律责任的规定还不够科学和强力，难以担当法律责任所应有的保障限期治理制度的贯彻和实施的重任。

1. 制裁范围太窄，没有规定主要责任人员的法律责任

我国《环境保护法》以及其他单行法主要只规定对于违反限期治理制度的企业事业单位加以科处，即实施的是一种单罚制，而对于相关责任人员的法律责任却重视不够。在这种制度下，由于不涉及责任人员的切身利益，从而不利于他们吸取教训，并自觉主动贯彻限期治理制度。同时，危害和污染环境的企业事业单位的行为往往与其责任人员的职务过错或主观过失有

---

① 张文显：《法哲学范畴研究》，中国政法大学出版社 2001 年版，第 116 页。

关，只追究企业事业单位的责任，不足以制止违法行为的再次发生。另外，《环境保护法》第38条虽然也规定了违反限期治理责任人员的行政处分，但行政处分只适用于公务人员和国有、集体企业的职工，对于三资企业和私营企业则无法实施行政处分，而随着我国社会的发展，三资企业和私营企业在经济发展以及环境污染中所占的比重将越来越大，因此这种状况有必要进行调整。

2. 制裁方式单一、机械，缺乏灵活性，不能实现经济效益和环境效益整体的最大化

根据我国《环境保护法》、《水污染防治法》、《噪声污染防治法》、《固体污染防治法》等立法对于违反限期治理的法律责任的概括，可以看出其基本只单一地规定：除依法加收两倍以上的超标排污费外，可以根据所造成的危害后果处以罚款，或责令停业、搬迁、关闭。而且大部分的立法都没有设置罚款，对于违反限期治理的，则简单地责令停业、关闭，缺乏执行罚以及代履行等灵活性较强的行政强制执行性措施。因为，只要企业违反限期治理就责令停业关闭，势必阻滞其生产的进行和利润的创收，进而影响地方经济的发展，不利于地方政府的积极贯彻与配合，无端增加环境保护的难度与阻力，有失明智。

（五）对排污单位合法权利的保护不够，欠缺企业不服限期治理的救济手段

我国虽然设立限期治理制度，并赋予了该制度一定的法律强制性，对于控制排污单位的排污行为保护环境具有一定的作用，但另一方面对于排污单位的正当权益却重视不够。譬如，对于排污单位不服环保行政主管部门或者人民政府限期治理的决定，法律并没有规定提出异议的行政复议申请权，对于人民政府作出的责令停业、搬迁关闭的处罚决定不服也未设置行政复议和行政诉讼权利，更未设置请求国家行政赔偿的救济权利。在实践中，行政机关滥用限期治理的权力侵犯排污单位合法权益的情况是时有发生的。而现行环境立法由于没有对行政复议以及行政诉讼等救济手段予以明确规定，从而导致人民政府和环保部门作出限期治理决定时，未告知被限期治理的单位提出行政复议或行政诉讼的权利和期限，以致排污单位又由于自身法律知识的匮乏而丧失使受损权利获得救济的机会。

正如刑法一方面需要打击犯罪，另一方面也需要保障人权一样，笔者认为，对于限期治理，一方面要严格执法，严格督促和控制排污单位实施治理的要求，并严惩违法者，但另一方面对于行政部门滥用限期治理权力，侵犯

排污单位合法权益的情况也应予以救济。

第三节　我国限期治理制度之发展

一、扩大限期治理的范围

（一）重视行业和区域的限期治理

正如学者所言，"限期治理不能单纯理解为污染物，污染源的治理，应当把它扩展为限期调整工业布局（关、停、并、转、迁），限期调整产业结构与原材料结构，限期在技术改造的同时解决老污染问题"[1]。因为，我国的环境污染问题，很大程度上是由于产业结构不合理、高污染和高消耗产业比重过大，以及工业、产业的区域布局不合理造成的，因此，我们除了要重视点源污染的治理外，更要重视区域性和行业性的污染治理问题。

另外，由于地方保护主义盛行和地方环境行政执法的功利化，因此作为应对，在实行环境保护的地方行政首长负责制的今天，更有必要把限期治理的对象由点扩大到面，强调区域的限期治理，以促进地方严格区域和行业的环境行政执法工作，强调区域责任和区域治理。一些地方已经做了比较成功的尝试，如1998年的《广东省珠江三角洲水质保护条例》第24条第2款规定，"边界断面水质超标的市、县在接到相关地区环境保护行政主管部门的报告后，必须在一个月内采取有效的防治措施，削减污染物的排放量。逾期不采取有效防护措施的，由其共同的上级人民政府责令限期治理"。

（二）修改相关立法，把非公有制企业纳入限期治理的调整范围，填补法律漏洞

前文已经分析，按照《环境保护法》第29条，由于立法没有规定对非公有制企业进行限期治理的决定主体，导致非公有制企业似乎被排除在限期治理之外，或者决定主体处于法律不明状态，而造成限期治理实施上行政部门的推诿或争执，以致影响执法的效果。因此，有必要对《环境保护法》第29条进行修改，把非公有制企业纳入限期治理的范围，并具体规定对其享有限期治理决定权的行政主体。笔者认为，可以根据排污单位的规模和影响范围来分级规定对其享有限期治理决定权的行政主体，譬如其企业规模和经营范围在全省具有较大影响的，则其限期治理由省、自治区、直辖市人民

---

① 黄明健：《环境法制度论》，中国环境科学出版社2004年版，第329页。

政府决定；如其企业规模和经营范围只在市、县或者市、县以下的地区具有影响，则其限期治理由市、县人民政府决定；若在全国范围具有较大影响，规模很大的企业的限期治理则由国务院决定。

二、修改现行立法，统一规定限期治理的决定权原则上由各级环保部门行使，重大情形则需报同级人民政府批准

法律的基本特征之一便是普遍性和统一性，这要求一国法律必须内部一致和谐统一，因此，立法应"保持法律体系内部的和谐一致，不同层次或不同层级的法律、法规、规章之间应当保持在遵循宪法原则和精神的前提下的和谐一致，下位法不得同上位法相抵触；各种部门法之间，也应当保持和谐，尽可能地相互配合、补充以求相得益彰；在整个法律体系中，要尽可能地防止出现矛盾，对已存在的矛盾，应当采取积极有效的对策予以消除"[①]。对于限期治理决定权的立法同样应当遵循法制统一原则，力求避免出现内部的混乱和矛盾，笔者认为应及时修改现行立法，统一规定限期治理的决定权原则上由各级环保部门行使，重大情形则需报同级人民政府批准，理由如下：

（一）是立法统一性的要求

通过考察我国所有关于限期治理的立法，包括环境保护基本法、污染防治单行法规和地方环境法规，可以看出，限期治理决定权发展的趋势是由人民政府决定而逐步下放到由县级以上环境保护行政主管部门行使，而新修订的《固体废弃物污染环境防治法》则将限期治理的决定权完全赋予环境保护行政主管部门，根据同一法律规定"新法优于旧法"的法律适用原则，我国限期治理决定权的立法应遵循法制统一原则，原则上应将决定权赋予环境保护行政主管部门。

（二）符合"专业化行政"提出的效率要求[②]

现代法治国家的一个重要的特征体现在行政管理体制之中，便是行政部门之间要做到责权分明，权力配置科学，实现专业化行政，保证行政效率。环境保护部门是环境管理的专业性部门，能行之有效地解决环境保护所需的科学性、技术性的问题。而限期治理制度作为我国环境管理的一项制度，对其决定的作出必须建立在诸如环境监测、环境计量以及环境评价等一系列技

---

① 周旺生：《论中国立法原则的法律化制度化》，载《法学论坛》2003 年第 3 期。
② 参见陈程《论我国限期治理决定权立法的完善》，载《沧桑》2007 年第 3 期。

术性问题的基础上，而作为综合性主体的人民政府则不具有这样的专业优势。

环境保护部门是环境管理的专业化部门，将限期治理决定权赋予环保部门，能够更好地保证环境保护部门在日常对环境监测、环境现场检查等环境监管工作的一致性和连贯性的基础上，适时将污染严重的排污单位列为限期治理的对象，从而排除了由环保部门提出意见，上交给同级政府而迟迟未决以及受权力不当干预的现象，因而能及时治理污染，提高行政执法的效率。因为，限期治理制度作用的发挥，一定程度上必须建立在行政决策的迅速和果断上，如果环保主管部门已经发现了重大污染源且认为必须马上进行限期治理，但由于需上报人民政府，人民政府作出决定又需时日，这样势必错过治理的最好时机，而造成不必要的损失。

（三）符合科学发展观和我国现阶段的国情

我国原先关于限期治理的决定权主要由政府行使而环保部门只在很小范围内有提议权和较低层次上的决定权的规定，是有深厚的历史背景的。改革开放初期，邓小平提出发展是硬道理的理论，而在当时的情况下，发展是我国最重要的任务，因此当时主要把视点、精力全部放在了经济发展上，甚至不惜牺牲环境来换取经济的发展。而环境保护在位阶上是让位于经济增长的，因此环境法制所采用的手段和措施也不能有碍经济发展的大局，同时环保惩治的力度也必须建立在当时社会可以承受的范围内，而只有发生重大的环境污染和生态破坏问题才能引起政府的注意，并不得不付出一定的投入。因此，在这个时期把对经济发展会有重大影响的限期治理权归于政府行使，是为了更好地发挥政府宏观把握的能力。而随着社会进程的继续，环境与资源问题业已成为经济发展的掣肘时，我们就不得不重新审视经济发展和环境保护之间的辩证关系，于是，党中央国务院顺应实际情况提出了科学发展观的理论，提出经济的发展必须建立在与环境、社会相协调的基础上。同时，我国经济发展的水平也已经取得了显著提升，现在也具备了保护环境、整治污染的能力。因此，在这个人与自然的和谐已经成为影响我国继续向前发展的决定因素的时期，已经没有必要把限期治理的决定权再归于人民政府来行使，而应当直接下放给环境保护主管部门。

（四）与法律效益价值的要求一致

正如彼得·斯坦和约翰·香德所说，"法律中所存在着的价值，并不仅限于秩序、公平和个人自由这三种，许多法律规范首先是以实用性、以获得最大效益为基础的"，① 而效益价值在立法中则在一定程度上表现为社会对立法的接受能力。鉴于限期治理可能造成的社会、经济甚至政治影响会十分巨大，此种情形下，作为专管环境保护的专业部门可能无法把握，因此，如遇重大情形则应报同级人民政府请示批准。②

三、完善限期治理的程序性规定，修订已有立法，制定专门规定限期治理的法规或规章

我国向来有"重实体轻程序"的传统，反映到立法中，便是立法只重视实体权利和义务的规定，而对于权利实现以及义务履行的程序则规定较少，甚至不作规定，而我国的环境立法则表现得更为严重。前文已经分析，限期治理大致要经过七个环节，为了更好地操作，法律应对于每一环节作出具体的程序性规定，譬如对环保部门提出意见后，人民政府应予以答复的决定期限；排污单位限期治理完成，申请验收的合理时间；环保部门验收的期限长短；排污单位如遇意外情况申请延期的条件，可以申请延期的次数，以及最长的延期期限等。

关于限期治理的程序性规定，我国的有些地方性法规曾作出了有益的尝试，譬如《重庆市环境保护条例》第 39 条规定，"排放污染物超过规定的浓度和总量，环境保护行政主管部门应责令限期治理。限期治理期限一般不超过六个月。确需延长的，应于期满前二十日提出申请，环境保护行政主管部门批准延长不得超过两次，每次不得超过三个月。法律、法规另有规定的除外。限期治理期间，排污者排放污染物必须符合限期治理决定规定的排放要求。限期治理期满前二十日，排污者应当向环境保护行政主管部门申请验收，环境保护行政主管部门自受理之日起十五个工作日内组织验收，完成治理任务的，核发排污许可证；未完成的，报请本级人民政府责令停产治理或关闭。"

因此，笔者建议，应全面修改我国现行环境立法，完善限期治理的程序规定。2008 年的《污染源限期治理管理办法（征求意见稿）》对限期治理的程序作出了一定的规定，这相比从前具有很大进步，但规定得还不够全面详细，尚需按照限期治理的七个环节作出进一步的修改。

---

① ［美］彼得·斯坦、约翰·香德：《西方社会的法律价值》，中国人民公安大学出版社 1989 版，第 23 页。

② 至于何谓"重大情形"则可由执法解释来进一步作出规定，各地也可灵活把握。

四、建立违反限期治理之"代履行"和"按日计罚"的强制执行制度

前文已经分析，除了新修订的《水污染防治法》外，我国现行的《环境保护法》、《噪声污染防治法》、《固体污染防治法》等立法对于违反限期治理的处理比较简单机械，除了加收超标排污费、进行罚款之外，就是责令停业、搬迁、关闭，这种规定缺乏法律应有的灵活性，完全把环境保护和经济发展对立起来，因而不能实现经济效益和环境效益整体的最大化。而根据行政法关于行政强制执行的原理，对于不履行法定义务的行政相对人，行政机关除可以采取停业、关闭、冻结、扣押等直接强制执行措施外，还可以采取代履行和执行罚等间接强制执行措施，笔者认为，对于违反限期治理的排污单位完全可以采取代履行和执行罚，而不是简单停留于动辄责令停业、关闭的野蛮和机械的制裁措施。

（一）引入代履行制度

"代履行"是一种行政间接强制执行的措施，在行政法领域使用较为广泛。当义务相对人拒不履行义务时，若该义务不具有个人性质，由其他人代为履行同样也可以达到其行政目的时，则可适用代履行的办法。行政机关可依职权或依申请指定由第三人代为履行这种义务，而履行义务的费用则仍由原义务相对人支付。实践表明，它既可以及时控制环境污染和破坏，又可以惩罚违法者，因而它应成为环境管理中最强有力的灵活性管理手段之一。[①]关于"代履行"制度，《深圳经济特区建设项目环境保护条例》第27条和第28条作出了很好的探索，值得学习：

> 第二十七条　饮用水源保护区、自然保护区、风景名胜区等环境敏感区域的污染源，污染物排放不能稳定达到排放标准或者总量控制指标，没有委托专业机构代为运行环境保护设施或者代为处理污染物的，环境保护部门应当责令限期改正；拒不改正的，环境保护部门可以直接指定专业机构代为运行或者处理。相关费用由污染物产生单位支付；也可以由环境保护部门先行垫付，再由污染物产生单位偿付。
>
> 前款污染物排放单位，已经委托专业机构代为运行保护设施或者代为处理污染物，污染物排放不能稳定达到排放标准或者总量控制指标的，按照国家有关规定处理。

---

① 赵旭东：《限期治理污染代履行的实施形式研究》，载《法学杂志》1999年第4期。

第二十八条　造成环境污染或者生态破坏的，环境保护部门应当责令建设单位消除污染、恢复原状。逾期未完成消除污染、恢复原状的，以及不能及时确认责任单位的，由环境保护部门指定其他单位代为履行。

代为履行的费用由污染物产生单位支付；也可以由环境保护部门先行垫付，再由污染物产生单位偿付。

(二) 科学引入按日计罚制度

顾名思义，"按日计罚"即按日连续处罚，针对持续性违法行为，通过按日累积计罚，成倍地提高了罚款上限，从实质上加大处罚力度。限期治理制度配套的按日计罚，即指被责令限期治理的持续排污的企事业单位，如果逾期没有达到治理的目标，则自限期治理期限届满之日始，按照一定的标准按日对违法企业进行处罚，直至其达到限期治理的要求为止。关于"按日计罚"的执行罚制度，我国早有学者进行过呼吁，国外也有关于按日计罚的先例，譬如从1981年6月至1997年1月30日，杜邦公司每天被罚款2.5亿美元，从1997年1月30日至2001年3月每天被罚款2.75万美元。①

关于按日计罚，我国已有地方环境法规做出积极的尝试，譬如2007年《重庆市环境保护条例》第111条规定："对违法排污行为和破坏生态环境的行为造成严重环境污染或危害后果的，可加收二倍以上五倍以下的排污费。违法排污拒不改正的，环境保护行政主管部门可按本条例规定的罚款额度按日累加处罚。有前两款规定情形之一的，对主要负责人处以一万元以上十万元以下罚款。"

因此，笔者建议，对于限期治理的排污单位，如果其逾期未完成治理任务，则可按"罚责相当"的原则，设置一定"按日计罚"的标准，直到其达到规定的治理目标为止，从而使经济处罚额度与违法收益成比例，通过罚没违法收益消除企业利用环境违法获利的动机。即改变目前以违法的"件"数为单位的处罚方式，充分考虑违法行为所得，以"天"为单位累积对违法行为进行量处，使罚款额度与时间成正比，提高违法成本，从而最终改变我国环境法治领域"守法成本高、违法成本低"之怪现状。对于按日计罚的标准问题，已有学者作出研究，他们认为，对于大气污染，建议每天的罚款上限可以设为12万人民币，水污染行为每天不低于2600元人民币，考虑

---

① 王灿发：《治淮和立法》，载《绿叶》2005年第5期。

到其他因素，规定每天 10 万元人民币的处罚额度上限也是合理的。① 我们认为，对于"按日计罚"的具体数额，应依违法主体和违法行为的具体情况按比例设置，不宜一刀切。总之，由于此项制度改革的力度很大，而且对排污单位的利益影响甚巨，因此，有必要设置相应的监督措施和救济手段，以防止环保部门出于部门私利——"放水养鱼"② 而滥用"按日计罚"的处罚权。

五、强化和完善限期治理的法律责任

（一）提高处罚力度和幅度

我国环境保护已经开展了三十多年，但环境问题却没有得到有效的治理，究其法律原因，是立法所规定的制裁措施太软，造成"守法成本高，违法成本低"的怪现象，因而不能对违反环境法规范者给予有力的震慑。因此，随着市场经济的发展，企业盈利的能力也得到了显著的提高，有必要对罚款限额进行调整，对我国目前排污收费比较低的状况，应提高罚款的起点和幅度，加大处罚力度，增强罚款处罚的威慑力，可以有限地采用"按日计罚"制度，使企业积极进行限期治理。

（二）规定双罚制

借鉴新修订的《水污染防治法》的经验，对于企业事业单位违反限期治理的行为应当采用"两罚制"，不仅追究单位的罚款甚至停业、关闭的行政责任，对单位的主要责任人也应实施行政处罚或者行政（纪律）处分，对于严重违法的还可以对单位主要责任人员科以行政拘留和追究刑事责任。总之，只有提高法律的震慑力，才会引起单位和相关负责人的高度重视，从而自觉实施限期治理。

（三）适当规定违反限期治理的刑事责任

企业事业单位的意志是由法人代表或主要负责人的意志转化而来的，因此，对于限期治理后，仍造成污染的企业事业单位，应加大对其法人代表或责任人的处罚力度，对其违法行为规定必要的制裁措施，除依法追究其行政责任外，对于违反限期治理情节严重，给当地居民造成人身和财产重大损失

---

① 《"执法效能总结暨水法修改研讨会"举行》，http：//www. envinnovators. org/content. php? id＝169，2007 年 12 月 2 日访问。

② 这是一种形象的说法，指环保部门可能出于巨额罚款获取的动机，而故意不阻止甚至不通知违法企业的违法行为，待到违法企业排污达到一定时日后再去执行"按日计罚"。

的，还应追究其刑事责任。如 2002 年《山东省环境污染行政责任追究办法》第 2 条规定："对造成环境污染的企事业单位负责人可以给予行政处分的，各级人民政府有关部门对环境污染负有直接责任的主管人员和其他直接责任人员，依照本办法给予行政处分；构成犯罪的，依法追究刑事责任。"

六、增设关于排污单位不服行政部门限期治理决定以及制裁的救济措施

前文已经分析，我国关于限期治理的环境立法从总体的思想上仍过于强调行政管理，而忽视排污单位合法的环境权益，因此有必要对这种和权利时代的精神格格不入的立法进行适当修改。

（一）引进听证程序

由于限期治理的决定以及停产、关闭的制裁等均密切关系到排污单位的切身利益，为了防止有权机关滥用限期治理，笔者认为，有关国家机关在作出具体的限期治理决定和作出责令停产、搬迁甚至关闭的决定的一定期限内，可应排污单位的申请举行听证会，听取排污单位的陈述和申辩。听证程序的引入，在一定程度上可以防止决定机关作出错误决定。

（二）明确规定排污单位不服限期治理决定以及制裁的行政复议、行政诉讼以及国家赔偿的救济性权利

在限期治理的实践当中，确实也存在有权的决定机关滥用权力侵犯排污单位合法权益的情况，对此，排污单位应享有相应的救济权利。笔者认为，立法应规定有权机关在作出限期治理决定的通知书上注明相对人享有申请行政复议的权利以及具体期限，在作出罚款甚至停业、关闭的处罚决定书上写明可以行政复议和行政诉讼的权利以及具体期限。而对于业已造成排污单位损失的，环境立法中还应规定可以申请国家赔偿的权利。

七、建立和完善相关的配套措施

环境法治的实现必须依靠由一系列相互配合相互协调的制度组成的制度体系方能完成，限期治理的顺利实施同样也必须得到相关制度的配合和补充，因此建立和完善相关制度和措施也变得十分重要。譬如应建立限期治理的信息公开制度，即作出限期治理决定的地方政府和环保部门应当采用合理的方式公布限期治理单位的名单，以接受社会的监督。应提高环境保护部门自身的执法能力和完善其执法手段，譬如改进其监测设备，建立点线面结合的自动连续监测的监测网络，注重监测体系的建设等。

第十三章 我国环境保护公众参与制度发展之考察

　　环境保护的公众参与制度，是指在环境的开发、利用、保护与改善等活动中，任何单位和个人都享有平等地参与有关环境立法、执法、司法、守法与法律监督事务的权利，以监督和支持权力的正当和高效运行，预防和减少环境质量的破坏，并为提高环境质量而积极贡献各自的力量，从而维护和改善自身和公共的环境福祉。在社会主义中国，人民是国家的主人，环境保护的公众参与原则实质上是人民民主和坚持党的群众路线在环境保护工作中的体现，其实质是依靠人民群众保护环境和依靠法制捍卫人民群众的环境权益。公众参与是正确处理政府与群众、生产经营者与公众关系的指导原则，体现了环境法公益性、社会性的一面，是实行环境法治的基础。

第一节 环境保护公众参与制度的理论基础

一、环境权实现理论：公众参与环境保护是实现环境权的有力机制

　　环境公众参与制度的首要理论基础便是环境权实现理论。

　　（一）公众参与环境保护、维护环境权益的国际实践

　　1970 年 4 月 22 日，美国首次地球日纪念活动以出乎意料的规模和持续时间席卷全国，这次活动标志着美国人民在严重的环境危机中的觉醒，它除了使人们加深对生态学的认识外，还推动了公众民主意识的发展。在地球日活动中，人们无不大声疾呼保障人的环境权利，人们普遍认为人人应生而具有享受清洁健康和舒适环境的权利，而法律和政府却不能为这项权利提供有力的保障。这次活动的影响深远，波及全世界，可以说，这次活动标志着现代环境权理论与实践大发展的开始。与此相随的是，世界上许多国家如雨后春笋般地涌现了环境保护政党和群众运动组织，环境保护运动此起彼伏。二十多年来，环境科学的迅速发展以及世界人权运动的日

益高涨促进了环境权理论的日益完善与创新。在各国环境保护浪潮与公众舆论的压力下，基于政党利益和统治者自身的经济与环境利益，各国统治者开始不断反思和调整自己的经济目标与发展模式，并通过立法来确认环境权的方式以缓解经济发展与环境保护之间的矛盾，缓和政府与公众、企业与公众以及政府之间的矛盾。而公众的环境权益则在这些斗争中得到了不同程度的保护和改善。

目前有越来越多的国家将环境保护纳入了宪法，对环境权作了不同程度的政策性宣告，例如，1980 年《智利共和国政治宪法》第 19 条规定："所有的人都有权生活在一个无污染的环境中"，"国家有义务监督、保护这些权利，保护自然。"我国 1982 年的宪法第 9 条规定："国家保障自然资源的合理利用，保护珍贵的动物和植物……"第 26 条规定："国家保护和改善生活环境和生态环境，防治污染和其他公害。"1992 年《刚果宪法》第 46 条规定："每个公民都有拥有一个满意和持续健康的环境的权利，并有保护环境的义务。国家应监督人们保护和保持环境。"此外，1992 年的《马里宪法》、1994 年的《阿根廷宪法》等均对公众的基本环境权利和义务作了类似的宣告，与此同时，这些国家还制定了多层次、内容丰富的环境法律法规，确立了一些司法判例来具体保障落实这些基本权利和义务。

而体现在国际一级的水平上，环境权已被间接写进了许多国际环境法律文件中，比如 1972 年《斯德哥尔摩人类环境宣言》原则一规定："人类具有在一个有尊严和幸福生活的环境里，对自由平等和充足的生活条件的基本权利。"宣言进一步宣称："各国政府对保护和改善现代人和后代人的环境具有庄严的责任。"1986 年 9 月在世界环境与发展委员会会议上讨论的《环境保护和可持续发展的法律原则》在基础人权或世代人的平等权利方面已包括"全人类对能满足其健康和福利的环境拥有基本的权利"和"各国为了当代人和后代人的利益应保护和利用环境及其自然资源"等内容。

1992 年世界环发会议的成功召开，标志着环境权理论的一次历史性大飞跃，因为《里约宣言》在肯定了以往环境权理论的同时也有一些重大的突破，如原则十规定了公众参与与知情权的原则，明确提出了"环境问题最好是在全体有关市民的参与下，在有关级别上加以处理，在国家一级，每一个人都应适当地获得公共当局所有的关于环境的资料，及包括关于在其社区内的危险物质和活动的资料，并有机会参与各项决策进程。各国应通过广泛提供资料来便利及鼓励公众的认识与参与；应让人人都能有效地使用司法和行政程序，包括补偿和救济的程序"。

(二)"公众参与是实现环境权的有效途径和手段"①

所谓环境权是指一定区域的公民、法人、组织及其集合体，具有生产和生活在安全、舒适的环境中的权利。但是，由于环境具有公共性，使得对应的环境权具有天生的脆弱性，容易受到自然资源的开发利用权（导致环境破坏而侵犯环境权）以及排污权（造成环境污染而侵犯环境权）的侵犯，也容易受到政府权力的不当侵犯。因此，维护环境权的最好方式便是通过公众参与，亲自参加到制定环境政策和法律，作出对环境有影响的环境决策之中去，参与到环境决策的执行之中去，以监督权力的正当运行，防止权力寻租和权力权利化以致侵犯环境权的发生；以监督各类主体合理利用自然资源，防止环境破坏的发生；以监督各类排污者合法从事排污行为，防止和减少环境污染的发生，从而保护和改善环境质量，实现对环境权的有序维护。譬如，通过听证程序以及其他形式的座谈会、论证会等程序，而参与规划和建设项目的环境影响评价，就可以监督和防止环评审批部门滥用权力、徇私舞弊和玩忽职守的发生，从而防止对环境有重大影响的建设项目被违法通过环评审批，以达到保护环境，维护环境权益的目的。

不过，公众参与维护环境权的最为直接的方式当属诉讼。对于侵犯和可能侵犯环境权的行为，公民通过提起环境诉讼，包括环境民事诉讼和环境行政诉讼，就可以凭借司法力量直接救济受损的环境权，或为受到威胁的环境权排除妨害消除危险。对于侵犯或可能侵犯公共环境的行为，公民还可以提起公益诉讼，为保护环境质量维护环境权而战。这方面，美国的公民诉讼最

---

① 蔡守秋：《环境政策法律问题研究》，武汉大学出版社 1999 年版，第 326 页。

为成熟和著名,① 值得我们好好学习。当然，在环境权没有被立法予以明确确认或认可时，它仍然只是一项理论上的法律权利，环境权的受损目前尚不能成为法律救济的诉因。② 公民要想通过司法救济填补缺损了的环境权，就目前而言，不得不凭借传统的侵权法以及诉讼法中的相关规定去寻求救济。当然，如果诉权缺乏依据，也可以要求有关的行政机关通过行政处理来实现其环境权保护之目的。

---

① See Wendy Naynerski & Tom Tietenberg, Rivate Enforcement of Federal Environmental Law. 68 Land Economics, 1992, p. 28; Cass R. Sunstein, What's Standing after Lujan? Of Citizen, Suits, "Injuries", and Article Ⅲ, 91 Michigan Law Review, 1992, p. 165. 经介绍，美国一共有 16 部联邦环境法律包含有公民诉讼的条款，具体为:

(1)《空气污染预防和控制法》（又名清洁空气法）[Air Pollution Prevention and Control Act、Clean Air Act（CAA）]，Section 304, 42 U. S. C. § 7604。

(2)《联邦水污染控制法》（又名清洁水法）[Federal Water Pollution Control Act、Clean Water Act（CWA）]，Section 505, 33 U. S. C. § 1365。

(3)《海洋保护、研究和庇护法》[Marine Protection, Research and Sanctuaries Act（MPRSA）]，Section 105（G）, 33 U. S. C. § 1415（g）.

(4)《噪声控制法》[Noise Control Act（NCA）]，Section 12, 42 U. S. C. § 4911。

(5)《濒危物种法》[Endangered Species Act（ESA）]，Section 11（g）, 16 U. S. C. § 1540（g）。

(6)《深海港口法》[Deepwater Port Act（DPA）]，Section 16, 33 U. S. C. § 1515。

(7)《资源保护和再生法》[又名《固体废弃物处理法》（Resource Conservation and Recovery Act（RCRA）]，Section 7002, 42 U. S. C. § 6972。

(8)《有毒物质控制法》[Toxic Substances Control Act（TSCA）]，Section 20, 15 U. S. C. § 2619。

(9)《安全饮用水法》[Safe Drinking Water Act（SDWA）]，Section 1449, 42 U. S. C. § 300j-8。

(10)《地表采矿控制和回收法》[Surface Mining Control and Reclamation Act（SMCRA）]，Section 520, 30 U. S. C. § 1270。

(11)《外部大陆架底土法》[Outer Continental Shelf Lands Act（OSCLA）]，Section 23, 42 U. S. C. § 1349（a）.

(12)《综合性环境响应、赔偿和责任法》[又名《超级基金法》（SUPERFUND ACT）Comprehensive Environmental Response, Compensation and Liability Act（CERCLA）]，Section 310, 42 U. S. C. § 9659。

(13)《紧急计划和社区知情权法》[Emergency Planning and Community Right-to-Know Act（EPCRA）]，Section 326, 42 U. S. C. § 11046。

(14)《危险液体管道安全法》（Hazardous Liquid Pipeline Safety Act），Section 215, 49 U. S. C. § 2014。

(15)《1978 年发电厂和工业燃料使用法》（Power plant and Industrial Fuel Use Act of 1978），42 U. S. C. § 8435（1988）。

(16)《能源政策和保护法》（Energy Policy and Conservation Act），42 U. S. C. § 6305（1988）。

② 参见汪劲《日本环境法概论》，武汉大学出版社 1994 年版，第 30 页。

二、环境民主监督论：公众参与监督权力滥用，构成环境法治的基础

现代民主和现代法治是相辅相成的：现代法治需要以现代民主为基础，而现代民主更强调公众的参与，包括参与国家的立法、执法、司法以及法律监督等诸多领域，最终达到现代法治的目的，即以公民权利抗衡政府权力。而法治的真实含义就是对一切政体下的权力都有所限制。在所有的国家权力中，行政权力是最桀骜不驯和容易被滥用的，它有较大的随意性和自由裁量的广阔空间。因此，严格的法治，首先应该建立对行政权的控权制度。法治实践表明，"绝对的权力产生绝对的腐败"，权力越是高度集中，对其控制就越是困难，举凡法治有效的地方，权力都是相对分离和相互制衡的。法治的立足之地在于控权，控权的有效办法是权力分立、以权制权，法律上确立这样的制度和原则，便可尽量避免恶政和暴政的发生。法治国家中，对公权力大致有以下几种制约方式：道德对权力的制约、纪律对权力的制约、权力对权力的制约、权利对权力的制约。公众参与是环境民主这一现代民主理念在环境保护领域中的具体应用，是环境法治领域内公众环境权利对环境公权力的制约，是权利制约权力的典型，这是环境法治的重要内容和基础保障。譬如，公民对于规划和建设项目的环境影响评价，公众通过参与听证程序以及其他监督程序，就可以防止环评审批部门滥用权力、徇私舞弊和玩忽职守的发生，从而促进环境法治的实现。

三、环境合作论：环境问题的解决需要公众参与

"环保靠政府"，这是社会普遍的态度，但是，随着环境危机的日益严重，人们逐渐认识到光靠政府进行环境保护是不行的，就像"市场失灵"一样，同样也存在着"政府失灵"现象，此时，公众能够在一定程度上弥补政府的失灵。另外，环境问题本身具有的广泛性和解决的艰难性，决定着环境危机的解决必须依靠政府与广大民众的倾力合作，以降低执法成本，加强社会监督，从而提高环保效益。

事实上，环保执法是有局限性的：首先，提高违法的查处概率需要投入大量的资源，如建立执法机关、招募执法人员、进行人员培训等，资源稀缺的固有缺陷决定了不能指望政府解决所有的环境问题，也不能指望政府能对所有的环境违法行为进行查处和追究。政府也是由人组成的，执法者也会存在偷懒以及信息不足和能力有限的现象。因此，有序的公众参与有助于对政府的偷懒加强监督，有利于加强环保执法的力量，从而在一定程度上能保证

政府的环境决策和具体实施能够更加公正、合理、有力和高效。

其次，法律实施的制度设计，应当在既定目标不变的情况下，对有限的资源进行科学的分配，力争以最小的成本实现法律的预防、威慑或惩处功能。而有效地查处违法，就得加大违法行为查处的概率，无疑会提高执法的成本。对此，一个切实有效的办法是，寻求公众的帮助与支持，譬如，违法企业周围的居民一般对该企业的超标排污等情况比较熟悉，也比较容易发现企业的违法排污行为，如果政府寻求社会公众的合作，由当地的公众向环保行政监督部门提供企业违法设置排污口、超标排污等违法信息，则可以大大拓宽政府的信息来源，从而充实执法的依据，降低执法的成本，提高政府决策的科学性和准确性，反过来也有利于公众环境权益的保护。

第二节　我国环境保护公众参与制度存在的主要问题

一、我国环境立法中关于公众参与制度的主要规定

我国 1989 年的《环境保护法》对公众参与有一定的涉及，如该法第 5 条规定："国家鼓励环境保护科学教育事业的发展，加强环境保护科学技术的研究和开发，提高环境保护科学技术水准，普及环境保护的科学知识。"从该条可以看出，公众可以参加环境科学教育与环境科技研究与开发。该法第 6 条规定："一切单位和个人都有保护环境的义务，并有权对污染和破坏环境的单位和个人进行检举和控告。"该条明确了公民的检举权和控告权。为了鼓励公民参与环境保护，该法第 8 条规定："对保护和改善环境有显著成绩的单位和个人，由人民政府给予奖励。"在紧急情况下为了保护公民的人身安全，该法第 31 条规定了污染通报机制，即"因发生事故或者其他突然性事件，造成或者可能造成污染事故的单位，必须立即采取措施处理，及时通报可能受到污染危害的单位和居民……"。为了救济环境受害者，该法第 41 条规定："造成环境污染危害的，有责任排除危害，并对直接受到损害的单位或者个人赔偿损失。"从而明确了公民的危害排除和损害赔偿请求权。

2002 年的《环境影响评价法》对于公众参与环境影响评价的程序、方法以及效力作了比较刚性的规定，自此，公众参与制度向前迈进了一大步。该法第 5 条规定，"国家鼓励有关单位、专家和公众以适当方式参与环境影响评价"，确立了公众的范围；第 11 条规定了公众参与环境影响评价的方

式和效力，"专项规划的编制机关对可能造成不良环境影响并直接涉及公众环境权益的规划，应当在该规划草案报送审批前，举行论证会、听证会，或者采取其他形式，征求有关单位、专家和公众对环境影响报告书草案的意见。但是，国家规定需要保密的情形除外。编制机关应当认真考虑有关单位、专家和公众对环境影响报告书草案的意见，并应当在报送审查的环境影响报告书中附具对意见采纳或者不采纳的说明"。

2006 年原国家环境保护总局颁布了《环境影响评价公众参与暂行办法》，对公众参与环境影响评价的方式以及程序等作出了比较全面的专门性规定。该《办法》第 2 条规定了公众参与的范围："对环境可能造成重大影响、应当编制环境影响报告书的建设项目；环境影响报告书经批准后，项目的性质、规模、地点、采用的生产工艺或者防治污染、防止生态破坏的措施发生重大变动，建设单位应当重新报批环境影响报告书的建设项目；环境影响报告书自批准之日起超过五年方决定开工建设，其环境影响报告书应当报原审批机关重新审核的建设项目。"第 4 条规定了公众参与实行公开、平等、广泛和便利的原则；第 8 条和第 9 条规定了信息公布的范围和内容；第 19 条到 31 条规定了公众参与的程序与组织形式，这是该法的核心。与《环境影响评价公众参与暂行办法》配套，2007 年原国家环境保护总局出台了《环境信息公开办法（试行）》，该《办法（试行）》重点规定了政府环境信息公开和企业环境信息公开制度，这对公众参与的顺利进行从信息的来源方面提供了制度保障，自此，公众环境知情权的具体化和制度化向前跨出了可喜的一步。

二、我国环境保护公众参与制度存在的主要问题

从上述关于公众参与的立法规定来看，我国对于公民参与环境保护的必要性和意义虽然已经有了一定的认识，但是这种认识还没有深化。尤其在中国人口日益膨胀，资源消耗、生态破坏和环境污染越来越严重的今天，在各国环境问题区域化和国际化的时代背景下，在社会主义民主政治的基本国情下重新审视我国现有法律中关于公众参与的规定，它们至少存在以下几方面的主要问题。

（一）公众参与的意识淡薄，立法上欠缺培养和反馈公众参与的制度设计

由于长期以来我国文化、体制、教育等因素的诸多影响，我国公众的环保意识比较薄弱，在公众的心目中，普遍认为环保应该是政府的事情。从立

法上看，法律所确立的环境保护法律关系主体结构主要仍然只有司法审查框架范围内的政府和被管理者两类主体，公众的作用虽然得到一定的重视，但并没有被纳入其中。所以，环境保护的行政管制色彩和官本位思想相当浓厚，而公众主动参与环境保护维护自身环境权益的意识也不强。虽然近年来，随着我国现代化进程的推进、人民生活水平的提高和环境状况的不断恶化，人们的环保意识开始逐渐觉醒，但其认识水平总体来说还处于较低的阶段，距离西方国家的环保认识水平和环境保护的实际需要还有相当大的差距。

据 2005 年中国环境文化促进会发布的"中国公众环保民生指数"调查结果显示：仅有 6.3% 的公众在最近三个月参加环保活动，知道"12369"环境问题免费举报电话的只有 16%，而在这其中打过该电话的只有9.2%。[①] 2006 年的调查发现，在被访者中，看到污染企业破坏环境，选择向有关部门投诉的占 15.8%，对破坏环境的行为予以制止和劝阻，会向有关部门投诉的占 23%。但 76% 的被访者不知道"12369"的全国环境热线，相对于 2005 年还下降了 8 个百分点。[②] 当然，这些数字除了表明我国公众的环保参与意识不强之外，更重要的是这种现象背后所折射出来的根源——在我国的法律制度框架下，这样的举报和参与，一直都不能取得举报所预期的"结果"或效果。因此，立法上缺乏公众参与的反馈机制和保障机制，此等举报无疑沦落为一种摆设，参与也只变成一种"架势"，随着一次次的参与"失灵"，公众的参与热情会不断递减，久而久之，公众的参与意识当然培养不起来，公众也将不再参与。

（二）公众参与没有成为环境法所确认的旨在保障公民环境权的权利和宪法所确认的基笔者权，也没有被确认或体现为环境法的一项基本原则

2004 年宪法修正时增加了尊重和保障人权的内容，而公民享用适宜的工作和生活环境，表达其关于环境的态度和愿望，参与环境的保护自属于基笔者权的内容，因此公民的环境权应当纳入公民作为人所享有的基本权利，并得到环境基本法和其他综合性环境法律的确认和体现。而公众参与是公民行使和保护自己环境权利的重要行为方式，它也应得到环境基本法和其他综

---

① 《中国公众环保民生指数 2005 年度报告综述》，http://www.finance.sina.com.cn/g/20060120/18382294960.shtml，2007 年 11 月 23 日访问。

② 《2006 中国公众环保民生指数公布》，见 http://www.samlong.cn/article/8/1664/2007/20070325262923.html，2007 年 11 月 23 日访问。

合性或单行环境法律的确认和体现。国外大多数国家的环境基本法或综合性环境法律已经把公众参与确认或体现为环境法的一项基本原则，但我国的《环境保护法》却没有做到这一点。另外，其他的单行环境法律关于公众参与的规定也是非常有限的，因此，目前学者们把公众参与纳入现行中国环境法的基本原则的体系是不符合实际情况的。

（三）公众参与的范围狭窄，规定简陋，而且多为命令服从性的规定，公民主动行使或激励公民主动行使基本环境权利的实体性和程序性规定不足

由于国家机关监督管理的非全天候天然缺陷，加上国家机关的内部监督制约机制具有片面性，如果外部的监督制约机制特别是参与式监督制约机制不健全，国家机关及其工作人员在行使其监督管理职权时会因各方面的影响多多少少具有这样或那样的利益嗜好，所以，国家机关是难以全面地代表公众各层次和各方面的权益来行事的，我国的公众对大多数地方政府的工作越来越不满意的现实也说明了这一点。因此，公众参与是加强国家机关外部监督制约机制的重要手段。

世界环境保护的实践也证明，公众参与环境保护的范围越宽，监督力度越大，不仅有利于公众民主权利和环境基本权利的保护，有利于环境的保护、改善经济的发展，还可以促进政府环境保护工作的透明和公平、公开、公正，使政府得到广大民众的支持。但我国《环境保护法》对公民设立的主动性权利仅为检举权、控告权和污染损害救济申请权，该法规定的环境保护奖励、紧急情况下的通知、环境科学教育等对公民可能产生的惠益等，均属于被动的反射利益，严格来说，它们根本不属于环境基本权利。因此，我国公民参与环境保护的权利范围极其狭窄，和法国、俄罗斯等国的法律相比，落后不少。基于此，在《环境保护法》影响下的各单行性专门环境法律法规规定的公民参与权利条款也少得可怜，一般只限于参加环境影响评价中的意见征求活动和检举、申诉、建议等权利。就参加征求意见的活动来说，法律对征求意见的对象、征求意见的范围、如何处理所征求的意见等规定也不够全面。

（四）缺乏促进公众参与的配套制度

国家虽然规定了促进环境科学教育和环境科学研发工作，但是没有把它们提升到培养环境社会文化、促进公众参与的高度。《环境保护法》第5条所作的规定，主要是基于国家的职责；而按照民主社会的立法思路，该法还应当在分则中给公民规定与国家职责对应的主动性环境科学技术教育和科技研发权利，并把权利的目的确定下来。日本、法国等国家的环境基本法或其

他综合性环境法一般都把这项基本权利的目的和提高公民环境素质、培养环境文化、促进公众参与结合起来，但我国的《环境保护法》却只规定了国家的职责，而忽略了对应面——公众权利的立法，譬如没有规定公众参与的范围、途径、时效、效力等。

（五）立法上还欠缺对环境保护社会团体的规定，缺乏民间国际环境保护合作的规定

国际上的民间环保组织（环境 NGOs）兴起于 20 世纪 70 年代，80—90 年代获得高速发展，迄今为止，环保非政府组织对全球环境危机的关注和反应使之成为环保领域重要的先导者。目前，环境 NGOs 已成为衡量一个国家环保事业兴旺发达程度的重要标志。按西方标准，我国的纯民间环保组织数量虽然还不多，但近年来正以越来越快的速度发展着，越来越多的案例表明，我国的环境 NGOs 已经表现出作为"环境监护人"或弱势群体或公众环境利益代表的端倪，正在成为保护资源、防治污染和防止生态破坏的重要力量，譬如"中华环保联合会"、"中国政法大学污染受害者法律援助中心"等环保团体就在倡导环境保护和维护污染受害者的环境权益方面，发挥了积极的作用。

根据中华环保联合会对中国环保民间组织的调查表明，截止到 2005 年底，我国共有各类环保民间组织 2768 家，其中，政府部门发起成立的环保民间组织 1382 家，占 49.9%；民间自发组成的环保民间组织 202 家，占 7.2%；学生环保社团及其联合体共 1116 家，占 40.3%；国际环保民间组织驻大陆机构 68 家，占 2.6%。① 可见，单单从数量和结构来看，我国的环保民间组织的发展就远远落后于诸如美国、英国等西方国家，它们在中国的环保事业中发挥的作用也比较有限。另外，在这些环保社会团体中，许多社团和行政主管部门的相应的处级部门之间实际上是一套人马两块牌子，② 也就是说我国的环保社会团体与政府部门的牵连关系十分密切，其独立性不强。主要原因是，我国的立法并没有对环保民间组织的发起和发展提供良好的法制环境，没有或较少对环保团体的法律地位以及相关的权利等进行专门性的规定。2004 年制定的《固体废物污染环境防治法》第 84 条第 3 款规定，"国家鼓励法律服务机构对固体废物污染环境诉讼中的受害人提供法律

---

① 转引自杨朝霞《论我国环境行政管理体制的弊端和改革》，载《昆明理工大学学报（社科法学版）》2007 年第 5 期。

② 吴锦良：《政府改革与第三部门发展》，中国社会科学出版社 2001 年版，第 339 页。

援助"，总算在立法上用鼓励性条款提到了环保组织。但是这样的规定还太少太少，远远不能适应我国环保非政府组织发展的制度需求。

（六）缺乏政府职责、申请调查、提起诉讼等保障公众参与的措施规定

公众要想有秩序、科学和民主地参与到环境保护工作之中，不仅需要企业的配合，更重要的是，尤其需要政府切实地履行其监督和保障方面的职责。这些职责包括资金补助、税收减免、技术扶持、信息提供、咨询帮助、培训教育等措施，有时候还包括为游行、示威、集会等活动提供秩序维持等保障措施。另外，西方国家成功的经验已经证明，申请调查和与之相关的公民诉讼制度也是通过公众参与来督促行政机关切实履行其环境保护行政职责的有力机制。但在我国，学者已经为该项制度呼吁 10 余年了，却一直没有得到立法部门的积极回应。

（七）公众参与欠缺有力的司法保障

对于公众参与，在我国的环境立法中，规定得最全面和最完善的应算是《环境影响评价法》及《环境影响评价公众参与暂行办法》了，但遗憾的是，我国公众参与环境影响评价尚缺乏足够的司法保障，明显的表现是，环评法对违反不征求公众意见或者不吸收公众参与是否应承担法律责任，以及承担何种法律责任未加规定。譬如，2006 年制定的《环境影响评价公众参与暂行办法》洋洋洒洒四十条共五千多言，从程序上规定了公众参与的途径、方式，以及政府和建设单位的信息公布义务等，但竟然没有一条对政府和单位违反公众参与的法律责任进行规定。毕竟，法律不同于政策、纪律、道德等其他社会规范，因为法律具有可诉性，对于违反法律规范的行为人，相关主体可诉请法院追究其法律责任并救济自身受损的权益。可见，本《暂行办法》与其说是法律还不如说是一种政策宣示而已，因此，有必要修改《暂行办法》，赋予公众参与有力的司法保障。

第三节　国外可资借鉴的发展经验

一、国外环境立法中关于公众参与的主要规定

在环境问题成为人们关切之事项且日益全球化的 20 世纪，世界上大多数国家在世界民主潮流的推动下，开始制定或修改其环境基本法、环境法典或其他起综合环境基本法作用的综合性环境法律，并结合各自的国情对公众参与作了实体和程序法上的规定。世界各国关于公众参与环境保护的规定形

式多样，内容也比较复杂。限于篇幅，在这里主要只介绍和分析世界上几个主要国家的综合性环境立法。

美国 1969 年的《国家环境政策法》以其规定"国会授权并命令国家机构，应当尽一切可能实现：1. 国家的各项政策、法律以及公法解释与执行均应当与本法的规定一致"而成为该国的环境基本法律。该法虽然不是世界上最早的环境基本法，但它是世界上最早从现代科学意义的环境保护观念出发，全面、系统性地阐述国家环境保护基本政策的法律。在这些环境保护的基本政策中，公众参与作为与美国长期标榜的现代民主政治观念相适应的一个政策，得到了充分的体现。该法第 11 条规定："国会特宣布：联邦政府将与各州、地方政府以及有关公共和私人团体合作采取一切切实可行的手段和措施，包括财政和技术上的援助，发展和促进一般福利……"在法律上，私人团体相对政府而言，属于公众的范围，因此，"与私人团体合作"的措辞表明政府与特殊的公众——私人团体合作的政策。在该法的框架内，美国联邦和各州的环境立法对公众参与保护环境的实体性权利和程序性权利作了详尽的规定，其判例法也对公众参与权进行了一些阐述和扩展，可操作性非常强。一些行政机构还颁布了公众参与环境保护的建议和指南，如美国环境公平咨询委员会发布了"公众参与的模范计划"，该计划阐述了背景、模范计划、核心价值、公正公平地参与环境保护的清单等内容；再如蒙特哥马里（Montgomery）县颁布了《关于公众参与土地使用决策的指南》。目前，公众参与已经在事实上成为美国环境法的一个基本原则。

日本 1993 年颁布的《环境基本法》在第一章"总则"部分第 9 条规定了公民的环境保护职责，即"国民应当根据其基本理念，努力降低伴随其日常生活对环境的负荷，以便防止环境污染。除前款规定的职责外，国民还应根据其基本理念，有责任在自身努力保护环境的同时，协助国家或者地方公共团体实施有关环境保护的政策和措施"。为了加深公民对环境保护的广泛关心和理解，激发他们积极参与环境保护活动的热情，该法第 10 条设立了环境日。可见，这两条规定的公众参与主要是义务性的。该法在第二章"关于环境保护的基本政策"第 25 条（有关环境保护的教育、学习等）规定，国家采取必要措施，振兴环境保护教育，充实环境保护宣传活动，在加深企（事）业者对环境保护的理解的同时，提高他们参加有关环境保护活动的积极性。该法在第 26 条（促进民间组织等的自发活动的措施）规定，国家采取必要的措施，促进企（事）业者、国民或由他们组织的民间组织自发开展绿化活动、再生资源的回收活动及其他有关环境保护的活动。该法还在第 27 条（情报的提供）规定了国家要适当地为法人和个人提供环境状况及其他有关环境保护的必要情报。可见第二章所涉及的公众参与规定基本上是建立在国家职责基础上的权利性规定。另外，该法第 31 条（公害纠纷的处理与救济被害者）对权利救济作了原则性规定。第 34 条（旨在促进地方公共团体或民间团体发起的活动）规定，为促进民间团体保护全球环境保护的活动，国家有义务提供信息和其他必要的措施。

　　加拿大 1997 年颁布的《环境保护法》前言认可了"通过与各省、地区和土著人民的合作"的重要性，并在第 2 条规定了国家三项保证公众参与的职责，一是"鼓励加拿大人民参与对环境有影响的决策过程"，二是"促进由加拿大人民保护环境"，三是"向加拿大人民提供加拿大环境状况的信息"。在国家保障职责的基础上，该法设立了第二章"公众参与"，规定了公众的环境登记权、自愿报告权、犯罪调查申请权和环境保护诉讼、防止或赔偿损失诉讼等内容。其中，环境保护诉讼类似于美国的"公民诉讼"，其提起者并非一定是受害者，该项诉讼建立在犯罪调查未进行、调查不充分或调查结论不合理的基础上；防止或赔偿损失诉讼建立在自己权利受到或即将受到侵害的基础上。加拿大环境法关于公众参与权利的规定既周到，又具体，如环境登记权涉及登记的建立、形式和方式等内容，环境保护诉讼权涉及个人可以提起诉讼的情形、两年诉讼期间、不可以对救济行为提起诉讼、例外、诉讼通知、向总检察长送达、其他诉讼参与人、举证责任、辩护、事业单位支付赔偿金、救济、磋商救济令、对磋商救济命令的限制、和解或中断、和解及命令、费用等内容。另外，该法还在其他章节规定了相应的公众参与权利或与公众参与权利配套的制度措施，如该法的第三章规定了与公众参与密切相关的信息收集、目标、指导方针和行为准则等内容。

　　法国 1998 年颁布了《环境法典》，公众参与的原则一直贯穿其中。该法第 110·1 条规定："……从事对国家这些共同财富的妥善保护、开发利用、修缮恢复及良好管理必须在有关法律规定的范围内，遵照下列原则进行……"其中的第四个原则是参与原则，对于该原则，该法规定："根据第 1 项指出的参与原则，人人有权获取有关环境的各种信息，其中主要包括有关可能对环境造成危害的危险物质以及危险行为的信息。"该法还专门设立第二编"信息与民众参与"，分为对治理规划的公众参与、环境影响评价的公众参与、有关对环境造成不利影响项目的公众调查和获取信息的其他渠道四章，具体细致地规定了公众参与环境保护的目的、范围、权利和程序。该编所涵盖的公众参与原则包含增加透明度和有组织的咨询等内容。其中，关于公众调查的法律规则是实施增加透明度和有组织咨询原则的基础。关于公众调查的目的，该法第三章（有关对环境造成不利影响项目的公众调查）第123·3条规定："第123·1条指出的调查目的：一方面向群众发安民告示；另一方面在从事影响评价之前，征求群众的意见、建议和反建议，以便使得职能部门更加全面地掌握必要的信息。"

俄罗斯也加强了其公众参与的环境基本法规定。该国2002年实施的《俄罗斯联邦环境保护法》把公众参与权的规定分为两大类，一是联邦和联邦各主体的保障职责，二是公民的基本权利。关于联邦和联邦各主体的保障职责，该法在第5条和第6条规定，俄罗斯联邦国家权力机关、联邦各主体国家权力机关在环境保护领域保证向居民提供可靠的环境保护信息；第13条规定国家机关和公职人员帮助公民、社会团体和其他非商业性团体实现环境保护权利的职责，规定可能损害环境的项目布局必须考虑居民的意见或公决的结果，并规定阻碍公民、社会团体和其他非商业性团体进行环境保护活动的，应依照规定承担责任；第15条规定编制俄罗斯联邦生态发展规划和俄罗斯联邦各主体环境保护专项规划时，应当考虑公民和社会团体的建议。关于公民的基本环境权利，该法第11条规定"每个公民都有享受良好环境的权利，有保护环境免受经济活动和其他活动、自然的和生产性的非常情况引起的不良影响的权利，有获得可靠的环境状况信息和得到环境损害赔偿的权利"之后，规定了公民成立社会团体、基金和其他非商业性组织的权利，居住地环境状况及其保护措施的信息请求权，举行会议、集会、示威、游行、纠察、征集请愿签名和公决权，提出社会生态鉴定建议权和参加权，协助国家机关进行环境保护的权利，申诉、申请和建议权，环境损害赔偿诉讼权及法律规定的其他权利。此外，该法第68条还规定了公民、社会团体和其他非商业性团体的环境保护社会监督权，并将其目的定位为"实现每个人都有享受良好环境的权利和预防环境保护违法行为的发生"。

二、国外环境立法关于公众参与的主要经验

综合以上国家的环境基本法、环境法典或其他具有环境基本法作用的综合性环境法关于公众参与的规定，可以归纳出以下可资我国借鉴的主要经验：

一是科学地界定环境法治的主体结构模式，确认公众的法律参与地位。传统的环境保护法治结构一般只包括管理者（政府）和被管理者（如排污企业），由于环境保护行政管理关系可能涉及双方当事人权益的救济和平衡

问题，所以司法机构被作为纠偏力量纳入进来。由于环境行政管理者和被管理者的行为均可能对公共的环境产生广泛的影响，因此，在强调社会公共利益和个人权利的现代民主社会，公众的公共环境利益被广泛渲染并得到大多数民主国家的重视，其保护被纳入环境立法之中。这样，环境法治的主体结构除了包括司法监督下的管理者和被管理者之外，还包括公众。为了保护公众的参与和监督权益，一些国家的环境立法和司法判例确认了公民诉讼的机制。于是，司法监督框架内的管理者、被管理者和公众的环境保护法治结构就被确立了。上述国家的环境基本法等综合性立法关于公众参与机制的设定也说明了这一点。

二是把环境保护的公众参与确定为公民的一项基本民主权利或民主社会的基础，并在立法中通过设立专门的章节或把公众参与广泛地融入法律条文之中来体现公众参与的环境法基本原则地位。值得说明的是，虽然日本、俄罗斯的环境基本法没有明确地把公众参与规定为环境法的一个基本原则，但实际上，公众参与的精神、要求和指导思想还是基本上贯穿于环境基本法的主体条文之中，因此，可以说，公众参与的环境法基本原则和社会文化还是得到了体现和实施。

三是重视与参与权相关的环境教育权和环境信息知情权。科学的有秩序的公众参与应该建立在对环境科学有充分了解的基础上。上述国家的环境法非常重视环境科学知识的普及和教育。另外，了解相关的环境信息也是科学和民主参与的前提，为此，这些国家的综合性环境法都非常重视公民和社会团体环境信息的知情权，并规定了可获取信息的范围、获取渠道和获取程序等。

四是公众参与权的规定既有公民和社会团体参与权利的规定，也有政府保障公众参与职责的规定，而且两者紧密配合。基于公民权利保护的重要性，这些国家一般都先规定国家的保护职责，再规定公民权利的范围和行使程序。值得说明的是，在欧盟、美国、加拿大等国家和地区，公众尤其是非政府的环境保护组织参与环境保护有关的立法和决策已经制度化了。参与方式的正式性和透明性已经成为这些国家公众参与的共同特色。

五是公民参与的权利广泛，既有政治性、社会性和经济性权利，还有诉讼权利；既有实体性权利，也有程序性权利；既有参与决策的权利，也有参与规划和其他影响自己环境权益活动的权利。除了美国外，这几类权利的规定采取总则和分则规定相结合的方式进行布局，总则的规定比较抽象，分则的规定则比较具体、细致。

六是贯彻了有权利必有救济的思想，公民权利救济的法律保障规定周到充分。上述环境立法规定了救济的条件、救济的方式和救济的程序，其中规定最为具体的是加拿大的《环境保护法》。

第四节　我国公众参与制度之发展

关于环境保护公众参与制度的具体设计，我国环境法学界仁者见仁，智者见智，提出了很多的观点。考虑到我国公众参与环境保护的意识总体上水平不高的现状，结合国外的经验，我们认为，我国公众参与环境保护制度的具体设计，应该从公众参与的主体、公众参与的类型、参与的阶段、所需环境信息的公开、参与程序、参与的内容、参与方式、信息的反馈以及违反公众参与的法律责任与救济等方面入手，对此曾有学者提出构建公众参与制度的具体设计，[①] 在此基础上，我们认为可以从以下几个方面构建公众参与制度（如下图三所示）。

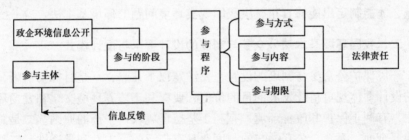

图三　公众参与制度结构图

由于现行《环境保护法》由全国人大常委会通过，它没有规定其他的环境保护法律不得违背该法的宗旨和规定，因此，它与同样由全国人大常委会通过的各专门环境保护法律在效力方面是平等的，不存在谁隶属于谁的关系。在实际的立法中，也出现了环境单行法的许多规定与《环境保护法》规定不一致的情况。基于此，制定替代现行《环境保护法》的统领性环境基本法是必要的。我国的立法机关已经认识到了这一点，并正在进行这方面的努力。因此，对于国外环境基本法、环境法典和其他综合性环境法有关公众参与的上述经验，只要不涉及意识形态的问题，或虽涉及意识形态的问

---

① 参见张晓文《我国环境保护法律制度中的公众参与》，载《华东政法大学学报》2007 年第 3 期。

题，但其合理成分可供我国借鉴的，我们也可以结合我国的基本国情和立法规则予以定向地借鉴和发展。这对我国环境基本法的起草是有相当积极的意义的。

一、我国环境基本法设立公众参与的规范时应树立的指导思想

在起草我国环境基本法关于公众参与的法律规范时，应树立环境法治和公民民主与科学参与的思想，要把公众参与和宪法中的人权保护和环境保护规范结合起来，并在其指导下把公众参与作为环境法的基本原则。环境法治意味着既要发挥政府引导、企业守法、公众监督和市场机制的作用，还要建立起保障公众参与的司法审查法律框架，以限制和平衡政府和企业的行为。公民民主和科学参与意味着我国的立法者必须把环境保护的公众参与作为公民的一项基本政治权利，作为环境保护的一项基本措施来对待，并使之制度化、经常化。把公众参与作为环境法的基本原则意味着这个特殊的抽象规则在环境基本法的所有条文之中必须具有指导性和统帅性的特点。只有坚持这几点，才能制定出能够真正解决我国现实环境问题的环境基本法。

二、我国环境基本法公众参与制度的设计要求与设计模式

环境保护公众参与制度的设置，要注意以下几点：一是目标要清晰，制度的设计要体现可持续发展的目的价值，要有利于培养环境文化和发扬环境民主，有利于保护和改善环境，有利于坚持环境权益平衡的原则。二是总体框架要全面、系统，公众参与的制度要具有广泛的覆盖性和渗透性。三是在权利的范围方面，既要设立政治性、社会性和经济性权利，还要设立诉讼权利；既要设立实体性权利，还要设立程序性权利；既要设立参与决策的权利，还要设立参与规划和其他影响自己环境权益活动的权利。四是公众参与的各具体机制既要相互联系，又要相互配合，具有可适用性。五是既要响应对我国生效的国际环境法律文件的要求，立足于本国的国情，又要充分借鉴国外的成熟经验。在借鉴时，既要注意借鉴内容的定向性和针对性，又要注意借鉴国家的广泛性和借鉴内容的可对比性，发挥借鉴的模仿性和超越性作用。

基于上述要求，根据国外的成熟经验和我国的环境立法传统，我国环境基本法在设计公众参与制度时，宜考虑以下模式：一是在前言中强调公众民主和科学参与的作用，确认公众的法律参与地位。二是在总则的基本原则部分，把公众参与确定为公民的一项基本环境权利和环境法的基本原则。三是

在总则的政府职责部分强调政府保障公众环境利益和为公众参与保护环境和监督提供必要便利的职责，在公民的基本义务部分强调公民的基本环境保护义务。四是在分则中设立专门的信息保障和公众参与的有关专门章节，全面、具体地规定环境信息公开和公众主动性参与的方式和程序，规定公众参与的实体和程序性权利，规定公众参与的法律救济途径和程序。五是在分则的其他章节或条款，如环境日、环境宣传、环境社会团体的成立及其活动、环境保护的国际合作、环境保护科学教育和科技研发等方面，把公众参与广泛地融入其中，只有这样，才能真正确立和体现公众参与的环境法基本原则地位。

三、我国环境基本法应设计的公众参与法律机制

在上述模式的框架内，我国环境基本法可以合理地借鉴国外环境基本法等综合性环境法律的成熟经验，根据权利的范围和实现程序全面、系统地设立如下公众参与或与公众参与有关的环境保护机制：

在环境教育、环境科技促进和环境日的庆祝方面，要把其实施和公众的参与挂钩，要把培养公众的环境文化，提高其参与环境保护的积极性结合起来。

在政府的职责保障方面，要建立政府对环境保护负责和为公众负责的理念和机制，建立政府为公众参与提供必要信息和便利的机制，要建立公众参与和监督政府管制活动的机制。

在环境信息方面，要建立信息收集、整理、公开与获取的机制。对于政府环境信息的收集与整理，要规定信息收集的目的、收集范围、收集时效、收集标准、指导方针和行为准则；对于信息公开，要规定公开的时间、公开的渠道、公开的程序；对于信息的获取，要规定获取的资格、获取的信息范围、获取渠道、获取程序和获取的费用等内容。

在规划和建设项目的参与方面，要规定公众参与环境影响评价的目的、范围、时间、方式和程序，规定公众意见和建议（包括建议和反建议）的征求、处理和公示机制，要建立环境影响评价责任追究机制；要借鉴《俄罗斯联邦环境保护法》的经验和武汉市的试点经验，建立居民对影响自己生活环境的规划项目和建设项目享有公决权的机制；还要借鉴加拿大《环境保护法》的经验，发挥公众监督的作用，建立申诉、申请和建议机制和环境调查申请登记制度。

在环境保护的社会和经济活动方面，要规定公民参与植树造林、清除白

色污染、节约资源、减少日常生活污染和生态破坏等社会性的权利和义务，规定环境保护产业、参与环境保护投资等经济性的权利。

在政治性权利方面，要建立环境保护会议、集会、示威、游行、纠察、征集请愿签名等活动的保障机制。并把该项机制的实施和《游行示威法》的修改结合起来。

在社会团体的组织和活动机制方面，要规定公民成立环境保护社会团体、环境保护基金和其他非商业性组织的成立条件，并规定其国内活动权利（如参与权和监督权）和国际合作的范围、方式和原则。

在法律救济方面，要规定行政救济和司法救济两种救济的方式。对于行政救济，可以设立行政复议和行政仲裁的机制。对于司法救济，可以设立行政诉讼、民事司法救济和刑事诉讼三种方式。行政诉讼应包括私益侵害行政诉讼和行政类的环境公民诉讼。民事司法救济和准司法救济包括民事仲裁和民事诉讼，民事诉讼要包括环境损害民事赔偿诉讼和民事类的环境公民诉讼。刑事诉讼要包括自诉类和公诉类刑事诉讼。无论是行政、民事还是刑事诉讼，都要具体规定诉讼的资格、条件和程序，建立公民、社会团体支持诉讼的机制。另外，对于民事和行政类的公民诉讼，要规定起诉条件、受理与立案、诉讼参加人、诉讼时效和期限、诉讼文件送达、举证责任、因果关系的判断、辩护、和解、财产保全、诉讼费用减免、判决的履行等内容。

另外，对于环境基本法难以周全规定的公众参与机制，还可以授权行政法规和规章进行完善，譬如制定《公众参与环境保护条例》，只有这样，才能建立科学和符合民主和法治精神的环境保护公众参与法律制度体系。

四、立法上应明确规定环境权

公众参与原则的贯彻，也就是公众参与权的实施，有必要在法律上明确环境权，因为公众参与是实现环境权的手段和措施。从环境权的内容来看，它是指与公民、法人、社会组织以及集合体的环境利益密切相关的权利，如清洁空气权、清洁水权、眺望权、日照权、通风权、采光权、享受自然风光权等；而公众参与权主要是属于程序性权利，它是为保障实体性环境权利的实现而设立的权利，主要是指环境信息知情权、环境参与权和环境请求权等权利，而有关公众参与的各项法律制度则主要是针对程序性环境权而进行设计的。

首先，有必要在作为根本法的宪法层次确立环境权，承认环境权是一项基本权利，承认公民、法人、社会组织有在良好的环境中生产和生活的权利，以便为在法律和法规中确立环境权奠定宪法依据。前文已经介绍，环境权作为一项基笔者权，是基于环境问题的日趋严重化和普遍化而引发的一种权利需求，是指在安全、健康、舒适的环境中生产和生活的权利。

其次，应在法律层次（包括环境保护基本法、单行环境法以及民法、行政法、诉讼法等相关法律）上确认环境权，如美国《国家环境政策法》第3条规定，"每个人都应当享受健康的环境，同时每个人也有责任对维护和改善环境做出贡献"；美国《夏威夷州宪法》规定："任何人都享有环境权，可以通过适当的法律程序对任何人（公共的或私人的）实施该项权利"。

只有在法律上规定了实体性权利的环境权，作为程序性权利的公众参与权才能具有更大的权利效力，才能具有更大的制度意义和权利价值。

五、确立环境信息公开和环境知情权制度

环境知情权是指公民对于国家环境管理、企业、社区及自身的环境状况等有关信息享有从一定机构获取或知悉的权利。对充分信息的知悉是正确行动的前提，而获得真实、全面的环境信息，也是公民参与环境保护的客观基础。因此，为保证公众参与环境保护的现实性，应该在环境法律法规中规定公民有按法定程序获取信息的权利，而政府和企业则有提供充分和及时环境信息的义务。因此，环境知情权这一权利不仅是公民参与国家环境管理的前提，而且也应成为环境保护诸多制度的基础。为了实现环境信息知情权而确立的公众参与法律制度主要体现为信息公开法律制度，如乌克兰《自然环境保护法》规定，公民有权以法定程序获得关于自然环境状况及其对居民健康的影响等方面的确实可靠的全部信息；美国在联邦法律层面有《行政程序法》（Administrative Procedure Act）、《阳光法案》（Govrement Under Sun shine Act or Open Meetings Act）、《信息自由法》（Freedom of Information Act）等立法可以确保公民环境信息知情权的实现。

然而，在我国2007年的《环境信息公开办法（试行）》出台前，信息公开存在着诸多的问题，典型的如我国一些行政机关和领导干部认为信息公开不是他们必须依法履行的义务而仅仅是可由他们自己决定到底公开还是不公开以及决定在多大的范围和程度上公开的权力，所以保密范围往往过宽，信息量小，公开的程序不规范，缺乏规范化的信息公开制度。当然，造成这种现象的原因是多方面的，但是其中关键的原因之一是我国的公共社会团体功能孱弱，要求公开的一方的利益主体缺乏组织化的代表机制和通畅的表达

机制，表达以后也没有相应的信息反馈机制，更无违反信息公开的责任追究机制。

在具有社会良知的诸多学者的呼吁，以及环境法治的社会实践的呼唤之下，《中华人民共和国政府信息公开条例》与 2007 年 1 月公布，自 2008 年 5 月 1 日起施行；《环境信息公开办法（试行）》也在 2007 年 4 月公布，自 2008 年 5 月 1 日起正式施行，从总体来讲终于以立法的形式在我国确立了环境信息公开制度，这无疑是公众参与的一大历史性成就。但总体来讲，《环境信息公开办法（试行）》还存在诸多不足的地方，典型的如公民环境信息知情权的价值取向体现得不明显，主要只是规定了政府和企业的信息披露义务，没有体现环境时代公民环境权利本位的思想；没有贯穿清洁生产和循环经济的理念，没有规定企业的生产工艺以及产品是否贯彻了"资源节约"和"环境友好"的原则而为清洁工艺和环保产品等。因此，有必要进一步调查论证，在总结经验的基础上不断修改《环境信息公开办法（试行）》，待到条件成熟时变为正式的《环境信息公开办法》，并在修改的《环境保护法》中规定政府和企业的国内环境信息公开的义务，明确确立和完善公众的环境信息知情权制度、环境标志制度、环境信息查询制度等制度。

六、完善环境决策的参与权制度

环境参与权是指公众有权参与环境立法、执法、政府决策等可能影响环境活动的程序性权利。为确保环境参与权而设计的公众参与法律制度主要包括环境立法公布之前的立法意见征询制度、与公众的重大切身利益密切相关的环境决策听证制度、公民参与环境影响评价制度等，如美国《联邦行政程序法》规定，凡制定规章、发布命令、指南以及其他对某类公民施加义务或标准的行为均属立法行为（rule-making），需经历一个"通知和意见程序"（notice and comment procedure），即联邦机构在进行立法时，必须通知公众以供公众审查和提出意见，联邦机构必须在发布最后的规章之前，将草案在联邦政府每日刊物——"联邦公告"（Federal Register）上以通知的形式公布，至少给予公众三十天的审查时间，目的在于确保公众参与环境立法。

有学者称，"行政管理与公众参与相结合从某种意义上看是建立了一种新的权力制约机制：它一方面授权国家环境管理机关作为环境法的主要实施者负责全面的环境管理；另一方面，又以公众参与刺激和监督行政管理，弥补行政管理的懈怠和缺陷"①。因此，在公众参与环境保护的法律化历程中，应该借鉴这种环保管理模式，改我国目前的"环保靠政府"的管理模式为"政府主导"和"公众参与"相结合的合作模式，从而提高政府环境管理的效率和保护公众的正当环境权益。

这一点，我国的《环境影响评价公众参与暂行办法》已经走出了可喜的一步，但公众的参与的范围还比较狭窄。② 更重要的是没有规定公众对于环境影响评价的意见和建议的效力，所以从该法看，对于公众意见，建设单位和环境影响评价审批部门是否采纳完全由他们自己自由裁量，对于违反公众参与环境决策的程序，法律也没有规定相关人员的法律责任，这样势必使公众参与沦为一种形式主义或门面而已。因此，在以后制定或修改关于公众参与环境决策的法律规范时有必要逐步进行修正。

七、建立和完善公众参与的司法保障：设立违反公众参与的法律责任和救济机制，赋予公众参与权受侵害时的救济请求权，尤其建立环境公益诉讼制度

环境请求权是指公民的环境权益在受到侵害后，有寻求有关部门救济的权利。围绕环境请求权的实现而确立的公众参与法律制度主要包括环境纠纷的处理制度，如环境纠纷的行政处理请求权、环境行政复议请求权以及环境诉讼等。在这些制度中，环境公益诉讼制度是发达国家环境法公众参与法律制度的一个核心，是公众参与原则的重要制度保障，如日本环境公益诉讼的类型主要包括取消诉讼、课以义务诉讼、居民诉讼、请求国家赔偿诉讼等，③ 法国环境公益诉讼一般是通过越权之诉加以体现的，④ 英国环境公益诉讼主要表现为检举人诉讼制度。⑤ 当然，在这些国家中，美国实行环境公益诉讼的公民诉讼制度是最为完善和发达的，针对与自身环境权益没有直接

① 吕忠梅：《环境法新视野》，中国政法大学出版社 2000 年版，第 89 页。

② 见《环境影响评价公众参与暂行办法》第二条：本办法适用于下列建设项目环境影响评价的公众参与：

（一）对环境可能造成重大影响、应当编制环境影响报告书的建设项目；（二）环境影响报告书经批准后，项目的性质、规模、地点、采用的生产工艺或者防治污染、防止生态破坏的措施发生重大变动，建设单位应当重新报批环境影响报告书的建设项目；（三）环境影响报告书自批准之日起超过五年方决定开工建设，其环境影响报告书应当报原审批机关重新审核的建设项目。

③ ［日］原田尚彦著，于敏译：《环境法》，法律出版社 1999 年版，第 176—179 页。

④ 王名扬：《法国行政法》，中国政法大学出版社 1988 年版，第 667—681 页。

⑤ 同上书，第 202—203 页。

利益关联的行为，公民有权依法提起诉讼，寻求司法救济，环保团体还可以代表其成员进行诉讼。[①]

虽然我国的《环境保护法》、《水污染防治法》、《大气污染法》等均明文规定，一切单位和个人都有权对污染和破坏环境的单位和个人进行检举和控告，但我国《民事诉讼法》在起诉资格上规定，"原告是与本案有直接利害关系的公民、法人或者其他组织"，强调原告必须与案件有直接利害关系；《行政诉讼法》规定，"原告是具体行政行为侵犯其合法权益的公民、法人或者其他组织"，即原告必须是受具体行政行为侵害其权益的公民，通常为行政相对人。由此可见，在我国的环境保护领域中起诉权受到较大的限制，而环境损害往往具有公益性和群体性，受害者笔者可能由于能力或意愿等原因而不能起诉，这样的规定使得有能力有环保意愿的环保团体或其他不受环境损害的公民不能对环境违法、环境侵权甚至只是纯粹环境上损害的行为起诉，明显不利于环境保护事业的开展，更不利于环境法治的实现。因此，有必要借鉴美国公民诉讼制度，扩大原告的起诉资格。规定在民事诉讼法方面，对于"与本案有间接利害关系的人或组织"也应包括在内；在行政诉讼方面，有必要规定虽然不具有行政管理相对人身份，但如果认为行政机关的具体行政行为和某些抽象行政行为侵犯或影响其环境权益的公民、法人或其他组织也有权就该环境行政行为提起行政诉讼，以督促环境行政主体及其工作人员履行环境保护的职责。

八、正确引导，充分发挥环保 NGOs 在公众参与中的作用

环境 NGOs 在环境管理中具有政府组织所没有的一些优势，譬如环境公益性、信息灵活性、横向网络性、人本性等优势。[②] 由于环境保护涉及经济、科技、法律、权力等方面的制约，就单个公民来说，往往力量微弱不足以提起诉讼。比起个人的干预力量而言，环保团体力量雄厚，有能力与造成污染侵害的大公司周旋，并且还可以造成很大的社会影响，法院、企业家和政治家往往比较重视，一般不敢怠慢。譬如，在美国的公民诉讼案件中，各种环保团体（如色拉俱乐部）扮演着主导角色。而在我国，鉴于我国环境

① Marsha S. Berzon《美国环境案件起诉资格、公民诉讼和环境清理责任分摊》，载《中国政法大学第七期环境法律实务研习班资料汇编》，第97—105页。

② 李雪梅：《发挥环境 NGOs 在公众参与环境影响评价中的作用》，载《科技管理研究》2007年第8期。

NGOs 目前数量不多、力量薄弱、影响有限的不良现状，国家应该为环境NGOs 的发展和活动的开展提供更开放的空间和更有利的政策支持，对环境NGOs 地方法律地位以及作为公众参与的重要形式和参与的程序作出明确的规定，从而发挥环境 NGOs 的比较优势。

我们认为至少可以从以下几个方面支持环保团体的发展：一是国家必须在立法上确立环保团体的法律地位，在各级人大和政协中保有环保团体席位或让环保团体出席有关政府、人大、政协会议，确立其可以以主体资格起诉、应诉的法律地位；二是国家应对公共环保团体资助部分经费，以支持其开展公益性的环保活动；三是在环境保护基本法中规定公民有组建环保团体的结社性权利，并规定各级政府一般不能进行阻挠。而政府则应该对《社会团体登记管理条例》等一系列有关社会团体的法律规定作出适当修改，适度放宽限制，促进民间环保社团的成立和发展，以使整个社会的组成构架发生变化，壮大监督政府和制约企业污染和破坏环境的组织力量。四是应提供制度方便，并鼓励环保团体参与环境立法、规划制定、标准制定等重大决策的过程。五是应鼓励环保团体走出国门，走向世界，积极配合国际环保运动，参与缔结国际条约、协助履行国际环境义务。

第十四章　我国环境税费制度发展之考察

环境税费制度是指国家对于污染环境、破坏生态和使用或消费资源等影响环境的行为采取的包括环境污染税费、生态补偿税费、资源使用税费、资源补偿税费、资源与生态消费税费、有损环境产品税费等在内的税费征收措施，以提高经济效率，促进环境状况和资源使用状况的好转的一系列法律规范的总称。由于该制度具有提高企业经济效率的作用和实现环境目标的潜力，因而自20世纪70年代初期以来为各国的决策者所熟知和使用。

第一节　国外环境税费制度的近期发展

一、国外环境税费制度的近期发展

世界各国除了广泛征收大气和水污染排放税以外，近年来还采取以下几个方面的税费措施：

一是征收二氧化碳排放税。丹麦、芬兰、荷兰、瑞典、英国和德国从1990年起开始征收碳税，至今，基本所有的欧盟国家都已经征收了这一税负。瑞典甚至从2006年7月1日起开始对横贯大陆的飞机的机票征税，以限制飞机排放的温室气体，其中经济舱的税收为每张票12.5美元，商务舱的税收为每张票56美元。新西兰考虑于2007年4月开始征收温室气体排放税；日本从2007年起开始征收化石燃料税，征收的对象包括煤、石油、天然气，征收标准为每吨21美元。日本目前正在考虑对温室气体的排放征税。

二是征收环境税或者生态税。如比利时和丹麦对电池、蓄电池、剃须刀、一次性照相机与手机、汽车轮胎征收环境税；征收生态税是德国实施可持续发展计划的重要举措，2002年德国大幅提高了汽油的生态税，提至每公升3.07美分，虽然低硫柴油和电费的生态税也有所上升，但与汽油的生态税相比，提升幅度则很小。

三是征收伐木税。印度尼西亚的森林法律规定，对持证伐木者按照一定的标准征收伐木税。

四是提高飞机噪声税的征收标准。法国于 2005 年起开始对国内最繁忙的 10 个机场征收噪声税，税收的标准取决于飞机发动机的种类、噪声速率、飞机重量和起飞时间。2006 年税收标准被提高 80% 以上，全年的税收估计达到 5500 万欧元。

五是征收环境补偿费。有的国家和中国一样，采用环境费的政策，如巴西于 2002 年颁布政府令（No. 4340），授权环境和自然资源协会对环境产生显著影响的企业征收补偿费。补偿费的标准为企业启动投资的 0.5% ~ 5%，征收时间为企业获取环境执照或者更新环境执照的时候。2002 年，共有 200 家公司缴纳了这笔环境费，25 家企业以收费标准不明确为由拒绝缴纳。2005 年 10 月，巴西政府修订了这一法令，明确了收费标准。

从以上几个方面看出，国外环境税费制度的发展具有以下三个方面的特色：一是税费的作用由过去的单纯地重视水、大气等环境因素的专门保护转向注重生态系统的专门保护与整体保护相结合，如水污染排放税费具有保护水环境生态功能的作用，而环境税、生态税、碳税、伐木税则具有保护区域甚至全球生态环境的作用。二是向一些难点问题的解决前进。如提高飞机噪声税的征收标准、征收二氧化碳排放税等措施，涉及与经济发展具有紧密关系的税费标准确定和税费额的计算方法问题，具有相当大的难度。三是税收征收的环节不仅包括征收资源税费、排污税费，还包括征收二氧化碳排放税费、综合型的环境税费或者生态税费，具有全面性和全过程性。

二、环境税费制度的作用机制

目前，世界各国的环境税费制度主要依靠两种手段来制定，其一是同环境外部性直接相关的，如排污费的征收数额与排污总量相关，资源使用税费的数额同资源使用的品种和数量相关等；其二是基于税基或者费基同外部性的间接关系，如按照产品的产出量和原料的使用量来核算有关的污染税费、资源税费或生态补偿税费。因而从理论上讲，环境税费制度的作用除了能够筹集防治环境问题的全部或部分资金外，还能够迫使生产者、开发者、消费者在生产、开发和消费的决策中考虑有关的环境成本和外部性。如果税率或者费率适当，则可以促使生产者和开发者转向生产和开发环境友好型的产品、技术和工艺，促使企业加强内部的环境管理和环境审计，促使消费者购买、使用环境友好型的产品和服务。如为了促进企业采取综合性的办法防治污染，英国的法律规定，凡是遵守"综合污染预防和控制制度"，采取了比法律规定更加严格的环境保护措施的企业，应当给予退还部分环境税的政策，退还的最高比例达到 80%。新加坡为了鼓励汽车使用电能和天然气，国家环境局和国土运输局规定，凡是购买了使用电能和天然气的汽车的用户，从 2005 年底至 2007 年底，可以获得市场价格 40% 的退款。由于新加坡的汽车登记费很高，为汽车价格的 1.5 倍，因此，该退款可以直接折抵登记费。

虽然征收环境税费能够起到环境保护的作用，但因为涉及利益的重新调整和分配问题，遭到利益集团的反对也是很正常的事情，如前述的瑞典对机票征税的例子，虽然这项政策有利于环保，得到了绿色团体和个人的欢迎，但是，因为损害了航空业的发展，2006 年 1 月 10 日，该项政策遭到了航空业者的强烈批评。批评者认为，对机票征收高额税收的政策对于减少航空业的温室气体排放，毫无用处，相反的，却把旅客赶出了机舱。可见，环境税收政策的制定，一定要稳妥，考虑和平衡各方面的利益。

第二节　我国环境税费制度的立法状况

中国在环境保护方面实行的是税收和费用征收相结合的制度，目前采取了如下措施：

一、征收污染排放费制度

1978 年 12 月，中央批转的《环境保护工作汇报要点》首次提出要在中国实现"排放污染物收费制度"，该项制度得到了 1979 年《环境保护法（试行）》和 1982 年《征收排污费暂行办法》的认可。1984 年的《水污染防治法》第 15 条规定了征收排污费和超标排污费制度，1987 年的《大气污染防治法》第 11 条规定了征收超标排污费制度。2000 年修订的《大气污染防治法》第 14 条提出实行征收大气污染物排放费制度，并确立了超标违法的制度。2000 年修正的《海洋环境保护法》第 11 条规定了征收排污费和倾倒费制度。2003 年 1 月国务院颁布了《排污费征收使用管理条例》，针对中国目前排污费制度存在的问题，从排污费的征收原则、排污费的征收标准与计算方法、排污费的减免与缓缴、排污费的缴纳方式、排污费的管理、排污费的支出与使用和法律责任等方面进行了充实和完善。由于污染排放费的征收标准过低，不利于限制环境违法行为，鼓励环境友好型的行为，2007 年国务院出台的《节能减排综合性工作方案》要求："按照补偿治理成本原则，提高排污单位排污费征收标准，将二氧化硫排污费由目前的每公斤

0.63 元分三年提高到每公斤 1.26 元；各地根据实际情况提高 COD 排污费标准，国务院有关部门批准后实施。加强排污费征收管理，杜绝'协议收费'和'定额收费'。全面开征城市污水处理费并提高收费标准，吨水平均收费标准原则上不低于 0.8 元。提高垃圾处理收费标准，改进征收方式。"

二、征收自然资源和生态税费制度

该制度是建立在资源和优美生态环境稀缺性的基础之上的。中国目前已经颁布了《资源税暂行条例》、《渔业资源增殖保护费征收使用办法》、《陆生野生动物资源保护管理费收费办法》、《育林基金管理暂行条例》、《矿产资源补偿费征收管理规定》等规范性文件，规定了资源收费、生态补偿费、生态恢复保证金、土地出让金、土地增值税等制度。如《矿产资源法》第 5 条规定："开采矿产资源，必须按照国家有关规定缴纳资源税和资源补偿费。"2007 年的《节能减排综合性工作方案》就指出："加大水资源费征收力度"。2007 年的《中国应对气候变化国家方案》规定："主要鼓励政策包括：对地面抽采项目实行探矿权、采矿权使用费减免政策，对煤矿瓦斯抽采利用及其他综合利用项目实行税收优惠政策"。

三、出台了限制性和鼓励性相结合的税收政策

为了限制一些资源性产品的出口，2005 年 12 月，国家发改委、财政部、商务部、海关总署等七部委发布了《关于控制部分高耗能、高污染、资源性产品出口有关措施的通知》，再次对部分高耗能、高污染、资源性产品出口发出限制令，通知要求，从 2006 年 1 月 1 日起，中国将取消煤焦油和生皮、生毛皮、蓝湿皮、湿革、干革的出口退税；将列入《PIC 公约》和《POPSP 公约》中的 25 种农药品种、分散染料、汞钨锡锑及其制品、金属镁及其初级产品、硫酸二钠、石蜡的出口退税率下调到 5%。2007 年国务院出台的《节能减排综合性工作方案》要求："继续运用调整出口退税、加征出口关税、削减出口配额、将部分产品列入加工贸易禁止类目录等措施，控制高耗能、高污染产品出口。"2007 年的《中国应对气候变化国家方案》规定："取消或降低铁合金、生铁、废钢、钢坯（锭）、钢材等钢铁产品的出口退税，限制这些产品的出口。"

保护环境，还需要制定和完善鼓励性的配套税收政策。2007 年国务院出台的《节能减排综合性工作方案》要求："实行节能环保项目减免企业所得税及节能环保专用设备投资抵免企业所得税政策。对节能减排设备投资给

予增值税进项税抵扣。完善对废旧物资、资源综合利用产品增值税优惠政策；对企业综合利用资源，生产符合国家产业政策规定的产品取得的收入，在计征企业所得税时实行减计收入的政策。实施鼓励节能环保型车船、节能省地环保型建筑和既有建筑节能改造的税收优惠政策……适时出台燃油税。研究开征环境税。研究促进新能源发展的税收政策。实行鼓励先进节能环保技术设备进口的税收优惠政策。"2007 年的《中国应对气候变化国家方案》规定："研究鼓励发展节能环保型小排量汽车和加快淘汰高油耗车辆的财政税收政策"，"继续执行对掺废渣水泥产品实行减免税优惠待遇等政策"，"对填埋气体收集利用项目实行优惠的增值税税率，并在一定时间内减免所得税"，"研究鼓励发展节能环保型小排量汽车和加快淘汰高油耗车辆的财政税收政策"。这些鼓励措施和环境税费制度一起，促进了环境保护经济机制的完善。

第三节 我国环境税费制度的发展

中国的环境税费制度目前适用于大气、水、固体等污染物的控制领域及汽油、煤炭、金属等资源的限制利用领域，其立法现状总体上是与中国的基本国情相适应的，对于防治环境污染、改善生态起了非常积极的作用。虽然中国的环境税费制度这两年有了长足甚至突破性的发展，但目前仍然具有如下几个方面的缺陷：

一是税费制度不完善、不全面，不利于环境保护工作的全面和全过程开展，如 2007 年的《中国应对气候变化国家方案》规定"研究鼓励发展节能环保型小排量汽车和加快淘汰高油耗车辆的财政税收政策"，2007 年国务院出台的《节能减排综合性工作方案》要求"抓紧制定节能、节水、资源综合利用和环保产品（设备、技术）目录及相应税收优惠政策"，这说明，中国环境税费制度目前还具有一定的功能性缺陷。

二是费的比例总体很高，而税的比例总体很低。和税相比，费的征收、使用规范化、程序化、正当化方面，存在一些欠缺，需要弥补。正因为如此，2007 年国务院出台的《节能减排综合性工作方案》要求"研究开征环境税"。

三是对一些税和费功能和征收机制缺乏全面和科学的认识，导致征收环节缺失，征收标准过低，至今没有改变"违法成本低，守法成本高"的现象。虽然排污费的标准有所提高，但一些企业宁愿缴纳排污费和超标排污费也不愿意投资环境治理设施；虽然 2007 年国务院出台的《节能减排综合性工作方案》作出了一些改善性的规定，如"提高排污单位排污费征收标准"，"抓紧出台资源税改革方案，改进计征方式，提高税负水平"，但是想全面扭转这个局面，还需要走很长的路。

四是环境税费制度还没有延伸到国际通行的温室气体控制领域。虽然2007 年国务院出台的《节能减排综合性工作方案》建立了一系列节能减排的经济措施，提出了"适时出台燃油税"，但是这些措施仅属于源头控制性的税费制度，对属于末端控制性的税费制度——二氧化碳排放税费制度，还没有建立起来，不利于减轻国际舆论对中国的压力。

五是税费制度的对比性整体还需要加强，不利于促进一些环境友好型资源和产品的生产及利用，不利于进一步限制资源浪费的行为和资源性产品的出口，对于一些不可持续利用的产品，如一次性文具的生产税费、营业税费及进口税费制度的制定工作有待加强。

这些不足需要以后，特别是在修订《环境保护法》和其他相关法律、法规时，予以发展和完善。

后　记

　　我国经济突飞猛进，所导致的环境问题种类也越来越复杂，影响也越来越严重。在逐年恶化的环境问题面前，我国的环境法正在被动地快速发展。正如中国政法大学王灿发先生所言，近十年来，无论是哪一个部门法，都没有环境保护法的立法速度快。环境法之发展需精深渊博之理论以供其用，这就既需要我们对现有的立法进行总结和归纳，也需要我们借鉴和参考国外的做法，更需要创新和完善现有的理念、体制、制度和机制。基于此，我们选取了"环境法的新发展"这个课题来作研究。

　　本书的第一、二、四、五、六、七、十四章由常纪文撰写，第三、八、九、十一、十二章由杨朝霞撰写；第十章第一节由常纪文、杨朝霞共同撰写，第十章第二节由杨朝霞撰写；第十三章由常纪文、杨朝霞共同撰写。体例确定和最后的统稿工作由常纪文承担。我们声明，每章节的文责由相应的撰写者自负。

　　本书涵盖面广，既涉及法学、经济学和环境科学的基础理论问题，也涉及执法、司法和环境保护的实践问题；既涉及国内综合考察的问题，也涉及国际横向比较的问题，研究难度很大。由于作者才学疏浅，研究不够全面和透彻，不足甚至失误之处难免，敬请同仁们谅解和赐教。

　　最后，对支持和帮助本书出版的中国社会科学院法学研究所领导、中国社会科学出版社领导及为本书出版付出辛勤劳动的编辑表示衷心的感谢。

常纪文于德国马普协会比较公法与国际法研究所

杨朝霞于中国政法大学

2008 年 7 月 10 日